Só o amor explica

Só o amor explica

Pelo espírito
Sulamita

Psicografia de
Roberto Diógenes

Só o amor explica
pelo espírito *Sulamita*
psicografia de *Roberto Diógenes*

Copyright * 2007 by
Lúmen Editorial Ltda.

8ª edição – Maio de 2019

Coordenação Editorial: *Ronaldo A. Sperdutti*
Preparação de originais: *Fábio Maximiliano*
Diagramação: *Sheila Fahl / Casa de Idéias*
Arte da Capa: *Daniel Rampazzo / Casa de Idéias*
Impressão e acabamento: *Renovagraf*

Dados Internacionais de Catalogação na Publicação (CIP)
(Câmara Brasileira do Livro, SP, Brasil)

Sulamita (Espírito).
Só o amor explica / pelo espírito Sulamita ; psicografia de Roberto
Diógenes. — São Paulo : Lúmen, 2007.

1. Espiritismo 2. Romance brasileiro
I. Diógenes, Roberto. II. Título.

07-0141   CDD-133.93

Índice para catálogo sistemático:
1. Romances mediúnicos : Espiritismo   133.93

Av. Porto Ferreira, 1031 | Parque Iracema
Catanduva-SP | CEP 15809-020
11 3207-1353 | 17 3531.4444

visite nosso site: www.lumeneditorial.com.br
fale com a Lúmen: atendimento@lumeneditorial.com.br
departamento de vendas: comercial@lumeneditorial.com.br
contato editorial: editorial@lumeneditorial.com.br

2007
**Proibida a reprodução total ou parcial desta
obra sem prévia autorização da editora**

Impresso no Brasil – *Printed in Brazil*
8-5-19-200-26.950

*O amor identifica aqueles
que desejam ser tratados por cristãos,
pois o verdadeiro seguidor de Cristo
pratica ações que denotam estar
de acordo com os ensinamentos
deixados pelo grande Nazareno
e procura com fidelidade enxergá-Lo
no rosto dos que diz amar.*

DEMETRIUS

Sumário

Capítulo 1 – Rebecca, 9

Capítulo 2 – O deus grego, 32

Capítulo 3 – Quando o amor esbarra, 44

Capítulo 4 – Amor e preconceito, 56

Capítulo 5 – Rebecca e Tarcísio, 73

Capítulo 6 – O baile, 86

Capítulo 7 – Dor e separação, 95

Capítulo 8 – Espírito amigo, 110

Capítulo 9 – Os amigos, 123

Capítulo 10 – O amor é posto à prova, 137

Capítulo 11 – Farsa cruel, 160

Capítulo 12 – Colégio interno, 172

Capítulo 13 – Pesadelo e esperança, 183

CAPÍTULO 14 – Reencontro, 195

CAPÍTULO 15 – Noivado, 208

CAPÍTULO 16 – O grande inimigo, 222

CAPÍTULO 17 – Casamento, 230

CAPÍTULO 18 – Desejo de vingança, 243

CAPÍTULO 19 – Nascimento e morte, 253

CAPÍTULO 20 – A vida sem Rebecca, 270

CAPÍTULO 21 – Do outro lado da vida, 280

CAPÍTULO 22 – Sem limites para o mal, 291

CAPÍTULO 23 – O mal traça seus planos, 304

CAPÍTULO 24 – O verdadeiro espírita, 312

CAPÍTULO 25 – Abandonando o vício, 324

CAPÍTULO 26 – Gravíssima doença, 334

CAPÍTULO 27 – Um novo trabalho, 345

CAPÍTULO 28 – A descoberta, 356

CAPÍTULO 29 – O seqüestro, 378

CAPÍTULO 30 – Lutando contra o desespero, 393

CAPÍTULO 31 – Envenenado, 416

CAPÍTULO 32 – O sentido do perdão, 427

CAPÍTULO 33 – Filme de vidas passadas, 444

CAPÍTULO 34 – A lei de causa e efeito, 468

CAPÍTULO 35 – Sonhos se realizam, 493

CAPÍTULO 36 – Despedida final, 511

CAPÍTULO 37 – Família completa: felicidade, 522

1

Rebecca

Um pardal entrou pela janela e começou a voar desesperado pela sala de aula. Alguns alunos, entediados com a lição de matemática, ao verem o pássaro levantaram-se das carteiras e passaram a agitar os cadernos na direção dele, na tentativa de fazê-lo sair por uma das janelas abertas.

Subindo em carteiras e gritando com o pássaro, muitos alunos faziam grande algazarra, e embora desejassem ajudar, só aumentavam o desespero da pobre ave — que, de tanto voar de um lado para outro em busca de liberdade, batia nas paredes e se machucava. Após muito esforço, o pardal se cansou e pousou embaixo da mesa do professor. Com os olhinhos arregalados e o coração bastante acelerado, ele encolheu-se todo ao perceber que um aluno estendia a mão em sua direção.

— Deixe o passarinho sossegado! — ordenou o professor. — Agora você e os outros retornem a suas carteiras e voltem a prestar atenção à aula. Façam como Rebecca, que não deixou seu lugar.

O aluno retornou à carteira e, sem nenhum interesse, voltou a olhar para o exercício no quadro-negro. Fitou o professor com ares de poucos amigos, e, virando-se para um colega, sussurrou:

— Ainda bem que essa é a última aula, e graças a Deus que é sexta-feira. Serão três dias sem ver a cara do professor Félix, e sem ter que suportar esses malditos exercícios.

Os dois riram baixinho.

O professor retomou sua aula do ponto em que havia parado devido à entrada do pássaro. Ele estava entretido nessa atividade quando alguém bateu à porta. O professor a abriu e padre Júlio, o diretor do colégio, entrou na sala.

O pardal, vendo a porta aberta, voou e saiu por ela, desaparecendo pelo corredor.

Padre Júlio pediu ao professor que lhe permitisse dirigir algumas palavras aos alunos. E começou a falar, olhando para a classe:

— Todo ano, no início de dezembro, os colégios particulares de Brasília promovem uma gincana com os alunos mais inteligentes de cada colégio que estão concluindo a oitava série. Cada colégio faz uma gincana interna em novembro para que dois alunos bem inteligentes sejam revelados e possam representar seu colégio na gincana dos colégios. A gincana interna e a dos colégios constarão de perguntas referentes a todo o conteúdo programático de todas as disciplinas do primeiro grau. Os vencedores da nossa gincana interna ganharão uma bolsa de estudos para cursar o segundo grau em nosso colégio. Os dois vencedores da gincana dos colégios particulares ganharão uma boa quantia em dinheiro e um jantar com o aluno ou aluna dos colégios participantes que eles escolherem. Nosso colégio nunca venceu essa gincana; espero que esse ano nossos alunos sejam vitoriosos. Nosso colégio tem quatro oitavas séries: duas no matutino e duas no vespertino. A seleção dos dois alunos de cada oitava série que representarão sua turma na gincana foi feita de acordo com as notas que tiraram nas provas, e de acordo com as informações dadas pelos professores. As representantes da oitava série B são Rebecca Lopes Lorizzen e Yoko Yomaroko. Peço que as duas se levantem e venham receber o programa da gincana.

Yoko levantou-se e, empinando o nariz, caminhou até o diretor.

Rebecca, a gaúcha que se mudara para Brasília há poucos meses, levantou-se de seu lugar. Colocou as mãos nos cabelos, jogou-os para trás e começou a caminhar na direção do padre.

Ao vê-la passar perto de sua carteira, um colega exclamou:

— Que gaúcha bonita! Ah, se eu tivesse sorte!

— Mas não tem — disse o aluno da carteira ao lado. — Essa gaúcha de olhos verdes lindíssimos, cabelos loiros compridos e cacheados, pele bem cuidada, sorriso lindíssimo e cativante, bem alta para seus quatorze anos, jamais lhe daria alguma chance. Só se ela estivesse louca!

— E ainda por cima é mais inteligente do que a feiosa da sansei Yoko! — completou outro colega, sorrindo.

Aqueles que os escutavam sorriram também.

O diretor entregou a Rebecca e a Yoko uma apostila de cinco folhas com todo o conteúdo das disciplinas que seria cobrado na gincana interna. Também disse a elas que os quatro alunos representantes das outras oitavas séries já tinham sido informados sobre a gincana, e que os livros de literatura brasileira que elas precisariam ler se encontravam na biblioteca do colégio. Desejando sorte para as duas, ele deixou a sala.

Depois disso, o professor Félix não conseguiu continuar com sua aula. Ninguém queria mais saber de matemática; só se comentava sobre a gincana. E o professor, atendendo a insistentes pedidos dos alunos, ficou conversando com eles a respeito das gincanas passadas até a hora em que a sirene tocou.

Logo que se viu fora da sala de aula, Yoko disse a Rebecca:

— Finalmente vou ter a oportunidade de mostrar a todos que sou melhor aluna do que você. Aliás, depois que eu vencer a gincana ficará provado que sou a melhor aluna de Brasília... Os alunos e os professores acham que você é a mais inteligente da oitava série B, mas isso vai acabar: eles logo perceberão que estavam muito enganados!

Rebecca nem se deu ao trabalho de responder à provocação. Não tinha dúvida de que era bem mais inteligente do que Yoko, e isso é que importava. Caminhando pelo corredor, dirigiu-se ao portão, onde avistou seu irmão conversando com colegas da classe dele. Encostou-se no portão e começou a observar os carros que paravam e buzinavam, na expectativa de avistar o motorista que todo dia apanhava os dois, ela e o irmão, na escola.

— Que vai fazer no final de semana, Rebecca? — perguntou alguém, tocando no ombro dela.

Rebecca olhou para quem falara e, reconhecendo Maria Elise, a colega de turma e única que considerava como amiga, disse:

— O de sempre. Devo ficar em casa estudando.

— Você estuda demais, garota. Não deveria estudar tanto. Precisa se divertir um pouco, também. Se bem que acho legal você ter superado as notas da metida da Yoko! Bem-feito pra ela, sempre com aquele nariz empinado! Desde a quarta série tenho a infelicidade de estudar com essa menina, que se achava a mais inteligente da turma. Mas isso foi antes de você chegar; agora, ela morre de inveja porque suas notas são maiores que as dela. Pena eu não gostar de estudar tanto quanto vocês duas, senão mostraria verdadeiramente quem é mais inteligente... — Disse Maria Elise, sorrindo.

Rebecca também sorriu. Maria Elise se encostou no portão e começou a falar sobre o garoto mais lindo da escola, um verdadeiro deus grego, que jogava no time de vôlei do colégio. Era o assunto preferido das meninas.

— Ele é incrível! Deve ter fugido do Olimpo para morar em Brasília.

Mas a verdade é que Rebecca nunca vira o tal deus grego; ele estudava no período vespertino, e ela quase nunca ia ao colégio no horário da tarde.

Passados dez minutos, Rebecca avistou o veículo que a levaria para casa. Despediu-se da amiga e chamou Thiago, e os dois entraram no carro.

Quando chegaram à mansão, localizada no Lago Sul, bairro nobre de Brasília, os irmãos encontraram a mãe na sala de estar, lendo uma revista. Rebecca foi até ela e a beijou na face, depois se dirigiu até a escada que levava aos quartos. Thiago a acompanhou.

Observando que o filho iria ao quarto sem ter lhe dado atenção, Lucrécia colocou a revista sobre uma mesinha de mogno, levantou-se e indagou ao filho:

— Thiago, não vem dar um beijo em sua mãe?

O garoto, que já estava na metade da escada, parou, virou-se, contemplou a mãe e disse:

— Mamãe, já estou bem grandinho para ter de lhe dar um beijo toda vez que chego do colégio.

— Meu filho, você não está "grandinho". Só tem dezesseis anos. Ainda é o bebezinho da mamãe — falou melosamente Lucrécia enquanto subia a escada e caminhava com elegância em direção ao filho.

— Não sou bebezinho coisa nenhuma! Já sou um homem, mãe, então pare de me chamar assim, que eu não gosto. E também não gosto de ficar dando beijos sem motivo algum. Rebecca já a beijou. Se quiser receber outro beijo, peça ao papai quando ele vier para o almoço.

Após dizer essas palavras, Thiago virou as costas para a mãe e rapidamente subiu os degraus. E bateu a porta com força ao entrar em seu quarto.

— Esse menino está muito malcriado — reclamou Lucrécia. — Ele não era assim em Porto Alegre. Irei até o quarto dele passar-lhe uma reprimenda! Vou mandar que desça a escada, beije-me e volte a subir os degraus como gente de classe, não como pobres desengonçados que nada sabem de etiqueta!

— Deixe-o, mamãe. A senhora que o provocou... Sabe bem que ele não gosta de ser chamado de bebezinho. Por que não o chama pelo nome, ou apenas de filho? — inquiriu Rebecca.

— Porque ainda o vejo como meu bebê.

— Acontece que Thiago cresceu, já completou dezesseis anos. Compreenda isso e pare de agir como se ele ainda fosse uma criança de colo. Ultimamente tenho notado que sempre que o trata assim ele se irrita e acaba maltratando a senhora. Isso acontece porque ele quer ser tratado como um homem.

— Entenda uma coisa: enquanto vocês dois forem menores de idade e viverem nessa casa, devem tratar seus pais como eles querem ser tratados — disse Lucrécia. — Irei ao quarto dele e ordenarei que me beije e que mostre respeito.

— Mamãe, não ordene que ele a beije. Se ordenar e ele a beijar será um beijo falso, e creio que ninguém gosta de receber algo que venha impregnado de falsidade. Acredito que toda vez que o chama de bebezinho ele se sente ridículo; se me chamasse assim, eu também não iria gostar — falou a filha. — Agora, com licença, mãe!

Rebecca subiu o restante dos degraus e se dirigiu ao seu quarto.

Lucrécia colocou a mão direita no corrimão da escada, empinou o nariz e desceu os degraus elegantemente, como se fosse a pessoa mais importante do mundo. Tinha aprendido que pessoas da sociedade desciam as escadas de modo elegante e com certa pose.

A mulher de quarenta anos, mas que aparentava um pouco menos, dirigiu-se até um grande espelho fixado em uma das paredes da sala de estar. Assim que viu sua imagem refletida no espelho e notou alguns fios de cabelo loiros que não estavam de acordo com o penteado que usava, ela os ajeitou. Passou a mão no belíssimo vestido preto e, ao sentir que ele estava bem colado ao corpo, sorriu, e seus olhos verdes brilharam. Ela se sentia linda.

Foi então até a poltrona, sentou graciosamente e voltou a ler a revista.

O motorista aproximou-se de Lucrécia e pediu para falar com ela.

— O que você quer, Pedro?

— Perdoe-me a intromissão, dona Lucrécia. Sei que a senhora não gosta que os empregados tomem a liberdade de lhe dirigir a palavra sem serem chamados, mas trata-se de algo urgente.

— Espero que o que tenha a me dizer seja importante.

— Para mim significa muito, dona Lucrécia — respondeu o motorista, cabisbaixo.

— Pedro, não gosto que me façam perder tempo. Se não for importante para mim nem precisa me dizer.

— Eu lhe garanto, senhora, que só vim aborrecê-la por se tratar de caso de vida ou morte.

Rebecca abriu a porta do quarto naquele exato momento e, ao escutar algo sobre vida ou morte, desceu a escada rapidamente. Aproximou-se dos dois e perguntou ao motorista se alguém estava doente.

— Srta. Rebecca, a minha esposa está grávida. Essa é a terceira vez que ela engravida; nas duas vezes anteriores ela perdeu o bebê. Suas gravidezes são de alto risco. Ela já está no nono mês de gravidez, e a criança pode nascer a qualquer momento. Ela não tem se sentido muito bem. Hoje cedo, quando a deixei em casa para vir trabalhar, ela sentia dores e fraqueza. Minha sogra acabou de telefonar: disse que minha esposa está passando mal, e que não tem condições de levá-la ao hospital. Se dona Lucrécia me liberasse, eu mesmo poderia ir buscar minha esposa e conduzi-la ao hospital.

— Se sabia dos grandes riscos envolvidos, por que razão foi engravidá-la de novo? Deveria ter pensado nela antes de fazer isso. E se ela concordou em ficar grávida novamente, então é porque acreditava estar forte o bastante para conseguir arcar com todos os problemas decorrentes da nova gravidez, inclusive ir ao hospital sozinha — disse Lucrécia. — Sinto muito, Pedro, mas não poderei liberá-lo. Precisarei de você durante a tarde inteira. Agora que já disse o que queria, pode se retirar — falou Lucrécia.

— Mamãe! Não posso acreditar que tenha negado o pedido do Pedro! — disse Rebecca, inconformada.

— Não posso liberar o motorista de suas funções! Ele não é pago para levar a esposa ao hospital no horário de serviço — respondeu Lucrécia.

— Problemas com os empregados, Lucrécia? — perguntou o esposo, que chegara para o almoço e entrara na sala de estar sem ser notado.

— Querido, que bom que você chegou! Fico tão feliz quando vem almoçar em casa — disse Lucrécia, caminhando até o esposo.

Teófilo a beijou e, olhando bem para Lucrécia, fez a mesma pergunta.

— O motorista veio até mim com uma conversa absurda referente à gravidez de sua esposa. Claro que não acreditei nele e não o liberei do serviço. E agora sua filha resolveu me repreender porque cumpri com meu dever!

— Conversa absurda sobre gravidez? Mas de que se trata, Lucrécia? — quis saber Teófilo.

— Pedro não disse nada absurdo, papai — adiantou-se Rebecca. — Eu lhe contarei o que ouvi. Aliás, o próprio Pedro fará isso. — Olhou para o motorista. — Pedro, diga ao papai o mesmo que disse a minha mãe.

O motorista olhou para o patrão e repetiu o que tinha dito a Lucrécia.

Depois de escutá-lo, Teófilo resolveu atender a seu pedido, para desgosto de Lucrécia:

Só o amor explica

— Mas assim eu é que serei prejudicada, pois preciso que ele faça algo muito importante para mim à tarde!

— Querida, seja razoável... Amanhã o Pedro fará tudo que você pedir. Não podemos permitir que a esposa dele passe por uma provação dessas sem o marido ao seu lado.

— Pedro, onde você mora? — perguntou Rebecca.

— Em Planaltina, senhorita.

— E essa cidade satélite é distante do Lago Sul?

— Muito distante. Tenho de apanhar dois ônibus para chegar em casa.

Rebecca voltou-se para Teófilo:

— Papai, por que o senhor não empresta o carro para o Pedro? Assim ele poderá chegar mais rápido a sua casa e utilizar o carro para conduzir a esposa ao hospital.

— Emprestar o nosso carro para um empregado! — Lucrécia parecia abismada. — Ficou maluca, Rebecca? Onde já se viu o patrão emprestar um dos seus carros para um empregado! Isso é um absurdo.

— Não é absurdo coisa nenhuma, mamãe. É uma situação de urgência. Pressinto que Pedro irá precisar do carro hoje à tarde.

— Carro de pobre é ônibus, Rebecca. Pedro e a esposa que apanhem um, e paguem o valor da passagem do coletivo. O salário que lhe pagamos pode comprar algumas passagens. Era só o que faltava: além de dispensar o motorista, seu pai ainda tem de emprestar o carro para ele!

— Rebecca, se você pressentiu que Pedro irá necessitar do carro, então eu deixarei que ele leve o veículo. Acredito em seus pressentimentos. Eles sempre se mostraram corretos, desde os seis anos, quando você comentou ter tido seu primeiro pressentimento. — Teófilo olhou para o motorista. — Leve o carro, Pedro. E não se preocupe em devolvê-lo ainda hoje. Pode trazê-lo amanhã, quando vier trabalhar.

O motorista agradeceu. Rebecca perguntou ao pai se poderia ir com Pedro.

— E por que razão você deveria acompanhá-lo, filha?

— Mais um pressentimento, papai. Algo me diz que a esposa do Pedro irá precisar muito de mim.

Teófilo permitiu que ela fosse, mas avisou que ela deveria voltar para casa no mesmo dia. Pedro garantiu que a traria.

— E você, querida, concorda em deixar nossa filha ir?

— Se ela quiser ir, que vá... Contanto que retorne para casa antes do anoitecer. Aliás, é até bom que vá. Assim, quando Pedro a trouxer para casa trará também nosso carro. Não estava gostando nem um pouco da idéia de deixar o carro na casa de um empregado. Poderia ser roubado a qualquer momento! Pode ir com ele, Rebecca. Tenha juízo; é só o que lhe recomendo. Cuide-se e mantenha a compostura. Lembre-se de que você pertence à alta sociedade brasiliense e que conhece a etiqueta. Mesmo estando na companhia de pobres, jamais se esqueça de que eles pertencem a uma classe social inferior a sua. Compreendeu?

— Mamãe — respondeu Rebecca —, não penso como a senhora. Pertencer a determinada classe social não torna ninguém melhor. Todos somos iguais perante Deus. Agora, se me der licença, irei apanhar minha bolsa.

— Espere um pouco, mocinha. Saiba que você só sairá de casa após almoçar.

— Tudo bem, mãe.

Teófilo foi tomar um banho para refrescar-se antes de almoçar. E Lucrécia, depois de mandar o motorista retirar-se, voltou à sua leitura na poltrona.

Assim que chegou à cozinha, Pedro sentou-se em uma cadeira e, olhando para a cozinheira e para a arrumadeira, exclamou:

— Como a patroa é chata!

— Se fosse só chata seria uma maravilha. Além de chata é ruim, e tem um gênio dos diabos — falou a arrumadeira.

—Vocês dois, poupem a língua! Se ela entrar e os escutar dizendo isso, irá colocá-los no olho da rua — advertiu a cozinheira. — Emprego não está fácil, e o salário que ela nos paga para que aturemos a sua rabugice não é nada ruim... — Abaixou o tom de voz. — Então, quando forem falar mal dela, falem bem baixinho e de preferência quando ela não estiver na mansão. — Deu um risinho.

— Se o salário não compensasse, eu teria ido embora na primeira semana de serviço. Agora nos conte, Pedro, como foi a sua conversa com ela. Na certa, não lhe concedeu a liberação que queria — disse a arrumadeira.

— Ela não a concedeu, mas graças à srta. Rebecca o patrão me liberou, e a pedido da filha deixou-me ir em seu carro — falou Pedro. — A srta. Rebecca irá me acompanhar.

— Só pode ser brincadeira! — disse, sorrindo, a arrumadeira. — Será que entendi direito? O patrão permitiu que você usasse o carro, e a nojenta da patroa deixou que a srta. Rebecca fosse com você sem ter causado nenhum problema?

— Claro que houve problema, Elvira — retrucou Pedro. — Vocês duas conhecem a mulher, ela não iria ficar sem se manifestar. Como sempre, ela disse aquelas coisas desagradáveis sobre gente de classe e gente pobre.

Então, Pedro narrou detalhadamente toda a conversa que tivera com a patroa, com Rebecca e com o patrão.

— A srta. Rebecca é um anjo que caiu do céu — comentou Dolores. — Só ela seria capaz de interceder por um de nós. Invejo você, Pedro... Vai ter a honra de receber em sua casa a visita de um anjo!

— A mãe bem que podia aprender alguma coisa com a filha — disse Elvira.

— Aí já é querer demais — respondeu Dolores sorrindo. — Melhor voltarmos a trabalhar antes que ela entre na cozinha e nos surpreenda conversando.

— E temos outra opção? Pobre nasceu para o trabalho mesmo. Mas talvez um dia eu dê sorte e acabe casando com um ricaço. Daí, passarei a ser tratada de *madame* Elvira. Ouviu bem, Pedro? Madame Elvira! — A arrumadeira suspirou, olhando de modo significativo para o motorista.

— Deixe de sonhar acordada, menina. Vá logo tratar de procurar o que fazer — ralhou a cozinheira.

— Já vou, já vou...

Elvira era branca e franzina, e nem um pouco bonita. Tinha apenas dezenove anos. Nordestina, chegara a Brasília havia quatro meses para tentar a sorte. Antes de deixar a cozinha, ela encarou o motorista e saiu requebrando. Sabia que Pedro era casado, mas também sabia que muitos homens casados se separavam das esposas. A de Pedro que o segurasse direitinho! Caso contrário, ela seria bem capaz de se envolver com o moreno alto, de olhos esverdeados, jovem e bastante atraente.

O telefone tocou. Dolores entrou na sala e rapidamente atendeu a ligação.

— Residência da família Lopes Lorizzen.

Depois de ouvir a pessoa que estava do outro lado da linha, pediu a ela que esperasse um minuto, passou o telefone para a patroa e retornou à cozinha.

— Alô!

— Lucrécia, é a Laura, aqui de Porto Alegre. Gostaria de lhe pedir um favor.

— Peça, minha irmã querida.

Após escutar a irmã, Lucrécia disse que iria conversar com o esposo e os filhos e então daria a ela uma resposta ao pedido.

Na hora do almoço, estando a família toda reunida, Lucrécia disse:

— Teófilo, Laura telefonou e perguntou se poderíamos hospedar Amanda por algum tempo aqui em nossa casa. A garota deseja prestar vestibular para medicina na universidade pública de Brasília. O que acha?

A imagem de Amanda logo surgiu na mente de Teófilo. A moça, assim como a esposa, era alguém de difícil convivência. Se suportar a esposa já era difícil, lidar com Lucrécia e Amanda ao mesmo tempo não seria nada fácil. Por outro lado, Lucrécia estimava muito a sobrinha. Se se opusesse à idéia de hospedá-la, a esposa poderia ficar ressentida com ele.

— Se for só por algum tempo, não vejo nenhum problema nisso — falou Teófilo.

Lucrécia perguntou aos filhos o que eles achavam da idéia.

— Péssima idéia. Amanda é muito chata e vive se metendo onde não deve. Não gostaria de tê-la aqui em casa — respondeu Thiago.

— Meu filho, onde já se viu dizer isso da sua prima? Ela é uma moça educada. Alguém que conhece a etiqueta como ela não vive se intrometendo em assuntos que não lhe dizem respeito — ressaltou Lucrécia. — Amo muito minha sobrinha, e nós duas nos damos muito bem. — Olhou para a filha. — Rebecca, você pensa como seu irmão?

— Amanda não é uma pessoa de fácil convivência, como já constatamos quando estávamos em Porto Alegre. Pressinto que a permanência dela em nossa casa nos trará problemas.

— Você e seus malditos pressentimentos — disse a mãe. — Que problemas alguém meigo e maravilhoso como Amanda poderia nos trazer, Rebecca?

ROBERTO DIÓGENES / SULAMITA

— Só saberemos quando a pessoa maravilhosa e meiga estiver aqui, mamãe — respondeu a filha. — Se ela deseja prestar o vestibular para medicina na universidade pública dessa cidade, sou de opinião que devemos recebê-la em nossa casa e fazer o possível para que se sinta bem.

Lucrécia comentou que após o almoço telefonaria para a irmã e acertaria os detalhes da vinda da sobrinha para a sua mansão.

— Hoje fui escolhida para representar a minha classe em uma gincana do colégio, que vai eleger o aluno mais inteligente do primeiro grau — Rebecca contou ao pai.

— Que notícia boa, filha! — exclamou Teófilo. — Você é muito inteligente. Com certeza, vencerá essa gincana.

— Não sei, não. Os dois melhores alunos de cada oitava série do colégio participarão da gincana. Mas estudarei muito e tentarei fazer o meu melhor. Diga-me, papai, como foi sua manhã de trabalho?

— Um pouco cansativa. Hoje precisei conversar pessoalmente, por telefone, com alguns compradores dos nossos produtos no exterior. Três deles alegavam que o preço da carne estava muito alto e que a carne remetida para exportação não era de boa qualidade.

— Pensei que a carne que nossos frigoríficos exportam fosse sempre de boa qualidade — Rebecca comentou.

— E é, querida. A carne enviada para exportação precisa ser de primeiríssima qualidade: sem nenhum tipo de gordura, e bem macia. Tem de possuir uma cor que agrade, e estar em perfeitas condições de consumo. Os europeus são muito exigentes, eles não compram qualquer carne.

— Se a carne foi enviada em boas condições, por que alegaram que não era de boa qualidade? — inquiriu Rebecca.

— Para poderem barganhar um preço melhor. Mas não conseguiram — esclareceu Teófilo.

Só o amor explica

— Por quanto nossos frigoríficos vendem um quilo de carne para o exterior, e por quanto vendem para os brasileiros? — questionou a filha.

— Rebecca! — ralhou Lucrécia. — Por que deseja saber isso? Deixe esse assunto para o seu pai e para Thiago, que são homens. Tenho certeza que seu pai não gosta de discutir essas coisas com você.

— Não me incomodo nem um pouco, Lucrécia. Até gosto de ver nossa filha interessada nos negócios da família. Como Thiago não o faz, aprovo o interesse de Rebecca.

— Mas... Thiago é que deveria discutir esse tipo de assunto com você! Rebecca, como toda garota que se preze, tem de conversar comigo sobre assuntos ligados à moda e aos rapazes das melhores famílias da alta sociedade. Em vez de ficar se intrometendo nos negócios da família, ela precisa é me ajudar a fortalecer os laços amigáveis que estamos construindo com as mais finas famílias da sociedade brasiliense!

— Só que eu não gosto, mamãe, de perder meu tempo com assuntos fúteis. Não suporto tagarelar sobre a sociedade hipócrita que está lá fora. Os que a freqüentam são apenas pessoas maliciosas e interesseiras.

— Que absurdo, minha filha! Nunca diga isso na frente de nossos amigos! — Lucrécia mostrou-se horrorizada.

— Se um dia eu tiver a oportunidade, direi, sim. Sabe por que gosto de conversar com papai sobre os negócios da família?

— Nem imagino.

— Porque a senhora não o faz, mamãe. Só se preocupa com a sociedade, e em andar vestida na moda. Conversar com papai me ajuda a crescer intelectualmente. Além do mais, eu me interesso pelo que ele tem a dizer sobre assuntos relacionados à nossa família. Valorizo demais o esforço que ele faz para nos proporcionar uma vida boa e cômoda.

Teófilo não cabia em si de orgulho por Rebecca. Em pouco tempo a garota conseguira perceber o que a esposa nunca notara: o quanto ele se dedicava à família.

— Ora, em que seu pai se esforça, Rebecca? — argumentou Lucrécia. — Ele apenas dá ordens. Quem trabalha verdadeiramente em nossos frigoríficos são os empregados. E nós, mulheres, só precisamos saber de um detalhe, querida: quanto dinheiro o esposo conseguiu ganhar em seu dia de trabalho...

— Pois quando eu me casar, mamãe, isso não terá a menor importância para mim. Vou querer saber se meu esposo teve um bom dia, e se tudo correu bem no serviço. Caso ele esteja aborrecido, tudo farei para que ele me conte o motivo de sua apreensão, a fim de ajudá-lo a esquecer o problema. Desse modo, mostrarei a ele que o amo e me preocupo com o que lhe acontece — disse Rebecca, olhando bem dentro dos olhos da mãe.

Teófilo contemplou a filha emocionado, e pensou: "O rapaz que desposar Rebecca será realmente abençoado".

— Você é muito ingênua, menina... Nem de longe imagina como é a rotina de um casamento! — zombou Lucrécia, enquanto gargalhava.

— A senhora deve conhecer a rotina muito bem, mamãe — falou Thiago. — Acho que a rotina do casamento a fez esquecer de que papai é seu marido, não apenas uma máquina de gerar dinheiro.

— O que está insinuando, Thiago? — perguntou Lucrécia, encarando o filho.

— Apenas disse o que penso. Bem, já terminamos de almoçar. Vou subir ao meu quarto, tenho um trabalho de biologia para fazer. Papai, posso levantar-me?

— Sim, filho, pode ir cuidar de seus afazeres. Estou contente em saber que se dedica aos estudos — elogiou Teófilo.

— Sou obrigado a dedicar-me. No colégio, sabem que sou o irmão da garota mais inteligente da oitava série B. Tenho de me esforçar para não fazer muito feio na hora das provas! — Levantou-se da mesa e seguiu em direção à escada.

— Com licença! — pediu Rebecca levantando-se da mesa. — Vou escovar os dentes, e depois procurarei o Pedro. Ele já deve estar me aguardando na garagem. — Beijou a mãe e o pai. — Tenha uma excelente tarde de serviço, papai. Tchau!

— Tchau, filha — falou Teófilo.

— Juízo, Rebecca! — completou Lucrécia ao vê-la subindo os degraus da escada.

— Não sei por que sempre recomenda juízo para a Rebecca. Ela não nos dá nenhum trabalho.

— Esse é meu medo, Teófilo! Ela nunca nos deu nenhum trabalho. Mas quando ela falhar, imagino que nos dará um trabalhão daqueles.

— Não creio nisso, querida. Nossa menina é muito sensata. Sabe bem o que faz e o que quer.

— Espero que tenha razão, querido.

— Preciso retornar ao escritório. Tenho uma reunião daqui a uma hora — disse Teófilo, levantando-se.

O homem de quarenta e um anos, alto, loiro, olhos azuis, barba cheia e bem cuidada deixou a esposa sozinha. Lucrécia telefonou para a residência da irmã em Porto Alegre, e combinaram a vinda da sobrinha para Brasília.

Quando Rebecca desceu as escadas, acenou para a mãe, e foi até a garagem. Entrou no carro e seguiu com o motorista para Planaltina.

Pedro estacionou o carro em frente a sua casa, e foi abrir a porta do veículo para que Rebecca saísse.

Ao avistar o genro, a sogra de Pedro dirigiu-se ao portão e falou:

— Graças a Deus você chegou, Pedro. Telefonei há poucos minutos para o seu serviço, e me informaram que você estava vindo para cá. Foi Deus quem o enviou. Leonor está gritando de dor. Diz que a criança pode nascer a qualquer momento.

Pedro convidou Rebecca para entrar e, apressado, dirigiu-se ao quarto do casal. A pobre mulher se debatia na cama, gritando alucinadamente. Ele segurou a mão da esposa:

— Leonor! Leonor, minha querida! Acalme-se, já vou levá-la ao hospital.

— Pedro, é você? Por favor, leve-me ao hospital. Sinto terríveis dores. São contrações fortíssimas. Ai, ai, ai! Não suporto mais! Chame uma ambulância... Sinto que a criança nascerá a qualquer momento.

— Não vai ser preciso chamar uma ambulância, querida. Eu estou de carro. Levante-se. Vou conduzi-la até o veículo. — Segurou um braço da esposa para ajudá-la a levantar-se da cama.

Rebecca aproximou-se e segurou no outro braço de Leonor, a fim de ajudar a levá-la.

Logo chegaram ao automóvel. Pedro abriu a porta do veículo, e quando ia ajudar a esposa a entrar, Rebecca disse que entraria primeiro, para que Leonor pudesse ficar deitada com a cabeça apoiada em seu colo. E assim foi feito.

Pedro deu partida no veículo e saiu apressado. Dirigia alheio às placas de sinalização e aos buracos nas estradas. Quando o carro balançava ao passar sobre algum buraco, Leonor apertava a barriga e gritava. As contrações eram cada vez mais intensas. Rebecca apanhou um lenço em sua bolsa e começou a limpar o suor da testa de Leonor. Depois, segurou-lhe a mão, e com voz suave pediu-lhe que tivesse calma.

Ao notar um grande buraco bem a sua frente, Pedro imediatamente pisou fundo no freio, fazendo com que o veículo parasse de repente. Nesse exato momento, Leonor apertou com violência a mão de Rebecca e gritou, dizendo que a criança estava querendo nascer.

Rebecca apavorou-se e mandou Pedro dar partida no carro e correr o mais que pudesse.

Havia agora suor em abundância no rosto da grávida. Sem saber o que fazer, Rebecca fechou os olhos, contou até cinco e rezou:

— Meu Deus, o que é que eu vou fazer agora!? Senhor, permita que eu encontre um modo de ajudar.

— Vai nascer! Vai nascer! — gritava Leonor. — Tem de nascer, não suporto mais tanta dor! Ai, ai, ai!

— Força, Leonor, força! — pedia Rebecca. — Deixe seu filho nascer. Faça força, mulher. Você é forte.

— Aaaaaaaaaaaiiiiii — gritou Leonor bem alto, empurrando a criança com toda a força que lhe restava.

Ao ver a criança nascendo, Rebecca a segurou em seus braços. Percebeu que Leonor perdia um pouco de sangue, e se assustou:

— Acelere, Pedro! Sua esposa está perdendo sangue!

Sem saber o que fazer, Rebecca olhava para a pobre mulher e para a criança toda ensangüentada em seus braços. Aproximou a criança da mãe e, mostrando-a, disse:

— É uma menininha.

Leonor olhou a filha e deu um meio-sorriso. Em seguida, desmaiou.

Nesse exato momento, o veículo chegou ao hospital; Pedro entrou correndo no pronto-socorro e desesperadamente pediu que ajudassem a esposa e a filha.

Sem demora, três enfermeiros providenciaram uma maca e conduziram mãe e filha para as dependências do hospital.

Uma enfermeira, notando que Rebecca estava suja de sangue, conduziu-a até um banheiro e providenciou o material necessário para a higiene da adolescente.

Poucos minutos depois, Rebecca juntou-se a Pedro na sala de espera e os dois, sentados, ficaram aguardando notícias.

Mas o tempo passava e eles não recebiam notícia nenhuma. Pedro começava a ficar preocupado com a esposa. Levantou-se do banco e pôs-se a andar de um lado para outro da sala. Quando avistava um enfermeiro, perguntava se tinha informações sobre a esposa ou a filha. Percebendo a agitação do motorista, Rebecca levantou-se e, tocando no ombro direito dele, pediu-lhe que se acalmasse e se sentasse novamente.

Logo que se sentou, Pedro contemplou a adolescente e disse:

— Srta. Rebecca, algo grave deve ter acontecido com Leonor. Eles a conduziram desmaiada já há algum tempo, e até agora não me deram nenhuma notícia. Receio que Leonor não esteja nada bem e que possa não ter resistido ao parto! — Colocou a mão no rosto, e seus olhos encheram-se de lágrimas.

Rebecca o abraçou.

— Não pense uma coisa dessas, Pedro... Isso só o fará sofrer. Leonor com certeza está bem. Só deve estar fraca, afinal enfrentou momentos difíceis demais. Procure pensar em Deus, e pedir para que Ele dê forças a sua esposa. Deus é um Pai muito bondoso, e vela por todos os seus filhos. Como Leonor é filha Dele, o Bondoso Pai a está protegendo. Agora, erga a cabeça e reze comigo. A única coisa que podemos fazer é rezar.

Ao escutar Rebecca, um médico, que caminhava na direção dos dois, parou e os ficou observando.

Ouvindo as palavras de conforto pronunciadas pela garota de quatorze anos, Pedro levou as costas da mão ao rosto e secou as lágrimas que insistiam em descer por sua face.

— A senhorita tem toda razão. Vamos rezar. Eu não sou um homem muito religioso, e apenas sei rezar o Pai-nosso e a Ave-maria.

Os dois fecharam os olhos e baixinho começaram a rezar. Quando concluíram as preces e abriram os olhos, o médico indagou se eles eram parentes de Leonor.

— Ela é minha esposa, doutor.

— Poderia vir comigo, por favor?

Os dois acompanharam o médico até uma sala-consultório.

— Sua esposa teve uma hemorragia pós-parto, e a custo conseguimos vencê-la; contudo, perdeu certa quantidade de sangue, que tem de ser reposto com máxima urgência. Ela é O negativo, e o hospital no momento não dispõe deste tipo de sangue. Em resumo, sua esposa necessita imediatamente receber sangue O negativo. O senhor por acaso é O negativo? — inquiriu o médico.

— Não senhor. Sou A positivo.

— Então estamos com um grande problema. A situação é bastante delicada.

— Eu sou O negativo. Posso doar o sangue para ela — disse Rebecca.

O médico a encarou:

— Você é muito jovem, garota. O hospital possui algumas normas. Uma delas é que o doador de sangue necessita ser maior de idade.

— Mas o senhor acabou de dizer que a situação da Leonor é delicada. No momento, acredito que ajudá-la é muito mais importante do que certas normas do hospital. Eu me responsabilizo por qualquer coisa. Um pouco de sangue não vai me fazer nenhuma falta, mas será precioso para nossa amiga.

— Sinto muito, garota. Não posso ir contra as determinações da direção do hospital.

— Mesmo que para isso tenha de ir contra o seu juramento médico? Afinal, todo médico jura fazer o possível para salvar vidas, não para seguir à risca as normas dos hospitais — disse-lhe Rebecca, olhando-o bem dentro dos olhos.

O médico a encarou:

— Como é um caso de extrema urgência, vamos combinar o seguinte. Você telefona para os seus pais e pede-lhes autorização para que possa fazer a doação. Quando eles a autorizarem, você me passará o telefone, para que eu possa conversar com eles.

— É só me mostrar de onde posso telefonar, doutor — falou Rebecca.

— Venha comigo.

O médico conduziu Rebecca até uma sala onde ela encontrou um aparelho telefônico. Ligou para o escritório do pai e pediu que o chamassem.

Em rápidas palavras ela contou a Teófilo o que estava acontecendo. O empresário disse a sua filha que o aguardasse no hospital. Então, ela passou o telefone para o médico, que trocou algumas palavras com o pai da adolescente e informou como ele chegaria ao hospital. Encerrando a ligação, olhou para Rebecca e comentou:

— Só espero que a mocinha não tenha medo da picada da agulha.

— Por que foi lembrar disso justo agora, doutor? Farei de conta que não escutei — gracejou Rebecca.

O médico sorriu. Depois, chamou uma enfermeira e pediu-lhe que preparasse Rebecca. Também aconselhou Pedro a aguardar com paciência. E rezar.

A enfermeira colocou Rebecca ao lado de Leonor. O médico segurou o braço esquerdo dela e, colocando nele a agulha, deu início à transfusão direta. Iria retirar 500 ml de sangue de Rebecca e passá-los imediatamente para Leonor.

Após vários minutos, Pedro, que rezava de olhos fechados, sentiu a mão de alguém em sua cabeça. Abriu os olhos e viu Rebecca, toda sorridente, junto com o médico.

— Graças a essa mocinha sua esposa não corre mais nenhum risco — falou o médico. — Mais tarde poderá ver sua esposa. No momento, ela dorme. Sua filha está bem. — Estendeu a mão para Pedro. — Parabéns! O senhor é pai.

Agradecido e aliviado, Pedro apertou a mão do médico.

— Obrigada, dr. Matheus! Meu nome é Rebecca. Foi uma honra conhecer um médico tão gentil e competente.

— A honra foi toda minha!

Logo que se viu a sós com Pedro, Rebecca abriu os braços e disse:

— Dê-me um abraço. Quero felicitá-lo. Você agora é pai.

Pedro a abraçou. Os dois se sentaram e ficaram conversando.

Quando Teófilo chegou ao hospital, ainda os encontrou conversando. Dirigiu-se à filha, inteirou-se dos acontecimentos e depois foi falar com o dr. Matheus, a fim de assinar a documentação em que autorizava a filha, menor de idade, a doar sangue.

Quando foram visitar Leonor, ela amamentava a filhinha. Vendo-as, Pedro aproximou-se e, muito emocionado, beijou a fronte da esposa e tocou de leve na cabecinha da filha.

Rebecca disse algumas palavras a Leonor, e tocou com carinho o queixinho da criança.

Do lado de fora do hospital, Teófilo disse ao motorista que ele poderia ficar com o carro até o dia em que a esposa recebesse alta. Assim, Pedro levaria a esposa e a filha para casa sem grandes problemas. Pedro agradeceu ao patrão, e então dirigiu-se a Rebecca:

— Muito obrigado por tudo, srta. Rebecca. Só Deus poderá pagar tudo que fez por mim, por minha filhinha e por minha esposa. A senhorita é muito bondosa! Eu lhe serei eternamente grato.

— Não agradeça a mim, Pedro, mas sim a Deus: Ele é que tudo fez por você e pelos seus — respondeu Rebecca. — Espero que seja muito feliz com sua menininha. — Despediu-se do motorista e entrou no carro do pai.

2

O deus grego

Enquanto aguardava a chegada do vôo que trazia a prima para Brasília, Rebecca observava as manchetes do principal jornal da capital em uma banca de revistas localizada nas dependências do aeroporto. Ao escutar que o vôo 3489 já estava pousando, caminhou até os pais, e juntos dirigiram-se até o portão de desembarque.

Quando Amanda chegou ao portão de desembarque, os olhares dos homens e de algumas mulheres se fixaram na jovem de dezoito anos, loira, de cabelos longos e bem tratados e olhos verde-esmeralda. Tudo nela parecia perfeito: o nariz afilado, a pele bem cuidada. Tinha 1,83 m de altura, e corpo de modelo, valorizado pelo vestido preto que usava, cujo decote deixava à mostra uma pequena parte dos seios. Seu sorriso era encantador, e uma pintinha abaixo do olho esquerdo lhe conferia certo charme. Tratava-se de uma mulher lindíssima.

Amanda caminhou até a tia de forma elegante, e com o nariz empinado. Abraçou Lucrécia e lhe deu três beijinhos. Depois fez o mesmo com a prima. Abraçou o tio, mas não lhe deu beijinhos.

— Estou feliz em vê-los. Estava com saudades de vocês — falou Amanda.

— Também senti saudades de você, Amanda — disse Lucrécia.

Passados quinze minutos, chegaram à mansão. Lucrécia conduziu a sobrinha para dentro, e Pedro ajudou Teófilo a levar as malas de Amanda para o quarto de hóspedes que a moça iria ocupar.

Amanda, após conversar alguns momentos com a tia e a prima, disse a elas que gostaria de tomar banho e descansar um pouco.

Na hora do jantar, Amanda encontrou Thiago e o abraçou:

— Primo, sabia que você está ainda mais parecido com seu pai do que antes?

Thiago gostou de ouvir essas palavras. Enquanto comia, não parava de lançar olhares para a prima, que era muito bonita. "Se ela não fosse tão chata, seria uma mulher perfeita", pensou.

— Fiquei muito feliz quando mamãe me disse que meus tios concordaram em me hospedar por algum tempo — falou Amanda.

— Parece que só a mamãe ficou feliz com sua vinda à nossa casa — disparou Thiago. — Eu disse que era contra a sua permanência aqui.

— Thiago, você disse isso? — perguntou Amanda.

— Sim, e continuo dizendo a mesma coisa.

— Não dê ouvidos a ele, Amanda — começou Lucrécia. — A verdade é que Thiago sempre foi apaixonado por você, mas nunca foi correspondido. Tem medo que sua louca paixão volte com intensidade caso você se hospede conosco, então se opõe a essa idéia. — Lucrécia olhou para o filho e sorriu.

— Ora, priminho, que surpresa! Por que não me confessou a sua paixão? Por mim, podemos conversar... e quem sabe a gente não se entenda? — disse Amanda, piscando para ele.

Thiago ficou vermelho como um pimentão. Jamais imaginara que a mãe tivesse conhecimento da paixão secreta que nutria pela prima. Desejava ardentemente ter a prima em seus braços, satisfazendo todas as suas vontades. Já havia perdido muito tempo e muitas noites de sono por causa de Amanda. Mas ela, a exemplo de sua mãe, ainda o via como um bebezinho, muito embora ele já fosse um belo rapaz: era alto como o pai, e todos que o viam acreditavam que ele tivesse dezoito anos quando na verdade tinha dezesseis. As garotas do colégio não o deixavam em paz; então, por que sua prima insistia em zombar dele, tratando-o como criança? Não entendia como a mãe descobrira sua paixão por ela. Mesmo assim, nunca daria o braço a torcer.

— Apaixonado por Amanda, mamãe? No dia em que uma coisa dessas acontecer comigo, pode me colocar em um hospício. Terei perdido meu juízo — falou Thiago.

— Ah, ah, ah! Talvez já o tenha perdido, meu filho... Qualquer adolescente da sua idade perderia se vivesse perto de Amanda e ela não lhe desse a mínima.

— Mamãe, a senhora adoraria que isso fosse verdade, não é? Mas lhe garanto que a única coisa que sinto por Amanda é vontade de me manter bem longe dela.

— Thiago, a quem você quer enganar? A mim, sua própria mãe, ou a você mesmo? — indagou Lucrécia.

— Mãe, por que não acredita em Thiago? Todos sabemos que ele nunca gostou da Amanda; é absurdo dizer agora que ele é apaixonado por ela. Talvez você o conheça muito menos do que pensa — falou Rebecca.

— Ou então o conheço bem demais. Thiago sempre foi meu bebê, e toda mãe conhece profundamente o seu bebezinho.

— Pare com isso de uma vez por todas! Já disse que não gosto que me chame assim — ralhou Thiago, chateado.

— Ficou irritado porque sua prima escutou quando o chamei de bebezinho? — perguntou Lucrécia, rindo.

Thiago esmurrou a mesa e, lançando um olhar raivoso para a mãe, levantou-se. Pediu licença ao pai, e mal colocara o pé no primeiro degrau da escada quando escutou a voz do pai:

— Thiago! Retorne à mesa e sente-se em seu lugar.

O filho fez o que o pai mandou.

— Lucrécia, faça-me o favor de tratar seus filhos com respeito. Se não for capaz disso, então é melhor que fique em silêncio — disse Teófilo.

— Não se atreva a me dar ordens. Falo a eles o que quiser e quando quiser. Se você pode mandar neles, Teófilo, eu posso muito mais! Os filhos devem muito mais respeito à mãe do que ao pai.

— Não, mamãe, os filhos devem respeitar pai e mãe igualmente — comentou Rebecca.

— Cale-se! Você não entende nada de respeito, garota. Se entendesse e me respeitasse, não faria as coisas sempre a seu modo, e sim acataria meus conselhos. Porque sou sua mãe e sei o que é melhor para você — replicou Lucrécia.

— Respeitá-la é uma coisa, e acatar tudo que a senhora considera ser bom para mim é outra bem diferente, mãe — insistiu Rebecca.

— Eu a respeito, mas a senhora, quando teima em tomar decisões em meu lugar, mostra que não tem respeito por mim. Sua opinião é que vai me ajudar, bem como sua orientação. Gostaria de poder consultá-la sobre as decisões que *eu* tomar. Adoraria poder contar com sua experiência quando precisar.

Thiago ficou impressionado com as considerações da irmã. Orgulhava-se muito de sua inteligência.

Lucrécia refletiu nas palavras da filha, e percebeu que a menina estava certa. Às vezes, tinha a impressão de que Rebecca possuía mais conhecimento da vida do que ela. Era estranho, mas sua filha é que sempre parecia estar ensinando algo a ela, e não o contrário.

— Pensarei no que disse, Rebecca — decidiu Lucrécia.

— Fico contente em saber que irá pensar, mamãe. Posso pedir que me responda uma coisa?

— Claro. Só não sei se lhe darei a resposta.

— Por que tem sempre de chamar o Thiago de bebezinho, mesmo sabendo que meu irmão não gosta de ser chamado assim? Por que insiste em nos fazer escutar coisas que sabe que não gostamos de ouvir?

— Bem, uma mãe tem de tocar nas feridas dos filhos para que eles se acostumem com as dores; assim, quando outros mexerem nessas feridas, esses filhos não se incomodarão, porque já estarão acostumados com as dores que elas transmitem. A ferida do Thiago é não gostar de ser chamado de bebezinho e ser tratado como um. Sua ferida, Rebecca, é não gostar que eu tome decisões por você; só que, diferente de Thiago, você não liga muito quando coloco o dedo nessa sua ferida, pois sabe muito bem retirá-lo sem demonstrar o menor sinal de que sentiu alguma dor.

Rebecca achou interessante o que a mãe dissera sobre dedo na ferida.

Amanda e Lucrécia começaram a falar sobre o curso de medicina no qual a hóspede queria ingressar.

Contudo, o que Amanda buscava de fato, o que desejava mais que tudo, não era ser pediatra: era seduzir Teófilo até deixá-lo louco por ela. E agora, morando na mesma casa que ele, teria tempo suficiente para levar adiante seus planos. Queria conquistá-lo não porque o amasse ou sentisse alguma coisa por ele, mas para tirá-lo de Rebecca. Filha e pai eram muito unidos, e o tio fazia todas as vontades de Rebecca. Queria quebrar essa união, a fim de conseguir tomar o que pertencia à prima. Pois tudo que Rebecca possuía tinha de ser dela! Nada mais, nada menos que tudo.

Cursar medicina em Brasília tinha sido o pretexto que encontrara para poder viver sob o mesmo teto da prima sem despertar suspeitas.

Só o amor explica

O interfone tocou, anunciando que alguém chegava. Instantes depois, Elvira informou:

— A senhora tem visita, patroa. Deixei-os esperando na sala de estar.

— Claro que temos visita, Elvira. Não sou surda. Escutei o interfone. De quem se trata?

— A esposa do general Fonseca e os dois filhos.

— Minha amiga veio visitar-me! Que maravilha! — exclamou Lucrécia. — Amanda, você vai conhecer uma das mulheres mais importantes dessa cidade. Além de esposa de um general do exército, Fabiana é colunista do principal jornal brasiliense. Eles possuem uma fortuna invejável. O general é proprietário de uma rede de concessionárias em todo o país! — Olhou para esposo e filhos e, vendo que já tinham terminado a sobremesa, chamou-os para irem falar com os visitantes.

Logo que Fabiana viu os donos da casa, disse:

— Desculpem ter atrapalhado o jantar de vocês.

— Querida, não se preocupe. Nós já havíamos terminado — falou Lucrécia, aproximando-se de Fabiana e cumprimentando-a com beijinhos na face. Depois, todos se cumprimentaram.

Maria Elise caminhou até Rebecca, e começaram a conversar.

— Você não me contou que tinha uma prima, Rebecca. Nossa, como ela é bonita!

— Puxa, eu me esqueci de comentar isso com você!

— Ora, não faz mal. Sabe, nós estamos aqui a pedido de meu irmão, o Mário, que veio conosco, como você já percebeu.

Todos se sentaram.

— Lucrécia, viemos porque meu filho Mário, que estuda no mesmo colégio onde seus filhos estudam, deseja falar com sua filha Rebecca — Fabiana explicou. — Mário disse que o assunto é importante.

37

— Fique à vontade, Mário. Pode falar com Rebecca sem nenhum problema — disse Lucrécia. — Se o assunto for particular, nós nos retiraremos.

— Não é particular, dona Lucrécia. Todos podem ouvir — esclareceu Mário.

O rapaz de dezesseis anos, alto e magro, olhos pretos e ar sonhador, informou a Rebecca que o senador Cardoso daria um baile em comemoração do aniversário do seu filho, que completaria quinze anos. Todos os convidados deveriam comparecer acompanhados; quem não encontrasse um par não participaria das festividades.

— Haverá uma cerimônia, e eu fui chamado a tomar parte nela. Trata-se de um convite especial, que poucos receberam. Por isso, convido Rebecca para ser meu par no baile. E também... também gostaria que ela... bem, que namorasse comigo. Você aceitaria ser minha namorada?

Rebecca contemplou Mário por alguns segundos; pensou bem no que iria lhe dizer e, encarando o rapaz, falou:

— Sinto-me honrada com seu convite para o baile, Mário, e lisonjeada com o seu pedido de namoro. Mas infelizmente não posso aceitar nem um nem outro.

— Filha, como pode dizer isso ao rapaz? Ele veio até nossa casa e educadamente a convidou para o baile e a pediu em namoro. Mário é um excelente rapaz. Aceite os seus pedidos!

— Em primeiro lugar, mãe, não gosto de bailes. E ainda não penso em namorar. Só o farei com o rapaz que fizer meu coração pulsar de forma diferente. Mário não é essa pessoa, portanto não posso namorá-lo, para não o enganar e principalmente para não enganar a mim mesma. Em um namoro, sentimentos estão em jogo, e eles mexem profundamente como o casal envolvido. Quando o namoro não dá certo, o sentimento de um dos dois permanece, pois não pode ser substituído com facilidade, e atormenta a pessoa que

Só o amor explica

ainda o mantém. Não quero que isso aconteça ao Mário, muito menos comigo.

Fabiana ficou admirada com as palavras da filha de Lucrécia. Maria Elise tinha razão: Rebecca era uma garota profundamente inteligente e filosófica.

Por outro lado, Lucrécia considerava a filha uma perfeita idiota. Para ela, recusar o namoro com um partidão como Mário fora até agora a maior estupidez que a filha cometera.

Diante da recusa, Mário desejou ainda mais ter aquela garota para si. Rebecca que o aguardasse. Ele não se daria por satisfeito. Iria começar a cortejá-la mesmo contra a vontade dela. Era filho de um general, e jamais se daria por vencido antes mesmo de a batalha ter início. Rebecca seria sua.

Teófilo sentiu vontade de abraçar a filha. Jamais imaginara que Rebecca compreendesse algo referente a sentimentos do coração. Pensou mais uma vez que abençoado seria o rapaz que casasse com ela.

Então, algo inesperado aconteceu: Amanda caminhou até Mário, segurou-lhe a mão e ofereceu-se para ser o par dele no baile. Comentou que seria uma ocasião ideal para conhecer a sociedade brasiliense. Se Mário não se incomodasse, ficaria encantada em ser sua dama no baile.

O filho do general aceitou de imediato a proposta, pensando que aquela verdadeira representante da beleza feminina iria ser a sensação do baile.

Lucrécia achou esplêndido Amanda ter se oferecido para ser a dama de Mário. A sobrinha não era tonta como a filha: deixaria o jovem caidinho por ela. Fabiana aprovou a atitude de Amanda: a moça na certa não gostaria que a recusa da prima deixasse o pretendente ofendido.

Os pais de Rebecca e Fabiana concordaram que sobrinha e filho fossem um dos pares do baile de aniversário do filho do senador

Cardoso, político importantíssimo em Brasília e proprietário de grandes fazendas produtoras de soja no Mato Grosso.

— Você continua caseira como sempre, Rebecca. Deixar de ir a um evento desses só porque não gosta de baile é uma grande tolice. Ainda bem que sua prima não é assim. Ao que tudo indica, Amanda gosta de se divertir como eu — disse Maria Elise.

— Você já a levou ao shopping ou a outros lugares interessantes de Brasília?

— Rebecca ainda nem me falou desses lugares, Maria Elise — adiantou-se Amanda. — Na verdade, minha prima e eu não tivemos tempo de conversar muito. A propósito, você, que me parece ser uma garota bem esperta, pode me falar um pouco sobre esses lugares?

— Será um prazer. Farei melhor: também a *levarei* até eles. Quem sabe Rebecca não siga seu exemplo e passe a freqüentá-los? Vivo dizendo a ela para sair mais e se divertir, mas ela raramente aceita meus convites — disse Maria Elise, olhando para a amiga.

Amanda e Maria Elise combinaram sair no dia seguinte. Convidaram Rebecca, mas a garota declinou o convite.

Após terem experimentado um delicioso licor que Lucrécia ofereceu, os visitantes se despediram e retornaram a sua mansão, localizada a poucas quadras da dos Lopes Lorizzen.

Nos quatro dias seguintes, Amanda saiu com Maria Elise. Até foram com Lucrécia à universidade para que Amanda se inscrevesse no vestibular.

Maria Elise gostava de sair com a prima de Rebecca, que, lindíssima como era, chamava a atenção onde quer que estivesse. Rapazes não paravam de mandar bilhetinhos para ela. Muitos se aproximavam dela, meio hipnotizados diante de sua beleza, e lhe diziam gracinhas. Vez ou outra, um deles enxergava Maria Elise e lhe dizia alguma bobagem, fazendo-a enrubescer; contudo, ela sentia-se bem por ser notada.

Só o amor explica

No sábado, Maria Elise apareceu bastante eufórica na casa dos Lopes Lorizzen:

— Rebecca, os jogos escolares se iniciaram pela manhã! Às cinco da tarde o time de vôlei do nosso colégio vai jogar, e vim convidá-la para ir comigo ao jogo. O deus grego de quem já lhe falei faz parte do time de vôlei. É uma excelente oportunidade para que você o veja e constate o quanto ele é lindo! E absolutamente irresistível!

— Maria Elise... Falando desse jeito, você revela estar apaixonada por esse Apolo — comentou Amanda sorrindo.

— Se fosse apenas eu, seria uma maravilha... Mas infelizmente há muitas concorrentes: só pra começar, todas as garotas do colégio!

— Ora, não pode existir um garoto tão lindo assim, Maria Elise. Você deve estar exagerando — disse Amanda.

— Se tiver a oportunidade de encontrá-lo um dia, verá que não é exagero. Perto desse deus, até você, que é linda, passaria despercebida! Os homens não a notariam, pois iriam estar ocupados demais olhando para o nosso deus grego e se roendo de inveja dele!

— Puxa, Maria Elise... Agora você despertou minha curiosidade. Posso ir ao jogo com você? — perguntou Amanda.

— Pode. Como estudo no colégio, permitirão que você entre comigo.

As duas tentaram de todos os modos convencer Rebecca a acompanhá-las ao ginásio, sem êxito.

— Minha amiga, ficar em casa estudando em pleno sábado, quando o garoto mais bonito deste mundo vai jogar vôlei de short durante mais de uma hora? Cuidado, está ficando muito parecida com a chatinha da Yoko!

Amanda subiu para vestir uma roupa esporte. Queria usar algo que revelasse bem as suas formas, pois tinha de chamar a atenção daquele deus grego. Se ele fosse tão lindo como Maria Elise comentara,

41

talvez também fosse rico. Riqueza e beleza em um homem eram duas coisas que ela muito apreciava.

As duas despediram-se da dona da mansão e de Rebecca, e partiram para o ginásio do colégio.

Lucrécia olhou bem dentro dos olhos da filha:

— Você não passa de uma tonta! Uma caipira bobalhona! Amanda mal chegou a Brasília e já vai a um baile importante com um rapaz que é herdeiro de uma sólida fortuna. Rapaz que você dispensou com um comentário ridículo sobre sentimentos. Não bastasse isso, sua prima agora está sempre ao lado de Maria Elise, e em companhia dela acabará conhecendo os melhores partidos da sociedade! Escute-me bem: eu *exijo* que você comece a sair com as duas! Não percebe que acabará ficando para trás?

Rebecca pediu licença para subir ao quarto e voltar aos estudos. Não iria perder seu tempo tentando fazer a mãe compreender o que já lhe havia dito mais de uma vez.

Vendo a filha subir a escada, Lucrécia encostou-se no corrimão e ficou imaginando como consertar o erro de sua filha e conseguir que fosse novamente convidada para ir ao baile de aniversário do filho do senador Cardoso. Ela sabia que o filho do senador não tinha irmãos, e que herdaria toda a fortuna do pai, que era viúvo. Uma fortuna avaliada em milhões! E Maria Elise é que fora convidada pelo aniversariante para ser sua dama no baile!

Lucrécia estava tão perdida em seus pensamentos que não viu quando o filho desceu a escada.

— Dá licença, mãe, Quero passar!

— Desculpe, meu filho. Eu me distraí.

— E como! A senhora parecia estar muito concentrada.

— Vai sair, Thiago?

— Sim.

— Para aonde você vai?

Só o amor explica

— Eu e um amigo temos de convencer duas garotas a nos acompanhar a um baile. Fomos convidados para o baile de aniversário do filho de um político, o senador Cardoso, acho.

— V... você foi convidado para o baile de aniversário do filho do senador Cardoso?

— Sim, é esse político mesmo.

— Se você foi convidado, então eu e seu pai também fomos.

— O convite diz isso. Ele está no meu quarto, depois mostro para a senhora. Tchau, mamãe!

Lucrécia telefonou para sua costureira e pediu à mulher que viesse a sua casa. Tinha de mandá-la fazer um vestido bem bonito para o baile. Um vestido não, dois. Amanda seria uma das damas dos cavalheiros convidados pelo aniversariante.

3

Quando o amor esbarra

O ginásio do colégio dos padres estava lotado. Maria Elise e Amanda em vão tentavam encontrar um local que lhes garantisse uma boa visão da quadra. Enquanto caminhavam procurando um lugar para se sentarem, Amanda espantou-se ao notar que o ginásio estava totalmente tomado por garotas. Nunca em sua vida tinha visto tantas garotas concentradas em um único lugar. O tal Apolo devia mesmo valer a pena.

— Pobrezinhas... Não terão a menor chance contra mim. Esse deus grego já está nas minhas mãos.

Elas enfim encontraram um lugar, e sentaram-se. Maria Elise logo reconheceu um adolescente que estava ao seu lado.

— William! Você por aqui? Pensei que não gostasse de vôlei.

— Gosto! Adoro ver as brilhantes jogadas que o meu melhor amigo, o levantador do time, faz — respondeu William.

— Não acredito no que ouvi — disse Maria Elise. — William! O levantador do time do nosso colégio é seu melhor amigo?

Só o amor explica

— É, sim.

— Seu melhor amigo! — repetiu Maria Elise. — Está me dizendo que o deus grego, o levantador do time, é seu melhor amigo?! E só agora me conta? — Deu um tapinha no ombro dele.

— Isso mesmo! Falando em amigos, por que não me apresenta a sua amiga?

— Ah, claro! William, esta é Amanda. Amanda, este é o William, o filho do senador Cardoso, em cujo baile de aniversário você será uma das damas.

— Encantada! É a primeira vez que conheço o filho de um senador — disse Amanda, enquanto apertava a mão do adolescente.

— Eu é que estou encantado em conhecer uma moça tão linda.

Maria Elise pediu que o rapaz falasse sobre a amizade com o deus grego.

Amanda os escutou em silêncio. Embora o filho do senador fosse meio gordinho, usasse óculos de lentes grossas e não tivesse nada de bonito, ele tinha dinheiro. "E o dinheiro", pensou ela, "faz uma moça enxergar beleza no mais feio dos homens!"

William não disse a Maria Elise nada do que ela queria saber. Para desviá-la do assunto, comentou que após o jogo levaria o deus para casa. Maria Elise implorou para ser apresentada ao rapaz. O adolescente disse que seria difícil:

— Logo que o jogo termina, ele se dirige ao vestiário, e após ouvir as considerações do treinador a respeito do jogo, regressa imediatamente para sua casa. Toma banho, come alguma coisa e "mergulha" nos estudos. Ele vive estudando, sabe? Apresentar você a ele não seria fácil.

— Se não fizer o que lhe peço, não serei mais a sua dama em seu baile de aniversário!

— Uma coisa não tem nada a ver com a outra, Maria Elise — disse William.

45

— Se é assim que pensa, pode procurar outra garota para acompanhá-lo ao baile.

William, que era apaixonado por Maria Elise, acabou concordando em fazer o possível para apresentá-los. Maria Elise vibrou.

Agora, o jogo estava prestes a começar.

O locutor informou que o time rival iria entrar na quadra. Os jogadores entraram como se fossem donos do ginásio; a torcida deles levantou e bateu palmas. A outra torcida vaiava. Os garotos encheram o peito e se posicionaram na quadra.

Então, o locutor anunciou a entrada do time do colégio. As garotas, numa explosão de alegria, levantaram e começaram a bater palmas. Gritavam alucinadamente. Quando notaram que o levantador não estava entre os jogadores, pararam de bater palmas e puseram-se a pedir, aos berros, a presença de seu ídolo.

— Com vocês, o levantador do time: Tarcííííísio! — anunciou o locutor.

Recomeçaram os gritos alucinados. As garotas agora bradavam o nome de Tarcísio desesperadamente, todas ao mesmo tempo.

Tarcísio entrou na quadra de cabeça baixa. De repente, ergueu a cabeça e, levantando o braço direito, cumprimentou a torcida sorrindo.

Ao contemplar Tarcísio, Amanda beliscou-se, imaginando que se tratasse de uma visão. Jamais, em toda a sua vida, sonhara que alguém tão lindo poderia existir. Aquele adolescente era belíssimo: rostinho de criança, alto, cabelos cacheados, pretos e brilhantes, compridos até os ombros, olhos muito azuis, pele clara e bem cuidada! E seu encantador sorriso? Dentes branquíssimos e perfeitos. E ar angelical, também. Não havia dúvida, era mais que justo chamá-lo de deus grego.

Tarcísio juntou-se aos outros jogadores de seu time.

Semelhante às outras garotas, Amanda levantava-se e gritava todas as vezes que Tarcísio tocava na bola.

Só o amor explica

O jogo estava equilibrado, e o time rival jogava muito bem. Cada equipe havia vencido um set, mas a de Tarcísio estava perdendo o terceiro set por oito a cinco. O técnico pediu tempo, e conversou apenas com Tarcísio. Ao retornar para a quadra, o levantador pôs em prática sua técnica impecável: realizando levantamentos excepcionais, ajudou o time a virar o placar e vencer o jogo por três sets a um.

Quando o locutor anunciou o final da partida, os jogadores dos dois times se cumprimentaram. O time vencedor deu uma volta pela quadra. As garotas não paravam de gritar o nome de Tarcísio.

William puxou Maria Elise pelo braço, chamando-a para o local em que os veículos estavam estacionados.

— Vamos, não podemos perder tempo. Um motorista do meu pai já está esperando o Tarcísio com o motor do carro ligado. Agora é questão de minutos até o seu deus grego chegar ao carro.

Maria Elise e Amanda apressaram-se a sair do ginásio lotado.

Com grande dificuldade, conseguiram enfim chegar ao estacionamento. Lá, William encontrou Matilde, irmã de Tarcísio:

— Olá! — disse ela, abraçando-o. — Meu irmão acabou indo embora com a mamãe. Mas deixou isso para você, William. — E entregou-lhe uma folha de papel.

Maria Elise ficou desapontadíssima. Irritada, reclamou:

— Não acredito que por pouco não fui apresentada ao deus grego! Que falta de sorte. O que tem nesse papel, William?

— Nada de mais, só a tabela de jogos que o time realizará durante a semana.

— Mesmo? Quero ficar com uma cópia dela!

— Bem... acho que posso conseguir isso. Eu lhe mando uma cópia na segunda-feira.

— Nem pensar! Eu quero uma cópia *já*!

Sem saída, William acabou lhe entregando a tabela que recebera da irmã de Tarcísio. Mais contente, Maria Elise beijou-o e despediu-se dele.

Ao chegarem à mansão dos pais de Rebecca, Amanda copiou a tabela dos jogos.

Rebecca comentou que as duas exageravam nos elogios ao garoto do vôlei. Maria Elise e Amanda riram bastante, e insistiram para que ela as acompanhasse aos jogos; assim, comprovaria que nenhuma delas exagerava ao descrever o belo Tarcísio. Contudo, mais uma vez Rebecca recusou o convite.

Durante a semana, Amanda não perdeu nenhum jogo, na esperança de ser apresentada a Tarcísio. No entanto, a oportunidade não surgia, o que só fazia aumentar seu desejo de conhecer o adolescente. Tinha de conhecê-lo, precisava se tornar íntima dele. Desde a primeira vez que o vira sentira um aperto no coração, e uma vontade imensa de tê-lo só para si. "Sim, Tarcísio haverá de ser só meu. Usarei todo o meu charme para conquistá-lo." Amanda estava apaixonada por ele.

A professora de história parabenizou Rebecca por ter respondido com perfeição todas as perguntas que lhe fizera.

— As respostas não estão apenas certas, querida, elas estão certíssimas! Sua nota é dez.

Rebecca retornou à carteira e ficou observando os outros alunos responderem às perguntas da professora. Algumas vezes sorria com os absurdos que eram ditos.

A cada questão que respondia, Yoko olhava para Rebecca com ar desafiador. Ao receber a mesma nota que Rebecca, a garota sentou-se em sua carteira como se fosse a aluna mais importante da classe.

Após o recreio, o diretor do colégio informou que a professora de geografia havia faltado e os alunos estavam dispensados.

Alguns alunos gritaram de alegria, e combinaram ir ao shopping.

Convidada por Maria Elise para ir também ao shopping, Rebecca falou à amiga que iria à biblioteca do colégio apanhar alguns livros.

Deixando a sala de aula, Rebecca encaminhou-se para a biblioteca. Logo que apanhou os livros que queria na prateleira, fez o empréstimo deles. Dirigiu-se então para a porta da biblioteca.

De repente, esbarrou em alguém que entrava, e os livros caíram de suas mãos. Abaixou-se para apanhá-los. A pessoa que havia esbarrado nela fez o mesmo, pois o caderno que levava também fora derrubado. Estenderam as mãos ao mesmo tempo, e elas se chocaram. Eles ergueram a cabeça e olharam um para o outro.

Ao contemplar quem nela esbarrara, Rebecca ficou sem ação. A visão de alguém fisicamente tão lindo a deixou de queixo caído.

Tarcísio também ficou sem ação ao ver Rebecca. Seu coração pulsava fortemente, e ele sentiu uma alegria que nunca antes tinha experimentado. Teve certeza de que encontrara alguém especial e muito importante em sua vida.

Encantado, Tarcísio apanhou os livros e o seu caderno do chão e, esquecendo-se de que o caderno era seu, entregou-o junto com os livros para Rebecca, dizendo:

— Perdoe-me por ter esbarrado em você! — Sorriu com meiguice.

— Essas coisas acontecem. Obrigada por ter recolhido os livros. Preciso ir. — Um pouco nervosa, Rebecca deu-lhe as costas e saiu caminhando apressada.

Tarcísio não desgrudava os olhos dela. Duas vezes Rebecca olhou para trás, e ao constatar que ele a observava, sentiu o coração pulsar de forma diferente. Ficou contente ao descobrir que ele a olhava enquanto ela se dirigia à sala de aula em que o irmão estudava. Bateu na porta da sala e pediu para falar com o irmão. Disse a Thiago que não tinha mais aulas e que iria apanhar um táxi e regressar para sua casa.

Dentro do táxi, ao abrir a mochila percebeu que Tarcísio lhe entregara o caderno dele por descuido. Abriu o caderno e, ao avistar uma foto de Tarcísio colada na primeira página, fechou-o e rapidamente colocou-o dentro da mochila.

Chegando à mansão em que morava, pagou a corrida ao taxista e entrou. Foi direto ao quarto. Retirou o caderno da mochila, abriu-o e tocou a foto de Tarcísio com delicadeza. Começou a ler o que o garoto tinha escrito abaixo da foto, e descobriu que ele se chamava Tarcísio e cursava a mesma série que ela no período da tarde. Desejosa de obter mais informações sobre o rapaz, passou a folhear o caderno, e encontrou uma apostila com o conteúdo das disciplinas que cairia na gincana do colégio. Deduziu que aquele garoto era um dos selecionados de sua turma para participar da gincana. Continuou a folhear o caderno, e descobriu numa anotação a informação de que o garoto realizaria prova de matemática na segunda-feira. Concluiu que se ele teria prova na segunda-feira, iria necessitar do caderno para estudar os exercícios.

Não encontrou no caderno o endereço da residência de Tarcísio, apenas o número do telefone. Deitou-se na cama e ficou pensando se deveria ou não ligar para ele, dizer que estava com o caderno e perguntar se ele iria necessitar dele para estudar para a prova. Fechou os olhos e começou a se recordar do esbarrão e do momento em que o contemplara. Nunca tinha colocado os olhos em alguém tão lindo. Por um instante, ele a fizera perder a noção de tudo. Aquele sorriso dele e as covinhas que apareceram quando ele sorriu pedindo perdão a deixaram encantada. E o melhor é que o garoto também pareceu ter gostado dela. Suspirando longamente, abraçou-se ao travesseiro.

Dolores bateu na porta e comunicou que o almoço estava à mesa.

Enquanto almoçava, Rebecca não parou de pensar se deveria ou não ligar para Tarcísio.

Quando comia a sobremesa, mais uma vez lembrou-se do sorriso que ele dera ao pedir perdão. Esqueceu-se de levar a colher à boca, e a deixou suspensa no ar.

— Rebecca! — chamou a mãe. — Acorda, menina! Tá sonhando acordada? Vai acabar deixando a colher cair e sujar tudo.

Ao ouvir a mãe, Rebecca se deu conta de que precisava levar a colher à boca.

O pai inquiriu se tinha acontecido alguma coisa com ela. Respondeu que não. Lucrécia falou que na certa algo acontecera, porque a filha estava muito aérea. Queria saber o motivo de ela andar sonhando acordada. Rebecca nada falou.

Durante a tarde, Rebecca não conseguiu se concentrar em nada; continuava pensando em Tarcísio e no caderno. Pegava a foto do adolescente, levava-a ao coração e suspirava acordada. Pegou três vezes no telefone, mas não teve coragem de discar o número da casa do rapaz.

Por volta das nove da noite, Maria Elise apareceu. Ela e Amanda iriam combinar a ida delas para o próximo jogo do time de vôlei do colégio que aconteceria na tarde do dia seguinte. Maria Elise convidou Rebecca para ir com elas.

Mas Rebecca não escutou o convite da amiga: mantinha os olhos fechados, revivendo a cena do pedido de perdão e do belo sorriso de Tarcísio.

— Acorda, Rebecca! Estou falando com você.

— Hã? — Rebecca assustou-se e abriu os olhos. — Desculpe, Maria Elise. Não prestei atenção.

— Sem dúvida! Ela está em outro mundo desde que chegou do colégio, Maria Elise — comentou Amanda sorrindo. — Parece que alguma coisa aconteceu com minha prima na escola.

Maria Elise perguntou a Rebecca qual o motivo de ela estar sonhando acordada. Não obteve resposta. Insistiu no pedido, e Amanda também passou a insistir para que a prima falasse.

Depois de muita insistência, Rebecca revelou sobre o esbarrão dado no adolescente e o pedido de perdão dele, e sobre a sua indecisão quanto a ligar para a casa dele.

— Bem — comentou Maria Elise —, espero que esse garoto seja bonito, para que tenha valido a pena o encontrão!

—Na verdade, não era bonito: era lindo. Uma visão divina. Jamais vi alguém tão belo em toda minha vida. — Rebecca suspirou.

— Mas então... Meu Deus! Será que você esbarrou em Tarcísio, o deus grego?

— Esse é o nome que achei na primeira página do caderno do garoto.

Maria Elise levantou-se e puxou Rebecca pelo braço, pedindo-lhe para mostrar o caderno imediatamente. A garota levou a amiga até o quarto. Amanda as seguiu.

No quarto, Rebecca pegou o caderno de Tarcísio e o entregou a Maria Elise.

— Que sorte você tem... Esbarrou com o deus grego, ele lhe pediu perdão e ainda deixou em suas mãos um caderno com a foto dele! Vou arrancar daqui esta foto, mandar fazer um pôster e colocar na cabeceira da minha cama!

— De jeito nenhum! Tarcísio pensará que eu é que arranquei a foto.

—Tudo bem, vamos deixar a foto onde está... Mas você vai telefonar para a casa dele, Rebecca, para falar a respeito do caderno.

Amanda olhou para a prima e encheu-se de inveja. Há dias andava de ginásio em ginásio na ânsia de ser apresentada para o deus grego; e a prima, a única garota da escola que não corria atrás dele como louca, encontrara-o casualmente! E agora relutava em ligar para a casa do garoto. Ela era uma boboca mesmo. Aquele belíssimo rapaz lhe pedira perdão, e ela teve a coragem de não dar atenção a ele.

Maria Elise aproximou-se do telefone que ficava próximo ao abajur do quarto de Rebecca, deu uma olhada no número do telefone que estava no caderno e ligou para a casa de Tarcísio. Antes que alguém atendesse do outro lado da linha, passou o telefone para Rebecca.

— Alô!

— É da casa de Tarcísio? — perguntou Rebecca.

— Sim.

— Com quem estou falando?

— Matilde, irmã dele.

— Posso falar com ele?

— Quem gostaria de falar com meu irmão?

— Diga a ele que é Rebecca.

— Um momento!

Rebecca ficou aguardando.

— Ele disse que não conhece ninguém com esse nome.

— Diga que é a garota que esbarrou com ele na porta da biblioteca do colégio.

— Ah, é você! — exclamou Matilde. — Espere! Vou chamá-lo.

Matilde disse ao irmão quem era Rebecca. Ele imediatamente tomou o telefone dela.

A irmã sorriu. Desde que o fora buscar no colégio, Tarcísio não parava de dizer que conhecera de forma inusitada uma menina que pela primeira vez não lhe saía do pensamento. Comentou inclusive que não conseguira prestar atenção em nenhuma das aulas que tivera. Só ficava recordando do esbarrão e dos olhos lindos da garota. Vira o irmão caminhar pela casa com cara de peixe morto, de um lado para o outro. Na hora do jantar, notou que Tarcísio nada comia e que sonhava acordado. Pelo visto, alguém finalmente tocara o seu sensível e bondoso coração. Parecia que iria despertar em Tarcísio sua primeira paixão de adolescente.

— Pronto! Tarcísio falando — disse o garoto ao telefone.

— Quem fala é a Rebecca. A garota que esbarrou em você hoje lá na porta da biblioteca. Espero que não tenha se esquecido de mim.

— Garanto-lhe que não a esqueci nem por um minuto. Nem por um segundo! Só consigo pensar em nosso esbarrão e em você!

Rebecca emocionou-se:

— Bem... eu também pensei no esbarrão... e em você. Sabe que acabei ficando com seu caderno? Você provavelmente precisará dele, não é?

— Sim. Se me der seu endereço, irei buscar o caderno amanhã.

Rebecca pediu-lhe que aguardasse um instante. Colocou a mão no telefone, olhou para Maria Elise e disse:

— Ele quer saber qual o meu endereço. Quer vir buscar o caderno amanhã. Pedirei a ele que se encontre comigo no shopping. Você vai comigo, Maria Elise?

— Sim, mas esqueça o shopping. Peça o endereço dele, e marque um horário para levar o caderno até ele!

Rebecca assim fez.

— Moro no Guará II. Conhece? — inquiriu Tarcísio.

— Não! — respondeu Rebecca. — Mas alguém que eu conheço saberá me conduzir até sua casa. Em que horário você poderá me receber amanhã?

— Posso recebê-la amanhã na parte da manhã.

Os dois se despediram com abraços.

— Amanhã cedo estaremos na casa dele — disse Maria Alice. — Posso dormir aqui, Rebecca? Assim já estarei em sua casa quando o dia amanhecer.

— Claro. Só preciso consultar a mamãe.

Só o amor explica

As três procuraram Lucrécia, que sem hesitar autorizou a menina a dormir em sua mansão. Então Maria Elise telefonou para a mãe, pediu para pernoitar na casa da amiga e teve a permissão de Fabiana.

Lucrécia levou Maria Elise até um dos quartos de hóspedes, disse à garota que ficasse à vontade, e se retirou. A menina sentou-se na beirada da cama e pediu a Rebecca para sentar-se ao lado dela. Rebecca sentou-se, e Amanda, de pé, observava tudo sem nada dizer.

— Rebecca, conte-nos outra vez sobre o esbarrão. Não deixe escapar nenhum detalhe desse maravilhoso acidente!

4

Amor e preconceito

Tarcísio acordou com a imagem de Rebecca na mente. Sonhara com a garota. O sonho tinha sido muito agradável.

O garoto de quatorze anos arrumou a cama. Fechou os olhos e fez uma prece, pedindo a Deus e aos espíritos amigos para protegê-lo e ajudá-lo a ser uma boa pessoa durante o dia que iniciava. Concluída a prece, foi ao banheiro, e após fazer a higiene pessoal dirigiu-se à cozinha. Aproximou-se da mãe, que estava sentada à mesa, e beijando-a na testa desejou-lhe um bom dia.

— Como foram as coisas no trabalho ontem, mãe?

Marta respondeu que tudo estava bem. Comentou que uma aluna do curso de direito apresentara um trabalho excelente. Só não lhe dera nota máxima porque acreditava que um professor universitário nunca deve dar nota dez a um aluno: ele poderia achar que sabe tanto quanto o professor.

Tarcísio sorriu; estava cansado de escutar a mãe dizer isso. Já tentara lhe mostrar que um aluno pode ser tão bom quanto o professor. No entanto, a mãe era de opinião de que um aluno jamais supera um professor em conhecimentos. Sobretudo um professor do gabarito dela: doutorada em direito penal.

— E o seu dia, filho? Foi bom?

— Perfeito, mãe. Na verdade, foi o melhor dia da minha vida!

Marta sorriu. Tarcísio sempre lhe dizia isso. Para ele, todos os dias eram os melhores de sua vida, porque eram dias abençoados por Deus.

— Você sempre diz isso, filho.

— Eu sei, mamãe! Só que eu nunca me esquecerei do dia de ontem. Ele ficará em minha memória para sempre.

— O que aconteceu ontem que meu filhinho jamais esquecerá?

O filho contou à mãe sobre o episódio na biblioteca do colégio e sobre o telefonema que recebera de Rebecca. Marta percebeu que os olhos do filho brilhavam enquanto ele falava da garota. Quando mencionou estar ansioso aguardando a visita da garota para aquela manhã, disse-o suspirando longamente e levando a mão direita ao coração.

— Parece que o cupido andou brincando com o coração do deus grego — comentou Matilde, que chegara à cozinha e se sentara à mesa servindo-se de um pouco de leite.

— Ele não brincou, Matilde. Acho que apenas fez despertar o sentimento que estava adormecido em meu coração. Sentimento esse que devo ter experimentado em minhas existências passadas. — Tarcísio suspirou.

Marta encarou o filho. Ele parecia estar apaixonado por uma garota que vira uma única vez. Para ela, isso era impossível e inadmissível. Não acreditava em paixão à primeira vista, e jamais iria permitir que o filho se apaixonasse naquela idade. Jamais! Tinha muitos sonhos para Tarcísio. Precisava conhecer a tal Rebecca. Tinha de defender os interesses do filho; afinal, era o que tinha de mais precioso no mundo..

— Tarcísio, espero que essa garota seja apenas mais uma das suas muitas admiradoras. Nada mais do que isso — advertiu a mãe. — Antes que me esqueça de avisá-los, Rosa ligou dizendo que chegará um pouco atrasada. — Levantou-se. — Tenho de ir para a faculdade, os alunos me esperam. Até mais, filhos!

Tarcísio perguntou a Matilde se após o café ela poderia ir até uma floricultura com ele. Queria comprar um buquê de rosas, e gostaria que a irmã o ajudasse a escolher as rosas.

— Posso acompanhá-lo, claro. Mas temos de nos apressar, porque dentro de pouco tempo o senador Cardoso, o filho e os vizinhos chegarão para participarem do Culto do Evangelho no Lar.

Quando terminaram de tomar café, a moça de dezoito anos, olhos azul-claro e cabelos loiros e compridos, apanhou seu carro e levou o irmão a uma floricultura que conhecia muito bem.

Matilde escolheu rosas brancas para comporem o buquê:

— Se der rosas vermelhas, ela poderá deduzir que você está apaixonado por ela. As rosas brancas irão sugerir à garota que ela está despertando em você um sentimento puro, bonito e muito especial.

— Sabe de uma coisa, minha irmã? É justamente esse sentimento que eu gostaria que Rebecca percebesse.

Quando a atendente da floricultura perguntou qual o endereço para a entrega do buquê, ele comentou que iria levar pessoalmente. Matilde disse que essa não era a melhor maneira de proceder, e passou o endereço deles, avisando à atendente que ligaria para a floricultura e informaria quando o buquê deveria ser entregue. A atendente anotou o endereço e entregou um cartãozinho para Tarcísio escrever algumas palavras.

O garoto fechou os olhos e pensou em Rebecca, e ao abri-los escreveu o que seu coração lhe ditou.

Em casa, pediu à irmã que o ajudasse a escolher uma roupa bem elegante. Queria ficar bonito.

Só o amor explica

— Diga-me, por que quer usar uma roupa que o deixe bonito e elegante?

— Ora, porque quero que Rebecca me veja bonito e elegante. Pretendo causar uma boa impressão.

— Qualquer roupa fica bem em você. Rebecca vai achá-lo lindo, não importa com que roupa esteja. Se quer mesmo causar boa impressão, apareça com os cabelos molhados, vestindo bermuda e uma camiseta regata. O cabelo molhado o deixa dez vezes mais lindo do que já é!

Antes de ir tomar banho, Tarcísio pediu à irmã que preparasse a mesa da sala de estar para o Evangelho no Lar antes que o senador, o amigo e os vizinhos chegassem.

A campainha tocou no exato momento em que ela colocava a jarra de água na mesa. A jovem imaginou que o senador e o filho tinham chegado. Quando abriu a porta, surpreendeu-se ao ver um rapaz usando um uniforme de motorista.

Pedro perguntou se era ali que Tarcísio morava. Matilde respondeu que sim. Ele abriu a porta do carro e Rebecca, Amanda e Maria Elise saíram do veículo.

Rebecca apresentou-se, dizendo ter trazido o caderno do irmão dela. Matilde a abraçou e beijou-a na face:

— Seja bem-vinda a minha casa, querida.

Rebecca apresentou à dona da casa a amiga e a prima. Quando elas disseram seus nomes, Matilde comentou que se recordava de tê-las visto em companhia do filho do senador Cardoso. Maria Elise comentou que também se lembrava dela.

Matilde as convidou para entrarem, e perguntou a Pedro se ele não gostaria de entrar também. Pedro respondeu que as esperaria dentro do carro.

— Dêem-me apenas um minuto, vou avisar meu irmão da chegada de vocês.

59

Depois de informar ao irmão que Rebecca o esperava, Matilde desceu e passou a conversar com as visitas de Tarcísio. Maria Elise a enchia de perguntas sobre o rapaz. Ao respondê-las, ela verificava que Rebecca prestava atenção às respostas que dava para Maria Elise.

A campainha tocou outra vez: eram o senador Cardoso e seu filho, William. Rosa, que trabalhava na casa, foi atendê-los.

William surpreendeu-se ao encontrar Maria Elise e as amigas na casa de seu melhor amigo.

— Temos companhia para o Evangelho hoje, Matilde? — questionou o senador.

— Rebecca e suas amigas vieram trazer um caderno para o meu irmão. Não sei se ficarão para o Evangelho. Tarcísio está no banho e já deve descer.

Todos começaram a falar sobre o aniversário de William.

A campainha foi novamente acionada. Clara, Cléber e a filha Renata, vizinhos de Tarcísio, se juntaram aos demais na sala de estar e foram apresentados às garotas.

Quem olhasse para Renata, uma jovem de quinze anos, e para seus pais notaria imediatamente que descendiam de indígenas.

Matilde consultou o relógio e, verificando que faltavam dez minutos para o início do Evangelho, pediu licença aos visitantes e foi chamar Tarcísio, que já se demorava demais no banho.

— Você está muito gato! — comentou ao ver o irmão com os cabelos molhados, camiseta regata e bermuda.

Tarcísio surpreendera-se ao saber que Rebecca chegara tão cedo, e bem na hora do Evangelho no Lar.

— Matilde, será que os espíritos amigos querem me dizer alguma coisa?

— Acredito que tenha sido apenas coincidência. De todo modo, por que não pergunta isso aos espíritos? Eles na certa responderão; afinal, vivem conversando com você. Bem, vamos descer.

Assim que Tarcísio entrou na sala, imediatamente procurou Rebecca com o olhar. Contemplou a garota com muita emoção e sorriu para ela, que o fitou da mesma forma; e assim ficaram, como se não houvesse mais ninguém no recinto.

Matilde tocou no braço do irmão, que olhou para as outras pessoas e as cumprimentou com um sonoro bom-dia. Voltou a olhar para Rebecca. A garota estendeu-lhe o caderno.

— Não gostaria de participar do culto do Evangelho no Lar com a gente? Se pudesse ficar, seria uma imensa alegria para mim. Uma alegria que nenhuma outra pessoa seria capaz de me conceder — falou Tarcísio.

— Não sei se posso ficar — respondeu Rebecca, encabulada.

— Claro que ficaremos — adiantou-se Maria Elise. — Não sabemos que culto é esse, mas podemos participar. Não é mesmo, Amanda?

— É. Podemos ficar sem nenhum problema — respondeu Amanda maquinalmente.

— Se minha amiga e minha prima vão ficar, também ficarei — decidiu Rebecca.

Feitas as devidas apresentações, Tarcísio convidou todos para se aproximarem da mesa e se sentarem, a fim de que tivesse início o Evangelho no Lar.

Rebecca notou que a mesa estava forrada com uma toalha branca, e sobre ela havia uma jarra com água, copos, uma bandeja e dois livros.

Clara explicou às adolescentes o que representava aquele encontro:

— O Evangelho no Lar é o culto do Evangelho realizado em família que muitos espíritas fazem uma vez por semana, sempre no mesmo dia e no mesmo horário. Nesse culto, a família faz um estudo do evangelho, tendo como base *O Evangelho Segundo o Espiritismo*, uma das obras codificadas por Allan Kardec. O Evangelho no

Lar proporciona muitas bênçãos às famílias que o fazem, e bênçãos aos amigos dessas famílias.

Clara então disse o nome de um canto, e os que conheciam começaram a cantar. Matilde abriu um livro de mensagens do espírito Emmanuel psicografado por Chico Xavier, e fez a leitura da mensagem. Após a leitura, Matilde explicou o que entendera. Tarcísio fez uma prece, e Clara convidou uma das jovens a abrir *O Evangelho Segundo o Espiritismo* e fazer a leitura da página em que ela tivesse aberto.

Maria Elise apanhou o livro e o abriu no item 8 do capítulo XIV. Começou a ler o item que trata da parentela corporal e da parentela espiritual. Enquanto o lia, Tarcísio não tirava os olhos de Rebecca, e ela não despregava os olhos dele. Ambos sentiam que a leitura tinha tudo a ver com eles.

Clara comentou sobre o que a adolescente lera, e em seguida pediu aos outros que também comentassem. Cada um expressou o que tinha entendido da leitura.

Tarcísio suspirou, e, encarando Rebecca, falou:

— Determinadas pessoas causam uma mudança assustadora em nossos sentimentos quando as encontramos pela primeira vez. Tal mudança provoca um calor estranho em nosso corpo e em nosso coração. Esse calor cresce conforme pensamos na pessoa; e como não deixamos de pensar nem por um minuto em quem passou a viver em nosso coração, o calor esquenta o sentimento que ficou adormecido quando reencarnamos, e ao esquentá-lo o faz ressurgir, demonstrando que essa pessoa verdadeiramente faz parte da nossa parentela espiritual. Quando a reencontramos, desejamos que ela nos dê atenção e comece a fazer parte de nossa atual encarnação, como fez em outras encarnações passadas.

Todos que o ouviram compreenderam que ele se referia a Rebecca. Matilde emocionou-se. O irmão, em poucas palavras, mostrara o quanto aquela garota lhe era especial. Maria Elise adorou saber que o deus grego parecia interessado na amiga. O senador e o filho torceram para Rebecca corresponder ao sentimento que Tarcísio claramente demonstrara por ela.

Porém, a atitude de Tarcísio não gerou apenas entusiasmo: alguns dos presentes precisaram se esforçar para disfarçar o desapontamento. Clara e Cléber olharam para a filha preocupados, pois sabiam que Renata era apaixonadíssima pelo rapaz. Renata, por sua vez, prometeu a si mesma tirar "aquela menina" do caminho de Tarcísio. Amanda sentiu sua inveja pela prima crescer: Rebecca sempre conseguia o que queria, sem fazer nenhum esforço! Bem, dessa vez ela perderia. O deus grego seria dela, não da prima.

Rebecca sentiu que Tarcísio pensava nela da mesma forma que ela pensava nele. Percebeu que ele queria conhecê-la melhor, e que esperava que ela começasse a fazer parte da vida dele. Ela desejava o mesmo.

Clara perguntou a Tarcísio se ele não via nenhum espírito amigo querendo lhe ditar alguma mensagem, para que ele transmitisse a todos as palavras ditadas. Tarcísio respondeu que via apenas a esposa do senador entre o senador e o filho, abraçando-os e sorrindo para eles. O senador emocionou-se, e duas lágrimas começaram a descer de seus olhos. Tarcísio comentou que Isaura, seu espírito protetor e mentora do Evangelho do Lar de sua casa, junto com outros amigos espirituais, estavam dando passes magnéticos nos encarnados presentes. A mentora lhe informou nada ter a dizer.

— Meu Deus! — exclamou Maria Elise. — Tarcísio, você disse que viu a falecida esposa do senador ao lado dele e do filho. Você vê mesmo a alma dos mortos?

— Ele não só vê as almas como também escuta o que elas dizem — respondeu Matilde no lugar do irmão.

— Cruz credo! — Maria Elise benzeu-se. — Estou toda arrepiada. Morro de medo de quem já morreu. Se eu visse uma alma, cairia durinha no chão. Não tem medo delas, Tarcísio?

— Não, nem um pouco. Ver espíritos é algo natural para mim. Na doutrina espírita, pessoas como eu são chamadas de médiuns videntes.

Clara rapidamente explicou à garota o que era um médium vidente. Se ela desejasse maiores informações a respeito do assunto, pediu-lhe que conversasse outra hora com Tarcísio ou William. Um dos dois explicaria melhor a respeito dos médiuns videntes e dos médiuns não videntes. Depois, perguntou se alguém tinha algo a dizer; ninguém se pronunciou. Fez então a prece, dando por encerrado o culto do Evangelho no Lar daquele dia.

Matilde colocou nos copos a água que havia sido fluidificada pelos espíritos durante o evangelho, e serviu a todos. Após tomarem a água, Matilde e Rosa retiraram a bandeja com a jarra, os copos e os livros que tinham utilizado. Depois, as duas colocaram na mesa chá e biscoitos caseiros feitos por Rosa.

Notando que Rebecca, Maria Elise e Amanda não se serviam, Tarcísio ofereceu o chá e os biscoitos. Amanda recusou. Rebecca e Maria Elise aceitaram.

Matilde resolveu discar para a floricultura, pedindo que o buquê de rosas fosse entregue imediatamente.

O senador Cardoso aproximou-se de Tarcísio e perguntou se a esposa não tinha dito nada. O garoto o olhou com compaixão, e mencionou ter escutado a esposa dizer que os amava enquanto os abraçava. O senador abraçou Tarcísio com carinho. O garoto retribuiu o abraço.

Clara e Cléber despediram-se de Tarcísio e dos demais. Tarcísio disse que na quarta-feira estaria presente no Evangelho do Lar na casa deles.

Renata se foi sem despedir-se de ninguém.

— Tarcísio vê as almas com freqüência? — quis saber Maria Elise.

Só o amor explica

— Desde muito cedo ele começou a ter contato com os espíritos — explicou Matilde. — Por essa razão minha mãe foi obrigada a buscar ajuda no espiritismo. Tarcísio começou a estudar as obras codificadas por Allan Kardec, e escolheu ser espírita. Eu e mamãe continuamos católicas.

— A doutrina espírita me ajudou a enxergar meus próprios defeitos, não os defeitos dos outros — disse Tarcísio. — Se vejo meus defeitos, posso trabalhá-los e me esforçar para corrigi-los; fazendo isso, cuido apenas de minha vida.

— Mas como as outras pessoas podem se beneficiar disso? — indagou Maria Elise.

— A idéia é que cada um observe seus próprios defeitos, e busque corrigi-los. Que as pessoas sintam vontade de fazer o mesmo que eu e passem a cuidar de sua vida. Encontrei na doutrina espírita respostas a todas as minhas indagações referentes aos espíritos e ao mundo em que os espíritos vivem. Na ocasião do desencarne de meu pai, quando eu ainda era criança, passei a acreditar que ninguém morre; que a pessoa em espírito continua viva em um local melhor do que a Terra, amando os que deixou na Terra do mesmo modo que amava quando vivia ao lado deles, antes de ter partido para o outro lado da vida. Bem, a doutrina espírita deu respaldo a esse meu sentimento.

Tarcísio olhou para o senador e seu filho, e continuou:

— É maravilhoso saber que, ao partirem para o mundo espiritual, aqueles que amamos continuam nos amando e velando pela nossa felicidade. Ajudando-nos nos momentos difíceis, e tudo fazendo para que lutemos sempre pelos nossos ideais e sejamos felizes. É lindo saber que a esposa do senador Cardoso nunca deixa de visitá-lo, e de visitar o filho, contribuindo com o bem-estar de sua família.

Rebecca também pensava assim: para ela, a vida não acabava simplesmente com a morte do corpo físico.

— Que bobagem — disse Amanda. — Eu não acredito em nada que o espiritismo defende. Não creio que os mortos se comuniquem com os vivos. Só pessoas ignorantes acreditam num absurdo desses.

Tarcísio se aproximou dela, olhou bem dentro dos olhos verde-esmeralda da moça e comentou:

— O fato de você não acreditar não faz com que a comunicação entre vivos e mortos não exista. São inúmeras as pessoas que seguem a doutrina espírita, e elas sabem que o contato dos espíritos com os encarnados é a coisa mais natural do mundo: sempre aconteceu, e sempre continuará acontecendo. Não ligo se você acredita ou não. O que importa é que eu acredito, e, na medida do possível, busco pôr em prática o que a doutrina espírita me pede todos os dias. Vou lhe dar uma sugestão: por que não começa a estudar um pouco? Talvez consiga controlar e até curar o preconceito infantil que tem contra pessoas que crêem no contato dos espíritos com os encarnados. Se estudar, descobrirá que os espíritas estão entre as pessoas mais cultas do país, e perceberá que eles têm muito a ensinar aos ignorantes que, assim como você, insistem em falar sem antes pensarem nas bobagens que irão dizer.

Amanda fechou a cara, abaixou a cabeça e se manteve em silêncio. Não seria nada sensato discutir aquele assunto com o deus grego; afinal, ela nada sabia sobre o tema, e ele, ao contrário, parecia dominá-lo muito bem.

O senador Cardoso levantou-se:

— Meus caros, infelizmente preciso ir. Gostaria de ficar escutando Tarcísio por mais tempo. Sabe, rapaz, suas palavras me fazem refletir, e lhe agradeço por isso. Além do mais, aprecio estar no meio de tantos jovens: faz-me sentir jovem também... e olhe que nem sou tão velho assim!

Todos riram das palavras do senador; afinal, tratava-se de uma brincadeira: ele tinha apenas quarenta e seis anos. Ele se despediu e deixou a casa.

Só o amor explica

Rebecca percebeu que já ia se esquecendo de algo importante:

— Seu caderno, Tarcísio. Espero que tire uma boa nota na prova de segunda-feira.

— Tirarei. Pode ter certeza disso. Estudarei como um louco só para tirar uma nota boa!

— Então vai ficar louco mesmo. Tarcísio só tira dez — contou William. — Ele é o melhor aluno da sala. Vai dormir em casa hoje justamente para me ajudar com a matemática: sou péssimo nessa matéria.

— Então somos dois, William. Também sou horrível em Matemática — falou Maria Elise. — Ah! Mas agora você vai cumprir o que me prometeu... Vai me apresentar ao deus grego.

— Você já foi apresentada a ele, Maria Elise — tornou William.

— Ora, foi uma apresentação muito rápida, sem beijinhos nem nada. Quero uma apresentação calorosa. Bem calorosa!

— Se a garota quer uma apresentação calorosa... Como negar isso a uma menina tão simpática e sincera? — falou Tarcísio, dando uma piscadinha para Maria Elise.

— Ai, meu Deus! Você piscou para mim. Não acredito. Não acredito mesmo! Quando eu contar para as meninas de minha sala de aula, elas não vão acreditar. Ainda bem que Rebecca foi testemunha. Pode piscar de novo? Estou me sentindo uma deusa do Olimpo!

Com exceção de Amanda, todos sorriram com o comentário engraçado de Maria Elise.

Tarcísio piscou duas vezes para ela. A garota, abanando-se, comentou que só podia estar sonhando. Tarcísio aproximou-se de Maria Elise, abraçou-a carinhosamente e lhe deu três beijinhos. Depois, aproximou-se de Rebecca e perguntou se ela também queria uma apresentação calorosa.

Rebecca abriu os braços, e Tarcísio a abraçou com muita emoção. Beijou-a três vezes seguidas, e sentiu que Rebecca era o espírito que havia reencarnado para completar sua felicidade ao lado dele — para que os dois fossem muito felizes.

Ao ser abraçada, Rebecca pediu a Deus para jamais a separar daquele garoto. Disse a Deus que Tarcísio era a pessoa com quem desejava dividir suas felicidades e tristezas.

Depois Tarcísio aproximou-se de Amanda. Só ela ainda não havia recebido aquela apresentação.

— Não! Obrigada! Já fomos apresentados — disse Amanda.

A campainha tocou. Matilde foi até o portão. Depois se encaminhou até Rebecca, e disse que alguém a esperava no portão a fim de falar com ela. Rebecca, imaginando que fosse o motorista, foi até o portão. Ao receber o buquê de rosas brancas que um rapaz lhe entregou, ficou emocionada. Somente o pai lhe mandava rosas, nunca outra pessoa o tinha feito. Abriu o cartãozinho e leu: *"Quem remete rosas a uma mulher demonstra através das rosas ser essa mulher especial em sua vida. Tarcísio"*.

Ao retornar para a sala de estar, abraçou o buquê com carinho, para que Tarcísio soubesse que ela adorara o presente:

— As rosas são tão lindas quanto é lindo quem as enviou. O que está escrito no cartão me fez perceber que quem as remeteu também é muito especial para mim. Amei tê-las recebido. Vou colocá-las em meu quarto e cuidarei delas com muito carinho. Toda vez que tocar uma delas, imaginarei estar tocando em quem as enviou, e permitirei que a imaginação me faça recordar o dia em que nos conhecemos, e de que modo tudo aconteceu.

Tarcísio olhou para Matilde, e a irmã deu uma piscadinha para ele.

— Que lindo buquê, Rebecca! — exclamou Maria Elise. — Ainda não recebi um tão lindo quanto o seu. Parece que você tem um admirador secreto, minha amiga.

Só o amor explica

— Deixe de ser cega, Maria Elise. O admirador secreto não parece ser tão secreto assim — comentou Amanda, rancorosa porque o deus grego demonstrara interesse por Rebecca e não por ela.

Maria Elise ia dar àquele comentário uma resposta à altura, mas olhou para Amanda e percebeu que ela estava emburrada; por isso, nada disse. Apenas avisou:

— Bem, precisamos ir embora. Está ficando tarde, e ainda tenho de me preparar para ir ao ginásio ver o deus grego jogando. Rebecca, vai ao ginásio conosco?

— Não sei se poderei...

— Eu ficaria muito feliz se você fosse me ver jogar. Muito mesmo! — disse Tarcísio.

— Então está decidido: eu irei ao jogo!

Maria Elise e Rebecca se despediram de Matilde. Amanda não se despediu de ninguém. Os rapazes as levaram até o portão. Antes de Rebecca entrar no carro Tarcísio segurou sua mão com delicadeza e a beijou, dizendo-se profundamente feliz com a visita dela.

Na mansão, Lucrécia admirou-se ao ver a filha com o buquê. Perguntou quem as tinha mandado.

— Um admirador secreto — respondeu Maria Elise.

As duas seguiram para o quarto de Rebecca, e Amanda foi para o seu. Do quarto de Rebecca, Maria Elise telefonou para sua casa, e a mãe a foi buscar.

Quando estavam almoçando, Lucrécia perguntou novamente à filha quem tinha mandado as rosas. Rebecca ficou em silêncio. Amanda disse que Rebecca não respondia porque não queria que a tia soubesse que o garoto que lhe mandara o buquê era macumbeiro.

— Macumbeiro! — exclamou Lucrécia admirada. — Jogue já essas rosas no lixo. Ficou maluca, menina? Ele deve ter feito alguma macumba nessas rosas para que você se apaixonasse por ele.

— Ora, mãe, Tarcísio não é nada disso! É apenas um garoto que segue a doutrina espírita. E eu adorei ter recebido dele esse buquê. — Colocou a mão no queixo e suspirou.

Ao ouvir o que a filha dissera, Teófilo descobriu o motivo de ela estar um tanto distante desde que chegara do colégio no dia anterior. Rebecca andava pensando em algum garoto que tinha conhecido no colégio.

— Eu mesma vou até seu quarto apanhar as rosas e jogá-las no lixo! — ameaçou Lucrécia.

— Eu nunca entrei em seu quarto para pegar algo que lhe pertença e atirar no lixo. Mãe, não ouse jogar fora nada que seja meu!

— Pois eu não quero em *minha* casa nada que tenha vindo de um macumbeiro, entendeu?

— Quantas vezes terei de repetir que Tarcísio não é macumbeiro? Ele segue a doutrina espírita, que foi codificada por alguém chamado Allan Kardec.

Mas Lucrécia parecia não escutá-la:

— Ordeno que se livre desse presente e nunca mais tenha nenhum contato com o macumbeiro. Que só pode ser de uma família pobre e medíocre, pois somente os pobres se envolvem com macumba, na ilusão de que os espíritos lhe darão muito dinheiro. Eu a proíbo de se encontrar com esse... pobretão! Ele que mande suas lembrancinhas enfeitiçadas para uma pobre qualquer, não para a *minha* filha! Rebecca, crie juízo... comece a investir em um rapaz cuja família faça parte da sociedade, um que seja herdeiro de grande fortuna! Um garoto assim não lhe mandaria apenas um buquê de rosas, ele enviaria um *caminhão* cheio de rosas!

— Mamãe, se dinheiro fosse tão importante em um relacionamento, não haveria divórcio entre os ricos. Não pretendo namorar o dinheiro de nenhum garoto. Quero namorar um garoto que me faça feliz; não me importa que seja rico ou pobre, católico ou espírita. Quem vai namorar a pessoa sou eu, não a senhora. Portanto, namorarei o menino que eu desejar. Quanto ao buquê de rosas, continuará em meu quarto. Pertence a mim, então eu decido o que fazer com ele.

Quem encerrou o assunto foi Teófilo, dizendo à esposa que deixasse Rebecca com as rosas dela e não implicasse com o fato de o garoto em questão ser espírita.

Mais tarde, no ginásio, Rebecca, Maria Elise e Amanda se sentaram ao lado de William. Assim que o time de vôlei entrou no ginásio, Tarcísio procurou Rebecca com o olhar. Maria Elise levantou a mão, e ele as viu. O garoto as cumprimentou, movimentando a mão para elas e piscando para Rebecca.

— Ai, Senhor! O deus grego me cumprimentou e ainda piscou para mim. Acho que vou desmaiar! — exclamou uma garota perto delas.

— Só porque você quer, minha filha. Ele cumprimentou foi a mim, e piscou para minha amiga aqui. Garota, se enxerga... — brincou Maria Elise, sorrindo.

Quando o jogo terminou, Tarcísio olhou novamente para Rebecca e jogou-lhe um beijo com a mão.

— Puxa! Pelo visto, o deus grego está muito interessado em você, Rebecca — observou Maria Elise.

Rebecca nada disse, mas percebera que ele estava mesmo interessado nela. Isso era muito bom, porque ela já estava interessadíssima nele.

"Se essa intrometida acha que vai namorar este garoto antes de mim, está redondamente enganada. Ninguém vai conquistar o Tarcísio, a não ser eu!", pensou Amanda, inconformada.

No domingo, Rebecca passou a maior parte do tempo no quarto. Ficava tocando as rosas e abraçando-se a elas, imaginando que abraçava Tarcísio.

Na semana seguinte, Rebecca não perdeu mais nenhum jogo do time de vôlei do seu colégio. Sempre que entrava no ginásio Tarcísio a procurava com o olhar, e no final de cada jogo mandava um beijo com as mãos para ela.

Os dois logo passaram a conversar pelo telefone. E foi pelo telefone que começaram a namorar, sem que seus pais soubessem. E não demorou para que marcassem um encontro em um dos shoppings de Brasília.

5

Rebecca e Tarcísio

Tarcísio consultou o relógio, e notou que faltavam dez minutos para o horário combinado com Rebecca. Levantou-se do banco em que estava e dirigiu-se à porta de entrada do shopping. Ao vê-lo, as garotas esqueciam-se de que iam entrar no shopping e ficavam olhando para ele paradas, com olhos de cobiça.

Algumas meninas começaram a assoviar para Tarcísio. Outras diziam gracinhas, e algumas se aproximavam dele, chamando-o de gostoso e se abanando. Ele achava engraçado tanto assanhamento.

Assim que viu Rebecca, foi até ela, abraçou-a e beijou sua mão. Entraram abraçados no shopping e rumaram para o cinema. Depois de comprar pipocas e refrigerantes, foram para a sala de exibição e sentaram-se.

Enquanto o filme não iniciava, Tarcísio segurou a mão direita da garota e disse:

— Rebecca, eu gostaria de pedi-la oficialmente em namoro. Fiz o pedido pelo telefone e você aceitou. Hoje o faço olhando bem dentro dos seus olhos. — Fixou seu olhar penetrante nos olhos da garota. — Rebecca, aceita namorar comigo? — Fez uma carinha de cachorro pidão.

Ela tocou o queixo dele com delicadeza.

— Claro que aceito!

Ele a estreitou com carinho, e depositou um beijo em sua testa. A garota, por sua vez, abraçou-o com vontade e beijou o rosto dele.

As luzes da sala apagaram-se, e o filme teve início. Durante a exibição eles olhavam muito um para o outro, apertando com carinho as mãos entrelaçadas.

Quando o filme terminou, foram à praça de alimentação do shopping. Compraram lanches, e enquanto comiam conversavam sobre o namoro. Formavam um casal tão bonito que chamavam a atenção de todos na praça de alimentação.

Concluído o lanche, deixaram o shopping e se dirigiram para a Esplanada dos Ministérios. Abraçados, davam risadinhas o tempo todo. Para impressionar a namorada, Tarcísio comentou algo a respeito da política do país. A garota o ouviu com atenção; contudo, em dado momento ela discordou de algo que o namorado disse, e os dois iniciaram caloroso discurso em defesa de suas opiniões. Mas depois deixaram de lado suas divergências e se abraçaram com carinho.

O casal sentou-se no gramado que circunda a Câmara dos Deputados. Como a noite já havia chegado, poucas pessoas encontravam-se ali. Os dois se contemplaram longamente; então, aproximaram seus rostos, e quando se deram conta já davam seu primeiro beijo.

Tarcísio nunca tivera sensação tão deliciosa na vida. Desejou que aquele beijo não tivesse fim. Rebecca pensou que fosse flutuar no ar e tocar as estrelas, que fosse esmorecer nos braços do amado e se consumir naquela sensação doce e maravilhosa que tomava conta dela.

Quando os lábios deles se separaram, Tarcísio tocou uma mecha dos cabelos loiros da garota, depois levou a mão ao coração e disse:

Só o amor explica

— Rebecca, seu beijo me fez descobrir que eu já não me pertenço. Pertenço ao sentimento que nos une.

— Tarcísio, você já é parte de mim! — E encostou a cabeça no ombro do garoto.

Mais tarde, quando caminhavam para a rodoviária, os dois apaixonados trocaram juras de amor. Quando chegaram à rodoviária, Rebecca apanhou um táxi; mas antes Tarcísio despediu-se dela com um beijo na face. Todo feliz, o garoto dirigiu-se à fila onde apanharia o coletivo que o conduziria ao Guará II, cidade satélite não muito distante do centro de Brasília.

Em casa, sua mãe e sua irmã o aguardavam na sala:

— Meu filho, onde esteve esse tempo todo? Quase morro de preocupação. Por que demorou tanto?

— Depois do filme fiquei conversando, e acabei perdendo a hora.

— Sua conversa com o filho do senador estava tão boa a ponto de se esquecer do horário de regressar a sua casa?

— Não estava conversando com o William, mamãe.

— Mas com quem conversou, então?

Ele olhou para a irmã, que fez um rápido movimento com o dedo indicador, demonstrando que não era para ele dizer.

— Estava conversando com o meu coração.

— Com o coração? — indagou a mãe, um pouco incrédula.

— Sim, mamãe! Com o coração. Foi uma conversa maravilhosa, encantada. Tão encantada que jamais me esquecerei dela. — Suspirou, recordando o beijo que dera em Rebecca.

— Você e sua mania de viver conversando com seu coração. Já lhe disse que isso é uma tolice. Homem não conversa com o coração, quem faz isso são mulheres que não têm o que fazer e perdem tempo acreditando nas bobagens que pensam que o coração lhes dita. Olhe, vá tomar seu banho. Depois desça, que sua irmã irá esquentar a comida para você.

— Eu, mãe? Por que a senhora mesma não faz isso? — perguntou Matilde.

— Porque estou muito ocupada preparando as aulas que ministrarei nas universidades. Você está aí à toa, lendo essa revista. Minhas aulas são mais importantes do que sua revista; portanto, vá à cozinha e esquente a comida para seu irmão. Ele deve estar com fome.

— Não precisa, Matilde. Estou sem fome. Vou tomar banho e depois ficarei na cama recordando a conversa que tive com meu coração. Quero recordá-la integralmente!

Quando chegou em casa, Rebecca foi ao encontro da mãe e do pai no escritório. Abraçou-os e beijou-os na testa.

— Onde esteve? — perguntou Lucrécia.

— No shopping, mamãe.

— O que fazia no shopping sozinha?

— Estava sendo feliz, mamãe. Muito feliz! Bem, vou para meu quarto. Boa-noite, mamãe e papai! — Deixou o escritório e subiu a escada cantarolando.

— Teófilo, ela parece tão feliz. Será que esteve com o garoto macumbeiro?

— Lucrécia, nossa filha já disse: o rapaz é espírita, não macumbeiro. Li muito pouco sobre os espíritas, mas pude perceber que eles são diferentes dos macumbeiros.

— Pois para mim não há diferença alguma. Ambos lidam com espíritos, e quem lida com espíritos não tem nenhuma cultura, é totalmente ignorante. Trata-se de pessoas pobres e interesseiras, que querem ganhar dinheiro à custa dos mortos. Não quero Rebecca metida com gente dessa laia!

— Ora, pare com isso! Deixe a menina em paz. — Teófilo já começava a perder a paciência. — Deixe que se encontre com o garoto e continue sendo feliz. O importante é que esse jovem está fazendo bem a ela. Eu nunca antes a vi assim tão feliz. E agora, voltemos ao assunto de que tratávamos.

Lucrécia voltou a prestar a atenção ao que o marido lhe dizia; mas enquanto o escutava, não parava de se indagar se a filha andava mesmo envolvida com um macumbeiro.

No dia seguinte, Rebecca e Tarcísio se encontraram novamente no shopping. Conversaram um pouco e se despediram com beijos. Voltaram a se encontrar nos dias seguintes, e a cada encontro o namoro se solidificava, o sentimento que os unia crescia de forma assustadora.

Na sexta-feira, antes de se despedir da garota, Tarcísio a convidou para irem ao zoológico no dia seguinte, após o culto do Evangelho no Lar, na casa dele. No domingo, propôs que fossem a Ermida Dom Bosco, local este que Rebecca ainda não conhecia. A garota aceitou os dois convites. Tarcísio sugeriu que convidassem William e Maria Elise para irem com eles. Os dois, além de Matilde, eram os únicos que sabiam que eles estavam namorando.

No sábado, Renata não gostou nem um pouco de encontrar Rebecca e Maria Elise no culto do Evangelho no Lar. Permaneceu emburrada e não disse absolutamente nada. Seus pais, ao notarem que a filha estava chateada porque Tarcísio dava muita atenção a Rebecca, foram embora antes de tomarem o costumeiro chá com biscoitos.

Após o Evangelho, os quatro adolescentes foram para o jardim zoológico. Rebecca e Tarcísio, abraçados, faziam comentários sobre os animais que estavam dentro das jaulas. Os dois pareciam totalmente embevecidos.

Após terem visto uma boa parte dos animais, sentaram na grama, próximo ao local em que alguns macacos ficavam, e começaram a se beijar discretamente.

Maria Elise e William os contemplavam, achando lindo o envolvimento dos dois. Apontando para eles, Maria Elise comentou:

— Os dois foram feitos um para o outro. Demonstram estar perdidamente apaixonados. A expressão do rosto deles mostra isso com clareza.

— Concordo! Ambos foram realmente feitos um para o outro — disse William. —Será que eu e você também não fomos feitos um para o outro, Maria Elise?

— Isso é uma cantada, William? — indagou Maria Elise sorrindo.

— É!

— Que cantada mais pobrezinha.

— Não sabia que existiam cantadas ricas e cantadas pobres.

— Estou brincando, bobinho... — falou Maria Elise, tocando o ombro dele. — Vou pensar no assunto, e amanhã lhe digo se fomos ou não feitos um para o outro. Como Rebecca já arrebatou o deus grego, acho que eu e ele não fomos feitos um para o outro, como eu pensava. O melhor é dar uma chance a você, William. Vamos interromper o namoro dos pombinhos. Estou com fome. Quero comer alguma coisa.

Os dois se aproximaram de Tarcísio e Rebecca e os chamaram para lanchar.

Os quatro entraram no carro do senador Cardoso que os aguardava, e se dirigiram a um shopping. Lá constataram que um novo filme havia estreado. Assistiram a ele e depois regressaram para suas casas, combinando que no outro dia partiriam bem cedo para a Ermida.

No domingo, os quatro jovens chegaram à Ermida Dom Bosco pouco antes das oito horas.

Rebecca encantou-se com o lugar, que ficava muito próximo do Lago Paranoá. Dali era possível avistar parte de Brasília. Ela se identificou com o local, por ser afastado e sossegado. Gostou de ver pássaros sobrevoando a Ermida e ficou radiante ao perceber que aquela parte do cerrado ainda não tinha sido devastada pelo homem. A garota aspirou o ar puro com vontade. Enquanto o aspirava com satisfação, Tarcísio a abraçou por trás e, sussurrando em seu ouvido, perguntou:

— Gostou do local, querida?

— Amei! Aqui é muito sossegado. É um lugar propício à meditação.

— À meditação e ao namoro também, Rebecca — disse Maria Elise, sorrindo.

— Falando em namoro, Maria Elise, você ficou de me dar uma resposta hoje... Lembra-se? — inquiriu William.

— Lembro, seu bobinho. E se estou a essa hora da manhã aqui em sua companhia, isso só pode significar que aceito namorar você. Dê-me um abraço para selar nosso compromisso!

O filho do senador não perdeu tempo: abraçou a garota e beijou-a no rosto. Maria Elise o empurrou e disse:

— Seu espertinho. Eu pedi apenas um abraço e não um beijo. Se quer me beijar, beije-me com vontade e não como uma criança.

William ficou sem-jeito. Todos sorriram. A jovem o abraçou, fechou os olhos e beijou os lábios do garoto.

— Parabéns! — disse Tarcísio, batendo palmas. — Fico feliz que os dois também tenham decidido namorar.

Os dois casais resolveram deixar a Ermida, e começaram a caminhar pela trilha.

Assim que eles se afastaram um pouco, o motorista, que ficara dentro do carro, deixou o veículo e os seguiu sem ser visto. O senador havia pedido que ele ficasse de olho nos quatro, comentando que dois casais de adolescentes sozinhos naquele local poderia significar problemas. Afinal, os jovens estavam na idade em que os hormônios ficam à flor da pele. Se o motorista observasse alguma coisa suspeita, teria de interferir antes que os adolescentes fizessem alguma besteira.

Quando a trilha chegou ao fim e Rebecca se viu à margem do Lago Paranoá, retirou as sandálias dos pés e entrou no lago. Com a água ligeiramente acima de seus tornozelos, começou a andar um pouco dentro do lago. Tarcísio juntou-se a ela, e começou a atirar água na namorada. A jovem revidou, e cada um passou a atirar água no outro com vontade. Eles sorriam e iam se aproximando. Quando estavam bem próximos, Tarcísio a enlaçou e a beijou com muita vontade. Rebecca fechou os olhos e deixou-se conduzir mais uma vez por aquela sensação que a fazia esmorecer. De repente, enquanto estava sendo beijada, teve o pressentimento de que os dois não ficariam muito tempo juntos. Empurrou o namorado e voltou a jogar água nele, querendo espantar aquele pressentimento ruim.

Maria Elise, que estava sentada à beira do lago, agarrou-se ao namorado e o beijou. William assustou-se, mas ao sentir a língua de sua namorada invadir sua boca a enlaçou fortemente.

Tarcísio voltou a abraçar Rebecca e uniu seus lábios aos dela, permitindo que o novo beijo revelasse o quanto ele a queria. Rebecca sentiu que o namorado desejava algo mais do que um simples beijo. Nesse momento, o pressentimento ruim se repetiu, e ela não gostou nada disso. Interrompeu o beijo a fim de respirar um pouco. Virou as costas para o namorado, para que ele não a visse preocupada.

Tarcísio a abraçou por trás e disse que não conseguia mais viver sem ela. Queria se casar com ela. Rebecca afirmou que também desejava se casar com ele. Não só desejava como queria que o casamento não demorasse muito para se realizar.

— Tive um pressentimento, Tarcísio. Sinto que de uma hora para outra algo grave pode acontecer e nos manter separados. É por isso que devemos nos casar o mais rápido possível. Quero me casar antes que algo grave aconteça!

Só o amor explica

— Nada será capaz de nos separar, meu amor. Lutarei por você com todas as minhas forças. Nós pertencemos um ao outro. Portanto, deixe de lado esse pressentimento. Verá que ele não irá acontecer.

— Se acontecer, você lutará mesmo por mim, Tarcísio?

— Claro, querida.

— Promete?

— Sim, prometo. — Tarcísio beijou-lhe a testa e a conduziu para fora da água. — Melhor voltarmos e apreciarmos um pouco a paisagem de lá da Ermida — falou, já preocupado com o fato de a namorada insistir naquele pressentimento.

Logo os quatro se reuniram, e subiram a trilha. O motorista rapidamente a subiu também, entrou no veículo e ficou observando a trilha pela janela. Continuaria de olhos fixos neles.

Quando atingiram o final da trilha e retornaram à Ermida, conversaram um pouco sobre a gincana do colégio e sobre os jogos escolares.

— Tarcísio, você já convidou alguém para ser sua dama em meu baile de aniversário? — Indagou William.

— Acabei me esquecendo! Rebecca, minha amada, quer ser a minha dama no baile de aniversário de William?

— Eu adoraria!

Os dois casais ainda ficaram conversando e namorando por mais uma hora. Depois, foram para a casa de William, e a convite dele ouviram música e dançaram. William os convidou para almoçarem com ele, e todos aceitaram. Após o almoço, partiriam para o local onde Tarcísio jogaria mais uma partida de vôlei.

Amanda já se encontrava no ginásio havia algum tempo, esperando pelo início de mais um jogo de seu ídolo; e não acreditou quando viu Tarcísio e Rebecca chegarem abraçados ao ginásio. Mas ficou espantada mesmo quando o deus grego e a prima beijaram-se na boca.

81

Fechou as mãos e mordeu os lábios com raiva. A inveja que tinha de Rebecca se intensificou. Rebecca tinha-lhe roubado Tarcísio. Ela é que vira o garoto primeiro, e estava correndo atrás dele há muito mais tempo do que a prima. Não era justo que tivesse sido passada para trás. "Sou muito mais bonita do que essa garota... Ele devia estar interessado em mim, não nela! Mas isso não vai ficar assim. Não permitirei que esses dois namorem."

A loira de olhos verde-esmeralda deixou o ginásio. Não queria mais assistir jogo algum. Precisava chegar à mansão da tia e pensar em um modo de separar Rebecca de Tarcísio.

Quando Tarcísio chegou em casa, após o jogo, estava exausto.

— Que passeio, mamãe! Foi maravilhoso. Pena que as coisas boas acabem tão rápido. — Subiu a escada cantando, demonstrando estar muito contente.

Vendo-o subir tão alegre, Marta ficou intrigada. Tarcísio tinha ido à Ermida com William. O que teria acontecido na Ermida? Ele e William viviam juntos. Será que os dois... — balançou a cabeça, tentando expulsar o pensamento terrível antes que ele se manifestasse por completo.

Pegou o telefone e ligou para a casa do senador. Logo obteve as informações que desejava: os dois amigos haviam ido ao passeio acompanhados de duas garotas. Suas detestáveis suspeitas não tinham fundamento: o filho e William não estavam sozinhos na Ermida. "Graças a Deus! Que tolice!", pensou. Mas que garotas seriam essas? Será que o filho andava envolvido com alguma garota sem que ela soubesse? Tinha de descobrir logo.

Bateu na porta do quarto de Matilde. Entrou e perguntou à filha se ela sabia algo a respeito do passeio do irmão.

— Só sei que ele ia à Ermida Dom Bosco.
— E as garotas que acompanharam os dois, filha?
— Não sei nada sobre isso, mãe.

Matilde prometera ao irmão que não iria contar para a mãe sobre o namoro dele com Rebecca. Mas mesmo que não tivesse prometido nunca contaria. A mãe que descobrisse sozinha.

Marta decidiu que o melhor era vigiar o filho. Tarcísio era muito novo para andar metido com garotas. "Ele é meu filho! Meu e de mais ninguém."

Alertada por Amanda de que Rebecca talvez chegasse em companhia do garoto macumbeiro, Lucrécia foi até o portão. Mas o que viu foi a filha agradecendo ao filho do senador Cardoso pela carona.

— Está namorando o filho do senador Cardoso, querida?
— William e eu somos apenas amigos — respondeu Rebecca sorrindo. — Ele é o namorado de Maria Elise.
— Você poderia tirá-lo de Maria Elise, se quisesse.

Rebecca deu uma gargalhada.

— Ora, eu jamais faria tal coisa! Não tenho interesse em William, e Maria Elise é minha melhor amiga. Estou totalmente seduzida por outro garoto... um que me faz sonhar acordada! Ah, se pudesse ficaria sempre ao lado dele... E que passeio maravilhoso fizemos! — Dirigiu-se ao seu quarto cantarolando, feliz.

Lucrécia foi procurar Amanda.

— Quem é o garoto macumbeiro que está fazendo minha filha sonhar acordada?
— Tia, se não o viu dentro do carro é porque ainda não chegou a hora de você descobrir. Essa hora em breve chegará, e você verá com quem Rebecca se envolveu. Ela sem dúvida merecia coisa melhor.

E Amanda começou a falar mal de Tarcísio para a tia. Disse tantas coisas ruins a respeito do tal garoto que Lucrécia começou a antipatizar com Tarcísio antes mesmo de conhecê-lo.

No dia seguinte, no colégio, Rebecca apresentou Thiago a Tarcísio. Os três ficaram conversando, e Thiago logo simpatizou com Tarcísio. O garoto dizia coisas que o faziam pensar, e demonstrava claramente seu interesse pela irmã. A irmã tivera sorte ao despertar interesse no deus grego do colégio, tão desejado pelas garotas.

— Maria Elise, preciso que me faça um favor: pode pedir à sua costureira que me faça o vestido para o baile do filho do senador? A costureira de mamãe está sobrecarregada, mal consegue dar conta dos pedidos que tem.

— Verei se ela aceita a sua encomenda, Rebecca, não se preocupe.

A costureira aceitou fazer o vestido. Ela, Rebecca e Maria Elise se dirigiram a uma loja e compraram o tecido para o traje de Rebecca. Junto com Maria Elise, Rebecca começou a ir duas vezes por semana ao ateliê de costura para experimentar o vestido.

Rebecca concentrou toda sua atenção nos estudos para a gincana e no baile de aniversário de William, que aconteceria quinze dias antes da gincana.

Tarcísio e Rebecca começaram a se encontrar com mais freqüência. Vez ou outra, ficavam conversando na saída das aulas, até a hora em que o motorista dela chegava. Continuavam indo ao cinema juntos, namorando e tecendo novos planos para o futuro.

Rebecca voltou a comentar com o namorado sobre o pressentimento de que se não casassem logo seriam distanciados um do outro.

Só o amor explica

— Esse pressentimento se torna mais forte a cada dia, Tarcísio! — Segurou as duas mãos do garoto. — Nosso casamento deve acontecer o mais rápido possível!

— Precisaremos do consentimento dos nossos pais para nos casar. Também tenho de encontrar um emprego, para que possamos nos sustentar.

Os dois começaram a verificar a possibilidade de Tarcísio encontrar um emprego. Sabiam que não seria nada fácil. Ninguém iria empregar um adolescente de quatorze anos, a não ser que esse adolescente tivesse alguém que intercedesse por ele e que o ajudasse a conseguir trabalho. Tarcísio pensou no senador Cardoso, e decidiu procurar o político.

O senador escutou os dois jovens com atenção. Abraçou Tarcísio, que para ele era como um filho, e prometeu arranjar o que Tarcísio lhe pedira:

— Conte comigo, rapaz. Não se preocupe.

Felizes, eles deixaram a residência do político e seguiram para suas casas.

No dia seguinte, Tarcísio fez sua matrícula em um curso de datilografia.

Na véspera do baile de aniversário de William, Tarcísio e Rebecca tomavam sorvete na praça de alimentação de um shopping. Os dois conversavam sobre os planos que já tinham tecido para o futuro, e sobre novos planos. Decidiram que no baile colocariam seus pais a par do namoro deles, e também lhes falariam a respeito do desejo que tinham de casar cedo.

Estavam apaixonados, confiantes no futuro, e certos de que nada os atrapalharia. Exceto pelos pressentimentos de Rebecca...

6

O baile

O salão do clube estava completamente tomado pelos convidados do filho do senador Cardoso. Quando o senador surgiu no salão, passou a cumprimentar os pais dos jovens presentes.

Todos aguardavam ansiosamente o início do baile.

Alguém se aproximou do senador e informou que as damas e os cavalheiros já estavam preparados para entrarem. Os pais foram conduzidos a um salão onde os outros jovens pares do baile já formavam duas filas indianas no início de uma escada de mármore; de acordo com suas posições, os pares transformavam as duas filas em um círculo que ficava por detrás de duas elegantíssimas cadeiras, nas quais o aniversariante e sua dama sentariam. As duas cadeiras estavam dez metros distantes uma da outra.

— Pedimos silêncio a todos — informou uma linda voz através de um microfone. — Fotógrafos e repórteres podem se posicionar de forma a não atrapalharem os pares que descerão pelas escadas. Iniciaremos a apresentação dos quatro pares que escoltarão o aniversariante e sua dama.

Todos olharam para a escada.

— O quarto cavalheiro convidado pelo aniversariante é Mário Fonseca, filho do general Fonseca e Fabiana Fonseca. Sua dama é Amanda Lorizzen, sobrinha de Teófilo Lopes e Lucrécia Lopes Lorizzen.

Os dois apareceram no topo da escada; o rapaz usava um terno, e a garota trajava um lindíssimo vestido verde-claro. Mário deu o braço para Amanda e os dois desceram a escada ao som de palmas dos convidados e flashs das máquinas fotográficas. Posicionaram-se ao lado da cadeira em que a dama de William sentaria.

O terceiro cavalheiro e o segundo foram anunciados e se posicionaram em seus respectivos lugares.

— Agora anunciaremos o primeiro cavalheiro convidado pelo filho do senador Cardoso — continuou a linda voz. — Trata-se de Tarcísio Tarcísio! O próprio aniversariante já disse que o considera seu irmão. Ele é filho de Marta Tarcísio e do falecido almirante Tarcísio. Sua dama é Rebecca Lopes Lorizzen, filha de Teófilo Lopes e Lucrécia Lopes Lorizzen.

Quando Tarcísio e Rebecca surgiram no topo da escada, todos arregalaram os olhos; alguns até ficaram boquiabertos. Que casal lindíssimo formavam!. A beleza física do garoto tirou suspiros das damas de todos os outros cavalheiros e das mães dos convidados. Rebecca arrancou suspiros dos rapazes.

Rebecca estava impecável em seu vestido rosa-claro. O vestido, a tiara rosa salpicada de detalhes dourados, os brincos de ouro e o colar de pérolas a deixaram belíssima.

O terno que Tarcísio usava combinava com a cor de seus cabelos e o deixava muito mais lindo do que já era.

Antes de curvar-se perante Rebecca, Tarcísio sorriu para ela. Rebecca retribuiu o sorriso. Ele então cumprimentou sua dama e ofereceu-lhe o braço. Enquanto desciam a escada, todas as atenções estavam voltadas para eles.

Os fotógrafos batiam várias fotos, os colunistas de jornais escreviam rapidamente em seus blocos de anotações. As palmas continuaram mesmo depois que eles se posicionaram ao lado da cadeira em que o aniversariante iria se sentar.

Lucrécia, contemplando a filha ao lado daquele garoto que lhe parecia ter saído de um conto de fadas, perguntou ao marido:

— Tem certeza de que é nossa filha ao lado desse maravilhoso príncipe de conto de fadas?

— É nossa filha, sim, querida! E está linda! O seu cavalheiro dispensa comentários.

— Teófilo! Rebecca parece uma princesa ao lado de seu príncipe!

Os dois sentiam enorme orgulho da filha.

— Sabemos que todos estão encantados com o casal Tarcísio e Rebecca, e que não param de olhar para eles — disse a bela voz pelo microfone. — Mas gostaria de chamar sua atenção para o casal mais importante desse baile. Vamos receber o aniversariante William Cardoso, filho do senador Cardoso e da falecida Leila Cardoso. Sua dama é Maria Elise Fonseca, filha do general Fonseca e de Fabiana Fonseca.

O aniversariante e Maria Elise apareceram. Ele vestia um terno branco, e Maria Elise, um belo vestido branco. Começaram a descer a escada, e os cavalheiros e damas que já haviam descido os recepcionaram. Ao som de palmas, os cavalheiros conduziram Maria Elise até uma cadeira e ficaram ao lado dela. As damas fizeram o mesmo com William.

Os convidados especiais do aniversariante lhe deram os parabéns e foram até o senador. Conduziram-no até o filho, que foi abraçado pelo pai com carinho. Depois, o senador retornou ao lugar em que estava, levado pelos cavalheiros do filho.

William levantou-se da cadeira. As damas o conduziram até Maria Elise. O aniversariante ofereceu o braço a Maria Elise, e a conduziu até o centro do salão. Os cavalheiros deram os braços para suas damas e aproximaram-se do aniversariante. A música teve início, e todos começaram a valsar.

Outras músicas começaram a ser tocadas. Tarcísio e Rebecca dançavam sem se desgrudar. Embora outras garotas estivessem loucas de vontade para dançarem com o deus grego, o casal de adolescente não se separava, e mesmo quando não estavam dançando os dois permaneciam juntos.

No momento em que os convidados começaram a dar parabéns ao aniversariante, Tarcísio aproximou-se da mãe:

— Mamãe, apresento-lhe Rebecca! A mais bela visão que meus olhos já contemplaram na Terra. Faz com que meu coração dê saltos de alegria, e com que todos os meus sentimentos vibrem de emoção e clamem por ela.

Marta sobressaltou-se. O filho mostrava-se apaixonado. Aquela garota não era apenas mais uma admiradora dele: era muito mais que isso. Significava um perigo para seu Tarcísio e um perigo para ela, sua mãe.

— Rebecca, apresento-lhe mamãe. A mulher que me ensinou a viver com honestidade, amor e fidelidade aos meus sentimentos. Ela é a pessoa mais lutadora que já conheci, e a luta, ao torná-la forte, a fez compreender os filhos e amá-los como eles são.

Marta emocionou-se. Ter ouvido dos lábios do filho *a mulher lutadora que se tornou forte e me ensinou a viver com honestidade, amor e fidelidade* a fez descobrir que seu garoto reconhecia toda a sua dedicação a ele.

Marta apertou a mão de Rebecca e sorriu sem vontade. A garota, por sua vez, foi gentil e efusiva em seus cumprimentos. Depois, voltou-se para Matilde.

— Rebecca, você está linda! — exclamou Matilde. — Tarcísio teve sorte. Você é a garota mais linda dessa festa.

— Eu é que tenho muita sorte, minha amiga! Seu irmão me faz tão bem, tão feliz!

Marta não teve mais nenhuma dúvida de que os dois estavam apaixonados. "Paixão na adolescência é um perigo mortal", pensou. "Cortarei o contato do filho com essa menina o mais cedo possível. Farei isso o mais rápido possível".

O filho pediu licença à mãe, dizendo que iria conhecer os pais de Rebecca e pedir ao pai da garota para recebê-lo no dia seguinte. Queria ter uma conversa com o homem.

— Tarcísio, não vá falar com o pai dessa garota antes que nós dois tenhamos uma conversa bem séria. Talvez tão séria que o faça desistir de querer conversar com o pai dela — disse Marta, olhando para o filho de modo severo.

— Mamãe! Meu coração me diz que devo ter uma conversa com o pai de Rebecca. Portanto, é o que farei.

— Não me importa o que seu coração diz, entendeu? Sou sua mãe e sei o que é melhor para você. Agora, vá e apenas se apresente aos pais da garota. Depois nos despedimos do aniversariante e retornamos imediatamente para casa. A festa terminou para nós.

— Já? — indagou o filho.

— Sim. Estamos regressando para casa.

— Tudo bem, não vou demorar...

Matilde sentiu pena do irmão. Sabia que a mãe não gostara nem um pouco de ter visto o filho ao lado de Rebecca, e muito menos de saber que Tarcísio pretendia conversar com o pai da garota. A mãe era muito possessiva; costumava dizer que o filho era dela, e que se alguém ousasse feri-lo ou tirá-lo dela pagaria muito caro. Pobre Tarcísio, pobre Rebecca! Teriam de enfrentar dona Marta se quisessem ficar juntos.

— Seria melhor você deixar para conhecer meus pais outra hora, Tarcísio. Parece que sua mãe não gostou de mim — disse Rebecca.

— Não pense isso, querida. Mamãe resolveu ir embora porque nunca gostou de festas — respondeu Tarcísio. — Vamos até seus pais. Faço questão de conhecê-los. — Deu o braço para Rebecca, e a garota o levou até onde seus pais estavam.

Lucrécia conversava animadamente com Fabiana, e Teófilo, com o general Fonseca.

— Papai, apresento-lhe Tarcísio. O garoto que com um simples olhar faz meu coração bater mais rápido! — Olhou para o namorado. — Tarcísio, apresento-lhe meu pai, Teófilo.

— É para mim uma grande honra conhecer o pai da garota que amo. Gostaria que soubesse que sua filha é para mim tão importante quanto o ar que respiro.

— São palavras muito bonitas, meu jovem — comentou Teófilo, orgulhoso.

— Infelizmente, palavras serão sempre insuficientes para definir e celebrar sua linda filha, senhor. Sou totalmente feliz e realizado ao lado de uma mulher inteligente e sensível como Rebecca. O senhor foi muito abençoado por Deus. O Pai Celeste deu-lhe a graça de ser pai de uma garota humilde, bondosa e amorosa. Desejo que Deus continue lhe concedendo muitas outras graças.

Teófilo o escutou com grande atenção. O garoto dissera coisas que ele jamais esperaria ouvir de um pretendente da filha na primeira vez que fosse apresentado a ele. O jovem descrevera com precisão as qualidades de Rebecca. Aquele garoto não deveria conhecer sua filha há muito tempo; mesmo assim, fora capaz de mencionar qualidades da garota que ele próprio levara alguns anos para descobrir. Sim, Rebecca era única; por isso sempre agradecia ao Senhor a graça de ser pai dela.

— Tarcísio, essa é minha mãe, Lucrécia. Mamãe, Tarcísio.

Lucrécia estendeu a mão para o rapaz, que a olhou com atenção. A mulher não gostou da forma como ele a encarava.

— Honrado em conhecer a belíssima mãe do amor de minha vida. Sua filha com certeza puxou a beleza da mãe. A senhora é muito jovem e bela.

Saber que o príncipe de conto de fadas a considerava jovem e bela fez bem ao ego de Lucrécia. Embora tivesse gostado do elogio, puxou a mão e fechou a cara. Não disse nada, e começou a olhar para outro lugar. Não queria que o garoto a encarasse. Aquele seu olhar penetrante e sereno a incomodava.

— Você é romântico e lindo! — exclamou Fabiana. — Ao lado desse deus grego, Rebecca deve estar se sentindo a própria Afrodite. Os dois foram feitos um para o outro. Formam o casal mais encantador dessa festa. Pode acreditar em mim, não sou uma mãe coruja. Embora meus dois filhos estejam nessa festa, e ambos acompanhados, digo com sinceridade que vocês dois são o casal mais elegante, charmoso e lindo desse baile de aniversário.

— Agradeço pelo "lindo e romântico". A senhora é muito gentil. Acredito que nessa festa existam outros garotos mais lindos e românticos do que eu, e casais mais encantadores do que nós. — Estendeu a mão. — Muito prazer, Tarcísio.

— Fabiana, mãe de Maria Elise. E este é meu esposo, o general Fonseca.

Tarcísio cumprimentou o general. Depois, aproximou-se de Teófilo e disse:

— Senhor, gostaria que me recebesse para uma conversa quando tivesse tempo. Sei que é um homem muito ocupado, mas o que tenho a lhe dizer é importante. — Tirou um cartão do bolso e estendeu-o ao pai de Rebecca. — Esse é o cartão de minha mãe. Nele consta o número do telefone de nossa residência. Aguardarei que o senhor ou sua secretária telefone, informando quando poderá me receber.

— Amanhã é domingo. Posso recebê-lo em nossa residência às dezesseis horas — informou Teófilo, guardando o cartão no bolso.

Só o amor explica

Tarcísio respondeu que não faltaria. Olhou para sua amada com paixão e disse:

— Querida, tenho que deixá-la agora. Saiba que já começo a sentir saudade de você, e já estou ansioso por voltar a encontrá-la! Eu ficaria até que você se fosse com seus pais, mas preciso acompanhar minha mãe. Nós nos veremos amanhã em sua residência. Com licença! — pediu a todos, e se foi.

Para Rebecca, a festa terminou no momento em que Tarcísio se despediu dela. Ficou ao lado do pai e passou a recusar todos os pedidos de dança.

Mário deixou Amanda e se aproximou de Rebecca assim que a viu sozinha. Começou a conversar com ela e a convidá-la com insistência para dançar. Rebecca não aceitou o convite, completamente alheia ao que o rapaz lhe dizia.

Notando que a garota se recusava a dançar com o filho, Fabiana comentou:

— Mário, é melhor você voltar a dar atenção para Amanda. Ela e sua irmã estão conversando com outros rapazes. Não fica bem você deixar sua dama de lado e tentar inutilmente atrair a atenção de outra. Rebecca não tem olhos para você; o coração dela já pertence a outro.

— Mamãe, Rebecca pode ter sido dama daquele garoto macumbeiro, mas isso não quer dizer que ela esteja apaixonada por ele.

— Tarcísio não é macumbeiro, Mário. É espírita — esclareceu Rebecca.

— O tal deus grego venerado pelas garotas do nosso colégio vive se envolvendo com os mortos. Quem lida com alma penada são os macumbeiros. Pessoas pobres e sem instrução nenhuma. Se Tarcísio é macumbeiro, então está na cara que é um pobretão. Você é riquíssima, Rebecca. Deve se apaixonar por um rapaz tão rico quanto você. Eu sou esse rapaz — falou Mário. — Você tem de se apaixonar por mim, e não por um macumbeiro.

— Quer saber, Mário? — respondeu Rebecca bem alto. — Mesmo que fosse eu preferia mil vezes namorá-lo a namorar você. Não gosto de você! Entenda isso. Gosto é de Tarcísio. Deixe-me em paz!

— Se prefere aquele tipinho a mim, mostrarei a você que sou bem melhor do que ele — ralhou Mário, dando-lhe as costas e retirando-se com raiva.

Quando Mário se afastou, Lucrécia perguntou a Fabiana se Tarcísio era mesmo macumbeiro e pobretão.

Antes de a colunista responder a pergunta da mãe, Rebecca convidou o pai para saírem um pouco do salão, a fim de tomarem um pouco de ar fresco. Teófilo ofereceu o braço à filha, e os dois, pedindo licença ao general e às duas mulheres, deixaram o salão.

Fabiana disse a Lucrécia que o espiritismo era uma religião profunda e elevada. O filho de Marta era um vidente, um garoto que via e conversava com os espíritos e com eles lidava seguindo as orientações da doutrina do francês Allan Kardec. Conhecia algumas pessoas da sociedade que seguiam essa doutrina, e elas não eram macumbeiras.

— Você sabe se Tarcísio é mesmo um pobretão, como Mário disse?

— O garoto não é pobre. O herdeiro dos Tarcísios talvez seja até bem mais rico do que muitos herdeiros que estão no aniversário do filho do senador.

Lucrécia gostou dessa informação. O macumbeiro pelo menos tinha dinheiro. Se o garoto tivesse uma religião decente, permitiria que a filha o namorasse; mas como ele era envolvido com espíritos, jamais permitiria que Rebecca, oriunda de uma família católica conservadora, namorasse o rapaz.

7

Dor e separação

Na manhã do dia seguinte, enquanto preparava o café da manhã, Marta pensava na conversa que teria com o filho. Tinha conhecimento de que não seria uma conversa fácil, e que iria machucar Tarcísio. Mas seria bem melhor feri-lo agora, enquanto ainda havia tempo para a ferida cicatrizar, do que machucá-lo mais tarde e deixar seqüelas que dificilmente desapareceriam.

Apanhou o jornal. Na primeira página havia uma manchete sobre o aniversário do filho do senador Cardoso. Rapidamente abriu o jornal na parte da coluna social. Deu de cara com uma foto de Tarcísio e Rebecca, e começou a ler o que a colunista tinha escrito sobre o filho. Ficou orgulhosa ao saber que embora a festa tivesse sido do melhor amigo de Tarcísio, quem de fato brilhara no evento fora o filho. Só não gostou de saber que Tarcísio e Rebecca, segundo a visão da colunista, tinham sido feitos um para o outro.

A mulher de trinta e oito anos, olhos verde-claro, cabelos castanhos e bonita, acalentava um sonho: transformar o filho em um famoso modelo fotográfico, ou num famosíssimo ator de Hollywood.

O que mais queria era ver o filho arrasando corações de milhares de mulheres do mundo inteiro, através dos personagens aos quais ele daria vida nos filmes. Não poderia em nenhum momento se desviar desse sonho; por isso, era de suma importância acabar logo com o interesse do filho por aquela Rebecca.

Fechou o jornal e o guardou dentro de uma gaveta, num dos armários da cozinha. Não queria que Matilde e Tarcísio lessem o que leu. Sentou à mesa e ficou aguardando os filhos descerem para o café da manhã.

Ao entrarem na cozinha, Tarcísio e Matilde deram bom-dia à mãe e sentaram-se.

Marta disse ao filho que após o café os dois conversariam. Falou a Matilde que se ela desejasse poderia escutar a conversa, mas que não interferisse, pois a conversa seria de mãe para filho.

Quando os três terminaram o café da manhã, por ser domingo e Rosa estar de folga, Matilde e Tarcísio lavaram a louça que tinham sujado. Depois os dois foram à sala de estar, onde Marta os esperava. Sentaram-se, e Marta começou a falar:

— Filho, sei que essa conversa não será fácil nem para mim nem para você. Portanto, serei breve. Não quero que volte a falar ou encontrar a garota que foi sua dama no baile de aniversário de William. Você é muito jovem para envolver-se com mulheres; tem apenas quatorze anos. Está proibido de se encontrar com Rebecca. Proibido! Bem, é isso: a conversa está encerrada, e você está dispensado.

— Que conversa tivemos, mamãe? A senhora apenas falou o que quis, e eu a escutei. Agora é minha vez de falar! Espera que eu acredite que está me proibindo de encontrar Rebecca só porque tenho apenas quatorze anos? Posso ter pouca idade, mas isso não significa que não seja inteligente e que não compreenda os sentimentos dos outros. Sei muito bem por que me proíbe de ver Rebecca: porque não deseja que eu dê a ela o meu amor, pois julga que todo o meu amor pertence somente à senhora.

Só o amor explica

— Cale-se, Tarcísio! — ordenou Marta. — Como ousa dizer isso para sua mãe? Dizer que eu não o quero dividir com ninguém é um tremendo absurdo.

— Perdoe-me, mamãe, devo ter me precipitado. Espero que minhas palavras não a tenham magoado.

— Magoaram, sim. Você foi muito descortês com sua mãe. Já lhe disse que não o quero envolvido com Rebecca. Sonho um futuro brilhante para você, e nesse futuro não há lugar para essa garota, nem para nenhuma outra.

— Sei que a senhora só quer o melhor para mim. Acontece que nunca me perguntou se o futuro brilhante que sonha para mim é o mesmo que eu sonho. Antes de conhecer Rebecca, eu ainda não tinha nem pensado em futuro, muito menos sonhado. Depois que conheci o amor da minha vida, passei a pensar em futuro, sim; e Rebecca faz parte desse futuro simples que quero ter.

— Fazia, Tarcísio. Fazia. Você agora está proibido de se encontrar com ela, e até mesmo de pensar em ter um *futuro simples* com ela. A partir de hoje, nem o nome dela será mais pronunciado em nossa casa.

— Isso é inútil. Uma proibição que não será cumprida. Eu sempre a obedeci, e sempre fiz tudo que me pediu. Só que agora... o que me pede é impossível de aceitar. Eu não vou deixar de me encontrar com Rebecca. Não vou mesmo. O que já sinto por ela...

— Basta! — gritou Marta, interrompendo o filho. — Não quero saber o que sente. Não acredito que tenha afirmado que não cumprirá uma ordem minha. Você sempre foi um filho exemplar, nunca me deu nenhum problema. Sempre foi o meu orgulho. O filho que toda mãe quer ter. Educado, lindo, inteligente, bondoso, piedoso e amoroso. De repente, transforma-se em um ingrato igual a sua irmã, que sempre se negou a cumprir minhas ordens. Só que não vou permitir que siga os exemplos da sua irmã. Não permitirei

97

que volte a se encontrar com aquela garota! — Aproximou-se dele apontando-lhe o dedo indicador. — Você ainda é menor de idade. Se não me obedecer eu o envio para um colégio interno no exterior, e dou ordens para que não receba nenhum telefonema e nenhuma visita. Decida, Tarcísio! Obedeça-me e continue morando com sua família, ou parta para o colégio imediatamente. Vamos, decida-se já!

Matilde viu as lágrimas começarem a jorrar dos olhos do irmão. Quando ele deu as costas para a mãe e deixou a sala de estar, subindo a escada, ela olhou para Marta com raiva e disse:

— É a primeira vez que o vejo chorar. Jamais o vi fazer isso antes, mamãe. Tenho certeza de que também é a primeira vez que a senhora o vê chorando. Ele nem mesmo pôde explicar o que sente pela garota! Sempre achei que suas ordens e proibições o faziam sofrer muito, mas como meu irmão não reclamava, eu nunca liguei. Só que hoje a senhora foi longe demais. A sua nova proibição lhe custará caro: fará com que perca seu filho. Ainda não sou mãe, mas quando for, jamais desejarei perder um filho. Deve ser uma dor muito grande. — Levantou-se, subiu a escada e foi ao quarto do irmão.

Marta ficou pensando no que Matilde lhe dissera. Não queria perder seu filho! Pelo contrário, queria-o bem junto dela. Levantando-se, subiu a escada e chegou ao quarto de Tarcísio no exato momento em que Matilde sentava na cama do irmão.

O garoto estava jogado na cama, com a cabeça afundada no travesseiro, e soluçava sem parar. Matilde o chamou, e ele não se moveu. Marta escondeu-se atrás da porta e ficou escutando e observando. A filha não a tinha visto chegar.

Alisando o cabelo do irmão, Matilde pediu-lhe que não chorasse. Tarcísio sentou-se na cama, abraçou-a e colocou a cabeça no ombro dela. E voltou a chorar.

Só o amor explica

— Volte lá embaixo e converse com mamãe. Diga a ela que você não vai obedecer e que não vai para colégio interno porcaria nenhuma.

— Não posso dizer isso para ela — disse Tarcísio, limpando as lágrimas com as mãos. — Eu a amo muito. Se disser o que você sugere, eu a farei sofrer, e mamãe não merece sofrer. Cuidou de nós com carinho desde que papai desencarnou. Deu-nos carinho, e não permitiu que nada nos faltasse. Não podemos pagar tanta dedicação sendo ingratos. Mamãe não merece sofrer por causa dos filhos.

— E você merece, Tarcísio?

— O sofrimento faz parte da vida das pessoas, Matilde. Ele nos ensina que podemos crescer com ele e nos tornarmos fortes o suficiente para enfrentá-lo e vencê-lo. Sofrimento para mim é na verdade lição de vida.

— O que acabou de dizer é bem filosófico e serve apenas para você, Tarcísio, que é um anjo perdido na Terra. Para mim, sofrimento só causa dor e não ajuda ninguém a crescer coisa nenhuma. O que pretende fazer?

— Farei preces pedindo ajuda a Deus e aos espíritos amigos. Depois tomarei banho e começarei a separar as coisas de que precisarei no colégio interno.

— Em vez de ir para o colégio interno, por que não diz a ela tudo o que pensa? Sei que não quer ir para o colégio interno, então diga que não vai e pronto. Depois diga que vai continuar se encontrando com Rebecca. Está na hora de você mostrar a mamãe que também tem sentimentos e que quer vivenciá-los da sua forma, e não da forma dela. Se quiser digo isso por você.

— Nós não diremos nada a ela, Matilde. Eu não suportaria magoá-la: é melhor que eu seja ferido e ela poupada. Foi o que aprendi na doutrina espírita: antes de ferir os outros, devo experimentar a ferida para saber o quanto ela dói. Não tenho escolha senão partir para o colégio interno, como mamãe deseja.

— Não faça isso, meu irmão. Corra atrás do que o seu coração almeja. Você sempre me diz isso. Está na hora de pôr suas palavras em prática.

— Não adianta, não há saída. Ah, como será difícil deixar você e mamãe e viver em um lugar totalmente estranho! Lá lembrarei de todos os momentos felizes que passamos juntos. Quando estiver lá e vir os outros alunos felizes da vida, recebendo visita dos familiares, telefonemas ou correspondências, recordarei que aqui no Brasil ficou minha família querida e as visitarei em pensamento. Pedirei então a Deus para continuar abençoando e cuidando de vocês. E chorarei todas as noites quando, antes de deitar, pensar em Rebecca... Sei que não mais irei ouvir a voz dela, nem contemplar seu lindo sorriso!

— Não fale assim, irmão! Nada disso é necessário!

— Quem dera não fosse! Só vejo tristeza a minha frente. Chorarei ao saber que meu coração me revelou, no dia em que esbarrei com ela, ter encontrado a garota que reencarnou para me ajudar a ser feliz, e que perdi a felicidade porque não quis desobedecer a mamãe. Chorarei por saber que aos poucos irei me consumir, porque a distância da amada fará com que eu perca a vontade de viver. Mas me consolará saber que antes de desencarnar tive a graça de conhecer três mulheres especiais, e que me amaram: Marta, Matilde e Rebecca.

Ao escutar coisas tão lindas ditas pelo irmão, Matilde não resistiu e deixou que duas lágrimas rolassem pelo seu rosto. Marta não esperava que o filho a amasse de forma tão imensa, e que iria se sacrificar para não fazê-la sofrer. Ela saiu de detrás da porta e, com os olhos cheios de lágrimas, sentou perto dos filhos, tocou a cabeça de Tarcísio e disse:

— Meu filho, jamais imaginei que amasse a mim e a sua irmã de forma tão grandiosa e linda. Como também jamais sonhei que essa Rebecca significasse tanto em sua vida.

Só o amor explica

— Ela significa muito mais do que eu acredito que signifique, mãe — falou Tarcísio. — É a garota com quem quero dividir meus momentos alegres e tristes, que desejo amparar e confortar quando necessário.

— Que lindo! — exclamou Matilde. — Tão novo e já sabendo o significado do amor.

— Filho, sua irmã está certa ao mencionar que você, sendo tão jovem, já saiba o significado do amor. Está mesmo disposto a ir para o colégio interno se eu o proibir de se encontrar com Rebecca?

— Estou! Não conseguiria viver na mesma cidade de Rebecca, saber que ela se encontra tão perto de mim e, ao mesmo tempo, tão distante por causa de uma proibição. Não conseguiria evitá-la! Eu telefonaria para ela, ficaria no portão do colégio quando ela estivesse de saída, avistando-a de longe. Porque eu já não vivo sozinho: Rebecca vive em mim desde o dia do esbarrão. Vivendo em mim, sempre andará comigo. Mesmo que a senhora me proíba de encontrá-la eu a encontrarei, porque ela fez morada em meu coração; como não posso andar sem o coração, então estarei sempre andando com ela.

As duas contemplaram Tarcísio, tentando descobrir de onde o garoto tirava palavras tão lindas para explicar o sentimento pela amada. Matilde desejou que o namorado fosse um pouquinho só parecido com o irmão, e que uma vez na vida lhe dissesse a metade do que o irmão acabara de dizer.

Marta emocionou-se ao ouvir seu filho. Proibi-lo de se encontrar com a garota o faria sofrer muito; e se mandasse o filho para o colégio interno ela é que sofreria, pois ficaria distante dele. Como não estava disposta a sofrer, era mais conveniente que o filho sofresse. Ele era muito forte e tinha uma confiança imensa em Deus. Sua fortaleza e sua confiança lhe ajudariam a vencer o sofrimento. O filho sempre se mostrara forte em todos os momentos em que ela e Matilde haviam demonstrado fraqueza. Tarcísio era uma verdadeira fortaleza, e venceria aquela provação bem rápido.

— Meu querido, sei o que é melhor para o meu filho. Se o proíbo de se encontrar com Rebecca é para o seu bem! Você não irá estudar em um colégio interno. Não teria coragem de enviá-lo a um e ficar longo tempo sem vê-lo, sem receber seu afeto. Vai continuar levando sua vida como sempre levava antes de conhecer essa garota. Por enquanto, continuará estudando no mesmo colégio. Depois eu o matricularei em outro colégio, em um curso que o ajudará a colocar em prática o que tanto sonho para você. Não irá mais ver Rebecca. Não irá mais encontrá-la. A partir de amanhã eu o levarei ao seu colégio, e alguém irá buscá-lo. Matilde está proibida de levá-lo ou buscá-lo no colégio. Você está proibido de pegar caronas com seu amigo William. Também o proíbo de continuar jogando vôlei. Se você não obedecer as minhas proibições, sua mãe sofrerá muito, muito mesmo. Você é um filho amoroso e bastante bondoso, acredito que não trará sofrimento a sua pobre mãe. Ou acha que mereço ser mais penalizada do que já fui? Desde que seu pai faleceu, eu me mato de trabalhar para dar a vocês uma excelente educação e uma vida cômoda; seria um enorme desgosto ver meu próprio filho voltar-se contra mim.

— Só quero que a senhora seja muito feliz, mamãe. Jamais desejo que sofra — disse o filho.

— Então irá acatar as minhas proibições?

— Farei tudo que me pede. Pode ficar sossegada. — Caminhou até a janela, segurou no parapeito, olhou para o céu, suspirou longamente, permitiu que as lágrimas descessem pela face. Olhando para a mãe, disse:

— Acredite, não a decepcionarei. Mas agora desejo ficar um pouco sozinho em meu quarto. Quero chorar sossegado. — Desviou o olhar da mãe, atirou-se na cama e voltou a soluçar.

— Vamos, Matilde!

— Quero ficar com ele. É a primeira vez que o vejo sofrer...

— Venha comigo. Quando não tiver mais lágrimas, parará de chorar.

Só o amor explica

Antes de entrar em seu quarto, Matilde lançou um olhar condenatório para a mãe e bateu a porta. Marta, ao entrar em seu quarto, sentou-se na cama e começou a chorar de mansinho. Não queria ter sido tão dura, mas não tivera alternativa.

Sozinho em seu quarto, o garoto fez uma prece pedindo a Deus para iluminar Rebecca e ajudá-la a ser muito feliz. Implorou a Cristo que lhe desse forças para conseguir ficar longe da garota sem se martirizar. Após a prece, ansioso por se ocupar com algo, apanhou os livros e entregou-se aos estudos com determinação redobrada.

Quando almoçava, Tarcísio pediu permissão à mãe para ir à casa de Rebecca informar à garota que não seria mais possível os dois se encontrarem, e também avisar o pai dela que a conversa que teriam naquele dia deixara de ser necessária.

Marta surpreendeu-se com tal atitude.

— Filho, basta que telefone para ela.

— Não é tão simples assim. Certas coisas não se resolvem com um telefonema. Quando ela souber de tudo, quero estar olhando dentro dos olhos dela.

Marta sentiu orgulho das últimas palavras do filho. Resolveu levá-lo até a casa da menina, e afirmou que fazia questão de estar presente quando ele fosse falar com a garota e com o pai dela. Na verdade, queria saber o que o filho realmente diria à garota.

Matilde também pediu para ir, e Marta concordou.

Rebecca consultou seu relógio: faltavam quinze minutos para as quatro da tarde. Dirigiu-se ao jardim e aguardou que Tarcísio chegasse.

Logo avistou o carro de Marta, e foi abrir o portão. Marta estacionou na garagem. Rebecca cumprimentou mãe e filha, e abraçou Tarcísio com emoção.

Ao ser abraçado por Rebecca, Tarcísio retribuiu o abraço calorosamente e sentiu um aperto no coração ao imaginar que não mais a teria em seus braços.

Rebecca os convidou para entrar, e levou-os até o escritório do pai.

Sem que Rebecca desconfiasse, Amanda os espreitava. Logo que os viu entrando no escritório, correu até o jardim e se posicionou ao lado da janela do escritório. Deu sorte de encontrar a janela aberta: poderia escutar tudo que fosse dito dentro do escritório.

Lucrécia e Teófilo levantaram-se quando eles entraram. Tarcísio apertou a mão que Teófilo estendeu, e cumprimentou Lucrécia. Depois, apresentou a mãe e a irmã aos pais de Rebecca.

Lucrécia encarou Tarcísio:

— Antes que diga ao meu esposo o que deseja falar, quero que tome conhecimento de que sou contra o envolvimento entre você e minha filha. Não gostei de você quando o vi no baile, e muito menos quando fomos apresentados. Como mãe, sei que você não serve para minha filha. Por mim, você e Rebecca não seriam nem mesmo amigos.

Rebecca e Teófilo se espantaram com as palavras de Lucrécia.

— Querida — acudiu Teófilo —, deixe primeiro o garoto falar antes de manifestar seu julgamento.

— Ele não pediu para conversar comigo. Portanto, disse logo o que penso, para poupar o garoto de grandes expectativas. Sabendo que não aprovo nenhum contato dele com minha filha, ele se sentirá desencorajado de falar.

— A senhora não aprova mesmo que meu filho tenha contato com sua menina? — perguntou Marta, gostando do que ouvira da mulher.

— Não aprovo e proíbo minha filha de se encontrar com ele. Ela tem toda uma vida pela frente. Dessa forma, não quero nem mesmo escutar o que ele tem a dizer ao meu marido. Se veio aqui para pedir nossa filha em namoro, perderá tempo. Eu não o quero metido com minha filha.

— Que interessante — falou Marta. — Eu também não quero meu filho envolvido com Rebecca. Meu garoto é muito jovem e tem um futuro brilhante pela frente. No futuro que idealizei para ele, sua filha nunca esteve presente. Saiba que Tarcísio veio aqui apenas para falar sobre isso com sua filha. Querido, você já pode dizer a Rebecca o que tem de ser dito.

Tarcísio estranhou o fato de a mãe de Rebecca também se opor ao relacionamento deles, e ficou mais triste do que já estava. Mas levantou-se e caminhou até o pai de Rebecca:

— Ontem, quando lhe pedi para conversarmos, jamais poderia imaginar que as circunstâncias mudassem tão drasticamente. Infelizmente, alguns acontecimentos de repente surgem e interferem em nossa vida. Ao surgir temos de nos esforçar para tentar pelo menos lidar com eles. É difícil lidar com eles, mas um homem tem de ter em mente que quando eles surgem em seu caminho é porque ele já está preparado para enfrentá-los, por isso não pode fugir, tem de encará-los e não se deixar abater por eles. Quando mamãe me proibiu de ver e encontrar sua filha ela queria que eu telefonasse para Rebecca e dissesse que não poderia mais encontrá-la. Falei à mamãe que telefonar não seria correto, porque certas coisas não se dizem por telefone e sim pessoalmente. Falei à mamãe que eu tinha de saber lidar com o que me aconteceu e enfrentar a situação como um homem e não como um moleque. Telefonar para Rebecca dizendo que não poderia mais encontrá-la sem explicar o motivo de não mais poder fazer isso sem estar olhando dentro dos olhos da garota não era uma atitude digna de um homem. Um homem viria até a casa dela e lhe diria pessoalmente o motivo de não mais podê-la encontrá-la e de não relatar aos pais dela o que os dois tinham decidido relatar desde que se conheceram e começaram namorar sem que seus pais tivessem conhecimento. — Parou de falar e respirou calmamente. — Gostaria que me perdoasse pelo que agora irei dizer a sua filha, e pela dor que minhas palavras causarão a ela. — Sem esperar que Teófilo lhe dissesse alguma coisa, aproximou-se da garota, segurou-lhe as duas mãos e disse:

— Rebecca, sabe o quanto gosto de você. Sabe que é muito especial para mim, e que continuará sendo. Você tinha toda razão quando mencionou ontem à noite que mamãe não havia gostado de você. Pois bem, ela me proibiu de vê-la. Não quer que nos encontremos mais. Essa proibição é contra minha vontade, e me causa uma grande dor. Mas não posso me rebelar: é minha mãe, e como filho tenho de respeitá-la e acatar suas decisões enquanto for menor de idade. Além disso, sei que ela irá sofrer caso a desobedeça. — Soltou as mãos da garota e concentrou sua atenção na mãe. — Não quero vê-la sofrendo, muito menos por minha causa. O sofrimento para algumas pessoas é um verdadeiro tormento, e se essa pessoa ainda não estiver pronta para lidar com esse tormento o sofrimento lhe causará dores insuportáveis. — Seus olhos se encheram de lágrimas. Ele abraçou a garota e a beijou na testa.

Rebecca sentiu que lágrimas também escorriam por sua face. Segurando as mãos de Tarcísio, desabafou:

— Ah, meu querido! Gosto tanto de você! Meu coração já lhe pertence. Proibições não irão mudar o que já sentimos um pelo outro. Continuaremos a nos amar mesmo sem poder nos encontrar, porque sempre cultivaremos o sentimento que já vive em nossos corações. — Beijou-o na fronte e, afastando-se dele, caminhou até Marta e falou:

— Obrigada pelo sofrimento que me causará. Sofrerei feliz, pois na rapidíssima convivência que tive com seu filho descobri que eu sou a felicidade dele e ele a minha. Sofrerei feliz por pelo menos ter encontrado a felicidade; isso já é muito, pois a maioria das pessoas não alcança tal graça durante toda uma vida.

Marta, surpresa com tais palavras, manteve-se em silêncio. Depois, Rebecca aproximou-se de Matilde.

Só o amor explica

— Cuide bem de seu irmão para mim. Sei que fará isso. Você é uma boa pessoa.

Matilde levantou-se, abriu os braços e falou:

— Vocês dois não podem permitir que suas mães façam isso. É monstruoso. Nós somos testemunhas do sentimento que está latente em seus corações. Aceitar uma proibição dessas é um absurdo. Se isso estivesse acontecendo comigo, eu nunca aceitaria.

— Mas não está, Matilde — disse Marta. — Não se intrometa em assuntos que não lhe dizem respeito. Pare de instigar os filhos contra suas mães, e dê-lhes força para aceitar o que as mães consideram ser o melhor para os dois.

— Ah, quer que eu a ajude a dominá-los e manipulá-los? Vou é tentar ajudá-los como eu puder — afirmou Matilde. — O que temos aqui são duas mães lutando para satisfazer seus desejos mesquinhos e egoístas. Mas saibam de uma coisa: ao proibirem Rebecca e Tarcísio de namorarem e serem felizes, estão na verdade proibindo vocês mesmas de serem felizes! Porque a felicidade de uma mãe é ver seus filhos felizes. Se eles se tornarem infelizes, como as duas poderão estar bem? — Matilde olhou para as duas mulheres, que nada disseram. — Não respondem, hein? Sabem que tenho razão. Rebecca — contemplou a garota —, se ama meu irmão, então comece a lutar por ele. Tarcísio — contemplou o irmão —, se ama Rebecca lute também, não permita que nada os separe, nem mesmo a proibição de suas mães. Não estamos mais vivendo na idade média, em que os pais obrigavam os filhos a fazerem o que eles queriam. Lutem e não se deixem intimidar por nada. Se desejarem, luto junto com vocês.

Rebecca caminhou até Tarcísio e, olhando dentro dos olhos azuis do garoto, falou:

— Meu amado, sua irmã está certíssima. Nós temos de lutar. Você me prometeu aquele dia, dentro do lago, que lutaria por mim.

Prometeu que estaríamos sempre juntos e que lutaria contra todos que desejassem nos separar. A hora de lutar é agora.

Tarcísio afagou os cabelos dela:

— Prometi lutar contra todos, sim. Só que jamais imaginaria que nossas mães estivessem no lado oposto. Eu simplesmente não posso lutar contra minha mãe, Rebecca. É minha mãe! Tudo que tenho devo a ela. Perdoe-me, querida, por ser fraco e não poder dar esse passo tão gigantesco para ficar ao seu lado. Se eu lutar e vencer essa luta, nós dois nunca poderemos ser felizes sabendo que nossas mães são contra a nossa felicidade. Perdoe-me, por favor! — pediu, com lágrimas nos olhos. — Perdoe-me! Eu não posso lutar contra quem me deu a chance de reencarnar nessa existência. Eu a amo.

— Ama sua mãe muito mais do que ama a mim? — inquiriu a garota, lacrimosa.

Ele a abraçou com tanta vontade e beijou a testa dela com tanta emoção que Rebecca não teve dúvida que ele a amava mais do que amava a mãe.

— Bem, Tarcísio — disse abruptamente Lucrécia —, você e sua família já podem ir embora. Já fez o que tinha de fazer. Tudo ficará bem se não voltar a procurar minha filha. Vou conduzi-los até a porta.

— Pensei que as pessoas da sociedade conhecessem a etiqueta, e soubessem que nunca se diz algo dessa natureza a uma visita. Que tal fingir ter gostado de nos receber em sua casa e pedir que os visitemos mais vezes? Não é o que manda a etiqueta? — ironizou Tarcísio.

Matilde e Teófilo sorriram. Amanda, que do lado de fora tudo ouvia, também sorriu.

— E o que um macumbeiro entende de etiqueta? — perguntou Lucrécia, indignada com o que o garoto lhe disse. — Etiqueta não é para pessoas que vivem metidas com espíritos: é para os ricos e os que possuem uma verdadeira religião. Graças a Deus proibi Rebecca de chegar perto de você. Só me faltava ver minha filha metida com um macumbeiro.

Marta deu três passos na direção de Lucrécia, olhou-a de cima a baixo e falou:

— Você é a rainha das tolas. Acabou de revelar que o dinheiro que pagou por aulas de etiqueta, dadas por alguma socialite decadente, foi muito mal aplicado. Livros ensinando etiqueta são a coisa mais comum que há; existem às dúzias, vendidos em qualquer banca de jornal. Não fique aí dizendo que etiqueta é coisa para rico. Você se julga rica, não é? Talvez esteja na hora de aplicar seu dinheiro em sua instrução. Pois até uma criança que mal começou a estudar sabe a diferença que existe entre um macumbeiro e um seguidor da doutrina espírita. Você é capaz de entender isso? Ou quer que eu desenhe? Bem, desejo que tenha um excelente dia. — Deu-lhe as costas e olhou para Teófilo. — Grata pela atenção que o senhor dispensou a mim e a meu filho. Venha, Tarcísio! Não ficaremos nem mais um minuto nessa casa. — Vendo que o garoto ia se despedir de Rebecca, comentou:

— Não precisa se despedir dela. Você já fez isso. — Aproximando-se, puxou-o pelo braço em direção à saída, chamando Matilde.

Teófilo e Rebecca os seguiram até a garagem. Teófilo pediu desculpas a Marta pelas coisas que a mulher dissera.

Antes de Tarcísio entrar no carro, tocou o queixo de Rebecca com o dedo indicador e falou:

— Amada do meu coração! Vivi momentos maravilhosos ao seu lado. Momentos encantados... — Uma lágrima começou a descer do seu olho. — Deixo uma parte de mim com você!

— Tarcísio! Se deixa uma parte de você comigo, eu aqui fico sem uma parte de mim, pois você a leva consigo.

Amanda, que os espreitava, não cabia em si de felicidade. Achava maravilhoso o sofrimento que Rebecca começava a experimentar. Finalmente encontrara uma arma para ferir a prima: usaria o deus grego para aumentar-lhe o sofrimento.

8

Espírito amigo

Quatro dias após ter visto Rebecca pela última vez, Tarcísio evitava de todas as formas ficar muito tempo na presença de Marta. Desde que ela o separara de Rebecca o rapaz lutava com todas as forças para não sentir raiva da mãe. A luta era tão árdua que algumas vezes, quando avistava a mãe, entrava no quarto, abria *O Evangelho Segundo o Espiritismo* e buscava na leitura forças para combater o sentimento negativo que queria a todo momento nascer em seu coração e fazê-lo revoltar-se contra a mãe. Nem sempre a leitura ajudava, e ele se via obrigado a fazer muitas preces, pedindo a Deus para ajudá-lo a ser forte e continuar amando a mãe. A dor que ela o fazia sofrer mostrava-se muito mais lancinante do que ele pensava. Naquela noite, decidira não descer para o jantar. Ficaria estudando para a gincana. Estudando, não pensaria em Rebecca nem nas proibições da mãe.

Marta, que naquela noite não daria aulas, observou que o filho não tinha descido para jantar, e pediu à filha que o chamasse.

— Mãe, ele manda avisar que não tem fome e que continuará estudando.

Marta foi até o quarto do filho e bateu na porta. Logo que o filho a abriu, ordenou:

— Desça agora e junte-se a mim e a sua irmã! Tem de se alimentar. Não pode ficar dentro desse quarto só estudando. Tem cinco minutos para estar à mesa.

Tarcísio fez o que a mãe ordenou. Foi até a mesa. Sentou-se e ficou olhando para o teto.

— Não vai comer? — perguntou a mãe.

Ele balançou a cabeça negativamente.

— Por quê?

— Estou sem fome.

— Mesmo assim, coma. Você precisa se alimentar.

— Não quero. Não sinto fome.

— Coma, Tarcísio! Estou mandando.

— Mamãe, ele não quer comer. Deixe-o em paz — falou Matilde.

— Mas ele tem de comer. Não quero que ele deixe de se alimentar. Ele precisa se alimentar normalmente para permanecer forte e bonito.

— E para quem ele vai continuar bonito? Esqueceu que a senhora o proibiu de namorar Rebecca? Bem, tenho certeza de que Tarcísio e Rebecca não se esqueceram.

Marta nada disse. Não iria responder. Sabia que a filha a provocava com as suas perguntas. Se o filho não queria comer, que não comesse. Logo, logo ele acabaria esquecendo Rebecca e voltaria a se alimentar normalmente, e a sorrir como antes. Olhou pelo canto dos olhos para o filho, e sentiu um aperto no coração ao ver a tristeza estampada no rosto do seu lindo garoto. O filho gostava mesmo daquela garota, mas ela acreditava piamente que aquela paixonite logo se desalojaria do coração dele.

Tarcísio não tocou em nenhum alimento. Pensava em sua amada e na dor que sentia por não poder vê-la nem falar com ela. Era como se não a visse há séculos.

Logo que a mãe e a irmã terminaram o jantar, ele regressou ao quarto e se concentrou novamente nos estudos. A gincana estava próxima, e com ela o momento de avistar Rebecca.

No outro dia, ao chegar em casa, Marta tentou conversar com Tarcísio, mas ele só falou com ela o estritamente necessário. Começou a perceber que o filho a evitava. Sempre que chegava em casa ele estava trancado no quarto, estudando para a gincana, ou na aula do curso de datilografia. Ao chegar do curso ou do colégio, Tarcísio apenas lhe respondia por monossílabos, e não mais a encarava quando falava com ela. Seu filho já não era o mesmo: estava se distanciando dela. Tinha de agir para que a distância não aumentasse ainda mais. Iria ao colégio dele e conversaria com o diretor; depois conversaria com o filho, para avaliar a reação de Tarcísio.

Quando um novo dia teve início, Marta tomou café e foi até o colégio em que o filho estudava. Conversou longamente com o padre Júlio.

Na hora do almoço, Marta indagou ao filho se ele estava gostando do curso de datilografia. Tarcísio respondeu que sim.

— Não sei por que quis fazer esse curso. Estou pensando em matriculá-lo num curso de teatro. E também em um curso de agência de modelos — falou Marta.

— Não quero fazer esses cursos, mamãe! No momento, quero apenas estudar para a gincana e continuar fazendo o curso que já faço.

— Mas eu quero que você os faça. Logo após essa gincana você entrará de férias e terá muito tempo livre. Portanto, irá fazer os dois cursos. Como já lhe disse, sou sua mãe e sei o que é melhor para você.

— Eu também sei o que seja melhor para mim. Esses dois cursos não o são, por isso não os irei cursar.

Só o amor explica

— Serei mais clara: você fará os dois cursos que eu desejo, quer queira ou não. E digo mais: você os cursará antes de suas férias, e talvez até antes dessa gincana. Aliás, esqueça dessa gincana tola, não irá participar dela. Hoje conversei com o diretor do colégio e avisei que você não participaria. Se tomar parte nessa gincana acabará encontrando aquela Rebecca, e isso não permitirei. Esqueça essa gincana e concentre-se nos dois cursos que fará. Um para ser modelo e outro para tornar-se um excelente ator. Quero que você se torne um modelo famoso ou um ator conhecido no mundo inteiro.

— Mamãe, por favor! Permita que eu participe da gincana!

— Você não participará. Esqueça essa gincana e trate de esquecer essa Rebecca também. Se depender de mim, você nunca mais se encontrará com ela. Você e ela jamais ficarão juntos. Eu não quero. É meu filho, e fará o que sua mãe quer que você faça.

Ele olhou para a mãe de forma tão dolorosa que Marta sentiu pena do garoto. Mas não iria voltar atrás. Tarcísio que sofresse. "Ele é forte. O sofrimento para os fortes é como uma injeção de ânimo: torna-os mais fortes."

Tarcísio chorou por não ter coragem de dizer à mãe que ela o estava matando aos poucos. Seu sensível coração não permitia que desafiasse a mãe para lutar pela sua felicidade. Reconhecia que devia muito à mãe e que tudo que fizesse por ela jamais pagaria sua dívida. A mãe o criara com muito amor e trabalhava bastante para que nada lhe faltasse. Sozinha conseguiu dar uma boa educação a ele e à irmã. Por mais que quisesse dizer à mãe que precisava do amor de Rebecca, não faria isso. Era melhor morrer aos poucos do que dizer à mãe o que queria dizer e ver a mãe morrer no lugar dele.

— Já que não irei participar da gincana, não conte com a minha presença nesses dois cursos — disse Tarcísio, levantando-se da mesa e seguindo para seu quarto.

— Ouça bem, garoto! Eu lhe darei quinze minutos para pensar bem no pedido que lhe fiz. Então irei a seu quarto, e espero ouvir de sua boca uma resposta razoável de um bom filho.

Logo que entrou no quarto, Tarcísio pegou o seu *O Evangelho Segundo o Espiritismo,* sentou na cama e o abriu aleatoriamente. Começou a ler. Após a leitura, fechou os olhos e fez uma prece pedindo a Deus e aos espíritos amigos que o ajudassem a ser forte a fim de conseguir olhar dentro dos olhos da mãe e dizer-lhe não estar disposto a fazer nenhum dos dois cursos.

Alguém bateu na porta de seu quarto; era Matilde. Ela entrou dizendo que gostaria de estar com ele quando a mãe aparecesse para lhe falar. Sentou-se na cama do irmão e passou a incentivá-lo a não fazer o que não queria. Os dois escutaram pancadinhas na porta: era Marta.

— E então, mudou de idéia? Vai fazer os cursos que lhe sugeri?

— Não estou propenso a fazer nenhum dos dois cursos. Nenhum deles me interessa, nem me agrada!

A mãe de Tarcísio o encarou:

— Ora, nem sei por que pedi sua opinião. Claro que você fará os cursos. Vá tomar banho e se prepare para sair comigo. Vamos cancelar seu curso de datilografia; depois, iremos ao colégio e direi ao diretor que você não mais freqüentará as aulas. Não há necessidade: quando conversei com o padre, ele me afirmou que você já estava aprovado para a série seguinte. Também direi ao diretor que você não irá estudar no colégio no próximo ano. E o mais importante: assim que sairmos do colégio faremos a sua matrícula nos dois cursos que escolhi!.

— A senhora não pode obrigar Tarcísio a fazer cursos que ele não deseja — disse Matilde.

— Posso e farei. Tarcísio, tem dez minutos para tomar banho, vestir-se e estar na garagem. — Saiu do quarto do filho e entrou no seu.

Tarcísio fez o que a mãe pediu. Os dois saíram de carro.

Ao chegarem ao local em que Tarcísio fazia o curso de datilografia, Marta pagou dois meses adiantados e disse à responsável pelo curso que Tarcísio não mais o freqüentaria. Seguiram para o colégio, e após esperarem vinte minutos foram recebidos pelo padre Júlio. Marta pediu ao padre para lhe dizer se realmente era verdade que Tarcísio já fora aprovado para a série seguinte.

Padre Júlio afirmou que as excelentes notas do rapaz já o haviam aprovado para a série seguinte, e que não seria reprovado caso não freqüentasse as aulas que restavam para fechar o ano letivo. Marta disse a ele que o filho não mais iria às aulas, e que não participaria de nenhuma gincana. No próximo ano iria matricular Tarcísio em outro colégio.

O diretor do colégio estranhou o que a mulher lhe dissera. Tarcísio raramente faltava às aulas. Era estranho que agora não mais fosse freqüentar as aulas, e que no ano seguinte não voltasse a estudar no colégio. Perguntou a Marta o motivo de o filho deixar de comparecer às aulas, e por que ele seria retirado do colégio no ano seguinte.

— Meu senhor, não lhe devo explicação alguma — respondeu Marta, seca.

— Queira desculpar, mas acho isso estranho! Tarcísio, gostaria de se manifestar sobre o assunto?

O garoto olhou para o padre com uma expressão tão sofredora que o diretor compreendeu que Tarcísio nada iria falar na frente da mãe. Sentiu uma imensa compaixão pelo garoto. Gostava muito dele. Tarcísio sempre fora um bom aluno e um exemplo de vida para os demais alunos de seu colégio. Precisava dar um jeito de conversar com Tarcísio sem a mãe estar presente.

Antes de deixar a sala do diretor, Tarcísio o abraçou e agradeceu por tudo de bom que tinha aprendido no colégio.

— Amo este colégio, e nunca me esquecerei dos momentos que vivi aqui.

Padre Júlio lamentou perder um aluno tão bom.

Do colégio, Marta levou o filho até uma agência de modelos. A proprietária ficou encantada com a beleza do garoto, e garantiu a Marta que o filho em pouco tempo ganharia as passarelas do país e do mundo. Marta ficou toda orgulhosa: era justamente isso que queria. A proprietária da agência apenas estranhou o fato de Tarcísio nada responder quando se dirigia a ele, e manter a cabeça sempre baixa. Perguntou se o garoto era mudo, e a mãe respondeu que não.

Depois de fazer a matrícula do filho no curso da agência de modelos, seguiu para um colégio particular no qual havia um curso que formava atores.

Nesse colégio, dirigido por freiras, Marta foi muito bem recebida. A madre explicou que o curso durava dois anos, mas Tarcísio já poderia começar a representar com apenas seis meses de curso. A madre também estranhou o silêncio do garoto; no entanto, nada comentou. A mãe estava pagando para o filho fazer o curso.

A madre convidou Marta a conhecer o teatro e o local onde o curso era ministrado. Depois, mostrou à mulher todo o colégio e falou muito bem do excelente segundo grau ministrado no estabelecimento. Marta disse à madre que iria matricular o filho no colégio no próximo ano letivo.

Os dois regressaram para casa. O trajeto foi feito em silêncio.

Assim que chegaram, Tarcísio foi para o quarto, jogou-se na cama e começou a chorar. Chorou por cerca de cinco minutos, depois apanhou o seu *O Evangelho Segundo o Espiritismo* e, de olhos fechados, abriu o livro no item sete do capítulo IX. "Interessante... bem na parte em que os espíritos aconselham sobre a paciência." Leu o item duas vezes e começou a fazer uma prece, solicitando a Deus e aos espíritos amigos que o ajudassem. Sua mãe obrigava-o a se comprometer com coisas que ele não desejava, mas ele não tinha forças para dizer "não" à mãe. Rezava e chorava ao mesmo tempo.

Sua prece foi tão sincera que Isaura — seu espírito protetor ou anjo da guarda, como é denominado por alguns —, que estava no quarto observando-o, aproximou-se dele, tocou o cabelo do seu protegido e disse:

— Tarcísio, meu querido!

Através de sua mediunidade bem trabalhada e bem educada, ao escutar a voz da entidade espiritual Tarcísio ergueu e cabeça e viu a moça de cabelos pretos longos e cacheados, olhos pretos, sorriso doce e um semblante irradiando muita doçura e muita paz. Contemplou-a com expectativa.

Isaura sentou-se na cama e começou a conversar com o garoto. Explicou-lhe que ele era livre para recusar os dois cursos, e que se os recusasse não estaria sendo um filho desobediente: estaria apenas agindo de modo sincero e honesto.

O espírito protetor de Tarcísio conversou com ele por cerca de dez minutos, e o incentivou a conversar com Marta, dizendo-lhe que ele tinha os seus próprios sonhos e que queria lutar por eles. Que fosse forte e não receasse dizer à mãe o que verdadeiramente gostaria de dizer. Isaura aplicou um passe magnético nele; quando deixou o quarto, seu pupilo tinha adormecido.

Ao despertar, Tarcísio recordou a conversa que tivera com Isaura, e resolveu proceder conforme sua mentora espiritual lhe sugerira. Tomou banho e desceu para jantar.

Ao chegar à mesa, sentou-se e ficou olhando para a comida sem a menor vontade de comer. Marta, observando que o filho estava presente apenas em corpo, perguntou se ele não iria comer. Tarcísio nada respondeu.

— Precisa se alimentar! No sábado terá sua primeira aula na agência de modelos. Coma qualquer coisa.

Tarcísio, que tinha começado a descascar uma pêra, parou e ficou olhando para a mãe, que empolgada falava a Matilde sobre o sucesso de seu filho nas passarelas. Fechou os olhos, fez uma prece e pensou fortemente em seu espírito protetor, pedindo para dele se aproximar.

Isaura, atravessando a parede, aproximou-se dele, e Tarcísio assimilou perfeitamente tudo o que o espírito Isaura lhe dizia. A mentora o ajudou a ser forte. Isaura colocou a mão direita na cabeça de Tarcísio e assoprou sobre ele. Tarcísio encarou sua mãe e disse:

— Mamãe, compreendo que a senhora deseja muito que eu faça esse curso e o outro. No entanto, não sinto a menor vontade de fazê-los. Não me interessam nem um pouco. Meus interesses eram outros; como a senhora me privou deles, não sinto vontade de fazer mais nada. Espero que me compreenda.

— Está me dizendo que não fará os cursos em que o matriculei?

— É o que decidi, mãe. Torço para que me compreenda. É horrível fazer algo de que não se gosta.

— Você não tem escolha. Eu já fiz suas matrículas, paguei por elas, e meu sonho é que você faça esses dois cursos e em breve ganhe o mundo da moda e do cinema.

— Esse é o *seu* sonho, mamãe, não o meu. Não sendo meu sonho, não me esforçarei nem um pouco para que ele se torne realidade. Tem de parar de viver em função do sonho que criou para mim. Procure entender: devo lutar pelos meus próprios sonhos. Assim sendo, não irei freqüentar nenhum dos dois cursos.

Matilde o encarou boquiaberta. Não estava reconhecendo seu irmão. Ele finalmente dissera um *não* à mãe.

— Mas é o meu sonho. O sonho que eu construí para você. Portanto, você fará tudo para que o meu sonho se realize. Sou sua mãe! Quer me fazer sofrer? — inquiriu Marta, apelando para o bom coração do filho.

— Penso que o sofrimento que uma mãe causa a um filho também é terrível. Quando não queremos sofrer, não devemos fazer

com que os outros sofram. Eu não cursarei os dois cursos. Espero que possa compreender e me perdoar por eu não estar disposto a querer lutar para concretizar um sonho seu, e não um sonho meu.
— Levantou-se e foi para o quarto.
Isaura retirou a mão da cabeça de Tarcísio e ficou observando.
— Nem pense em ir ao quarto, menino! Sente-se novamente e me escute. — Vendo o filho se sentar, Marta o encarou longamente. — Se insistir em me desobedecer, ficará prisioneiro dentro de casa e dela só sairá comigo. Eu o porei de castigo até que decida fazer os cursos!
— Então minha casa será minha prisão — disse Tarcísio, levantando-se da cadeira, subindo a escada e entrando no quarto sem ligar para o que a mãe lhe dizia.

No dia seguinte, quando tomavam café, Marta comunicou suas novas ordens a Rosa:
— Rosa, a partir desse momento Tarcísio está proibido de receber qualquer telefonema. Não importa quem telefone: diga que ele não está em casa ou que não poderá atender a ligação. Ele também não pode receber nenhuma visita, muito menos se ausentar de casa, a não ser comigo. Ele não sairá para lugar nenhum, nem mesmo para ir às reuniões na casa espírita. Tarcísio não tem permissão para assistir à televisão, para escutar rádio, para ler jornais e muito menos para fazer o que ele chama de culto de O Evangelho no Lar dentro dessa casa. Leve o aparelho de som do quarto dele para o quarto de hóspedes. Meu filho também está proibido de conversar com minha filha quando eu não estiver em casa. Tarcísio está proibido de tudo. Absolutamente tudo. Se ele descumprir alguma de minhas proibições, comunique-me imediatamente. Entendeu?
— Sim, dona Marta!

— Se permitir que meu filho viole alguma proibição, serei obrigada a despedi-la. Fique de olho nele! — Olhou para o filho. — Você escutou perfeitamente bem tudo o que eu disse a Rosa. Só voltarei atrás em minhas determinações quando você estiver disposto a fazer o que eu quero que você faça. Você me obrigou a tomar essas atitudes. Só sairá de casa comigo para raríssimos lugares, e só sairá para onde quiser quando resolver freqüentar os dois cursos. — Olhou para Matilde. — Não quero escutar nenhuma palavra de sua boca. Nada mesmo. Bem, Tarcísio, o que tem a dizer sobre essas novas proibições? — Aguardou ansiosa a resposta do filho, acreditando que ele iria voltar atrás ao se ver privado de tantas coisas.

— Como lhe disse ontem, mamãe, minha casa será minha prisão. — Levantou-se. — Com licença, irei ao quarto. — Começou a caminhar, subiu a escada e entrou em seu quarto.

Matilde encarou a mãe com um olhar tão cheio de raiva que Marta abaixou a cabeça.

Matilde levantou-se e foi ao quarto do irmão. Bateu na porta e quando Tarcísio a abriu, sentou na cama e disse:

— Tarcísio, não deveria aceitar todas essas proibições tão passivamente. Elas devem lhe causar muita dor.

— Mas eu acredito que ser forte é simplesmente não dar a menor importância à dor e continuar acreditando que ela desaparecerá um dia, assim como apareceu. A única dor que me machuca de verdade é a de não saber como Rebecca está enfrentando a proibição de sua mãe. É de não saber que não estarei por perto quando as lágrimas dela despontarem de seus olhos quando se recordar de mim, e eu não poder secá-las com meus beijos. É de não poder estender minhas mãos amigas a ela no momento em que ela mais necessita de meu apoio. Essa é a dor que me fere profundamente, e não as dores ocasionadas pelas proibições de mamãe. — Fechou os olhos e os abriu em seguida. — Matilde, vamos fazer uma prece por Rebecca!

Vamos pedir a Deus que tenha compaixão dela e a ajude, dando-lhe forças para ela conseguir ser forte e não sofrer muito. Rezando juntos, Deus nos atenderá e enviará um espírito amigo para confortar Rebecca. Vamos aproveitar e pedir para Deus ajudar mamãe a ser cada dia mais feliz. Você reza comigo, Matilde?

Matilde o contemplou com emoção. Ele só poderia ser um desses espíritos iluminados que os vizinhos, Clara e Cléber, tanto falavam que de vez em quando reencarnavam na Terra.

A moça foi repetindo a prece que o irmão fazia. Logo que a concluíram, ela disse:

— Conheço uma maneira de você se encontrar com Rebecca. Quer se encontrar com ela?

— Como, Matilde? Mamãe não vai permitir.

— Deixe mamãe comigo. Apenas me responda se quer ou não se encontrar com Rebecca.

— Quero!

— Muito bem. Tentarei conseguir isso. Você irá se encontrar com ela e dizer-lhe tudo que me disse sobre suas dores e o sofrimento dela.

Tarcísio abraçou e beijou a irmã. Confiava nela. Não sabia como ela iria fazer para que se encontrasse com Rebecca. Tudo que sabia é que poderia confiar em Matilde.

Matilde deixou o quarto do irmão e entrou no seu. Sentou-se em sua cama e pensou ser imenso o amor que Tarcísio sentia por Rebecca. Se dependesse dela, tudo iria fazer para permitir que aqueles dois se encontrassem, mesmo que para isso tivesse que passar por cima da mãe. Fechou os olhos e fez uma prece, pedindo a Deus e aos espíritos amigos do irmão que a ajudassem a ter uma idéia que contribuísse para a felicidade de Tarcísio.

Quando concluiu a prece, apanhou a bolsa, entrou em seu carro e seguiu para o colégio em que o irmão antes estudava.

Ao ser recebida pelo padre Júlio, informou ao religioso tudo o que se passava com o irmão desde o dia em que a mãe o proibira de se encontrar com Rebecca. O padre ficou muito sensibilizado com o sofrimento do garoto. Mais sensibilizado ficou ao saber como o garoto enfrentava o sofrimento. Escutando a irmã de Tarcísio, viu confirmadas as suas suspeitas de que aquele lindo garoto era um santo. Somente um santo era capaz de passar, naquela idade, por tudo o que estava passando e não se revoltar contra a mãe e muito menos ligar para a sua dor, acreditando ser a dor do próximo muito maior do que a dele.

Quando Matilde pediu sua colaboração para ajudar os dois garotos a serem felizes, ele prontamente se colocou à disposição. Gostava de Tarcísio desde quando o garoto começara a estudar em seu colégio. Aceitou o convite de Matilde para ir visitar o irmão em sua casa em um final de semana.

Matilde explicou como o padre poderia chegar a sua residência, e pediu que lhe telefonasse antes de ir. Gostaria que a mãe estivesse em casa quando ele fosse. O padre disse que telefonaria, e comentou que não pouparia esforços para que Tarcísio pudesse rever Rebecca.

A irmã de Tarcísio deixou o colégio, certa de que padre Júlio iria ajudar. Depois, seguiu até a casa do senador Cardoso e disse ao político o mesmo que dissera ao padre. O senador também prometeu ajudar, e Matilde pediu-lhe que visitasse o irmão no mesmo dia em que o padre o visitaria.

Quando Matilde deixou o senador, estava confiante de que ela, o padre e o político conseguiriam convencer a mãe a permitir que o irmão pelo menos telefonasse para Rebecca.

No dia da gincana, Matilde pediu ao irmão para escrever um bilhete para Rebecca. Tarcísio o escreveu. Matilde foi ao ginásio e entregou o bilhete; depois, ficou assistindo à gincana.

9

Os amigos

Sentada com um livro aberto em suas mãos, e mantendo os pés dentro da água da piscina, Rebecca, embora olhasse para a página do livro, mantinha os pensamentos muito distantes do que nela estava escrito. Pensava em Tarcísio e na saudade imensa que sentia do seu grande amor. Pensar nele era tudo que fazia desde o dia em que ambos foram separados pelas mães. Nunca imaginara que em sua adolescência fosse sofrer tanto. Nunca em toda sua vida suspeitara de que, ainda muito jovem, iria amar, ser amada e então ser proibida de vivenciar o amor que contaminava todos os seus poros e que lhe proporcionava imensa felicidade.

A garota deixou que os pensamentos a levassem para o dia em que ela e Tarcísio tinham sido separados. Logo que o pai a conduziu ao quarto, jogou-se na cama e chorou bastante. Passou a noite sem conseguir dormir, e no dia seguinte não foi ao colégio. Durante três dias não compareceu ao colégio; só queria ficar em casa, chorando e lamentando sua dor. Quando retornou à escola, não conseguiu se interessar por nada que os professores explicavam. Só pensava em seu amado e no desejo de vê-lo. Ficava ansiosa para que as aulas terminassem e ela pudesse avistar o garoto no portão do colégio, esperando-a para abraçá-la e dizer que a amava acima de qualquer coisa. Mas os dias se passaram, e ela começou a se convencer de que Tarcísio não mais estaria a sua espera no portão do colégio. Decepcionou-se. Esperava que ele ousasse desobedecer à mãe e aparecer de surpresa no colégio, nem que fosse apenas para lhe dar um rápido abraço e dizer que com a separação ele sofria tanto quanto ela.

Rebecca retirou os pés de dentro da água e começou a andar ao redor da piscina. Continuou a rememorar os acontecimentos dos últimos dias. Desde que se convencera de que Tarcísio não iria contra a proibição da mãe, sua dor se intensificara. Ela havia perdido o interesse por tudo; fechou-se por completo dentro de si mesma, e com exceção do pai não mais falou com ninguém. Se não poderia estar na companhia do garoto que amava, não queria mais ninguém por perto. Desinteressou-se até mesmo pelos estudos, e só foi capaz de retomá-los quando o pai lhe comunicou que a gincana estava próxima. Na gincana talvez pudesse avistar Tarcísio, que na certa ficaria muito feliz em vê-la e torceria por sua vitória.

Seu sofrimento passou a ser mais atroz quando Matilde contou-lhe que Tarcísio muito sofria em silêncio. Começou a se torturar por saber que seu amado sofria e ela nada podia fazer por ele, nem mesmo confortá-lo. Amanda a torturava, dizendo que Tarcísio já a tinha esquecido e que namorava outra garota, com quem era muito feliz. Essa garota, segundo Amanda, era Renata. Quando a prima lhe dizia tal coisa e gargalhava, sentia um aperto no coração.

Rebecca voltou a sentar e a colocar os pés dentro da água da piscina. Começou a chorar, torturando-se mais uma vez por causa de seu pobre Tarcísio, que não podia receber ninguém, muito menos colocar os pés fora de sua residência. Ele era, de fato, um prisioneiro dentro de sua própria casa.

Teófilo, que da janela do escritório não perdia um único movimento da filha, ao notar que ela chorava mais uma vez foi ao seu encontro, sentou perto dela e perguntou se tudo estava bem.

— Papai, sofro tanto! — disse Rebecca. — Antes sofria por mim, agora sofro ao imaginar que a dor de Tarcísio é muito maior que a minha.

— Maior que a sua?

— Muito maior, papai.

Rebecca contou ao pai tudo que tinha escutado de Matilde no dia da gincana.

Teófilo preocupou-se ao saber que a mãe de Tarcísio fizera dele um prisioneiro dentro de sua própria casa. Simpatizou-se com o garoto no momento em que foi apresentado a ele, no baile de aniversário do filho do senador Cardoso. Admirou Tarcísio quando o garoto esteve em seu escritório, com a mãe e a irmã, e lhe disse coisas que o fizeram pensar. Passou a ter maior admiração por ele quando a filha lhe relatou tudo o que Tarcísio lhe dizia quando os dois namoravam em segredo.

— Ah, papai! Gostaria tanto de rever Tarcísio, mas não sei como fazer para me encontrar com ele. Eu nunca antes tinha me deparado com uma pessoa que prefere sofrer a causar sofrimento a uma outra. — Abraçou-se a Teófilo. — Tarcísio não é um garoto comum. É puro, amoroso, bondoso, honesto e temente a Deus. Acredito que ele seja um dos anjos que Deus envia à Terra para ajudar os homens em suas dificuldades. E esse Anjo me ama, papai! Meu Deus! Como sou feliz e triste ao mesmo tempo. Sou feliz por ele me amar, e triste por não tê-lo comigo... — Começou a chorar com a cabeça no ombro do pai.

— Não chore, filhinha. Tarcísio a ama. Recorde apenas desse detalhe: ele a ama. Como você mencionou, o Anjo ama você. Sinta-se feliz e privilegiada por ele ter se apaixonado por você. Dentre muitas garotas que correm atrás dele, o coração dele pertence somente a você.

— Preciso vê-lo, papai! Tenho de vê-lo urgentemente. — Parou de chorar e olhou bem dentro dos olhos do pai. — Pai, por favor, ajude-me a encontrar o meu amado. Por favor, ajude-me a vê-lo novamente. Ajude-me a tê-lo ao meu lado. Prometa, prometa que irá me ajudar a vê-lo!

— Claro, filha, conte comigo — prometeu o pai, sem ter a menor noção de como cumpriria a promessa.

— Agora me prometa algo, Rebecca — pediu o pai.

— Qualquer coisa que o senhor me pedir.

— Prometa que vai tomar um banho e depois se concentrará nos estudos para a gincana dos colégios. Estude muito, querida. Estude e vença essa gincana, e ofereça a vitória a Tarcísio. Verei se posso fazer com que se encontre com ele antes dessa gincana.

— Papai, eu te amo muito. Sei que o senhor dará um jeito de proporcionar um encontro entre nós dois. Obrigada, paizinho! — Beijou-o. — Vou agora mesmo ao quarto, tomarei um banho e começarei a estudar como nunca estudei em toda minha vida. — Saiu apressada e entrou na mansão.

Vendo-a entrar, Teófilo sorriu. A filha ao menos ficara esperançosa em encontrar o garoto que amava, e enquanto tivesse essa esperança estaria voltada aos estudos; assim, teria pouco tempo para ficar recordando seu sofrimento e o sofrimento que o garoto passava. Olhando para a água da piscina, começou a pensar de que forma conseguiria falar com Tarcísio. Resolveu que o melhor seria recorrer a Deus. Embora não fosse um homem de muita fé, reconhecia que em alguns momentos a única coisa que restava era apelar para Deus e colocar tudo em suas mãos.

Fechou os olhos e pediu ao Bondoso Pai Celeste para iluminá-lo e ajudá-lo a encontrar um meio de falar com o filho de Marta.

Disse a Deus que fazia tal pedido não por ele, que era um grande pecador, mas em nome de sua filha e de Tarcísio. Começou a rezar o Pai-nosso.

Isaura, espírito protetor de Tarcísio, aproximou-se de Teófilo e sussurrou no ouvido do homem o nome do senador Cardoso.

Teófilo imediatamente pensou no senador Cardoso, e recordou que Rebecca certa vez falara do político; segundo ela, o senador é grande amigo da família de Tarcísio, e estima demais o garoto. Decidiu procurar o senador e pedir para ajudá-lo a se encontrar com Tarcísio. Agradeceu a Deus por ter escutado a sua oração e tê-lo feito pensar no senador Cardoso.

Isaura o deixou e voltou para a casa de Tarcísio.

Amanda, escondida atrás de um dos carros estacionados na garagem, acompanhara todo o diálogo de Rebecca com o pai. Saiu em busca de Lucrécia, e relatou a ela tudo que tinha ouvido, acrescentando que Teófilo prometera a Rebecca que se preciso fosse passaria por cima da esposa e da mãe de Tarcísio para que os dois pudessem se encontrar e ser felizes. Amanda disse muitas outras coisas que Teófilo não falara à filha, tendo todo o cuidado de usar as palavras certas para que a tia ficasse com raiva do marido. E conseguiu atingir seu objetivo: Agitada, Lucrécia foi à piscina tomar satisfações com o marido.

Teófilo ainda estava à beira da piscina quando ela chegou gritando:

— Quem você pensa que é para prometer disparates à nossa filha? Mesmo sabendo que as mães são contra o envolvimento entre os dois. Nunca irei permitir tal coisa! Não se atreva a arranjar um encontro entre eles!

Teófilo olhou para a esposa, balançou a cabeça negativamente e nem se deu ao trabalho de lhe dizer algo. Entrou na mansão, apanhou as chaves do carro e seguiu até a casa de Maria Elise. Pediria à garota para levá-lo até a casa do senador Cardoso.

Cheia de raiva, Lucrécia procurou Amanda e pediu à sobrinha para ficar de olho em Rebecca.

— Não a perca de vista nem por um minuto.

— Conte comigo, tia.

As duas começaram a tramar uma forma de atrapalhar o encontro que Teófilo pretendia proporcionar a Rebecca e Tarcísio.

Após escutar Teófilo com atenção, o senador concordou que fossem visitar Tarcísio. Os dois homens seguiram para a residência de Marta; William e Maria Elise foram com eles.

Chegaram à casa de Tarcísio no exato momento em que padre Júlio saía do seu automóvel. O senador cumprimentou o sacerdote e apresentou Teófilo ao diretor do colégio. William tocou a campainha, e Matilde, que já os esperava, abriu a porta.

A moça os convidou a entrar e os levou até a sala de estar.

Marta surpreendeu-se ao ver tanta gente em sua casa. Olhou para Matilde um pouco desconfiada e cumprimentou as visitas.

— Marta, viemos ter uma conversa com você e com o seu filho — disse o senador.

— Tarcísio está impossibilitado de receber qualquer visita — avisou Marta.

— Por que ele não pode receber a visita de seus amigos? — inquiriu o político.

— Porque eu o proibi. E ele, como o filho exemplar que é, acatou minha proibição e nunca reclamou dela.

— Por qual motivo a senhora o proibiu de continuar freqüentando as aulas e de participar da gincana? E por que ele não tem permissão de receber seus amigos, e muito menos de colocar os pés fora de casa? — indagou padre Júlio.

Só o amor explica

— Não tenho de dar satisfações dos meus atos a ninguém. Tarcísio é meu filho, sei o que ele deve e não deve fazer. Não os convidei para virem a minha casa. Podem se retirar, não quero ouvi-los.

— Mas irá ouvir, Marta — disse o senador. — Compreendo que estamos em sua residência, mas eu só sairei daqui depois que você me ouvir. Se desejar, pode chamar a polícia para me retirar de sua casa; mas até a polícia chegar já terei dito o que quero. — Encarou a mulher.

Marta hesitou alguns instantes. Então sentou-se e esperou.

— O que tenho a falar não deve ser dito na frente dos nossos filhos. Matilde, poderia levar William e Maria Elise a outro recinto da casa? — indagou o senador à moça.

— Posso, senador. Venham! — Matilde chamou os dois adolescentes. — Vamos até o quarto de Tarcísio. Ele vai ficar feliz em vê-los.

— Não ouse levá-los ao quarto de seu irmão, Matilde! — ralhou Marta. — Leve-os à cozinha e ofereça-lhes um lanche. Tarcísio não receberá ninguém enquanto eu não autorizar.

Tarcísio, que escutara vozes familiares, deixou o quarto e se dirigiu à sala de estar. Avistando os amigos, foi até William e o abraçou:

— Que bom que está aqui! — Abraçou também Maria Elise. — Que alegria vê-la! — Cumprimentou em seguida o senador e o padre. Contemplou o pai de Rebecca, estendeu-lhe a mão e abriu um grande sorriso.

— Sr. Teófilo, seja bem-vindo! Como está Reb... — interrompeu a pergunta e olhou para a mãe.

Marta franziu o rosto demonstrando contrariedade. O filho aproximou-se dela e, abraçando-a, disse:

— A senhora é a melhor mãe do mundo, e eu a amo. Estou tão feliz que tenha permitido que meus amigos viessem me ver. Aumentarei ainda mais minhas preces em sua intenção. Pedirei a Deus para conservá-la cada dia mais bondosa, e sempre lhe proporcionar muitas felicidades.

Marta ficou sensibilizada com o que ouviu do filho e com o abraço amoroso que recebeu dele. Há dias o filho mal lhe dirigia um único monossílabo, e agora demonstrara na frente de todos não estar nem um pouquinho magoado com ela, mesmo depois de tudo que lhe fizera. Mesmo assim, não ia fazer concessões. Por mais que amasse o filho, não retiraria nenhuma de suas proibições enquanto ele não se dispusesse a fazer os cursos que ela queria.

— Tarcísio, eu não permiti nada. Vieram sem ser convidados — falou Marta.

— Eu os convidei — disse Matilde.

— Eu já desconfiava, Matilde. Você sempre foi rebelde, e sempre desacata minhas ordens.

— Não se trata de rebeldia. Apenas não permito que a senhora faça comigo o que faz com Tarcísio. Ele é o filho exemplar que acata todas as suas injustas proibições. Eu não sou uma filha exemplar, por isso não acato nenhuma das que deseja me infligir.

— Graças a Deus que ele é o filho que toda mãe gostaria de ter Matilde — retrucou Marta. — Tarcísio, retorne ao seu quarto e permaneça nele até que todos tenham ido embora. Você continua proibido de receber qualquer visita.

— Já estou retornando, mamãe. Mesmo assim fiquei muito feliz em descobrir que meus amigos me amam e se preocupam comigo. Obrigado por ter deixado que eu os visse. Agradecerei a Deus por isso. — Aproximou-se da irmã. — Matilde, você é um amor de pessoa. Convidando meus amigos, revelou o quanto me ama e quer a minha felicidade. Eu também a amo muito! — Abraçou a irmã, despediu-se de todos e se foi.

Teófilo ficou admirado com o que presenciou. Tarcísio, embora punido pela mãe, demonstrou não estar magoado com ela e ainda revelou amá-la bastante e rezar por ela.

"Que garoto espetacular", pensou o pai de Rebecca.

Quando os jovens deixaram o recinto, o senador dirigiu-se a Marta:

— Por que punir seu filho dessa maneira tão radical?

— Por que devo responder a suas perguntas? Ele é meu filho, e me obedece. Tenho minhas razões, que aliás são fortes — disse Marta.

— Coloque-se no lugar do garoto. Como você se sentiria se lhe retirassem de repente as coisas mais importantes da sua vida? Tarcísio a ama, e incondicionalmente. Você não tem o direito de usar esse amor para dominá-lo e manipulá-lo. — O político disse outras coisas a Marta, coisas que ele nem desconfiava que lhe eram transmitidas por Isaura, espírito protetor de Tarcísio, que sussurrava no ouvido do homem o que dizer a Marta. O senador assimilava as palavras do espírito como se fossem seus próprios pensamentos, e comunicava a Marta justamente o que Isaura lhe sugeria.

Enquanto o senador falava, Marta ficava pensativa.

— Marta, o sofrimento que está causando a seu filho é uma monstruosidade. Permita que ele ao menos volte a receber a visita do meu filho. Eles são muito amigos. Meu garoto se entristece por ver seu melhor amigo passar por essa situação. Vejo o meu filho triste por não poder ajudar Tarcísio, e me preocupo. Você é mãe e cuida do seu filho sozinha; eu também cuido sozinho do meu. Penso que a presença dele em sua casa irá ajudar Tarcísio a ser um pouquinho feliz. Marta, volte-se para dentro de você mesma e busque em seu coração um pouco de amor para com seu filho. Ele a ama com um amor enorme, que todo pai gostaria de receber de seu filho.

Marta emocionou-se com o que o senador lhe disse.

Padre Júlio também disse coisas que fizeram a mulher refletir.

Isaura aproximou-se de Teófilo e começou a sussurrar-lhe ao ouvido o que ele deveria dizer à mãe de Tarcísio. Teófilo foi um fiel transmissor das palavras de Isaura, que tocaram Marta ainda mais do que as palavras ditas pelo senador e pelo padre.

Perscrutando os pensamentos de Teófilo, Isaura descobriu que ele verdadeiramente queria o namoro de Rebecca com Tarcísio e que muito gostaria de falar com o garoto antes de deixar a casa dele.

A entidade espiritual fez uma prece, e através dela pediu a Deus para que Phillipe, espírito protetor de Rebecca, pudesse se juntar a eles e ajudar o pai de sua protegida a ter uma conversa com o seu protegido.

Mal terminara a prece e um rapaz alto, de cabelos pretos e olhos castanho-escuros, entrou na sala. O espírito aproximou-se de Isaura e a cumprimentou, e rapidamente Isaura lhe disse o que esperava dele. Phillipe caminhou até Marta, impôs as mãos sobre ela e começou a aplicar um passe magnético na mãe de Tarcísio. Logo que lhe deu o passe, sussurrou no ouvido de Marta que seria interessante permitir que Teófilo conversasse com Tarcísio por alguns minutinhos. O pai de Rebecca certamente deixaria seu garoto feliz ao transmitir-lhe notícias de sua filha. Tarcísio bem que merecia receber aquela felicidade, visto estar muitos dias totalmente triste.

Isaura notou que a mulher acreditava que eram dela os pensamentos transmitidos por Phillipe. Aproveitou o momento em que ela estava propensa a dar a permissão a Teófilo e assoprou sobre ele, dizendo ao pai de Rebecca exatamente o que ouvira Phillipe dizer à mãe de Tarcísio.

Teófilo disse a Marta o que acreditou estar pensando, e Marta, ao escutar Teófilo lhe dizer o que ela mesma tinha acabado de pensar, ficou surpresa e pensativa.

Por fim, influenciada por Phillipe, que repetia incessantemente em seu ouvido que permitisse a conversa dos dois, Marta consentiu que Teófilo falasse com Tarcísio por alguns minutos, indicando ao pai de Rebecca qual era o quarto do filho.

Só o amor explica

— Antes que vá, sr. Teófilo, posso lhe pedir algo? Diga a Tarcísio que eu gostaria que ele descesse depois da conversa de vocês, para participar de um lanche com todos.

Ao escutar alguém batendo na porta, Tarcísio mandou a pessoa entrar.

— O senhor aqui!

— Sua mãe permitiu que conversássemos por alguns minutos. Gostaria de receber notícias de Rebecca?

— É o que eu mais quero, sr. Teófilo — respondeu o garoto, olhando-o com ansiedade.

— Posso sentar em sua cama? — perguntou Teófilo.

— Claro!

Os dois sentaram-se na cama. Isaura e Phillipe aproximaram-se da janela, cruzaram os braços e ficaram observando os dois.

Teófilo falou ao garoto o quanto Rebecca sofria por saber que ele estava padecendo. O garoto revelou então ao pai de Rebecca tudo o que gostaria que ele transmitisse à filha. Conforme o escutava, Teófilo permitiu que uma lágrima descesse por sua face. Nunca em toda sua vida jamais imaginara escutar coisas tão lindas a respeito do sofrimento, vindas de um adolescente de quatorze anos. Emocionou-se muito ao escutar Tarcísio, e pensou: "quem, verdadeiramente, será esse garoto?"

— Sofrer por amor é o maior de todos os sofrimentos. Porque quem sofre sente que seu coração alegra-se com o sofrimento e fica feliz ao estar ciente de que sofre pela pessoa amada, de que sofre reconhecendo ser a dor uma grande amiga, pois é através dela que ele relembra os momentos encantados vividos ao lado da amada e que lhe dão a certeza de que o sofrimento perto desses momentos nada significa. Foi por meio do sofrer que descobri que sou privilegiado, pois vivenciei grande felicidade em companhia da dona do meu coração — disse Tarcísio, que, levantando-se da cama, foi até a janela.

O rapaz olhou para as nuvens, virou o rosto para Teófilo e voltou a falar:

— Diga a Rebecca que a amo com um amor que eu mesmo não compreendo, e que, ao saber que ela sofre, eu pedirei ainda mais a Deus para livrá-la de qualquer dor, principalmente agora que sei que ela sofre enormemente por estar preocupada comigo. — Voltou a sentar na cama. — Sr. Teófilo, diga a Rebecca que não estou sofrendo, diga-lhe que me viu feliz e com um sorriso nos lábios, sobretudo depois que recebi notícias dela! Se lhe disser isso, Rebecca parará de sofrer e voltará a sorrir e ser feliz. Estarei a todo o momento pedindo a Deus para transferir o sofrimento dela para mim. Assim ela fica livre dele, e eu sofro por nós dois. Acho que consigo. Sofrer não é tão ruim assim, principalmente quando se sofre por amor. Porque esse é um tipo de sofrimento que só o amor explica.

Teófilo não resistiu ao impulso e abraçou aquele garoto com carinho. Sentiu uma enorme vontade de protegê-lo e de levá-lo com ele até a presença da filha, para que Rebecca pudesse escutar dos lábios do garoto o que Tarcísio acabara de dizer.

Phillipe, que nessa nova reencarnação de Tarcísio o encontrara e escutara o garoto pela primeira vez, ficou com os olhos cheios de lágrimas. Emocionado, disse a Isaura:

— Escutar o seu protegido falar sobre o amor e o sofrimento de forma tão grandiosa e linda fez-me recordar que ele está coberto de razão. Só quem ama consegue enxergar e aceitar o sofrimento da forma que ele enxerga e aceita.

Isaura concordou com o amigo espiritual, e os dois voltaram a prestar atenção em Tarcísio e Teófilo.

— Tarcísio, estou admirado com sua coragem. Jamais sonhei que um dia minha filha pudesse ser amada de forma tão linda e enobrecedora. O amor que você dedica a ela supera em muito o amor

Só o amor explica

que já vi entre muitos apaixonados. Como explicar o sentimento tão puro e tão bonito que nutre por minha filha?

— Como acabei de mencionar, há coisas que só o amor explica! — exclamou Tarcísio, sorrindo para o pai de sua amada.

— Tem toda razão. Só o amor explica o que você e Rebecca sentem um pelo outro. Não sei se serei capaz de dizer a Rebecca tudo o que você me disse. Não gostaria de escrever o que me falou? Acredito que Rebecca ficará muito feliz ao receber algo escrito por você. Ainda mais se for algo tão bonito como o que você me disse.

Tarcísio escreveu a mensagem, e a pôs num envelope. Beijou o envelope e o entregou ao pai de Rebecca, que rapidamente o dobrou e colocou no bolso.

— Quando precisar de mim, Tarcísio, não hesite em me procurar. Farei de tudo para que você e Rebecca fiquem juntos e felizes.

Os dois deixaram o quarto e desceram a escada. Isaura e Phillipe fizeram o mesmo.

Tarcísio ficou contentíssimo em participar do lanche com seus amigos. Após o lanche, os visitantes agradeceram a Marta por tê-los recebido. Tarcísio abraçou a todos quando os levou ao portão.

Isaura e Phillipe subiram com o garoto até seu quarto. Esperaram que ele fizesse sua prece, e antes de deixá-lo pediram a Deus que o protegesse e iluminasse o seu caminho. Deixando o quarto de Tarcísio, os dois espíritos seguiram para a casa de Rebecca.

Assim que se viu a sós com a mãe, Matilde lhe disse:

— Estou contente que tenha permitido a conversa entre o pai de Rebecca e meu irmão. Mas ficaria muito mais contente se a senhora retirasse todas essas proibições absurdas que impôs a ele. — Antes que a mãe pudesse responder qualquer coisa, começou a retirar a louça da mesa.

Logo que chegou a sua residência, Teófilo foi conversar com Rebecca.

Isaura e Phillipe há muito tinham chegado, volitando, ou seja, voando como espíritos até a casa de Rebecca.

No escritório, Teófilo contou a Rebecca a visita que fizera. Ele lhe entregou o que Tarcísio escrevera. Antes de abrir o envelope, a garota o beijou, e Teófilo sorriu ao recordar que Tarcísio fizera o mesmo. A garota abriu o envelope e começou a ler a carta de seu amado. Lágrimas desciam por sua face. Após a leitura, ela envolveu o pai em um gostoso abraço.

— Você é o melhor pai do mundo!

Ela então foi até a janela do escritório do pai, e fez o que seu amado lhe solicitara: preces pedindo a Deus para ajudar os dois adolescentes a serem felizes.

Depois, pai e filha saíram do escritório abraçados, dando risadas enquanto conversavam.

Isaura e Phillipe, por sua vez, volitaram para a cidade espiritual em que ambos viviam.

Lucrécia e Amanda, que observavam Teófilo e Rebecca, ficaram curiosas em saber o motivo daquela alegria. Na certa Teófilo trouxera boas notícias, e relacionadas a Tarcísio. Para as duas, contudo, isso era preocupante: estaria o casal de apaixonados se reaproximando?

10

O amor é posto à prova

Quando finalmente chegou o tão esperado dia da gincana, a família de Rebecca em peso acompanhou-a ao ginásio do colégio. Assim que Rebecca entrou no ginásio, escutou os alunos de sua escola gritarem seu nome, chamando-a de campeã. Deu uma olhada pelo local, e notou que diversas faixas continham o nome dos representantes dos colégios participantes. As torcidas estavam organizadas uma ao lado da outra. Rebecca caminhou até onde avistou a torcida do seu colégio. Seus familiares a seguiram. De repente, Matilde aproximou-se da garota e lhe entregou um bilhete:

— É de meu irmão!

Isaura e Phillipe, que tinham acompanhado Matilde, colocaram-se ao lado de Rebecca, que rapidamente leu o que estava escrito: *"minha doce e meiga Rebecca, vença a gincana por mim e por você, e conceda a vitória a todos os alunos do nosso colégio. Eu te amo muito. Tarcísio"*. Guardou o bilhete no bolso e abraçou Matilde.

— Pense em Tarcísio quando estiver respondendo as perguntas; assim, sentirá que ele está pertinho de você. Vença essa gincana por você e por ele! Quero chegar em casa e dar essa alegria ao meu irmão! — disse Matilde.

— Farei o possível, querida!

Quando seu nome foi anunciado em um microfone, ela dirigiu-se até a mesa que lhe tinha sido reservada e, pensando em Tarcísio, fez uma rápida prece.

Isaura e Phillipe não a acompanharam até a mesa. Ficaram na torcida, e desejaram sorte à garota.

Quando a gincana se iniciou e as perguntas foram feitas, Rebecca as respondia tão rapidamente que os outros participantes começaram a se preocupar. A garota, tendo em mente as palavras de Matilde, demonstrou claramente ao padre Júlio e à torcida do seu colégio que ali estava para vencer.

— Isso, Rebeccaaaaaa! — gritava Phillipe sempre que sua pupila acertava uma nova pergunta. Gritava e também pulava.

— Phillipe, mas que barulho terrível você está fazendo... Lembre-se de que você é o espírito protetor de Rebecca, não um dos adolescentes da torcida — comentou Isaura, sorrindo.

— Veja só, Isaura! Ela ganhou!!

Sim, Rebecca ganhara a competição. Quando foi anunciado que a representante de sua escola vencera a gincana dos colégios, padre Júlio gritou de alegria e abraçou Rebecca com forte emoção.

A torcida começou a gritar o nome de Rebecca e a cantar o refrão de uma música. Phillipe fez o mesmo. Isaura apenas sorriu. O mentor espiritual de Rebecca começou a dançar, repetindo os passos da dança que os adolescentes executavam. Isaura achou engraçado ver aquele espírito bem evoluído tentando, sem muito êxito, imitar os adolescentes na dança.

A madre que comandava a gincana convidou Rebecca até a mesa dos diretores, entregou a ela os prêmios e a parabenizou pela vitória. Os outros diretores fizeram o mesmo.

Teófilo abraçou-a com carinho e a beijou na testa. Thiago cumprimentou a irmã com orgulho. Lucrécia deu os parabéns à filha, e Amanda não a cumprimentou pela vitória.

Rebecca tentou avistar Matilde para pedir-lhe notícias de Tarcísio, mas a irmã de Tarcísio já havia deixado o ginásio. Lamentou-se por não ter pedido notícias do amado assim que Matilde lhe entregou o bilhete.

Teófilo a convidou para comemorarem a vitória. A família inteira entrou no carro, e seguiram para uma pizzaria.

Ao chegar a sua casa, Matilde foi ao quarto do irmão informá-lo de que Rebecca vencera a gincana. Tarcísio ficou contente com a notícia, e ao deitar-se pôs-se a pensar em sua amada, sentindo enorme falta da garota. Fazia muito tempo que não a via, e estava morrendo de vontade de tê-la em seus braços.

Contudo, o tempo passou, e Tarcísio continuou sem ver Rebecca e sem ter notícias dela.

Teófilo e Thiago deixaram a sala de cinema comentando a comédia a que haviam assistido, e rindo de algumas cenas engraçadas. Lucrécia e Amanda falavam da atuação das atrizes. Mas Rebecca nada dizia; seguia cabisbaixa e em silêncio. Dirigiram-se à praça de alimentação e sentaram em uma das mesas.

Uma mocinha aproximou-se e começou a anotar os pedidos deles. Rebecca disse não querer nada. Abaixou a cabeça e ficou olhando para as mãos, recordando-se das vezes em que estivera naquela praça de alimentação em companhia do seu amado deus grego.

Pai e filho voltaram a comentar o filme. Tia e sobrinha falavam agora das fofocas estampadas na coluna social do jornal daquele dia. Teófilo era o único que olhava para a filha com o canto dos olhos.

A tristeza dela na certa era muito grande, pois ele não a vira sorrir um único momento quando assistiam à comédia. Na verdade, há muitos dias ele não via a filha sorrir.

— Rebecca, você gostou da comédia? — perguntou, tentando fazer com que ela entrasse na conversa.

— Não prestei atenção ao filme, papai — respondeu a garota erguendo a cabeça. — Estava com os pensamentos em outro lugar.

— Em outro lugar ou em determinada pessoa, Rebecca? — inquiriu Amanda, dando uma risadinha maliciosa.

Rebecca não se deu ao trabalho nem mesmo de olhar para a prima.

— Ela só pode estar pensando no macumbeiro — opinou Lucrécia. — Uma perda de tempo. Com tantos garotos belos e interessantes por aí, ela só consegue pensar naquele garoto mal-educado e envolvido com espíritos.

— Mamãe, como pode dizer uma coisa dessas? Sabe que ele é a pessoa mais importante de minha vida. Para mim, pensar nele é como respirar.

— Rebecca, deixe de pensar nesse garoto macumbeiro! Filha, você pode ter qualquer garoto da nossa sociedade aos seus pés — falou a mãe.

— Eu quero Tarcísio, mãe, não quero nenhum garoto que freqüenta a sociedade hipócrita e fútil que a senhora freqüenta. Agora me deixe pensar sossegada em meu amado, e sofrer em silêncio. — Voltou a abaixar a cabeça, concentrando a atenção nas mãos que pousou sobre o colo.

— Pena Tarcísio não ter vindo conosco, Matilde. O filme foi muito interessante. Seu irmão, que gosta de drama, iria se emocionar com o filme — falou um rapaz quando passava próximo da mesa da família de Teófilo.

Ao escutar isso, Rebecca ergueu a cabeça, e levantou-se logo que avistou Matilde:

— Veja quem está ali, papai! Matilde! Vou até ela.

Teófilo levantou-se para acompanhá-la. Thiago quis ir também.

Os três foram até a mesa que Matilde ocupava com o namorado, e os cumprimentaram.

— Querida, pode me dar notícias do seu irmão? — pediu Rebecca ansiosa.

— Claro que sim!

— Com licença! — pediu o namorado de Matilde. — Vou ao banheiro.

Matilde convidou os três a se sentarem.

— Meu irmão tem sofrido muito. Tarcísio nada nos diz sobre o seu sofrimento, mas nem é preciso. Nas raríssimas vezes que o encontro em nossa casa, só o vejo de cabeça baixa e suspirando profundamente. Ele quase não fala com a mamãe e nem comigo; quando o faz, é apenas em monossílabos ou então fazendo gestos com a cabeça. Tarcísio sofre sem se queixar. Fica trancado no quarto lendo ou fazendo preces.

— Sua mãe manteve todas aquelas proibições a ele? — inquiriu Teófilo.

— Todas — respondeu Matilde.

— Que proibições? — perguntou Thiago.

Matilde revelou a Thiago as coisas que eram negadas a Tarcísio. O irmão de Rebecca ficou deveras admirado em descobrir que Tarcísio sofria tudo aquilo e não se revoltava contra a mãe.

Isaura e Phillipe chegaram e se colocaram ao lado deles.

— Matilde, diga a Tarcísio que o amo muito e que sempre o amarei! Talvez ele fique feliz — falou Rebecca.

— Darei seu recado a ele, pode estar certa.

— Por favor, diga-lhe também que tudo que faço é pensar nele. Diga ao meu amado que o amo tanto quanto ele me ama, e que minha vida continua unida à vida dele.

Isaura aproximou-se de Thiago e sussurrou algo no ouvido do jovem. Depois, colocou a mão na cabeça dele; Thiago então disse a Matilde:

— Matilde, eu poderia visitar Tarcísio de vez em quando e ficar algum tempo conversando com ele. Sua mãe não me conhece. Direi a ela que sou um dos amigos de Tarcísio, que jogo no time de vôlei em que ele jogava. Seu irmão vai precisar de um novo amigo para trocar idéias. Não sei se poderei ser esse amigo, mas estando em diálogo com ele poderei transmitir-lhe informações de Rebecca. Isso o alegrará, mesmo que por alguns instantes, e o fará esquecer as proibições de sua mãe. Dessa forma, levarei notícias de um para o outro.

— Excelente idéia, Thiago — falou Teófilo.

— Faria isso por mim? — perguntou Rebecca ao irmão.

— Por você e por Tarcísio. Gostei dele.

Matilde comentou que era interessante a idéia dele. Combinaram que ele se apresentaria como jogador do time de vôlei do colégio. Acertaram a visita para o dia seguinte. Seria domingo, um bom dia para alguém receber visitas.

O namorado de Matilde regressou à mesa. Os três se levantaram e, despedindo-se de Matilde, regressam à sua mesa.

Isaura e Phillipe deixaram o shopping e saíram volitando para a cidade espiritual em que moravam.

Tarcísio acordou com o forte barulho da chuva no telhado. Remexeu-se na cama, espreguiçou-se todo, puxou o lençol e levantou-se. Foi até a janela, abriu a cortina e pela vidraça ficou observando a chuva cair. Pensou em Rebecca, e desejou que os dois estivessem embaixo da chuva, namorando. Fazia muito tempo que não a via, e

Só o amor explica

a saudade era imensa. Deixou a janela e começou a arrumar a cama. Ao escutar duas batidinhas na porta, abriu-a. Matilde entrou e fechou a porta a chave. Deu bom-dia ao irmão. Ele desejou bom-dia à irmã e voltou a arrumar a cama.

— Mas que chuva forte — comentou a irmã, indo até a janela e observando a chuva. — Ontem o dia estava tão bonito, e hoje o domingo amanheceu desse jeito. Será que a chuva pára à tarde? — comentou, desviando o olhar da chuva e olhando para o irmão.

— Talvez — disse ele, entrando no banheiro.

Matilde caminhou até a porta do banheiro, e, observando-o escovar os dentes, falou:

— Ontem, ao chegar do cinema, vim direto ao seu quarto e bati na porta. Como não obtive nenhuma resposta, imaginei que estivesse dormindo. Por isso, a primeira coisa que fiz ao levantar-me da cama foi dirigir-me ao seu quarto. Adivinha quem encontrei na praça de alimentação do shopping? — fez a pergunta esperando que o irmão parasse de escovar os dentes e lhe perguntasse quem ela havia encontrado. Como o irmão continuou fazendo a higiene bucal, ela revelou:

— Rebecca e a família dela — falou bem baixinho, temendo que a mãe escutasse.

Soltando a escova dentro da pia e cuspindo ao mesmo tempo, Tarcísio virou-se para a irmã e indagou:

— Rebecca?

— Ela mesma. E a primeira coisa que fez ao me ver foi perguntar por você.

— Verdade? O que ela perguntou? Como ela está? — indagou, extremamente ansioso.

Matilde sorriu ao notar a ansiedade do irmão. Convidou-o para sentarem na cama, e pediu-lhe que falasse bem baixinho para que a mãe não os escutasse.

— Ela não me pareceu feliz. Mandou um recado para você.

Matilde contou ao irmão o que escutara de Rebecca. Após transmitir o recado da garota, respondeu às perguntas que o irmão lhe tinha feito. Tarcísio a abraçou, emocionado.

— Agora meu dia será bem mais feliz, porque você me trouxe notícias de Rebecca! — Beijando a irmã na fronte, voltou ao banheiro.

Matilde retornou ao seu quarto, desejando que a chuva parasse de vez, ou que pelo menos ficasse fraca. Assim, Thiago poderia visitar seu irmão.

A chuva não parou. Continuou forte. Matilde acreditou que Thiago não iria aparecer para visitar Tarcísio, visto estar chovendo muito.

No início da tarde, a chuva começou a amenizar um pouco.

O senador Cardoso e o filho apareceram para visitarem Tarcísio. Marta, ao saber o motivo da visita do político, permitiu que ele e William conversassem rapidamente com seu filho. O político disse a Tarcísio e a Marta que ele e William iriam ficar uns dois meses em sua fazenda no estado do Mato Grosso. O senador convidou Tarcísio para acompanhá-los. Tarcísio olhou para a mãe e nada disse. O senador entendeu o olhar do garoto.

Tarcísio desejou boa viagem aos dois, e ao saber que Maria Elise iria com a família visitar o namorado na fazenda, e com ele permanecer uma semana, deu um tapinha amigável no ombro direito do amigo e pediu que ele aproveitasse bem aquela semana em companhia da amada dele.

Na mansão dos Lopes Lorizzen, Thiago, ao perceber que a chuva diminuía, foi ao quarto de Rebecca e pediu à irmã para escrever uma carta para Tarcísio. Ela a escreveu, e a entregou ao irmão. Os dois conversaram sobre a ida dele à casa de Tarcísio logo que a chuva passasse ou ficasse bem fininha. Não se importaram com o fato de a porta do quarto de Rebecca estar entreaberta.

Assim que viu Thiago entrar no quarto da irmã, e notando a porta entreaberta, Amanda ficou bem perto da entrada do quarto da prima e passou a ouvir tudo que os dois conversavam. Quando escutou Thiago comentar que iria pedir ao pai para levá-lo até a casa de Tarcísio, ela rapidamente entrou em seu quarto.

Quando viu, pela janela de seu quarto, o carro do tio deixando a mansão, Amanda procurou a tia e contou o que escutara Thiago dizer. Lucrécia dirigiu-se ao telefone, e ligou para a casa de Marta.

Thiago tocou a campainha, e Matilde, ao vê-lo no portão, mandou-o entrar.

Phillipe, que o tinha acompanhado, entrou junto com ele.

Matilde conduziu o garoto até a sala de estar.

Marta, que ouvira a campainha, deixou o quarto. Ao avistar Thiago na sala de estar, perguntou o que ele queria.

— Senhora, sou amigo de Tarcísio, e jogo no mesmo time de vôlei do colégio que Tarcísio jogava. Tenho algo muito importante para dizer a ele.

— De que se trata?

— Bem, quando Tarcísio deixou de comparecer aos treinos e aos jogos, eu o substituí em quadra, pois sou o levantador reserva. Mas encontro muitas dificuldades, pois não jogo tão bem como Tarcísio. O time já perdeu algumas partidas em um novo torneio que iniciou. E o time agora me culpa pelas derrotas. Minha situação se tornou insuportável, não consigo mais jogar direito. Pensei que meu amigo Tarcísio talvez me desse algumas dicas úteis para meu jogo.

— Na minha opinião, mesmo que você estoure de tanto treinar nunca chegará nem perto de ser um levantador de vôlei tão bom como o meu menino. Se não sabe jogar direito, por que não tenta outro esporte? Em que uma simples conversa com Tarcísio poderia ajudá-lo? Ora, vá gravar os jogos da seleção brasileira de vôlei e assista a eles sem parar, até aprender algo.

— Não desejo aprender com a seleção brasileira; desejo apenas ter uma conversa com Tarcísio. Sei que talvez nunca jogue tão bem como seu filho joga, mas vim para pedir que ele me aconselhe a enfrentar a situação que enfrento.

— Façamos o seguinte: meu filho irá telefonar para você. Está bem assim?

— Mas eu gostaria de falar com ele pessoalmente. Para isso vim aqui debaixo de chuva. Olhe, eu prometo que serão só poucos minutos.

Marta notou que ele não iria embora antes de falar com Tarcísio, e pediu a Matilde que chamasse o irmão.

Matilde bateu na porta do quarto de Tarcísio, e quando o irmão abriu a porta e avisou que ele tinha uma visita: um amigo do time de vôlei. Ao dizer isso, piscou para Tarcísio de modo significativo.

Ele desceu a escada com a irmã. Ao chegar à sala de estar e encontrar o irmão de Rebecca, entendeu o motivo de Matilde ter piscado. Abraçou Thiago e sentou-se. O visitante disse a ele o mesmo que tinha dito a Marta, pois notara que ela os observava.

Matilde percebeu que a mãe não iria deixar os dois conversando sossegados; então, chamou-a para que ela a ajudasse a preparar um lanche para a visita.

Vendo-se a sós com Tarcísio, Thiago retirou do bolso a carta de Rebecca:

— Minha irmã pediu para lhe entregar isso. Leia! São notícias dela. E ela espera que eu leve notícias suas. Está perdidamente apai-

Só o amor explica

xonada por você, e sofrendo muito por não saber o que você tem passado.

Thiago notou que os olhos de Tarcísio brilharam quando ele recebeu de suas mãos a carta de Rebecca. Viu-o também suspirar de alívio. O rapaz leu a carta com os olhos cheios de lágrimas.

— Thiago, nunca poderei retribuir a imensa felicidade que me proporciona agora! Só um bom irmão faria isso por outro; então, desde já eu o considero como meu irmão.

— Eu também o tenho como um irmão e um grande amigo.

O irmão de Rebecca ficou ouvindo Tarcísio por uns quinze minutos. Depois, pedi-lhe que escrevesse um bilhete para a irmã, o que Tarcísio fez rapidamente. Thiago avisou que pretendia retornar na próxima semana, e que traria novas informações de Rebecca.

Após o lanche, Tarcísio e Matilde levaram Thiago até a garagem. Matilde o abraçou, muito contente.

Thiago apanhou o guarda-chuva, abriu-o e foi até o local onde seu pai o esperava. Phillipe o acompanhou.

Chegando em sua casa, Thiago foi direto ao quarto da irmã, para dar-lhe informações de Tarcísio e entregar-lhe o bilhete dele. A garota, que estava tristonha, logo se transformou: parecia agora imensamente feliz.

Marta colocou no pescoço um colar de pérolas valiosíssimo, e brincos de ouro. Olhando-se no espelho, aprovou o que viu. Estava muito bem vestida e bem elegante. Queria que Lucrécia a visse como uma mulher de dinheiro. Deixou o quarto e foi para a sala de estar, a fim de aguardar a chegada de Lucrécia.

Assim que estacionou o carro na frente da casa de Marta, a mãe de Rebecca e Amanda, antes de saírem do carro, combinaram mais uma vez o que iriam dizer a Marta. Ao sair do carro, Lucrécia tocou a campainha.

Enquanto aguardava, Lucrécia ficou observando a casa. Espantou-se ao perceber que, por fora, quem a visse imaginaria ser o proprietário alguém que possuía dinheiro. A casa de dois andares, com uma garagem e uma varanda bem elegante, revelava que um bom dinheiro fora empregado naquela residência.

Rosa abriu o portão e a porta de entrada, e conduziu as duas à sala de estar.

Ao cumprimentar Marta, Lucrécia ficou abismada ao vê-la muito bem vestida e bastante elegante. Deduziu que as jóias e o vestido que a mulher usava deveriam ter custado uma fortuna. Lançando um olhar pela sala e notando os móveis e os belíssimos quadros na parede, constatou que ali viviam pessoas ricas. Fabiana lhe tinha dito a verdade: Tarcísio era herdeiro de uma boa fortuna. Pena o garoto lidar com espíritos. Se não fosse macumbeiro, seria a primeira a permitir o namoro dele com Rebecca.

Quando se sentaram, Marta indagou a Lucrécia o que de tão importante queria conversar com ela.

Lucrécia e Amanda começaram a explicar o que pretendiam. Marta achou muito interessante o que as duas mulheres desejavam fazer.

Logo que Lucrécia e Amanda disseram tudo o que gostariam de dizer, Marta ficou pensando se deveria ou não colaborar com as duas. O que elas pretendiam possuía um lado positivo e um lado negativo. O positivo era perfeito para seus planos, mas o negativo faria com que o punhal que já cravara no peito do seu querido filho penetrasse um pouco mais e terminasse de ferir o seu meigo e humilde coração. "Mas Tarcísio é um garoto forte", pensou. "Uma punhalada a mais não fará diferença, ele a suportará bem, como já suporta as outras. E talvez essa nova punhalada seja decisiva para que

Só o amor explica

ele enfim faça os dois cursos." Assim, Marta levantou-se, apertou a mão de Lucrécia e de Amanda e lhes afirmou que poderiam contar com ela para que o plano tivesse êxito.

Marta pediu a Rosa para chamar o filho no quarto, e solicitou à mulher que servisse vinho às visitantes, que foram aguardar Tarcísio próximas à escada.

Quando Amanda viu Tarcísio descendo, sentiu ímpetos de lançar-se a ele, abraçá-lo e beijá-lo loucamente. Vestindo bermuda, camiseta regata e sandália, parecia muito mais lindo do que já era.

O rapaz assustou-se ao vê-las ali, um dia após ter recebido a visita de Thiago. Logo imaginou que algo tivesse acontecido a Rebecca.

Lucrécia notou que ele descia a escada de acordo com a etiqueta.

— Filho, a mãe de Rebecca e a prima dela aqui vieram porque desejam lhe dizer algo muito importante. Gostaria que as ouvisse atentamente.

— Meu rapaz, Rebecca sofreu demais por sua causa. Vivia chorando pelos cantos da casa, falando a todo momento que queria morrer, que sem você a vida perdera o sentido. Até permiti que minha filha telefonasse para você; mas como as ligações dela nunca eram atendidas, seu desespero aumentou ainda mais. Certo dia, quase aconteceu uma tragédia: ela tentou se suicidar! Só não conseguiu devido à interferência de Amanda, que entrou no quarto bem na hora em que Rebecca fazia um pequeno corte a faca em um dos pulsos. Amanda rapidamente retirou a faca das mãos de Rebecca e pediu ajuda. Minha filha recebeu auxílio médico, e Amanda passou a vigiá-la.

— Que horror! — comentou Marta, fingindo espanto.

— Meu Deus! Milha filha tentou tirar a própria vida por sua causa, Tarcísio, e você nem mesmo foi capaz de atender aos desesperados telefonemas diários dela! — disse Lucrécia, levando um lenço aos olhos e fingindo secar uma lágrima que não existia, tentando impressionar Tarcísio.

Depois, foi a vez de Amanda entrar em cena:

— Eu pedi tanto à minha prima que voltasse a viver, que tentasse esquecê-lo! Afinal, você não atendia as ligações dela, e não lhe mandava nenhuma notícia. Talvez já estivesse namorando outra garota. Então sugeri que fizesse o mesmo. Mário, irmão de Maria Elise, era apaixonado por ela e seria capaz de fazer qualquer coisa para tirá-la daquele sofrimento sem sentido. Mário gostava dela, Tarcísio não: pois se gostasse telefonaria para ela, mesmo que estivesse proibido de fazer isso. Daria um jeito, afinal os verdadeiros apaixonados não medem esforços em nome do amor. E, convenhamos, telefonar escondido da mãe nem seria um esforço tão grande assim... — Deu uma risadinha irônica. — Eu disse a Rebecca: "Essa tolice de proibição da mamãe nunca seria obstáculo para uma pessoa como Mário, que tanto a ama". Rebecca, porém, insistia em sofrer. Então, fui à casa de Mário e pedi que ele começasse a visitar minha prima na mansão. Ele fez isso, e passou a cortejar Rebecca. Ela concordou em sair com ele; por fim, os dois se acertaram, e agora namoram. Rebecca não anda mais triste e chorando: voltou a viver!

Lucrécia levou novamente o lenço aos olhos, como se estivesse emocionada.

— É tão bonito ver Rebecca e Mário juntinhos, conversando na piscina da mansão de meus tios! Eles formam um casal perfeito. Os dois nasceram um para o outro — disse Amanda.

— Tarcísio, minha filha parece estar feliz ao lado de Mário. Peço-lhe para nunca mais entrar em contato com Rebecca, nem enviar notícias a ela através de sua irmã ou de outra pessoa. Porque se a fizer acreditar que você ainda sente alguma coisa por ela, o namoro com Mário poderá ser rompido, e ela voltará a sofrer. Eu e sua mãe não queremos que você namore minha filha. Prometa que nunca mais irá ter nenhum contato com Rebecca. Você promete?

Tarcísio nada disse, abaixou a cabeça e fez uma prece.

Só o amor explica

— Tarcísio, a mãe de Rebecca lhe fez um pedido. Se Rebecca já está namorando Mário, é porque não quer mais saber de você. De que adiantará agora você ficar triste e sofrer em silêncio por uma paixão que não é mais correspondida por Rebecca? Esqueça-a, filho! Faça o que sua mãe lhe pede... prometa-nos que não terá mais nenhum contato com a garota.

Erguendo a cabeça e olhando a mãe com seu olhar sereno e penetrante, Tarcísio falou:

— Que contato tenho com ela, mãe? A senhora por acaso me permite algum?

Marta desviou o olhar dele e olhou para o chão.

— Não posso prometer o que não poderei cumprir — disse Tarcísio. — Não tenho como esquecer Rebecca. Mesmo que eu tentasse, nunca conseguiria. Rebecca é muito importante em minha vida. — Olhou para Lucrécia da mesma forma que olhou a mãe. — Não acredito em nada do que me disseram. Quando vocês falaram, evitavam olhar dentro dos meus olhos. E quando estavam mentindo mantinham-se tensas, e não paravam de abrir e fechar as mãos. Bem, perderam seu tempo vindo até minha casa me contar uma história absurda dessas. Continuo acreditando que Rebecca me ama da mesma forma que eu a amo. Meu amor é puro e verdadeiro, e ninguém conseguirá destruí-lo. Ninguém mesmo! — Levantou-se. — Com licença, tenho coisas mais importantes para fazer. — Deixou a sala de estar e subiu a escada, indo para o quarto.

As três mulheres ficaram admiradas com a esperteza de Tarcísio.

— Parece que infelizmente o plano não deu certo — comentou Marta.

— Não com Tarcísio; mas certamente dará com Rebecca. Se fizer a sua parte, Marta, minha prima cairá direitinho!

— Espero que você não esqueça o que combinou conosco — disse Lucrécia.

— Não esquecerei — garantiu Marta. — Hoje à tarde passarei em sua residência e conversarei com Rebecca.

Após despedir-se das duas, Marta foi para seu quarto, a fim de pensar no que diria a Rebecca. Mas Isaura, que presenciara tudo o que havia acontecido, acompanhou-a ao quarto e se inteirou dos pensamentos de Marta. Depois, seguiu para o quarto de Tarcísio.

Isaura colocou Phillipe a par do que acontecera antes de ele chegar. Phillipe olhou para Tarcísio, feliz por ele não ter acreditado na mentira de Amanda e Lucrécia.

Tarcísio pegou a carta que Rebecca lhe tinha mandado por intermédio de Thiago, e a leu mais uma vez. Após a leitura, pensou em quanto Amanda e Lucrécia eram tolas ao acharem que ele iria acreditar na mentira que elas tinham dito. Beijou a carta. Depois, apanhou sua bíblia, leu um salmo e começou a rezar agradecendo a Deus por logo ter percebido que a prima e a mãe de Rebecca estavam mentindo. Pediu a Deus para estar sempre com ele e com Rebecca, ajudando-os a serem felizes, mesmo distantes um do outro. Aos espíritos amigos pediu para ajudarem a garota a ser forte e suportar a ausência dele sem muito sofrer. Rezou um Pai-nosso.

— Tarcísio, nessa sua atual existência, parece estar colocando em prática o que prometeu antes de reencarnar — disse Phillipe. — Busca na prece a força para tudo enfrentar, e cultiva pensamentos e sentimentos que o ajudem a não sofrer muito. Estou bastante contente em saber que ele consegue lidar com o que surge em seu caminho. Espero que minha protegida reaja como Tarcísio, diante das mentiras de Marta. Desejo que Rebecca busque na prece as forças de que necessita.

Isaura comentou que desejava o mesmo, e o chamou para irem até a casa de Rebecca.

Só o amor explica

    Rebecca relia mais uma vez o bilhete que Tarcísio lhe remetera por Thiago. O bilhete a tinha deixado feliz. Nele, seu amado dizia que o amor que sentia por ela permanecia vivo em seu coração, dando-lhe forças para tudo suportar sem se queixar. Tarcísio desenhara um coração, dentro do qual estava escrito o nome dos dois. Beijando o bilhete, colocou-o embaixo do travesseiro e deitou-se na cama.
    A garota escutou alguém batendo na porta. Levantou-se, e quando a abriu, Elvira comunicou que a mãe a aguardava no escritório, com Amanda e com uma outra mulher.
    Rebecca deixou o quarto e seguiu para o escritório. Quando nele entrou, ficou surpresa ao ver a mãe de Tarcísio. Cumprimentou Marta e sentou-se na única cadeira que estava livre.
    Isaura e Phillipe, que se encontravam no escritório, ficaram ao lado da garota.
    — Rebecca, é muito sério o que tenho a lhe dizer — começou Marta. — Tarcísio sofreu tanto com a separação de vocês dois! Certo dia, eu o encontrei chorando, e perguntei o que acontecera. Ele disse que você havia telefonado, avisando que não queria mais vê-lo porque tinha se apaixonado por outro garoto. Por duas semanas, quem olhasse para Tarcísio nele veria a imagem viva da dor. Não parava de chorar, dizendo que amava Rebecca desesperadamente e que não conseguiria viver sem ela. Determinado dia, durante a madrugada, Tarcísio foi à cozinha, pegou uma faca e tentou cortar o pescoço! Só não conseguiu porque acordei no meio da madrugada, com muita sede, fui até a cozinha e vi meu filho com a faca encostada no pescoço. Graças a Deus cheguei a tempo de tomar-lhe a faca.
    Marta fez uma pausa, fingiu-se abalada, e continuou:

— Não sei como não me desesperei. Mas quando não suportei mais vê-lo sofrer, fui até a casa de uma garota que sabia ser perdidamente apaixonada por Tarcísio. Seu nome é Renata, e ela faz parte do grupo de jovens da casa espírita que meu filho freqüenta. Essa garota foi visitar Tarcísio, e eles ficaram conversando durante horas. Renata passou a visitá-lo diariamente. Certo dia, convidou-o para irem ao cinema. Tarcísio relutou, mas acabou aceitando o convite. Os dois foram ao cinema, e quando retornaram, Renata jantou com a família. No dia seguinte, os dois começaram a namorar.

— Será que o pobrezinho finalmente vai encontrar alguma paz? — comentou Amanda, mal conseguindo esconder o sarcasmo.

— Por Deus, querida, acho que sim! Sabe, quando eles estavam sozinhos na sala de estar, fui observá-los sem que me vissem. E os dois se beijavam com tanta intensidade! Sem dúvida um beijo dado por duas pessoas perdidamente apaixonadas. Que beijo os dois trocaram! Disse a mim mesma que meu filho fazia a coisa certa, pois se você, Rebecca o trocou por outro garoto e o abandonou sofrendo, ele pagou na mesma moeda, e hoje está muito feliz.

— A senhora está me dizendo que viu meu amado aos beijos com outra garota, e que me traiu trocando-me por essa tal de Renata? — indagou Rebecca, com lágrimas nos olhos.

— Exatamente isso! — confirmou Marta. — Tarcísio a trocou. Não a ama mais. Está agora envolvido com Renata. Aliás, formam o casal mais lindo que já vi em toda a minha vida! Foram feitos um para o outro.

Rebecca levantou-se de repente, e deu um soco na mesa.

— Não acredito em uma palavra do que diz! Tarcísio nunca iria me esquecer assim. Ele me ama, e me dá provas desse amor!

Lucrécia mandou que ela se acalmasse e terminasse de ouvir a mãe de Tarcísio. Rebecca disse que não queria ouvir mais nada, e que não acreditava em nada do que já ouvira. Marta fingiu-se ofendida por ser chamada de mentirosa; abrindo a bolsa, disse que poderia provar que falava a verdade. Retirou uma foto que tinha surrupiado de um dos álbuns de Tarcísio; nessa foto, Renata dava um beijinho no filho. A foto não era nada recente, mas Rebecca não sabia desse detalhe. Quando a garota viu a foto, levou uma das mãos à boca, deu um suspiro de grande dor. Lágrimas começaram a descer abundantemente de seu rosto.

— Meu Deus! Tarcísio me traiu mesmo. Que ódio dele! — Rasgou a foto em pedacinhos, atirando-os sobre a mesa. — Nunca mais quero vê-lo em minha frente, nunca mais. Pode dizer a ele que o odeio e que quero que seja muito infeliz com essa Renata! — Deixou a sala correndo e subiu a escada. Ao entrar em seu quarto, bateu a porta violentamente.

— Parabéns, dona Marta! — disse Amanda. — A senhora foi demais. Acredito que Rebecca e Tarcísio não mais se verão e não mais terão nenhum contato. A idéia da foto foi excelente. Rebecca nem desconfiou que nela Tarcísio está com os cabelos bem curtos. Bem, parece que provocamos uma grande ferida no coração de minha prima... ferida que eu e tia Lucrécia faremos de tudo para que nunca cicatrize.

As três gargalharam.

Elvira entrou no escritório e, conforme a patroa lhe tinha ordenado, serviu champanhe francês.

Os dois espíritos, que haviam acompanhado toda a conversa, encaminharam-se ao quarto de Rebecca. Ao entrarem, avistaram a garota esmurrando o travesseiro com fúria, tomada de ódio por Tarcísio.

Rebecca atirou o travesseiro para bem longe, e começou a pensar por que Tarcísio fizera aquilo com ela. "Por quê? E por qual motivo mandou Thiago entregar-lhe aquele bilhete portador de falsas palavras? Escreve que me ama e beija apaixonadamente outra garota na casa dele. Maldito! Se eu não tivesse visto aquela foto, não acreditaria.

A mãe dele não deve gostar mesmo de mim, pois conseguiu bater a foto bem na hora do beijo! E trouxe a prova da traição até mim! Não, ela não tem culpa de nada. Tarcísio também mentiu para Marta, ao dizer que... que eu liguei para ele e revelei que me apaixonara por outro garoto! Mas que absurdo, meu Deus! Quem afinal é esse... sem-caráter, baixo e mentiroso, miserável sem-vergonha e desalmado! Quer brincar com os sentimentos dos outros, não é? Manda um bilhete pra uma tonta apaixonada, mentindo que a ama, enquanto mantém um caso com outra... Ele que fique com ela, a sua verdadeira amada! Que raiva dele e daquele maldito bilhete! Onde ele está?"

Rebecca pegou o bilhete e o rasgou com fúria. Não queria saber mais daquele infame traidor. Não poderia mais amá-lo, tinha apenas de odiá-lo, odiá-lo muito, pois ele não era mais merecedor do amor que ela guardava em seu coração só para ele. Não era mais merecedor de suas lágrimas e de seu sofrimento. Embora o amasse com todo o seu coração, precisava odiá-lo com toda força. Nunca antes tinha odiado alguém, e jamais pensara que fosse odiar um dia; mas Tarcísio a traíra, e ainda brincava com seus sentimentos. Isso ela não permitiria. Tinha que odiá-lo, precisava odiá-lo de qualquer jeito.

— Tarcísio! Tarcísio, meu amado, por que fez isso comigo? — indagou-se a garota enquanto chorava. — Por que me traiu? Trair justamente a mim, que o amo tanto. Agora, tenho de deixar de te amar e devo te odiar. Mas como odiá-lo se te amo tanto? Que farei agora? Como conseguirei te amar e te odiar ao mesmo tempo? — Atirou-se na cama e voltou a chorar.

Phillipe, aproximando-se de sua protegida, tocou-lhe os cabelos e movido de compaixão assoprou sobre a garota.

— Como ela sofre, Isaura, e como tem lágrimas. Nunca imaginei que uma garota da idade de Rebecca pudesse ter tantas lágrimas e sofrer tanto. Tarcísio, por amá-la intensamente, não acreditou em mentiras; preferiu confiar no amor dela, e buscou na prece a força

Só o amor explica

para continuar confiando nesse amor. Quando sofre por amor a Rebecca, ele o faz em silêncio.

— Tarcísio é homem, Phillipe. Os homens, quando sofrem por amor, tudo fazem para se mostrarem fortes, e só choram quando sabem que ninguém os vê chorar. As mulheres são diferentes. Quando sofrem pelo ser amado, elas sofrem com todo seu coração e com toda a sua alma. E esse amor tão imenso torna a traição muito mais dolorosa — falou Isaura.

— Mas Tarcísio não a traiu. E em vez de acreditar nas horríveis mentiras de Lucrécia e Amanda, preferiu acreditar nas palavras da carta que Rebecca lhe enviou; ou seja, preferiu acreditar no amor de Rebecca. Minha protegida deveria fazer o mesmo.

— Phillipe, eu e você sabemos que Tarcísio não a traiu, mas Rebecca não sabe disso. Marta foi muito esperta ao exibir aquela foto antiga, e mais esperta ainda por só ter mostrado a foto depois de tudo que disse. Quanto a Rebecca, se por enquanto ela prefere acreditar no que viu e ouviu, e não no que Tarcísio escreveu... bem, ela tem esse direito. Possui seu livre-arbítrio. Façamos preces para que ela possa um dia acreditar no contrário — disse Isaura, aproximando-se da garota e aplicando um passe magnético nela.

Phillipe também se aproximou de sua pupila, e lhe aplicou um outro passe magnético. Ao receber as energias reconfortantes de seu mentor e de Isaura, Rebecca acabou adormecendo. Isaura convidou Phillipe para partirem.

Durante cinco dias Amanda e Lucrécia não deixavam Rebecca esquecer o que Marta lhe dissera. Quando as duas estavam juntas e avistavam a garota, atormentavam-na com a suposta traição de Tarcísio.

Certo dia, próximo à piscina, ela estava em companhia do irmão, mas não prestava atenção a nada do que Thiago lhe dizia. Amanda aproximou-se dos dois e notou que Thiago falava sozinho.

— Não perca seu tempo falando sozinho, primo — alfinetou Amanda. — Ela só consegue pensar no amor de Tarcísio por uma certa garota... de uma certa foto. Pena a foto ter sido destruída. Mesmo assim, a menina não o foi, e na certa deve estar nos braços daquele que é a tentação de qualquer mulher! — Gargalhou com vontade, olhando para a prima, que mais do que depressa levantou-se e se retirou.

Intrigado, Thiago foi atrás da irmã. Bateu com insistência na porta do quarto de Rebecca. Quando ela finalmente abriu a porta, o irmão entrou, e ao vê-la com lágrimas nos olhos, a abraçou com carinho.

Thiago lhe perguntou por que o comentário de Amanda a deixara daquele jeito, e por que aquele mesmo comentário, sempre proferido pela mãe e pela prima, a fazia ficar triste e sair correndo para o quarto. Rebecca nada disse.

— O comentário tem algo a ver com Tarcísio?

Rebecca balançou a cabeça afirmativamente.

— Não quer me contar o que houve? Eu já lhe afirmei uma vez que estou disposto a ajudá-los; confie em mim. Amanhã irei visitar Tarcísio.

— Saiba que não quero mais ter nenhuma notícia dele, nem vê-lo, nunca mais.

— Rebecca, agora tenho certeza que algo aconteceu entre vocês. Só sairei daqui quando me contar tudo. Se é que confia em mim.

Phillipe, de pé perto da janela, observava os dois irmãos sem interferir. Só interferiria se Rebecca, assim como Tarcísio, pedisse ajuda a Deus através da prece. Fez uma prece pela sua protegida, desejando que ela se abrisse com o irmão.

Rebecca então caminhou até a janela, pousou os cotovelos no parapeito e, olhando para fora, começou a relatar ao irmão tudo que havia ouvido de Marta. Também mencionou a foto que comprovava a traição do amado.

— Não bastasse isso tudo, Amanda e nossa mãe não me deixam esquecer o fato; não perdem uma oportunidade de me lembrar que Tarcísio agora vive nos braços da tal Renata.

O irmão levantou-se da cama, caminhou até ela, segurou uma de suas mãos e a conduziu de volta à cama. Disse à irmã que não acreditava em nenhuma palavra da mãe de Tarcísio.

— Eu vi quando ele leu sua carta, testemunhei sua emoção ao lê-la. Testemunhei o imenso amor de Tarcísio quando ele falou da saudade que sentia, e do que sofria por ter se apaixonado por você. Rebecca, pergunte ao seu coração: em quem deveria acreditar: em Tarcísio, que demonstrou claramente a todos que a ama loucamente, ou na mãe dele, que não gosta de você e não quer de forma alguma os dois juntos?

Rebecca fez o que o irmão sugeriu, e enquanto estava de olhos fechados mais uma vez recordou-se de todos os momentos encantados vividos ao lado de Tarcísio. Enquanto recordava momento por momento, Phillipe olhou para Thiago e notou que o jovem, de olhos fechados, pedia a Deus que ajudasse Rebecca a acreditar no amor e não em calúnias.

Quando abriu os olhos, Rebecca falou ao irmão que confiava no amor de Tarcísio: tinha absoluta certeza de que o garoto a amava.

— Então acredita nele?

— O problema, irmãozinho, é que aquela bendita foto não me sai da cabeça.

— Não se preocupe. Amanhã irei até Tarcísio e tentarei descobrir algo referente à foto.

Abraçou-se à irmã e pediu-lhe que escrevesse para Tarcísio.

Phillipe seguiu Thiago, e ao vê-lo sentando-se em sua cama, aproximou-se do rapaz e assoprou sobre ele, deu-lhe um abraço e sussurrou em seu ouvido um "muito obrigado" por ajudar a sua pupila.

11

Farsa cruel

Enquanto jantava, Marta olhava preocupada para o filho. Ele empurrava a comida de um lado para outro do prato, e não levava nenhuma garfada à boca. Tarcísio andava triste, muito triste mesmo. Nunca mais tinha presenciado um sorriso nos lábios dele. Ele nunca mais tivera nenhuma alegria desde quando ela o proibira de se encontrar com Rebecca. Esperava que ele esquecesse aquela garota após ter ouvido o que Lucrécia e Amanda lhe disseram, mas Tarcísio não acreditou nas duas e continuava sofrendo em silêncio, em nome da tola paixão que ainda continuava viva em seu coração. Precisava encontrar um jeito de fazer o filho esquecer-se de Rebecca. Precisava arrancar dele aquela paixão insana. Era apenas um garoto de quatorze anos para sofrer tanto por Amor. Aquela menina não poderia interferir nos planos que ela tinha para seu filho!

— Matilde, hoje fui a uma livraria de um shopping comprar uns livros, e acabei avistando aquela garota chamada Rebecca, de mãos dadas com um garoto. Ela não me viu, e de longe a fiquei observando. Vi quando eles deixaram a livraria e compraram ingressos para assistirem a um filme. Os dois entraram na sala de cinema abraçados e dando risadinhas. Pareceu-me que ela e o garoto, que a escutei chamando de Mário, estão enamorados — disse Marta à filha, observando o filho com o canto dos olhos.

— Tem certeza de que era Rebecca, mamãe? — perguntou Matilde.

— Absoluta. Nunca esquecerei o rosto daquela garota. Quando a vi abraçada àquele garoto, disse a mim mesma que ela esqueceu meu filho e que já está apaixonada por outro. Totalmente apaixonada. Eu já sabia disso, e seu irmão também. Mas preferiu acreditar que era mentira, não é mesmo, Tarcísio?

Tarcísio pediu licença e se retirou. Em seu quarto, ficou pensando se a mãe realmente tinha visto Rebecca na livraria com Mário, ou se dissera aquilo só para feri-lo. Ela vivia lançando indiretas referentes ao suposto namoro de Rebecca com o irmão de Maria Elise, desde que Lucrécia e Amanda lhe contaram a mentira. Ele nada dizia à mãe; apenas ficava com a cabeça baixa esperando que ela terminasse de falar o que queria. Depois, entrava no quarto e rezava, pedindo forças a Deus para não se deixar levar pelo falatório da mãe. Pedia a Deus que o ajudasse a continuar acreditando no amor de Rebecca, e nunca nos falatórios maldosos dos outros. A doutrina espírita lhe ensinara que nos momentos mais difíceis de sua vida deveria evitar o desespero e buscar forças na prece. Era o que iria fazer novamente.

Concluída a prece, apanhou um romance espírita que ganhara de Matilde dois dias atrás, e voltou a lê-lo. Quando sentiu sono, colocou o livro na escrivaninha, deitou-se e rapidamente pegou no sono.

Ao acordar, no dia seguinte, desejou que aquele sábado lhe trouxesse uma alegria. Fez sua higiene matinal, e após tomar café retornou ao quarto e voltou a ler o romance.

Mais tarde, Matilde bateu na porta do quarto, dizendo-lhe que alguém o esperava na sala de estar. Estranhou que a mãe tivesse permitido uma visita a ele.

— Quem é?

— O irmão de Rebecca. Não se preocupe: mamãe foi ao supermercado com Rosa.

Tarcísio desceu a escada apressadamente, e ao encontrar Thiago na sala de estar o abraçou. Thiago logo disse que a irmã continuava sentindo saudades dele, e amando-o loucamente. Suas palavras provocavam grande felicidade no garoto. Thiago entregou-lhe uma nova carta de Rebecca.

Matilde, que os observava, percebeu a emoção que invadiu o irmão quando ele recebeu a carta e a levou aos lábios, beijando-a com alegria.

Thiago percebeu que a leitura da carta proporcionava a Tarcísio uma grande alegria. Em determinados momentos, os lábios do garoto expressavam um risinho bobo, que o fazia interromper a leitura e levar a carta aos lábios, beijando-a outra vez. Ao notar em Tarcísio uma expressão de incredulidade, imaginou que a irmã escrevera sobre a tal fotografia. Quando Tarcísio leu toda a carta, encarou o amigo e perguntou:

— Thiago, que história é essa de eu estar namorando outra garota? Rebecca escreveu sobre uma garota que... Que garota e que fotografia são essas?

— Pergunto o mesmo a você, Tarcísio. Minha irmã tem sofrido horrores ao imaginar que você a abandonou e está namorando essa outra garota. Quem é ela?

— Eu não estou namorando garota nenhuma, Thiago. Amo sua irmã. Rebecca é a única garota que eu gostaria de estar namorando, mas infelizmente não posso. Se me impedem de dar meus carinhos, atenção e amor para Rebecca, a outra garota não os darei. A única garota que existe em minha vida é sua irmã. — Tarcísio falou com tanta emoção e com tanta sinceridade que Thiago teve certeza de que a história da fotografia não era verdadeira.

Thiago contou para Tarcísio tudo que escutara da irmã na noite anterior. O filho de Marta logo compreendeu que a mãe contara a Rebecca o que Amanda e Lucrécia tinham contado a ele, invertendo os papéis. Ficou pensando sobre a foto, e deduziu que Marta deveria ter apanhado uma de suas fotos antigas.

Tarcísio então narrou o que Lucrécia e Amanda lhe tinham dito.

— Mas não acreditei nelas, não acreditei que minha querida Rebecca estivesse enamorada de Mário, porque confio plenamente no amor que ela me dedica. Espere um pouco, já volto!

Foi até seu quarto, apanhou um álbum de fotos de dentro de uma das gavetas da escrivaninha e o levou até Thiago. Mostrou-lhe fotos em que garotas o beijavam, na ocasião em que ele completara quatorze anos e a casa espírita que ele freqüentava lhe tinha feito uma festinha surpresa. Observando que faltava uma foto no álbum, deduziu que a mãe a havia levado para Rebecca ver. Pediu a Thiago que levasse o álbum e o mostrasse a Rebecca.

Ao chegar do supermercado com Rosa, Marta escutou vozes em sua sala de estar. Quando encontrou o filho conversando com Thiago, revelou, pelo olhar que lançou ao filho, não ter gostado de encontrar Thiago ali.

— Você de novo, garoto? Ainda querendo que meu filho lhe ensine a jogar vôlei direito?

Thiago levantou-se, cumprimentou-a meio constrangido e avisou que já estava de saída. Despediu-se de Tarcísio e Matilde, apanhou o álbum e se foi.

— Matilde, não deixe mais esse garoto entrar aqui! Nem ele, nem ninguém que deseje conversar com Tarcísio quando eu não estiver.

Com o álbum de Tarcísio em mãos, Rebecca olhava as fotos. Ela reconheceu Renata em outras duas fotos, e notou que ela, assim como as demais garotas que tinham beijado Tarcísio, só o parabenizava pelo aniversário dele.

Ela abraçou o irmão e agradeceu por ele ter ajudado a esclarecer a história da foto. Se não fosse por ele, não descobriria que Marta lhe tinha contado uma mentira, e que sua mãe e Amanda tentaram enganar Tarcísio. Disse ao irmão que não compreendia qual o interesse de Amanda em vê-la separada de Tarcísio. Entendia os motivos das duas mães em separá-los, mas não os motivos da prima.

— Ora, acabaremos descobrindo qual o interesse dela nisso tudo. Bem, vou deixá-la sozinha agora, tem muito em que pensar!

Rebecca voltou a folhear o álbum, e passou a beijar cada foto de Tarcísio. Depois, colocou-o sobre sua penteadeira e deitou-se na cama. "Prometo que sempre irei acreditar no amor de Tarcísio, e não mais em nada que outros me digam na intenção de fazer-me duvidar do nosso amor."

Levantou-se da cama e decidiu ir até o jardim. Ao descer a escada, cantarolava, demonstrando estar bem feliz.

Amanda, que lia na sala de estar, ao ouvi-la cantar largou a revista na mesinha e a seguiu com o olhar. Notando-a tão feliz, chamou a tia e pediu que ela verificasse o estado de Rebecca.

Lucrécia ficou intrigada ao perceber a alegria da filha.

— Bem — decidiu —, vamos ver quanto tempo esta alegria vai durar...

Caminharam até Rebecca.

— Filha, quanta felicidade! Na certa já esqueceu o tal Tarcísio, e está pensando em algum outro garoto...

Só o amor explica

— Na verdade, não... Estou rindo à toa, porque eu e Tarcísio nos amamos demais!

Essa resposta apanhou Lucrécia de surpresa, e a mulher ficou por alguns momentos sem saber o que dizer. Amanda tentou salvar a situação:

— Não acredito que ainda esteja apaixonada por Tarcísio, que a trai com outra garota.

— A farsa de vocês não resultou em nada. Só fortaleceu nosso amor.

Amanda e Lucrécia se entreolharam, aflitas. Rebecca já tinha descoberto tudo.

— Como sabe que a mãe de Tarcísio estava mentindo, Rebecca? — perguntou Amanda.

— Da mesma forma que você e mamãe sabem que ela estava mentindo — respondeu Rebecca. — Mas essas tolas mentiras não me interessam mais! O que realmente me interessa é que Tarcísio nunca me traiu e continua me amando. Como é gostoso amar e ser amada! — Suspirando apaixonadamente, deixou a prima e a mãe no jardim e entrou na mansão cantarolando.

— E agora, Amanda?

— Thiago deve ter visitado Tarcísio, e trocando informações eles descobriram tudo. Precisamos agir rapidamente. Rebecca tem de voltar a acreditar que Tarcísio namora a vizinha.

As duas combinaram com Marta um encontro naquele mesmo dia.

Quando as três se encontraram, Amanda disse a Marta que Thiago andava visitando Tarcísio. Descreveu as características do primo, e Marta confirmou que fora ele o jovem que visitara seu filho por duas vezes. Amanda expôs o que tinha em mente, e Marta achou o novo plano excelente.

Chegando a sua casa, Marta telefonou para Renata e pediu à garota que fosse à residência dela. As duas conversaram durante meia hora. Renata regressou a sua casa toda sorridente: para ter Tarcísio, o amor de sua vida, estava disposta a fazer qualquer coisa.

Amanda e Lucrécia foram até a casa do general Fonseca, e conversaram com Mário, que se disse disposto a fazer o que as duas lhe pediam. Era perdidamente apaixonado por Rebecca, e não hesitaria em fazer o que quer que fosse para vê-la separada de Tarcísio. Sobrinha e tia deixaram a residência do general certas de que o plano delas dessa vez lograria êxito.

Durante seis dias Amanda não parou de vigiar Thiago. Quando ele e Rebecca estavam conversando, tudo fazia para escutá-los sem ser notada. Ao ouvir que Thiago faria uma nova visita a Tarcísio, procurou a tia, e as duas telefonaram para Marta informando a visita.

Quando Thiago apareceu em sua casa, Marta o recebeu com tanta educação que o rapaz estranhou. Deixou-o na sala de estar e chamou o filho. Ao entrar em seu quarto, telefonou para Renata. Desceu a escada procurando não fazer nenhum barulho, encostou-se a uma parede e ficou tentando ouvir parte da conversa entre o filho e Thiago.

Ao escutar o barulho da campainha, abriu a porta e permitiu que Renata entrasse. A garota foi até a sala de estar, e ao entrar foi logo dizendo:

— Tarcísio querido! Quantas saudades senti de ontem para hoje. Nem dormi direito, só pensando em tudo o que você me falou ontem. Estou cada dia mais apaixonada por você! — Sem que Tarcísio esperasse, ela o beijou nos lábios. — Vamos para o shopping como combinamos. Lá poderemos ficar à vontade, como ontem, e você poderá me dar outro beijo daqueles. Que beijo maravilhoso! — exclamou. — Meu deus grego beija divinamente bem... — Abraçou-o com carinho.

— Ficou louca, Renata? — perguntou Tarcísio, empurrando a garota.

Só o amor explica

— Louca por você. Uma garota não pode mais beijar e abraçar seu namorado? — disse Renata, olhando para ele. Em seguida, olhou para Thiago e falou:

— Perdoe-me, querido, não sabia que você tinha visita! — Caminhou até Thiago e estendeu-lhe a mão. — Prazer! Sou Renata, vizinha e namorada de Tarcísio.

Thiago apertou a mão da garota, e, dizendo o seu nome, olhou um tanto confuso para Tarcísio.

O filho de Marta pediu a Renata que explicasse o absurdo de ela ter entrado em sua casa beijando-o e apresentando-se ao seu amigo como namorada dele.

— Somos namorados, Tarcísio — respondeu Renata, encarando-o. — Pelo menos é o que penso, após termos saído várias vezes durante esse mês, e depois de ter recebido os seus beijos e carinhos.

— Cale-se! — gritou Tarcísio. — Você sabe que não somos namorados. Somos vizinhos e amigos. Já lhe disse que amo Rebecca, a única garota que quero namorar. Sinto muito em ter de lhe pedir isso, mas gostaria que você voltasse para sua casa e me deixasse conversar com meu amigo em paz. Peço também que só venha me visitar em companhia dos seus pais.

— Fique amando aquela maldita Rebecca e sofrendo por ela. Tomara que dona Marta nunca permita que você e ela namorem e sejam felizes! — Saiu da sala.

Marta a pegou pelo braço e, entrando na sala de estar, perguntou ao filho aonde fora parar a sua educação. Como fora capaz de dizer aqueles absurdos a Renata.

— Não foram absurdos, mãe, mas a pura verdade. Amo Rebecca, e nunca deixarei de amar.

— Azar o meu ter um filho tão lindo mas imbecil! Não aceita o amor de Renata e continua sofrendo por alguém que nunca mais

167

irá rever. Vá, suba para seu quarto e fique lá. Quanto a você, rapaz — disse a Thiago —, vá embora.

Tarcísio abraçou Thiago, levou-o até a porta da sala e depois subiu a escada sem olhar para a mãe e para Renata.

Marta conversou alguns minutos com Renata e pediu à garota para não levar em conta as palavras do filho, e esperar um novo telefonema dela. Renata voltou para sua casa. Marta telefonou para Lucrécia e informou que Thiago havia acabado de sair de sua casa. Contou-lhe também o que Tarcísio dissera a Renata.

— Acho difícil conseguirmos atingir Tarcísio, mas precisamos continuar acreditando que o plano funcionará, Marta. Faça sua parte.

Marta telefonou para Renata e pediu-lhe que fosse até sua casa:

— Vá até o quarto dele e faça o que combinamos.

Renata e Marta subiram a escada. A mãe de Tarcísio pegou uma máquina fotográfica. A garota bateu na porta do quarto de Tarcísio, e quando ele abriu a porta ela o agarrou e tentou beijá-lo à força. Mas ele se desviou, empurrou-a com força e bateu a porta do quarto, fechando-a a chave.

Marta pretendia tirar uma foto de Renata beijando o filho dentro do quarto dele, mas não conseguiu. Agora, o rapaz se trancara e não voltaria a abrir a porta.

— Bem, garota, acho que falhamos. Vamos torcer para que Mário tenha mais sorte com Rebecca.

Renata voltou para sua casa, e Marta avisou a Lucrécia que Tarcísio não se deixara enganar.

No dia seguinte, às nove da manhã, Mário compareceu à mansão de Lucrécia. De tanto insistirem, Amanda e Lucrécia convenceram Rebecca a ficar na sala de estar conversando com Mário.

O irmão de Maria Elise falou a Rebecca de sua paixão.

— Que está dizendo, Mário? Tenha respeito! Sabe que amo Tarcísio. E nossa conversa acaba aqui; vá embora já!

Mário levantou-se e, aproximando-se dela, indagou o que Tarcísio tinha que ele não tinha. Rebecca nada respondeu. Mário a abraçou fortemente, e ela deu um grito. Mário uniu seus lábios ao dela e a beijou à força.

Amanda, que a tudo via, acionou a máquina fotográfica e continuou escondida ao lado de Lucrécia observando.

Thiago, que estava em seu quarto, ao ouvir o grito da irmã correu a procurá-la. Escutou a voz de Mário, e dirigiu-se para a sala de estar, passando por Lucrécia e por Amanda sem dar tempo de elas o impedirem de entrar na sala. Perguntou a Rebecca o que tinha acontecido, e quando a irmã contou deu um soco violento em Mário. Antes que o rapaz pudesse se recuperar do soco recebido, aplicou-lhe outro, fazendo-o cambalear e ir ao chão. Então, desferiu-lhe um chute perto do estômago.

Tia e sobrinha entraram na sala e seguraram Thiago pelos braços. Lucrécia o repreendeu por agredir o namorado da irmã. Desvencilhando-se delas, voltou-se para Mário novamente, a fim de continuar a castigá-lo; mas, ao vê-lo bastante machucado, mandou que desaparecesse imediatamente da casa dele e nunca mais tocasse em Rebecca, se não quisesse apanhar de verdade.

— Mário — disse Amanda —, é melhor ir para sua casa. Meu primo está muito nervoso. Não sei por que trata desse modo o namorado da irmã...

— Cale-se! — mandou Thiago — Você e mamãe estão tramando algo para prejudicar o relacionamento de Rebecca e Tarcísio! Que vergonha! Mas se depender de mim, os dois vão voltar a namorar e serem felizes.

— Ora, seu moleque! Como ousa dizer que eu e sua prima estamos tramando algo contra sua irmã? Para o seu quarto agora, está de castigo.

— Não vou me calar, e muito menos irei para o quarto ficar de castigo. Levarei Rebecca até o quarto dela, descerei e se ainda encontrar Mário nessa casa o colocarei para fora embaixo de pontapés.

— Thiago! — gritou Lucrécia. — Estou lhe mandando para o quarto!

— Já disse que não irei, mamãe. E avisei muito bem o que irei fazer. Se continuarem tramando algo contra Rebecca e Tarcísio, contarei tudo ao papai. Veremos se ele vai se divertir tanto quanto vocês duas! — Olhou para a irmã. — Vamos, Rebecca. Acompanho-a até seu quarto.

Lucrécia mandou Mário ir embora imediatamente. Depois, chamou Amanda para irem ao escritório de Teófilo conversar. Quando deixaram o escritório de Teófilo, estavam decididas a irem até o fim com seu plano

Amanda apanhou um dos carros da mansão e se dirigiu a uma loja de revelação de filmes fotográficos. Mais tarde, retornou à loja e recebeu a foto em que Mário beijava a prima na boca. Mandou ampliá-la, e voltou para a mansão da tia.

Matilde conversava com Rosa na cozinha quando escutou o barulho da campainha. Foi verificar quem estava em seu portão, e deparou-se com Mário. Os dois se contemplaram longamente, e se sentiram atraídos um pelo outro.

— Olá! Tarcísio pode me atender?

— Um momento! — respondeu Matilde. Chamou a mãe e informou que um rapaz desejava conversar com Tarcísio.

Marta, já imaginando tratar-se de Mário, foi até o portão. Soube então que se tratava realmente do garoto que esperava, e que ali

Só o amor explica

estava para fazer a parte dele no plano. Mandou que entrasse e foi chamar seu filho.

— Olá, Tarcísio, como está? — perguntou Mário assim que o rival chegou à sala de estar.

— O que deseja?

— Gostaria de lhe falar de minha paixão por Rebecca.

— Não quero ouvir. Esse é um assunto que você deve tratar com Rebecca e não comigo! — disse Tarcísio.

— Já tratei esse assunto com Rebecca. Agora tenho de tratá-lo com você, que também é apaixonado por ela. Rebecca aceitou meu amor, e hoje também está apaixonada por mim. Namoramos já há alguns dias. Posso inclusive lhe provar que o nosso namoro é verdadeiro — comentou Mário, entregando a Tarcísio o envelope que levara com a foto em que ele beijava Rebecca.

Tarcísio apanhou o envelope da mão dele e sem o abrir o amassou, fez uma bola e jogou em cima de Mário.

— Mentiroso! Rebecca é fiel a mim, como eu sou fiel a ela. E agora suma daqui. Tenho coisas mais importantes a fazer do que ficar ouvindo suas mentiras. Entenda: amo Rebecca, e ela me ama. Nada nem ninguém poderá destruir nosso amor. — Deu as costas a Mário e subiu a escada.

Ao chegar à rua em que Amanda estacionara o carro, Mário entrou no veículo, entregou a Lucrécia a bola de envelope e foto que Tarcísio fizera, e disse a elas o que aconteceu em casa de Marta. A sobrinha de Lucrécia comentou que pelo menos eles haviam tentado. Precisavam continuar tentando. Fariam a última tentativa no dia seguinte, no shopping, conforme já tinham decidido.

12

Colégio interno

Rebecca acordou bem feliz. Sonhara com Tarcísio, e no sonho os dois conversavam com um rapaz e uma moça em um belo jardim. O rapaz e a moça falavam sobre ela e Tarcísio. Disseram muitas coisas que tocaram fundo os enamorados, fazendo-os refletir. Enquanto escovava os dentes, tentava se recordar do que ouvira no sonho, sem sucesso. "Mas devem ter sido coisas boas", pensou, "pois acordei feliz".

Na hora em que tomava café, recebeu um telefonema:

— Rebecca, aqui é Marta. Serei breve. Quer uma prova de que Tarcísio está namorando Renata, e o namoro dos dois é firme? Vá ao shopping hoje, às cinco.

— Desligou, e Rebecca ficou pensando no que a mulher lhe tinha dito.

Quando Rebecca almoçava, Marta telefonou de novo e disse a mesma coisa. Decidiu ir ao shopping.

Às quatro horas bateu na porta do quarto de Thiago, e o chamou para irem ao shopping. Quando os dois avisaram a mãe que iriam ao shopping, Lucrécia disse que ela e Amanda também iriam, pois Amanda precisava comprar um livro.

Em sua casa, Marta insistia com o filho para que ele fosse ao shopping com ela, alegando que ele já estava há muitos dias sem sair de casa. Como só poderia ausentar-se na companhia dela, queria que a acompanhasse ao shopping. Iria comprar roupas novas para ele, e a presença dele na loja era importante para que pudesse experimentar as roupas. Renata, que lá estava, também insistiu que ele fosse. O rapaz acabou aceitando.

Chegando ao shopping, que não ficava muito distante de sua casa, Marta levou o filho a uma loja e comprou-lhe duas calças, uma bermuda e três camisetas.

Rebecca, a pedido da mãe, foi à praça de alimentação. Logo que nela chegaram e se sentaram, Lucrécia pediu a Thiago para ir a uma livraria verificar se encontrava o livro que Amanda queria comprar. Thiago foi até a livraria.

Mário, que de longe a tudo observava, aproximou-se quando Thiago se afastou, e, ao cumprimentá-las, perguntou se poderia sentar-se com elas. Lucrécia deu permissão.

Assim que Renata comprou o tênis, Marta convidou a garota e o filho para comerem algo na praça de alimentação. Renata e Marta procuraram a mesa em que Rebecca estava, e quando a descobriram deram um jeito de desviar a atenção de Tarcísio para que ele não a avistasse. Conduziram-no a uma mesa e o fizeram sentar de modo que ele ficasse de costas para Rebecca, e ela de costas para ele.

Lucrécia piscou para a mãe de Tarcísio. Depois se levantou, chamando Amanda para acompanhá-la até o toalete.

Marta, dizendo a Renata e ao filho que necessitava ir ao toalete, levantou-se. No toalete feminino, conversou por poucos minutos com Amanda e Lucrécia. As três então foram sentar-se em uma mesa próxima à escada rolante. Marta piscou para Renata, e Lucrécia para Mário.

ROBERTO DIÓGENES / SULAMITA

— Rebecca, eu insisto que você aceite meu pedido de namoro e pare de pensar naquele Tarcísio. Se namorar comigo, garanto que o esquecerá rapidamente e que eu a farei muito feliz. Por favor, aceite o amor que lhe ofereço! — pediu Mário.

Preocupada em tentar descobrir qual era a prova a que Marta se referira, Rebecca nem ligou para o que Mário disse. De repente, viu Renata na mesa ao lado, olhando para ela com um sorriso nos lábios e apontando uma pessoa com o dedo indicador; logo reconheceu Tarcísio pelas costas. Levantou-se, e Mário, levantando junto, segurou-a pelo braço dizendo bem alto:

— Aonde pensa que vai, Rebecca? Agora que estamos sozinhos, quero que saiba o quanto eu estou apaixonado por você!

Tarcísio, ao ouvir o nome de Rebecca e tendo reconhecido a voz de Mário, virou a cabeça na direção deles.

— Sua paixão não me interessa, Mário — avisou Rebecca baixinho, puxando seu braço. — Estou vendo Tarcísio com outra garota. Vou até ele saber o que fazem sozinhos aqui no shopping.

— Ora, só podem estar namorando! — falou Mário, impedindo com o corpo que ela avançasse. — Nós dois deveríamos estar fazendo o mesmo... — Abraçou-a à força e tentou beijá-la contra a vontade dela.

Ao ver tal cena, Tarcísio deu um pulo da cadeira, e puxou Mário com força pelas costas, separando-o da amada. Perguntou a Rebecca se ela estava bem, e antes que ela respondesse, recebeu um soco na face e outro na barriga. Mário, sem dar tempo de Tarcísio revidar, aplicou-lhe mais dois socos na barriga, fazendo o garoto perder o equilíbrio e ir ao chão.

Thiago, que acabara de chegar à praça de alimentação, assim que viu Mário agredir Tarcísio correu até eles. Esmurrou Mário várias vezes, até que o agressor encrenqueiro caísse. Thiago ainda zombou:

— Já estou ficando cansado de bater em você, idiota!

Lucrécia e Amanda, vendo que Thiago iria pôr todo o plano delas a perder, rapidamente se aproximaram dos dois, e Lucrécia mandou o filho parar com aquela briga.

— Por que Tarcísio tinha de vir à nossa mesa incomodar os namorados? Mário bateu em Tarcísio porque não gostou de ver sua namorada receber uma cantada bem na sua frente.

— Mário e Rebecca *não estão namorando!* — gritou Thiago. — Pare de dizer um absurdo desses para tentar convencer Tarcísio.

— Eu não acredito mesmo — falou Tarcísio. — Vi claramente quando Mário agarrou Rebecca à força e a tentou beijar. Ele não passa de um moleque. Como pode tratar desse modo violento uma garota que diz amar? Claro que só consegue fazer Rebecca se afastar cada vez mais dele. Ele próprio é seu pior rival...

Tarcísio escutou palmas: eram algumas garotas e mulheres que tinham se aproximado ao ver a briga, e olhavam para ele encantadas.

— Aprende com esse garoto lindo, seu bobalhão — falou para Mário uma das garotas que tinham batido palmas. — Ele sabe como se deve conquistar uma mulher. — Olhou para Tarcísio. — Se quiser, eu deixo você me conquistar. Estou a sua inteira disposição...

— Já sou comprometido — respondeu ele, olhando para Rebecca e beijando-a na face.

Marta o puxou pelo braço.

— Você não é comprometido coisa alguma, meu filho. Pare de ser bobo. Só você não vê que Mário e Rebecca estavam namorando. O que mais poderiam os dois estar fazendo sentados sozinhos em uma mesa na praça de alimentação desse shopping?

— A mesma coisa que eu e Renata fazíamos aqui: nada! Nem mesmo estávamos conversando. Na verdade, enquanto ela falava eu pensava em minha Rebecca.

— Que garota de sorte! — exclamou uma das mulheres que o admiravam.

Algumas pessoas sorriram, inclusive os seguranças do shopping, que haviam se aproximado para conter aquele tumulto.

— Sou sua mãe e jamais permitirei que vocês namorem e fiquem juntos. — olhou para Rebecca. — Esqueça meu filho. Esqueça-o, porque você e ele nunca ficarão juntos. Agora, olhe bem para o meu lindo filho e tente guardar em sua memória todos os traços físicos dele, porque hoje será o último dia que você colocará os olhos nele. — Olhou para Tarcísio. — O mesmo vale para você! Nunca mais verá o rosto dessa menininha aí. Dentro de um mês, partirá para um colégio interno na Suíça, e de lá só voltará com um curso superior concluído.

Tarcísio se aproximou de Rebecca, segurou-lhe as duas mãos e disse:

— Eu te amo com todo o meu coração! Amo e sempre irei amar.

— Ama nada. Você nem sabe o que é o amor — disse Marta, puxando-o pelo braço. — Vamos embora! Hoje mesmo vou ligar para o colégio em Genebra e acertar sua ida para lá.

Marta o puxou pelo braço, e Rebecca, ao vê-lo desaparecer, notou que ele tinha os olhos marejados de lágrimas.

Rebecca pediu à mãe para irem embora.

— De jeito nenhum! Vamos ficar e comemorar a sábia decisão de Marta, de enviar o macumbeiro a um colégio interno no exterior.

— Tarcísio não é macumbeiro — disse Thiago. — Vamos embora, Rebecca. — Estendeu a mão para a irmã. — Se mamãe quer permanecer no shopping para comemorar a louca decisão da mãe de Tarcísio, que comemore com Amanda e Mário, que também devem estar felizes com a decisão daquela megera. Pegaremos um táxi e retornaremos à nossa casa.

Rebecca acompanhou o irmão e os dois deixaram a praça de alimentação, fazendo de conta que não ouviam Lucrécia ordenar que retornassem à mesa.

Marta, ao chegar a sua residência, disse a Tarcísio que não fosse para o quarto. Queria que ele testemunhasse o telefonema que ela daria para o colégio interno.

Matilde estava na cozinha, e ao escutar a mãe esbravejando, foi verificar o que acontecera. Viu então o irmão com os olhos vermelhos, e imaginou que ele tinha chorado:

— O que ela fez a você dessa vez?

— Vá para seu quarto, Matilde. Ou para a cozinha, sei lá. Mas obedeça sua mãe e saia daqui.

Matilde, contudo, sentou ao lado do cabisbaixo irmão, segurou-lhe uma das mãos e nada disse.

Marta foi ao quarto, e retornou com uma agenda. Escolheu um número de telefone e o discou. Começou a falar em francês, e nesse idioma ficou falando por uns dez minutos. Quando concluiu a ligação, olhou para o filho e disse:

— Conversei com o diretor do colégio interno em Genebra e combinei com ele que amanhã lhe encaminharei sua documentação. O diretor fará sua matrícula, e dentro de um mês você partirá para o colégio. Nele você haverá de esquecer Rebecca, quer queira quer não. Pagarei muito caro para mantê-lo nessa instituição; portanto, em troca quero que seja o melhor aluno do colégio. O melhor, nada menos!

— Mandar-me para um colégio interno não me fará esquecer aquela que amo. Pelo contrário, dela me lembrarei com mais intensidade! Porque a distância só contribuirá para que me recorde dela a todo instante. Minha única alegria será lembrar-me de Rebecca, e vou me empenhar nisso a cada minuto de minha vida!

— Tolices, palavras ao vento! Com o tempo acabará, sim, esquecendo Rebecca. Sua paixão infantil e insana desaparecerá no colégio interno.

Tarcísio levantou-se do sofá.

— Já lhe disse que o que sinto por Rebecca não é paixão, é amor. Amor! — pronunciou Tarcísio bem alto. — Amor esse que nunca me fará esquecê-la. — Subiu a escada apressadamente, bateu a porta do quarto e sentou-se no chão, com as costas apoiadas na cama.

Mas decidiu não chorar. Iria recordar o rosto lindo de Rebecca e a emoção que sentira ao ter se encontrado com ela depois de tanto tempo. Deixaria para pensar no colégio interno outra hora; naquele instante, recordaria cada beijo que dera em sua amada.

— Mãe, não percebe que é loucura enviar Tarcísio para um colégio interno só por não querer que ele namore Rebecca?

— Que alternativa tenho, garota? Como não bastasse esse namorico insuportável, ele também não quer fazer os dois cursos e realizar meu sonho! Ou melhor, o sonho que sonhei *para ele*.

— Não é para ele, mas para *você*. Esse sonho bobo é seu, não dele.

— Tarcísio haverá de realizar os sonhos que eu sonhar para ele. Como lhe disse inúmeras vezes, ele é menor de idade; e se ele não realizar os meus sonhos, não permitirei que ele realize nenhum dos que sonhar. Ele vai para o colégio interno, e lá haverá de esquecer essa maldita Rebecca.

— Que idiotice! Mande-o para lá, e mostre a ele que a senhora não o ama e que só quer vê-lo infeliz. Tomara que no colégio interno ele esqueça que tem uma mãe e nunca queira saber nada sobre ela! — Matilde levantou-se do sofá, subiu a escada e entrou em seu quarto.

Marta ficou pensando no que a filha dissera. E concluiu que Tarcísio, se realmente fosse mandado a Genebra, jamais haveria de esquecê-la, porque era bem diferente da filha. Matilde seria capaz de fazer o que dissera, mas Tarcísio não: ele nunca iria odiar a mãe por obrigá-lo a fazer algo que ele não queria. Há muito descobrira que o filho era um santo. "Santos não odeiam ninguém, só amam as pessoas, sem se importarem com o sofrimento que essas pessoas causem a

Só o amor explica

elas", pensou. Os filhos não sabiam que ela não havia telefonado para nenhum colégio interno na Suíça, quando fingiu discar para um número que não existia e fez de conta que conversava com alguém. Deixaria passar quinze dias e tornaria a pedir ao filho que fizesse os dois cursos; se ele continuasse se recusando, então seria obrigada a cumprir sua ameaça de mandá-lo para o exterior.

Passados quinze dias, Marta chamou o filho para conversar. Disse a ele ter recebido um telefonema do diretor do colégio interno, informando que Tarcísio deveria se mudar para o colégio em duas semanas.

— Mas ainda posso mudar de idéia, filho. Basta que concorde em fazer aqueles dois cursos, e que se esforce para esquecer Rebecca.

— Já sabe qual é minha resposta, mãe.

— Que seja, então, Tarcísio. Não me deixa escolha.

O garoto ajoelhou-se aos pés dela e implorou:

— Mãe, posso ao menos encontrar-me com Rebecca uma última vez antes de partir?

— Eu jamais permitiria tal coisa. Como se atreve a me pedir esse absurdo? Pode começar a arrumar as coisas que levará para a Suíça. Vou ao aeroporto comprar as passagens. Nossos passaportes estão em ordem, e já recebi da embaixada Suíça a permissão para viajar ao país com você e deixá-lo estudando em Genebra. — Cheia de raiva porque o filho não cedera a ela em nada, entrou em seu quarto, apanhou a agenda e ligou para o colégio em Genebra. Sem demora, acertou todos os detalhes para a matrícula do filho.

Durante dez dias, Tarcísio sempre que via a mãe ajoelhava-se aos seus pés e lhe pedia para deixá-lo se despedir de Rebecca antes de ir para a Suíça. Ela nem mesmo olhava para ele.

Na véspera do dia em que Tarcísio acreditava que seria mandado para o colégio interno, começou a chover no início da noite. Na hora do jantar ele se ajoelhou, agarrou-se aos pés da mãe e com lágrimas nos olhos implorou desesperadamente que ela o deixasse telefonar para Rebecca e se despedir. Aos gritos, Marta o mandou levantar-se e comer, pois havia dias ele não se alimentava direito, e precisava comer algo antes da viagem.

Marta omitira do filho que ele só teria de ir para o colégio interno dentro de dois meses. Deixou-o acreditar que partiria no dia seguinte, na esperança de que ele voltasse atrás na última hora e concordasse em realizar seus sonhos.

Tarcísio levantou-se do chão, caminhou até a porta da rua, abriu a porta e ficou encostado no portão, chorando enquanto a chuva o molhava.

Mãe e filha levantaram-se da mesa e foram ver o que o rapaz fazia. Ao avistar o irmão na chuva, chorando, Matilde perguntou à mãe se ela não se compadecia da dor dele.

— Você deve ter um bloco de gelo no lugar do coração! Não deixa nem mesmo que ele telefone para seu amor e se despeça dela!

— Uma dor a mais não fará diferença para quem já sofre há dias. Tanto barulho por causa de uma estúpida paixãozinha.

— Mamãe, não é paixãozinha — falou Matilde. — Tarcísio ama Rebecca.

— Ama coisa nenhuma. Seu irmão lá tem idade para saber o que é amor.

— O amor independe de idade. Enviá-lo para um colégio interno, como ele já lhe disse, não o fará esquecer esse amor. Mas fará com que morra, na certa. Aliás, ele já está morrendo aos pouquinhos aqui em nossa casa.

— Seu irmão não morrerá por causa dessa insana paixão.

— Será que não, mamãe? Desde que proibiram o romance dos dois, Tarcísio não mais se alimentou direito, nem deu um único sorriso. Ele era confiante e equilibrado; agora, tornou-se uma pessoa infeliz, quase patética, que só consegue atirar-se a seus pés e implorar que o deixe se despedir de Rebecca. E como nem mesmo isso lhe permite, ele, que era tão lindo, passou a ser a imagem viva da dor. Ele está se consumindo, morrendo aos poucos. — Matilde foi até o irmão e pediu-lhe que saísse da chuva antes que acabasse doente.

Tarcísio deixou-se conduzir pela irmã, mas, ao passar pela porta, olhou para a mãe e disse:

— Se me mandar para o colégio interno sem deixar-me telefonar para Rebecca, morrerei de saudades dela!

— Então morra, Tarcísio — respondeu a mãe. — Porque você viajará sem falar com ela.

— Ficou louca, mãe? — gritou Matilde. — Como pode mandar seu filho morrer?

— Ele não morrerá por causa daquela fedelha. Se tivesse de morrer, já teria morrido há muito tempo.

Matilde a olhou com raiva e levou o irmão para o quarto.

Na mansão dos Lopes Lorizzen, embaixo da chuva, Rebecca permanecia sentada na beirada da piscina, debaixo de forte chuva, pensando em Tarcísio. Já soubera, por meio de Matilde, que seu amado seria mesmo mandado para o exterior; por causa disso, ela entrara em depressão: vivia chorando e pensando na partida de Tarcísio. Se Tarcísio fosse para outro país, levaria com ele a esperança que ela tinha de que voltassem a se encontrar.

Ao ver a irmã na chuva, chorando, Thiago avisou Teófilo, e os dois se dirigiram à piscina.

— Filha, o que pretende ficando aqui, sob tanta chuva? E chorando!

Rebecca então contou-lhes sobre a ida de Tarcísio para o colégio interno, e sobre o que Matilde lhe tinha contado quando telefonara na parte da manhã. Segurou as duas mãos do pai e pediu:

— Leve-me até a casa de Tarcísio. Por favor, papai! Leve-me até a casa dele. Preciso vê-lo antes de ele viajar para a Suíça. Quero me despedir dele, preciso ouvir mais um pouco sua voz! Ele tem de saber que aquele pressentimento terrível que tive, caso se realize, me fará amá-lo em qualquer lugar que eu esteja, ou que meu espírito esteja... Quero vê-lo antes que ele parta, nem que seja somente pela janela do quarto! Por favor, papai me leve até ele.

Ao ouvir a filha falar em pressentimento terrível, e por saber que os pressentimentos dela sempre se confirmavam, Teófilo ficou preocupado.

— Papai — disse Thiago —, vamos levá-la até a casa de Tarcísio; não custa nada tentar ir até lá. Talvez tenhamos sorte e nem encontremos a mãe dele em casa. Se ele estiver sozinho com Matilde, a irmã nos deixará entrar.

— Iremos amanhã, então, pouco antes do almoço. Terei uma reunião às sete horas com alguns empresários. Após a reunião, virei imediatamente para casa, e iremos até a residência de Tarcísio. — Soltou as mãos que a filha segurava. — Eu prometo levá-la até a casa dele, Rebecca, mas apenas se parar de chorar, entrar agora, tomar banho e depois tomar algum remédio contra gripe. Eu e seu irmão faremos o mesmo, caso contrário é bem capaz que apanhemos uma forte gripe se ficarmos mais tempo embaixo dessa chuva.

Enquanto conduzia a filha para dentro da mansão Teófilo começou a rezar, pedindo a Deus que Marta permitisse que sua filha se despedisse de Tarcísio.

13

Pesadelo e esperança

Cleber levantou-se ainda sonolento, e após a higiene pessoal foi até a cozinha.

Enquanto tomavam café, Clara comentou sobre o pedido que o presidente da casa espírita fizera a eles logo após o encerramento dos trabalhos mediúnicos da noite anterior.

— Querido, o presidente voltou a pedir para irmos até a casa de Tarcísio. Precisamos convencer Marta a nos deixar ver o garoto e conversar com ele.

— Não vai ser tarefa fácil, Clara.

— Mas tenho de tentar. Desde quando Marta nos impediu de participar com ele no culto do Evangelho no Lar que percebi que algo grave acontecera. Na última vez que lá estivemos, Marta disse-nos para nunca mais aparecermos em sua casa! Bem, hoje estou disposta a insistir até que ela me deixe ver Tarcísio.

— Irei com você, querida. Faremos preces antes de irmos, pedindo aos espíritos amigos para nos ajudar. Fiquei deveras preocupado com o garoto quando Isaura, espírito protetor dele, manifestou-se na reunião do nosso grupo mediúnico através de um dos médiuns de psicofonia, pedindo que fizéssemos preces por ele, pois estava muito necessitado delas. Gosto muito daquele menino. Se o espírito Isaura pediu preces por ele é porque o garoto, que sabemos ser um espírito um pouco evoluído reencarnado na Terra, está mesmo com problemas.

— Para mim, Tarcísio não é um espírito um pouco evoluído, Cléber: ele é evoluído *mesmo*. Sendo evoluído, algumas vezes me pego a pensar o que não o aguarda pela frente. Pois quando esses espíritos reencarnam na Terra são os que mais sofrem, e ensinam aos demais que o sofrimento é uma grande lição de vida. Nesses seis anos de convivências ao lado dele, só aprendi coisas boas. Tudo o que dele já escutei foi para mim motivo de reflexão. É para nós uma bênção tê-lo como vizinho e por ele sermos tratados com carinho. Considero-o como um filho.

— No mínimo devem estar falando de Tarcísio — disse Renata, que entrava na cozinha. — Já lhes disse para não o tratarem assim, ele não é filho de vocês. Eu sou a filha de vocês. Se Tarcísio vier a ser nosso parente, será como genro e não como filho. O que falavam dele?

— Hoje tentaremos mais uma vez falar com ele — respondeu a mãe.

— Para que vão tentar? Dona Marta na certa não deixará. Ela só permite que eu converse com Tarcísio.

— E por que só você? — quis saber o pai.

— Não sei, papai, não sei mesmo. E pouco me interessa saber. Estou muito contente que dona Marta me deixe ficar um pouquinho ao lado de Tarcísio. Os minutos passados ao lado dele são os melhores de minha vida. Mesmo que ele quase não fale comigo, e que demonstre estar sempre triste, esses minutos são os mais lindos da minha vida. Sou apaixonada por ele e quero que ele se apaixone por mim.

— Minha filha, pare de querer que ele se apaixone por você. Tarcísio já lhe disse que só a vê como uma irmã — comentou a mãe.
— Mas eu não o vejo como irmão, e sim como homem. Quero-o para mim. Quero namorá-lo e vou conseguir.
— Renata, minha filha, já conversamos sobre isso — falou o pai. — Tarcísio, como bem lembrou sua mãe, só lhe tem afeto de irmão. Aceite isso.
— Nunca! Jamais aceitarei. Tarcísio um dia se apaixonará por mim — gritou a garota. — Parem de me repetir que ele só gosta de mim como irmã. Já basta ele me dizer isso! — Levantou-se da mesa. — Não quero mais saber de tomar café. Tiraram meu apetite. — Deixou os pais na cozinha e foi para o quarto.

Após tomar café, Marta permaneceu na cozinha, aguardando os filhos descerem para tomarem o café da manhã. Iria dizer a Tarcísio que ele não viajaria naquele dia para a Suíça, e que sua viagem só aconteceria dentro de dois meses. Olhando para o relógio, começou a estranhar que os dois ainda estivessem dormindo até aquela hora. Esperaria mais dez minutos, e se eles não aparecessem iria ao quarto acordá-los.

Enquanto aguardava, deixou-se enlevar por seus sonhos. Era uma mulher de muitos recursos financeiros: ganhava muito bem nas universidades em que lecionava, e herdara uma boa soma em dinheiro do falecido marido. Mas Tarcísio era seu verdadeiro tesouro: tinha nascido com uma beleza física insuperável, e haveria de conquistar o mundo todo... e o mundo estaria aos pés dela também, afinal era sua mãe!

Os pensamentos de Marta foram interrompidos quando ela viu Matilde entrar apressada na cozinha e mexer em algumas gavetas.

— O que está procurando? — perguntou.

— Um remédio para febre, mãe.

— Você está com febre, Matilde?

— É Tarcísio — disse a filha. — Ao acordar, fui até o quarto dele chamá-lo para tomar café. Ele ainda estava deitado. Puxei a coberta dele para lhe dar um susto, só que o vi tremendo e escutei uns gemidos fraquinhos. Chamei-o e ele não me respondeu, continuou a tremer e a gemer. Toquei a testa dele e percebi que estava com muita febre. Vim em busca de algum remédio para febre, pois sei que Rosa sempre guarda alguns comprimidos dentro de uma dessas gavetas; mas não estou encontrando.

Marta mandou Rosa procurar o remédio e, apressada, foi ao quarto do filho. Ao entrar, aproximou-se do garoto e escutou gemidos bem fraquinhos. Tocou a fronte dele: Tarcísio estava ardendo em febre.

Rosa não encontrou nenhum remédio de febre. Marta abriu a bolsa, entregou dinheiro à mulher e mandou que ela corresse até uma farmácia e comprasse o melhor remédio para febre.

A campainha foi acionada: eram Clara e Cléber. Rosa, que já descia a escada apressada, ao chegar ao portão e encontrar o casal disse-lhes que a patroa não os poderia atender naquele momento, pois Tarcísio estava doente.

— O que tem ele? — indagou Clara.

— Uma forte gripe, senhora.

— Rosa, não será necessário ir à farmácia. Tenho um excelente remédio contra febre em casa. — Pediu a Cléber que apanhasse sua maleta de primeiros socorros, e entrou com Rosa na casa. Foi direto ao quarto de Tarcísio.

Ao ver Rosa entrando, Marta perguntou-lhe aos gritos por que ainda não fora à farmácia. Clara explicou o motivo, e Matilde, sabendo que Clara era enfermeira, pediu que ela ajudasse o irmão. A

Só o amor explica

mulher aproximou-se de Tarcísio, tocou na testa dele e constatou que o garoto estava muito febril.

— Marta, a febre dele está bem forte. Logo que Cléber chegar lhe darei gotas de um excelente analgésico e antitérmico. Ele não deve demorar. Rosa, traga-me um copo com água, por favor! — pediu, dirigindo-se à mulher.

Renata, vendo seu pai entrar apressado e pegar a maleta de primeiros socorros da mãe, indagou o que estava acontecendo. Ao saber que Tarcísio passava mal, acompanhou o pai até a casa do garoto.

Cléber entregou a maleta para a esposa, e Clara rapidamente preparou o remédio e administrou-o ao garoto. Perguntou a Marta se poderia ficar no quarto aguardando o efeito do remédio. A mãe de Tarcísio disse que sim. Matilde e Rosa trouxeram três cadeiras, e os vizinhos se sentaram nela.

Cerca de dez minutos depois, Clara tocou a fronte de Tarcísio. Olhou para a mãe do garoto e disse:

— Estranho... A febre parece ter aumentado em vez de dar sinais de que iria ceder. Tarcísio está muito quente, muito quente mesmo.

Marta tocou a fronte do filho e olhou para Clara, preocupada.

— Vamos aguardar mais uns minutinhos. Pode ser que o remédio leve mais tempo para agir — falou Clara, e voltou a sentar na cadeira.

Passados cinco minutos, viram Tarcísio começar a tremer e a chamar o nome de Rebecca repetidas vezes.

— A febre está tão alta que já faz o garoto delirar — concluiu Clara, tocando-lhe a fronte novamente. Mal acabou de falar quando Tarcísio, em delírio, começou desesperadamente a chamar por Rebecca:

— Não me deixem morrer antes de vê-la!

— Tarcísio! Sou Clara, lembra-se de mim?

— Rebecca... vou morrer... quero vê-la antes de morrer!

— Se ele morrer, mãe, a culpa é toda sua — falou Matilde, desesperada ao ver o irmão naquele estado. — Lembre-se disso.

Marta abraçou-se ao filho e começou a chorar.

Clara pediu que Marta e Matilde se acalmassem. Explicou a situação:

— Ele está delirando em virtude da febre. Aplicarei uma injeção nele contendo um forte calmante.

Começou a preparar a injeção, comentando que logo que o calmante fizesse efeito e Tarcísio dormisse, deveriam deixá-lo assim até acordar. Quando ele acordasse, se a febre não tivesse cedido um pouco ele teria de ser levado a um hospital, a fim de ser medicado. Após ser medicado, Rebecca deveria ser chamada para ver Tarcísio. Clara aproximou-se de Tarcísio e pediu ao marido para segurar o braço do garoto enquanto aplicava a injeção. Quando sentiu a picada da agulha, o garoto parou de agitar-se; e antes de adormecer, pediu mais uma vez para ver Rebecca.

Marta disse a Clara que não iria esperar mais: pediu a Matilde que telefonasse para a casa de Rebecca e pedisse à garota que viesse urgentemente ver seu filho.

— Diga a ela que meu menino está muito doente!

— Farei melhor, mamãe: irei buscar Rebecca e a trarei comigo.

Mas Matilde teve uma surpresa ao chegar ao portão: Teófilo e Thiago acabavam de chegar, e já iam tocar a campainha.

— Olá! — saudou-os a garota, abrindo rapidamente o portão.

— Vou à residência de vocês buscar Rebecca. Tarcísio está muito doente, e em delírio pede para vê-la.

Rebecca, que de dentro do carro escutara Matilde, saiu apressada do veículo e perguntou a Matilde se ela tinha mesmo dito que seu amado achava-se doente. Ao vê-la, abraçou-a e pediu que ela, o pai e o irmão entrassem.

Logo que entrou no quarto de Tarcísio, Rebecca sentou-se na cabeceira da cama, e tocou a mão direita de Tarcísio. Ao senti-la um pouco quente, tocou a fronte do garoto, e constatou que ele tinha febre. Levou as mãos até o peito e juntou-as em atitude de prece, fechou os olhos e começou a rezar.

A atitude da garota revelou aos que estavam no quarto que ela verdadeiramente amava Tarcísio.

Clara aguardou que ela concluísse a prece. Assim que Rebecca abriu os olhos demonstrando já ter terminado, falou para a garota que Tarcísio iria dormir por duas horas. Rebecca pediu a Marta que a deixasse ficar ao pé da cama, velando por ele. Renata pediu o mesmo.

— Será melhor que Rebecca fique — resolveu Matilde. Marta concordou com a filha. Clara olhou e relógio:

— Faltam quinze minutos para o horário em que Tarcísio costuma fazer o culto do seu Evangelho no Lar. Vamos todos descer e fazer o evangelho. Você também pode vir conosco, Rebecca; após o evangelho, poderá subir e ficar cuidando de Tarcísio, ele não vai despertar antes de duas horas.

— Vamos todos rezar por ele — chamou Matilde.

Todos desceram até a sala de estar. Enquanto Clara e Matilde preparavam a mesa, Rebecca cumprimentou Marta, que abraçou a garota sem nada dizer.

Clara pediu que todos se sentassem. Cléber fez uma prece e eles deram início ao evangelho no lar. Clara explicou a leitura do item do capítulo de *O Evangelho Segundo o Espiritismo* que Thiago havia lido, e Teófilo ficou admirado ao escutá-la. O que ela explicou tinha relação com algumas coisas que ele gostaria de saber, mas a religião católica, que seguia, nunca lhe havia esclarecido. Clara, em rápidas palavras, o fez perceber que ele estava certo em relação à reencarnação.

— Agora — disse Clara —, vamos direcionar nossa prece de encerramento a Tarcísio. Peço que todos estendam os braços e imaginem-se direcionando energias benéficas para Tarcísio. — Os presentes seguiram suas instruções. E rezaram.

Concluída a prece, retornaram ao quarto de Tarcísio, e Clara informou que a febre começava a ceder. Rebecca pediu novamente para ficar tomando conta dele, e Marta autorizou.

Rebecca sentou-se na cabeceira da cama e delicadamente beijou os cabelos de Tarcísio.

Mas Renata olhou para Marta com raiva. Chamou os pais para irem embora, dizendo à mãe que ela já tinha ajudado Tarcísio o suficiente.

Clara percebeu que a filha tinha inveja de Rebecca, porque a garota estava sentada perto de Tarcísio. Disse a Marta que retornaria depois para verificar o estado do jovem.

A mãe de Tarcísio convidou Teófilo e Thiago a se sentarem na sala de estar. Lá, Teófilo disse que gostaria de ter uma conversa bem séria com Marta. Thiago levantou-se e se dirigiu ao quarto de Tarcísio.

Durante quarenta minutos Marta ficou escutando o pai de Rebecca. Acabou compreendendo que Rebecca passava pelo mesmo sofrimento vivido pelo filho. Os dois ainda conversaram por mais algum tempo, e Marta foi obrigada a concordar com Teófilo: seus filhos não poderiam mais ficar separados um do outro. Disse a Teófilo que permitiria o namoro entre seu filho e Rebecca.

Os dois subiram ao quarto de Tarcísio e encontram os filhos de olhos fechados, rezando por Tarcísio. Sem que os garotos percebessem, também fecharam os olhos e começaram a rezar.

Isaura e Phillipe aproveitaram as energias benéficas que se originaram no quarto devido à prece deles, e direcionaram essas energias a Tarcísio. Os dois ficaram perto de Rebecca e continuaram obser-

Só o amor explica

vando, como vinham fazendo desde o momento em que Matilde entrara no quarto e encontrara o irmão febril.

Matilde abriu os olhos, e quando viu a mãe e Teófilo rezarem, tocou neles e apontou com o dedo em direção de Rebecca, que rezava enquanto lágrimas desciam por sua face. Teófilo tocou no ombro da filha, chamando-a baixinho, convidando-a para descer até a sala de estar. Pediu a Thiago e Matilde que descessem também. Marta também desceu, e Teófilo disse à filha que a mãe de Tarcísio não iria mais mandá-lo para um colégio interno: ela permitira o namoro dos dois.

Rebecca aproximou-se de Marta e a abraçou com emoção. Matilde também abraçou a mãe:

— Até que enfim, mamãe!

Rosa entrou, informando que o almoço estava pronto. Matilde convidou Teófilo e os filhos para almoçarem com elas. Rebecca disse não estar com fome. Pai e filho aceitaram o convite. Rebecca subiu ao quarto e sentou-se novamente na cabeceira da cama de Tarcísio. Havia ficado muito tempo distante dele; e agora que estava ao seu lado, e que ele precisava dela, permaneceria com ele o tempo que a mãe de Tarcísio lhe permitisse.

Enquanto almoçavam, Matilde conversava com Thiago. Marta e Teófilo acompanhavam o diálogo dos filhos.

A campainha tocou, e Rosa permitiu que Clara e Renata entrassem. Informou à patroa da chegada das duas. Como já tinham terminado de almoçar, todos se levantaram da mesa e subiram com Clara até o quarto de Tarcísio.

Ao entrarem no quarto, Clara tocou a fronte do garoto e disse que a febre praticamente o abandonara. Tarcísio abriu os olhos, e quando enxergou Rebecca, ainda meio sonolento, perguntou:

— Rebecca, estou sonhando com você?

— Não, meu querido! Não está sonhando: eu estou em seu quarto, sentada na cabeceira de sua cama!

— Em meu quarto! — abismou-se o garoto. — E mamãe permitiu?

— Permiti — respondeu Marta. — Como também permiti que você e ela namorem.

Os olhos de Tarcísio se encheram de lágrimas. Olhou para Rebecca com carinho e disse que a amava muito.

Clara rapidamente preparou outra dose do remédio contra febre, e pediu que ele a tomasse. Tarcísio obedeceu. Sorriu para Rebecca e movimentou os braços como se fosse abraçá-la; mas não conseguiu: despencou na cama. Mas antes de voltar a dormir, todos o escutaram dizer:

— Rebecca, eu te amo muito.

— Também te amo demais, Tarcísio.

Clara disse que ele ainda iria dormir um pouco, e que quando despertasse provavelmente a febre o teria deixado, e não haveria necessidade de levá-lo ao médico.

Teófilo chamou a filha para retornarem a casa deles. Marta lhe disse que poderia ir tranqüila: assim que Tarcísio despertasse, tomasse banho e se alimentasse, conversaria com o filho e o levaria à noite na casa dela; pois tinha certeza de que Tarcísio iria querer falar com Teófilo ainda naquele dia.

Rebecca beijou os cabelos de Tarcísio.

Matilde fechou a janela do quarto do irmão, e todos o deixaram sozinho no quarto.

Renata, que nada tinha falado e apenas observava Rebecca com o canto dos olhos, sentiu um ódio mortal dela quando escutou Tarcísio dizer que a amava, e Marta prometer que o levaria até a casa dela.

Quando Tarcísio despertou, avistou mãe e irmã em seu quarto. Marta tocou a fronte dele, e ao verificar que a febre o deixara, pediu ao filho que tomasse banho e depois descesse para comer algo. Tarcísio perguntou a Matilde se tinha sonhado com Rebecca.

— Que sonho, que nada! Ela esteve em seu quarto! E mamãe tem uma novidade para você... mas só saberá o que é depois de tomar banho e se alimentar bem!

Tarcísio banhou-se, e desceu para comer. Marta e Matilde o olhavam enquanto ele comia com alegria.

— Já terminei, mãe — avisou após comer uma fatia de melão e limpar a boca no guardanapo. — Já pode contar a novidade.

Marta o chamou para ir à sala de estar, e lá contou ao filho a conversa que tivera com o pai de Rebecca. Após ouvi-la, o jovem lançou-se nos braços dela

— Ah, que felicidade! Como eu te amo, mãe! Você é a melhor mãe do mundo!

Depois de tudo que Tarcísio passara, Marta achou melhor não dizer naquele momento que só concordaria com o namoro dos dois com uma condição. Deixaria para dizer qual seria essa condição quando eles já estivessem namorando.

— Mamãe, pode me levar até a casa de Rebecca agora?

— Agora não posso, filho. Estou esperando um telefonema importante. Você pode telefonar a Rebecca e dizer que irá vê-la depois do nosso jantar.

— Podemos jantar mais cedo hoje?

— Não, caso contrário chegaremos à casa de Rebecca quando ela estiver jantando com a família. Diga a ela por telefone que estará lá por volta das nove.

Tarcísio correu ao telefone e ligou para a casa de sua amada. Thiago atendeu a ligação, e sem demora chamou a irmã. Os dois conversaram por poucos minutos, muito emocionados. Após falar com ela, Tarcísio subiu a escada cantarolando, observado por Marta e Matilde.

Em seu quarto, o rapaz fez uma prece e pediu a Deus para abençoá-lo e ajudá-lo a conseguir o que queria quando fosse pela segunda vez visitar Rebecca e conversar com o pai dela. Pediria a Rebecca que ficasse noiva dele, e já tinha em mente o que diria para convencer sua mãe e os pais de Rebecca a permitirem que os dois ficassem noivos.

— Ele disse noivo, Isaura? — perguntou Phillipe, que junto com Isaura escutava a prece do garoto. — Será que eu o ouvi dizer na prece que quer ficar noivo de Rebecca com apenas quatorze anos?

— Foi o que você ouviu, Phillipe — respondeu Isaura.

— Eles são muito jovens. Marta e os pais de Rebecca nunca irão concordar.

— Vamos continuar acompanhando os dois, e então descobriremos se os pais deles irão ou não concordar. Vamos até a casa de Rebecca, e lá fiquemos aguardando Tarcísio, a mãe e Matilde chegarem — falou Isaura.

Atravessando a parede do quarto de Tarcísio, volitaram para a casa de Rebecca.

Após a sua prece, Tarcísio apanhou uma agenda onde anotava endereços e números de telefones dos amigos. Procurou o número do telefone da fazenda do senador Cardoso, no Mato Grosso. Foi até a sala de estar e telefonou para o político. Conversou por cerca de meia hora com ele. Ao retornar ao seu quarto e guardar sua agenda, estava muito confiante de que sairia da casa de Rebecca com a data do noivado marcada.

14

Reencontro

Quando Tarcísio desceu do carro de sua mãe, Rebecca, que o esperava na garagem de sua casa, atirou-se em seus braços e o abraçou com paixão e emoção. Tarcísio a beijou na fronte.

— Tarcísio, senti tanto a sua falta — falou Rebecca.

— Eu também senti sua falta, Rebecca. Você é muito especial em minha vida!

Rebecca cumprimentou a mãe e a irmã de seu amado, e os convidou a entrarem. Levou-os até a sala de estar, onde o restante da família os aguardava.

Lucrécia pediu às visitas para se sentarem, e perguntou se queriam beber alguma coisa. Matilde pediu um copo com água. A mãe de Rebecca tocou a campainha, e Elvira apareceu. Ao enxergar Tarcísio sentado perto de Rebecca, exclamou:

— Que garoto lindo! Será que estou dormindo e sonhando? E olhando para um príncipe encantado?

Com exceção de Lucrécia, todos sorriram do comentário inesperado da arrumadeira.

— Elvira, você sabe que não está sonhando coisa nenhuma. Deixe de ler tantos contos de fadas. Volte a sua realidade e traga um copo com água para a irmã do príncipe encantado, que não está em seu sonho e sim presente em minha sala de estar — falou a patroa.

— Agora mesmo, dona Lucrécia. O príncipe não vai querer um copo com água também?

Ele caminhou até a arrumadeira e pediu a ela que não o chamasse de príncipe, e sim de Tarcísio. Aceitou o copo com água que ela ofereceu, sorrindo com meiguice. Elvira retirou-se toda sorridente.

Tarcísio retornou para perto de Rebecca, segurou a mão dela, e os dois se olharam apaixonadamente.

Amanda, analisando-o, notou que o garoto estava muito lindo mesmo. Estava bem vestido, e os seus olhos azuis revelavam o quanto ele era apaixonado pela prima.

Tarcísio disse que gostaria de conversar com sua amada em particular. Rebecca pediu ao pai permissão para que conversassem no escritório, e a receberam.

Após a conversa, os dois se dirigiram à sala de estar e se sentaram bem próximos.

Isaura e Phillipe, que tinham estado com os dois no escritório, ficaram cada um ao lado de seu protegido.

Tarcísio levantou-se e pediu um minuto de atenção. Todos o olharam. Dirigindo-se especificamente ao pai de Rebecca, começou a falar:

— Sr. Teófilo, determinadas enfermidades chegam até nós para que algumas pessoas, vendo-nos doentes, compreendam coisas que antes não compreendiam. Mamãe, após me ver doente, entendeu que o melhor para mim é estar ao lado de Rebecca. O senhor também compreendeu ao perceber sua filha triste e infeliz. Quando esbarrei em Rebecca no colégio, minha vida começou a mudar; descobri que determinada pessoa, ao surgir de repente em nossas

Só o amor explica

vidas, muda completamente a nossa forma de viver e pensar. A mudança que ela provoca é tão radical que tudo que ansiamos é estar junto a essa pessoa, pois ela fez nascer em nosso coração um sentimento que até então não existia, e que passa a tomar conta de todo o nosso ser. Somos tomados por emoções que nos deixam de bem com a vida, e que nos garantem que nossa felicidade é a pessoa que de repente surgiu em nosso caminho. — Aproximando-se de Rebecca, segurou-lhe uma das mãos. — Sua filha é para mim essa pessoa que de repente apareceu e me mostrou que certos sentimentos não se explicam, apenas podem ser vivenciados. Rebecca me fez entender que o sentimento que há muitas vidas passadas ela fez nascer em meu coração brotou novamente, e com imensa intensidade; e ao brotar, revelou mais uma vez que ela é o grande amor de minha vida.

Todos o escutaram impressionados.

Os dois se aproximaram de Marta. Rebecca a contemplou e começou a falar:

— Dona Marta, Tarcísio é o dono de meu coração, a única pessoa capaz de me proporcionar amor e felicidade de modo tão generoso. Minha vida encontra-se entrelaçada na vida do seu filho desde o dia em que nos esbarramos! — Abraçou carinhosamente o filho de Marta.

Marta percebeu que a paixão da garota, assim como a do filho, tinha se transformado em amor. Sentiu um aperto no coração. Continuaria escutando, sentia que os dois tinham algo mais importante a falar.

Os dois adolescentes encararam Teófilo.

— Sr. Teófilo, gostaria que autorizasse que eu e sua filha namorássemos... e em um mês ficássemos noivos — disse Tarcísio.

Antes de Teófilo dizer alguma coisa, os dois olharam para Marta.

— Dona Marta, gostaria que me permitisse namorar seu filho e tornar-me noiva dele em um mês — falou Rebecca.

— Namoro e noivado! — exclamou Marta atônita.

— Noivado em pouco tempo! — exclamou Lucrécia.

— É o que queremos, e esperamos contar com a autorização de nossos pais para isso — mencionou Tarcísio.

— Essa é a maior loucura que já ouvi! Dois adolescentes de quatorze anos quererem ficar noivos. Nunca! Eu jamais permitirei que isso aconteça — falou Lucrécia. — Não permito que namorem, quanto mais que fiquem noivos.

— Muito menos eu — esbravejou Marta. — Pensei que fosse pedir autorização para namorar Rebecca, não para ficar noivo dela. Noivado é um compromisso que os levará ao casamento. Você não se casará tão cedo. Posso permitir que namore Rebecca, mas nada de noivado daqui a um mês.

— Mamãe, não pensamos em casar daqui a alguns anos. Pensamos em casar poucos meses após o noivado.

— Loucos — gritou Lucrécia, levantando-se da cadeira. — Loucos! Perderam o juízo. Casamento na idade de vocês é um absurdo!

— Não perdemos o juízo, dona Lucrécia — argumentou Tarcísio. — Estamos em nosso perfeito juízo.

— Se estivessem, nunca teriam pensado numa loucura dessas. Pensa que casamento é brincadeira de criança? Como é que vão viver depois do casamento, se ambos dependem totalmente de seus pais? — questionou Lucrécia.

— A senhora não está vendo nenhuma criança em sua frente. Está vendo um homem. Pois antes de pedir sua filha em casamento, já pensei em como irei sustentá-la quando casados.

— Você já pensou... em que, Tarcísio? — perguntou Marta.

— Em como sustentarei Rebecca quando for marido dela.

Só o amor explica

— Como isso é possível, filho? Você e Rebecca conversaram apenas durante alguns minutos no escritório do pai dela.

— Mamãe, já venho pensando nisso há muito tempo, desde quando eu e Rebecca namorávamos sem que a senhora e os pais dela soubessem. Posso falar sobre minha idéia?

— Não! Não pode! Lucrécia tem razão. Vocês dois perderam o juízo — disse Marta. — Noivado e casamento, nem pensar. Jamais permitirei. Pensando bem, acho que não mais autorizarei que namore Rebecca. Melhor ficarem separados como estavam.

— Concordo com Marta — falou Lucrécia. — Os dois ficarão separados para sempre. Mandarei Rebecca ao Rio Grande do Sul, ela irá morar com os meus pais.

— Tarcísio, você irá para o colégio interno no exterior — disse Marta.

Os dois começaram a chorar.

Amanda, que estava morrendo de inveja de Rebecca, começou a achar a idéia de Marta e Lucrécia excelente. Uma excelente oportunidade para ela ir ao colégio em que Tarcísio viveria como interno, falar da paixão dela e tentar conquistar o coração do deus grego.

— Os dois só podem mesmo ter enlouquecido, titia — opinou Amanda. — Concordo com a idéia das duas. Enviem Rebecca para Porto Alegre e Tarcísio para o exterior que a loucura dos dois desaparecerá por completo.

— Amanda, ninguém pediu sua opinião. Fique em silêncio como eu e Matilde estamos. Em silêncio, torcendo por Rebecca e Tarcísio — falou Thiago.

Amanda o fuzilou com o olhar.

— Ele tem razão, Amanda. Permaneça em silêncio e só opine se alguém pedir sua opinião — disse Teófilo. — Marta e Lucrécia, acalmem-se e voltem a se sentar. — olhou para Tarcísio. — Explique-se, rapaz. Por que vocês querem ficar noivos e se casar tão rapidamente?

— Porque Rebecca me confidenciou que precisamos vivenciar urgentemente o sentimento que nos une. Pressentiu que algo pode acontecer a ela a qualquer momento e nos separar para sempre. Ela disse isso várias vezes enquanto namorávamos, e quando estivemos distantes um do outro voltou a tocar no assunto através das cartas que me mandava por intermédio de Thiago. Quando mamãe me disse que eu iria para o colégio interno em Genebra sem ao menos vê-la e me despedir dela, eu me desesperei, pois imaginei que o pressentimento dela estava correto e que mamãe ia nos separar mesmo. Mas agora há pouco, no escritório, Rebecca me confidenciou que eu estava enganado, pois pressentiu que *ela* se separaria de mim, e não eu dela. É por isso que pedimos para ficar noivos e nos casar em poucos meses. Se nos restar pouco tempo juntos, então quero que de fato o vivamos juntos.

— Por qual motivo disse que pressente ter pouco tempo para ficar ao lado de Tarcísio? — Teófilo perguntou à filha.

— Papai, tudo que sei é que esse pressentimento não me sai da cabeça, e me diz que devo ficar ao lado de Tarcísio o mais rápido que puder. É como se algo dentro de mim me alertasse que nós dois não teremos muito tempo para viver nosso amor. Gostaria que esse meu pressentimento nunca se confirmasse, porque o que mais quero em minha vida é me casar com Tarcísio, ser a mãe dos filhos dele e com ele viver durante muitos anos.

Teófilo e Lucrécia se entreolharam preocupados. Ambos sabiam que todos os pressentimentos de Rebecca se confirmavam.

— Tarcísio, agora me explique como fará para sustentar Rebecca quando estiverem casados — pediu Teófilo.

O garoto lhes disse que meses atrás ele e Rebecca tinham procurado o senador Cardoso:

— Esse bom amigo prometeu conseguir-me um emprego de meio período numa agência bancária. E também me empregaria

Só o amor explica

como seu secretário particular. Com esses dois salários, conseguiríamos muito bem pagar o aluguel, as contas de água e luz e fazer uma boa feira no supermercado. Rebecca se disse preparada para deixar a vida luxuosa que leva, para juntos termos uma vida simples. Posso concluir o curso de datilografia dentro de poucos dias, e logo depois começar a trabalhar.

Todos o ouviram boquiabertos, imaginando como um garoto de apenas quatorze anos tinha pensado em tudo aquilo.

— Tarcísio, você realmente pensa como um homem, mesmo que ainda seja tão novo. Mas esqueceu algo: Você e Rebecca estudam em colégios particulares. Como pagarão todas as despesas que mencionou e também o valor da mensalidade do colégio?

— Não me esqueci disso, senhor. Rebecca venceu a gincana do colégio, e com a vitória garantiu uma bolsa de estudos. Eu estudarei em um colégio público.

— Você pensou em tudo, sem dúvida. Diga-me: acredita mesmo ser capaz de estudar e trabalhar em dois empregos? — indagou Teófilo.

— Tenho plena certeza de que serei capaz.

— Você costuma ser sempre Tão confiante? — perguntou Thiago, muito impressionado com o que ouvira do rapaz.

— Sim. Porque confio em Deus e em minhas capacidades. Sei que nem sempre acerto; mas então busco descobrir onde errei, isto é, tento aprender com meu erro. Assim aprendi na doutrina espírita.

Marta olhou para o filho, encantada e satisfeita por tê-lo levado um dia a uma casa espírita, e o ter colocado em contato com o espiritismo.

— Tarcísio — falou Teófilo —, vocês têm noção do que nos pedem? Os dois são adolescentes. Podem estar apenas apaixonados. A paixão torna a vida de um casal bonita, mas quando desaparece os problemas sobrevêm, e a vida se mostra tal como ela é.

— A paixão costuma agir como o senhor comentou. Acontece que eu não estou apaixonado por Rebecca. Não estou mesmo — disse Tarcísio.

Todos olharam para ele surpresos.

— A paixão — continuou o jovem — não é um bom sentimento, porque suscita o desejo de posse; faz com que nos sintamos donos da pessoa com quem estamos. Cria a ilusão de que somente os dois apaixonados existem e que tudo podem fazer sem se importar se ao tudo fazer estão ou não ferindo outros que não permanecem tão apaixonados como eles. Ela leva um dos dois a realizar coisas que o machucará no futuro e das quais se arrependerá mais tarde. É por isso que digo que não estou apaixonado: estou amando. Amo Rebecca desde o momento em que nela esbarrei. Ela é o meu sol, o oásis do meu deserto, as flores de um jardim quase sem vida. É a minha outra metade.

Uma grande admiração tomou conta das pessoas ali presentes.

Rebecca e Tarcísio se abraçaram com emoção.

— Foi muito bonito o que você disse, garoto — falou Lucrécia, segurando a filha com força e separando-a do amado. — Mas são apenas palavras. Mesmo que sinta esse amor por minha filha, não permitirei que ela se case tão cedo e leve uma vida de privação e miséria. Rebecca é uma Lorizzen, e nenhuma Lorizzen nasceu para se casar com um homem que não lhe proporcione uma vida luxuosa. Se você não pode dar a minha filha o mesmo conforto que ela tem nessa mansão, esqueça que um dia esbarrou nela. Eu jamais consentirei que minha filha case e passe necessidades. Nunca!

— Solte Rebecca, Lucrécia! — mandou Teófilo. — Agora sente novamente e tenha modos. E nos diga por que não irá permitir que sua filha fique noiva de Tarcísio.

Lucrécia sentou-se e expôs sua opinião.

— É um absurdo dois adolescentes falarem em casamento. Eles são menores de idade. Tarcísio não é responsável por ele, Rebecca também não. Os dois só poderão ficar noivos e casarem se seus pais permitirem. Eu não permitirei isso, Marta deu a entender que também não. A não ser... a não ser que você saiba de algo que nós duas não sabemos. Algo que obrigue Rebecca a se casar rapidamente com Tarcísio. Meu Deus, só pode ser isso! — Levantou-se, aproximou-se da filha e tocou-lhe a barriga. — Rebecca, você está grávida? Foi isso que aconteceu, minha filha? — Olhou para Tarcísio, que se mantinha ao lado de Rebecca. — Você engravidou minha filha? Responda! — gritou Lucrécia.

Tarcísio encarou Lucrécia de tal forma que ela teve medo do olhar dele, que era ao mesmo tempo penetrante e sereno, portador de muita compreensão.

— Se a senhora me conhecesse, jamais teria feito essa pergunta. Se conhecesse sua filha, acredito que nem mesmo teria pensado tal coisa — censurou Tarcísio. — Como já lhe disse, não sou nenhuma criança, sou um homem. Um homem que ama e respeita sua filha. Não iria pôr nosso amor a perder em troca de mero desejo carnal.

Lucrécia se perguntou que garoto era aquele. Lindo, romântico, respeitador, educado e capaz de sacrificar sua adolescência e juventude em nome do amor que sentia por sua filha. Um garoto assim não era comum nos dias atuais. Todavia, ser macumbeiro era um defeito horrível, que superava suas qualidades. Embora estivesse encantada com ele, não poderia permitir que Rebecca ficasse noiva de um macumbeiro.

Teófilo não teve mais dúvida: Tarcísio era o homem certo para sua filha. Iria permitir que eles namorassem e que ficassem noivos, se em um mês o jovem estivesse trabalhando. Olhando para Tarcísio, perguntou se ele podia prometer que dentro de trinta dias estaria trabalhando, e que tudo faria em prol da felicidade de Rebecca. O garoto prometeu.

— Poderia me acompanhar até o escritório? — Teófilo pediu a Marta. — Gostaria de ter uma conversa em particular com a senhora e com a minha esposa. — Marta e Lucrécia se levantaram.

Teófilo pediu para Tarcísio continuar na sala de estar, e dentro de alguns minutos o chamariam ao escritório.

Dentro do escritório, Marta e Lucrécia se escandalizaram após ouvirem Teófilo revelar que se sentia propenso a aceitar o pedido dos filhos.

— Nunca permitirei tal coisa — afirmou Lucrécia.

— Não conte com meu consentimento numa loucura dessas — falou Marta.

Teófilo começou a falar sobre os pressentimentos de Rebecca:

— A senhora tem de levar em conta — disse a Marta — que desde pequena minha filha tem pressentimentos; foram vários. Quando os tinha, ela nos dizia. Somos testemunhas de que todos os pressentimentos dela se confirmaram. Assim sendo, estou inclinado a permitir que eles fiquem noivos antes que o pressentimento de Rebecca se realize.

Marta comentou que um simples pressentimento não significava nada. Teófilo pediu a ela para pensar bem no que iria fazer, e advertiu-a de que se ela o fizesse talvez não prejudicasse apenas Rebecca, mas também o próprio filho. Compreendia que ela tinha sonhos para o filho, como ele também tinha para Rebecca; porém, Tarcísio e Rebecca tinham seus próprios sonhos. Não seria melhor deixá-los seguir seus próprios sonhos?

Teófilo esperou a resposta à pergunta que fizera a Marta, sem ao menos suspeitar que repetia quase tudo que o espírito Isaura lhe sussurrava no ouvido.

— Acompanhei o sofrimento do meu filho quando o separei de Rebecca e quando o proibi de fazer tudo aquilo que ele gostava de fazer. Foi um sofrimento imenso. Se o proibir novamente de namorar Rebecca, ficar noivo dela e com ela se casar no futuro, ele voltará a sofrer imensamente. Só quero a felicidade dele. Se ele insistir nessa loucura de noivado e casamento, morrerá para mim como filho. Se

Só o amor explica

desistir da idéia de ficar noivo, e concordar em apenas namorá-la por alguns anos sem falar em noivado e casamento, e durante o namoro começar a fazer os cursos que eu quero que faça, terá meu apoio ao namoro dele e de Rebecca e minha bênção ao casamento quando forem adultos. É isso que direi ao meu filho.

Lucrécia disse concordar com Marta: mesmo não gostando de Tarcísio, estava disposta a fazer um sacrifício para aceitar o namoro dos dois; no futuro, se Tarcísio conseguisse concluir um curso superior, tivesse um bom emprego e pudesse dar uma vida confortável a Rebecca, aprovaria a união deles, desde que Tarcísio deixasse de ser macumbeiro e passasse a seguir a verdadeira religião que Cristo deixou na Terra. Que passasse a ser católico.

Marta levantou-se indignada por Lucrécia ter chamado seu filho de macumbeiro:

— Entenda de uma vez por todas que Tarcísio não é macumbeiro! — E explicou a diferença entre um macumbeiro e um seguidor da doutrina espírita. Após ouvi-la, Lucrécia soube que existiam muitas diferenças entre um macumbeiro e um espírita Kardecista. E ficou admirada quando soube do motivo que levou Marta, uma católica praticante, a permitir que o filho passasse a seguir a doutrina codificada por Allan Kardec, enquanto ela e a filha continuavam sendo católicas.

Mas Lucrécia ainda não se convencera:

— Mesmo não sendo macumbeiro — argumentou ela —, ele lida com espíritos, e minha família, que é católica conservadora, não irá concordar com isso.

— Não devemos satisfações a sua família quanto a isso. Eu, que sou pai de Rebecca, não considero que a religião de cada um seja problema. Aprovarei o noivado dos dois porque não quero sentir-me culpado mais tarde, se o pressentimento de minha filha se confirmar; e sugiro que faça o mesmo, Lucrécia, se não quiser, no futuro, ser culpada por negar à filha um pouco de felicidade antes da concretização do terrível pressentimento dela.

Lucrécia colocou os dedos nos ouvidos quando o esposo falou sobre culpa e pressentimento. Marta, ao notar a atitude da mulher, deu-se conta de que eles acreditavam piamente nos pressentimentos de Rebecca. Se acreditavam, então os pressentimentos de Rebecca deviam se confirmar mesmo. "Bem", ela pensou, "talvez seja melhor concordar com o casamento e deixar meu filho ser feliz durante pouco tempo ao lado de Rebecca."

Marta levantou-se da cadeira e disse a Teófilo que consentiria que seu filho ficasse noivo de Rebecca.

— Mas com uma condição — avisou. — Que ele aceite o fato de que após o casamento ficará sem mãe. Se ele aceitar, assinarei os documentos no cartório autorizando o casamento.

Lucrécia disse que se Tarcísio continuasse com a loucura de querer ficar noivo de sua filha e com ela casar, também assinaria os documentos no cartório autorizando o casamento de Rebecca.

Tarcísio foi chamado ao escritório. Lá, sua mãe o informou das conseqüências que teria de enfrentar se insistisse em se casar tão jovem:

— Você ficará sem mãe no dia do casamento. Não mais o considerarei como filho, você terá morrido para mim.

— As mães não podem querer que os filhos fiquem sempre sob seus cuidados e sua proteção. Eles só ficam presos enquanto suas asas não crescem e não os levam para longe. Minhas asas cresceram, mamãe, e sinto que elas podem me levar para onde o meu coração me impulsiona. Ficarei muito triste ao saber que após meu casamento a senhora não mais me considerará como filho; no entanto, eu continuarei considerando-a como mãe, amando-a e respeitando-a como sempre tenho feito. Eu a amo, mãe — caminhou até Marta e a beijou na fronte —, como também amo Rebecca. Só que meu amor por Rebecca é maior que qualquer outro amor que carrego dentro de mim. Ficarei noivo de Rebecca e me casarei com ela.

Mesmo preocupada com a decisão inesperada do filho, e um tanto insatisfeita, Marta emocionou-se ao receber o beijo do filho.

Teófilo levantou-se. Caminhou até ele e, sem conseguir conter uma lágrima que teimava em descer por sua face, abraçou Tarcísio e disse ao garoto:

— Tem o meu consentimento para ficar noivo de minha filha e com ela se casar. E se após seu casamento a sua mãe deixar de lhe considerar como filho, saiba que eu o terei como filho. Espero que em mim, além de ver seu futuro sogro, veja também um pai.

Tarcísio o beijou na fronte e o abraçou calorosamente.

Lucrécia também tinha se emocionado ao escutar o que o garoto disse, por perceber que sua filha estaria em boas mãos. Mesmo assim, junto com Marta ainda tentou ser contra o noivado e o futuro casamento de sua filha. Porém, tanto Tarcísio como Teófilo, com seus argumentos, acabaram por convencê-las a assinarem os documentos no cartório, autorizando os filhos a casarem com apenas quinze anos.

Foi Teófilo quem comunicou a decisão a todos que se encontravam na sala.

Rebecca olhou para Tarcísio emocionada, e o abraçou apaixonadamente. Todos comemoraram.

Apenas uma pessoa não compartilhava da alegria que tomou conta de todos: Amanda. Ela saiu de fininho da sala, e foi para seu quarto. Num acesso de raiva, jogou tudo que havia em sua penteadeira no chão.

15

Noivado

Tarcísio dedicou-se com toda garra ao curso de datilografia, e com emoção recebeu o diploma dez dias antes do prazo previsto. Com o diploma em mãos, telefonou ao senador Cardoso e conversou com ele durante trinta minutos. O político regressou para Brasília no mesmo dia, e no dia seguinte o levou à agência bancária. Marta acompanhou o filho.

O gerente pretendia contratar Tarcísio como office-boy; contudo, ao notar que os olhares de todos os correntistas que entravam em sua agência caíam sobre o jovem, mudou de idéia e decidiu contratá-lo para a seção de abertura de novas contas, lidando diretamente com o público.

— Tarcísio, quero que prepare os documentos e os entregue na sexta-feira pela manhã. Venha com sua mãe, para que ela também assine a documentação. Você iniciará um treinamento que durará até o dia em que completar quinze anos.

— Faço quinze anos dentro de duas semanas, sr. Meireles!

— Então — o gerente comentou —, no dia de seu aniversário você já vai começar a trabalhar!

Em sua casa, Tarcísio telefonou a Rebecca e a colocou a par de tudo que acontecera.

— E nessa sexta-feira à noite, meu amor, irei até sua casa para conversar com seus pais e marcar a data do noivado!

— Ah, Tarcísio, como é bom ouvir isso... Mal posso esperar!

— Meu filho, você ainda tem chance de voltar atrás, de pensar melhor... Viu o sucesso que fez no banco? Você atrai os olhares de todos como um ímã, Tarcísio! Nasceu para o sucesso, mesmo que tente fugir dele a todo custo. Não quer mesmo esperar mais algum tempo antes de ficar noivo?

— Mamãe, não lute contra o inevitável. Para seu próprio bem, pare de alimentar expectativas vãs. Sabe que não voltarei atrás.

E Marta, sem alternativa, levou o filho até a casa de Rebecca.

Lucrécia horrorizou-se com a idéia de a filha ficar noiva em tão pouco tempo:

— Mas uma festa de noivado, uma grande festa, é o mínimo que a ocasião pede!

— Dona Lucrécia — argumentou Tarcísio —, não é preciso nenhuma grande festa, e sim apenas um simples jantar com os familiares e os futuros padrinhos do casamento.

— Impossível. Rebecca é uma Lorizzen, herdeira de grande fortuna! Merece uma festa de noivado belíssima, para ficar na história da sociedade brasiliense.

— No dia do casamento, daqui a dois meses, a senhora pode oferecer a Rebecca a festa que desejar. Mas o noivado já está marcado para o dia do meu aniversário, e não será possível preparar uma festa grandiosa até lá. E nós não abrimos mão desse prazo.

No dia do aniversário de Tarcísio, Clara e Cléber, Renata e o presidente da casa espírita foram os primeiros a tocar a campainha da casa de Marta. Rosa foi atender a porta. Depois retornou à cozinha, e junto com Dolores, que fora mandada por Lucrécia para ajudar no jantar, voltou a preparar alguns pratos.

O senador Cardoso e William, seu filho, chegaram e se acomodaram na sala. A família Lopes Lorizzen chegou juntamente com Maria Elise, o irmão e os pais. Fabiana, a pedido de Lucrécia, levara o fotógrafo que trabalhava com ela no jornal.

Quando padre Júlio chegou, Marta levantou-se e pediu um minuto de atenção. Agradeceu a presença de todos. Durante cerca de quinze minutos, falou, com muita emoção, sobre a importância daquela data e o orgulho que tinha do filho e de Rebecca. Tinha lágrimas nos olhos quando disse ao filho que já podia entregar as alianças ao padre Júlio, que as abençoou, e depois solicitou ao casal que trocassem alianças. Isso feito, o padre disse:

— Eu os declaro noivos.

Tarcísio beijou o rosto de Rebecca. O fotógrafo bateu uma foto, e todos aplaudiram. O padre os cumprimentou, e os convidados, exceto Renata, Amanda e Mário, felicitaram os noivos e desejaram-lhes felicidades.

Marta convidou a todos para a sala de estar, e o jantar teve início. Durante o jantar, o padre perguntou se eles já tinham pensado na data do casamento, e surpreendeu-se ao saber que o casamento seria realizado em dois meses.

Só o amor explica

— Bem, Tarcísio — falou o padre —, é com imenso orgulho que lhe ofereço como presente de casamento uma bolsa de estudos para o segundo grau!

Visivelmente emocionado e agradecido, o noivo levantou-se da mesa e foi até o padre, e o abraçou fortemente.

Mas as surpresas e emoções só estavam começando.

— O casal não precisará se preocupar com os móveis da casa — disse o senador Cardoso. — Os móveis serão meu presente de casamento.

— Eu e meu marido — Clara informou a Tarcísio — nos reunimos com o presidente da casa espírita e demais pessoas da casa, e resolvemos que nosso presente ao casal será o enxoval de cama, mesa e banho.

— Como padrinhos da noiva — falou o general Fonseca —, eu e minha esposa ajudaremos a comprar os móveis da casa.

— Bem — comunicou Teófilo —, já que todos estão mencionando quais os presentes de casamento que darão, então revelarei o meu: um apartamento. Assim vocês não terão de pagar aluguel todos os meses, e poderão utilizá-lo para outras necessidades do casal. Esse será o meu presente, e o presente de minha família.

— Eu lhe fico muito grato, sr. Teófilo, mas receio não poder aceitar seu presente.

— Ora... e por que não?

— Porque seria muito fácil começar assim. Apenas sorte, sem nenhum esforço. Muitos casais pagam aluguéis e economizam com sacrifício para poder um dia ter a casa própria. Eu quero fazer o mesmo: desdobrar-me no trabalho, economizar o máximo possível, e comprar uma casa para nela vivermos felizes, ao lado dos espíritos que Deus considerar dignos de reencarnarem como nossos filhos. Assim, quando estivermos na casa daremos a ela o valor que ela realmente merece e jamais pensaremos em nos desfazer dela, porque foi adquirida com o suor do trabalho, as raras economias e a confiança absoluta em Deus e nos espíritos amigos — esclareceu Tarcísio.

— Rebecca, não acredito que você, uma Lorizzen, vai aceitar morar de aluguel e viver fazendo economias para sabe-se lá quando ajudar seu futuro marido a comprar a casa própria. Isso é inconcebível! — exclamou Amanda com desdém. — Uma Lorizzen não deve esperar do casamento menos do que uma mansão e vários apartamentos. Não acredito que irá fazer isso, minha prima.

— Acredite Amanda, pois eu farei — disse Rebecca. — Casarei com Tarcísio porque o amo, não por estar interessada em bens materiais. A pessoa é que torna digno o sobrenome que tem, não o contrário. É por isso que terei muito orgulho em deixar o sobrenome Lorizzen para trás e passar a utilizar-me do sobrenome Tarcísio.

— Isso é inadmissível, titia — mencionou Amanda olhando para Lucrécia. — Ao casar-se, uma Lorizzen jamais se desfaz de seu sobrenome. O nosso sobrenome é o orgulho de nossa família! Tenho certeza que tio Gilberto, ao saber da loucura de Rebecca, virá imediatamente a Brasília e tudo fará para impedir esse casamento absurdo.

— Amanda, pouco me importa o que a família irá pensar ou deixar de pensar. Minha filha se casará com Tarcísio — disse Teófilo. — Vamos mudar de assunto e fazer um brinde aos noivos. — Levantou-se com a taça de vinho na mão.

Apenas Amanda e Renata não se levantaram. Os demais, ao se levantar, ergueram as taças e fizeram um brinde a Tarcísio e a Rebecca.

Logo que o bolo foi colocado à mesa, Matilde apagou as lâmpadas da sala de estar e todos cantaram parabéns para Tarcísio. Cumprimentaram o garoto pelos seus quinze anos, e após comerem o bolo, deliciaram-se com champanhe importado.

Aos poucos, os convidados foram deixando a casa de Marta. Rebecca, ao se despedir com a família, beijou o noivo, e os dois trocaram juras de amor.

Tarcísio retirou a roupa que a mãe lhe comprara para a ocasião, vestiu um pijama, sentou-se na cama e ficou olhando a aliança no dedo da mão direita, com emoção. Estava noivo de Rebecca, e com ela se casaria em breve. E os dois seriam muito felizes!

Levantou da cama, apanhou o seu *O Evangelho Segundo o Espiritismo* e abriu a obra codificada por Allan Kardec. Leu o item da página que foi aberta, meditou sobre o que leu e fez uma prece agradecendo a Deus por tudo de bom que lhe dera naquela noite, e por tudo de bom que ainda iria conceder a ele e a Rebecca. Agradeceu aos espíritos amigos a ajuda que também recebera deles, e lhes pediu que sempre estivessem por perto quando ele necessitasse. Colocou o livro na escrivaninha, deitou-se na cama e ficou planejando uma porção de coisas que haveria de colocar em prática quando estivesse casado com Rebecca. Quando desligou o abajur, fechou os olhos e pegou no sono rapidamente.

Rebecca tentava cortar um frango conforme Dolores lhe ensinava. Desde que ficara noiva tinha pedido a Dolores para lhe ensinar a cozinhar, a Elvira para limpar e arrumar a casa, e a Lourdes para lhe ensinar a lavar e passar roupas.

Elvira sorria ao observar Rebecca, que com muito custo tentava cortar a asa do frango no local que Dolores lhe mostrava.

Após ficar duas horas na cozinha com Dolores, a garota tomou banho e vestiu-se para sair com a mãe. As duas entraram no carro, e

Pedro as conduziu ao local de trabalho da costureira que confeccionava o vestido de Rebecca.

No ateliê de costura, Rebecca experimentou o vestido de noiva, e ao olhar-se no espelho emocionou-se: a profissional seguira as instruções que lhe tinha passado, e o vestido ficara como ela desejava.

— Minha filha gostou, mas bem que você poderia ter caprichado um pouco mais — Lucrécia disse à costureira.

Mas a costureira já estava acostumada com as reclamações de Lucrécia.

As duas deixaram o ateliê, e Lucrécia mandou que Pedro as levasse a uma loja que vendia louças importadas da China. Nela chegando, comprou jogos de jantares para a filha. Passaram em outras lojas, e Rebecca começou a se preocupar:

— Mãe, Tarcísio pediu que comprássemos apenas coisas simples e não muito caras.

Lucrécia, para não entrar em atrito com a filha, pegava uma ou outra coisa que Rebecca indicava, e várias coisas que queria, da melhor qualidade. O noivo que se danasse: o dinheiro era dela, e iria comprar o melhor para a filha. Embora não concordasse com aquele casamento louco, Rebecca era sua única filha, e merecia ter coisas bonitas e luxuosas.

Chegaram à mansão com vários pacotes; quando terminaram de levar todas as compras aos devidos lugares, foi até a cozinha, e encontrou a cozinheira sentada, com lágrimas nos olhos.

— O que houve?

— Problemas em minha casa — disse a mulher.

— Que problemas, Dolores?

Dolores contou que corria o risco de perder o imóvel cujas prestações há muito pagava.

— Quem sempre paga as prestações é o meu marido. Todo mês, eu e um dos meus filhos entregávamos o dinheiro da parcela do

Só o amor explica

imóvel para meu marido, e ele ia até a imobiliária e fazia o pagamento. Pelo menos era o que a gente pensava. Bem, meu filho foi chamado à imobiliária, e lá soube que há quase um ano o pai não mais paga as prestações: havia pago apenas trinta e nove prestações. O dono da imobiliária deu-nos o prazo de um mês para pagar as onze prestações atrasadas, caso contrário iriam acionar a Justiça! Podemos perder o imóvel! — A cozinheira começou a chorar. — Se perder a casa, onde irei morar com meus cinco filhos? Ninguém aluga um barraco no entorno do Distrito Federal para famílias com muitos filhos.

— Quantas prestações faltam para que o seu imóvel seja quitado? — perguntou Rebecca.

— Além das atrasadas, faltam apenas mais cinco; ao todo, então, são dezesseis — informou Dolores.

— Com o dinheiro que ganhei por vencer a gincana dos colégios, posso pagar dez prestações. E pedirei ao meu pai que pague as outras seis.

— Ah, minha boa menina — respondeu Dolores —, não seria justo aceitar sua oferta! Vai se casar em breve, e precisará do dinheiro.

— No momento, você precisa bem mais que eu, e ficará com ele.

— Telefonou para o pai e falou sobre o problema da pobre mulher.

— Dolores, não se preocupe mais. O pai concordou em pagar as outras prestações do seu imóvel; basta que você leve o carnê até ele.

Dolores abraçou Rebecca e disse que lhe seria grata pelo resto de sua vida.

— Que coração bondoso tem ela! — falou Pedro logo que a garota saiu da cozinha.

— Coloca bondoso nisso — disse Elvira. — É uma verdadeira santa. Dolores, se eu fosse você rezaria todos os dias por ela. Trata-se de um milagre: ela vai pagar as prestações de seu imóvel e você poderá viver despreocupada com sua família.

— Rezarei por ela sim, Elvira, enquanto eu for viva! Bem, preciso trabalhar e adiantar o serviço.

— Também preciso voltar ao serviço. Tenho de lavar o carro — disse Pedro, saindo da cozinha e indo para a garagem.

— E eu vou limpar o quarto da nojenta da Amanda — avisou Elvira, deixando a cozinha.

Matilde e Teófilo disseram a Rebecca que eles e Thiago iriam vê a casa e que depois a levaria junto com Tarcísio para a verem.

— Querido, que tal se fôssemos ver esta casa amanhã de manhã? — Rebecca pergunto por telefone a Tarcísio, que estava na agência bancária.

— Pra mim está ótimo, meu amor.

— Perfeito. Ainda estou na loja, mas logo voltarei pra casa.

Despediram-se carinhosamente.

Quando Rebecca chegou à mansão, Elvira informou que a mãe a aguardava no escritório, com um tio que acabara de chegar do Rio Grande do Sul.

A noiva de Tarcísio foi ao escritório, bateu na porta e entrou.

Dom Gilberto Lorizzen, bispo auxiliar de Porto Alegre, um homem de quarenta e sete anos, alto, branco, loiro e olhos verdes, ao ver a sobrinha levantou-se e a abraçou. Pediu a Rebecca que se sentasse.

Minha filha — disse o bispo —, vim de Porto Alegre especialmente para conversar com você. Gostaria que me explicasse que loucura é essa de querer casar-se com apenas quinze anos, com um rapaz da mesma idade e seguidor de outra religião.

Rebecca encarou o tio e disse:

— Se minha mãe e minha prima já lhe disseram que vou casar-me com Tarcísio, então não há mais nada que acrescentar. Casar-me-ei com Tarcísio em poucos dias, porque é o homem que amo e com o qual quero viver meus dias e ser feliz. Minha felicidade ao lado dele não depende de ser ele espírita e eu católica; depende apenas de nossos esforços em lutarmos para atingi-la.

— Bem, posso afirmar que você não será feliz com esse seu noivo.

— E por que não seria, tio?

— Porque seu casamento com ele não acontecerá. Todos na família são contra essa união, com exceção de seu pai e seu irmão. Eu, pessoalmente, farei tudo para que não se realize! Após ouvir-me, Lucrécia disse que não mais consentirá nesse enlace; ela não mais assinará os documentos concordando que você se case. Hoje em dia, quem dirige o destino dos Lorizzen sou eu, e decidi que você não se casará nessa idade, muito menos com esse garoto que sua mãe e sua prima disseram ser insuportável. Hoje mesmo você me acompanhará até a casa de seu noivo e terminará esse noivado de criança.

— Não farei isso, tio Gilberto. O senhor pode decidir o destino de meus avós, de minha mãe e sei lá mais de quem, mas o meu quem decide sou eu. Nada do que me diga me fará mudar de idéia.

— Cale-se! — gritou o tio. — Quem pensa que é para ousar não obedecer a uma determinação minha? Todo Lorizzen sempre teve o destino decidido pelo patriarca da família. É menor de idade, quem responde por você é sua mãe. Se Lucrécia não assinar os documentos no cartório, você não poderá se casar. Ela não assinará, já lhe determinei isso.

— Vivemos no século XX, não mais na Idade Média, em que um único membro da família decidia o destino dos demais — argumentou Rebecca. — Tio Gilberto, já lhe disse em Porto Alegre, mais de uma vez, que quem toma as minhas decisões sou eu e não o senhor, muito menos minha mãe. Casarei com Tarcísio quer o senhor queira quer não. — Levantando-se da cadeira, ela preparou-se para se retirar do escritório.

De repente, o bispo deu um forte soco na mesa com a mão direita, assustando a garota e fazendo-a sentar-se novamente. — Escute bem! Você não vai se casar de forma alguma. Só se casará quando for maior de idade, e com um rapaz que sua família considerar bom partido para você. Está decidido, e não quero mais ouvir uma palavra sua. Agora, trate de telefonar para seu noivo e informá-lo de que não mais haverá casamento.

— Não entendo, tio, por que veio aqui perder seu tempo comigo! O que me pede não tem o menor sentido.

O tio gritou, voltou a bater na mesa e falou que ela iria terminar aquele maldito noivado.

— Não vou permitir que uma garota de quatorze anos desafie o chefe da família Lorizzen! — Pegou o telefone e mandou-a discar para a casa do noivo que ele mesmo falaria com o rapaz. Rebecca nada fez.

Levantando-se, Amanda disse ao tio que Tarcísio, àquela hora, ainda não deveria ter chegado a sua casa.

Dom Gilberto mandou Rebecca levantar-se. Iria com ele até a casa do noivo:

— Depois que eu disser umas verdades a esse moleque, você acabará com esse noivado.

Rebecca recusou-se terminantemente a ir.

— Você irá, minha cara — disse o bispo, aproximando-se dela.

Dom Gilberto segurou o braço direito de Rebecca e, obrigando-a a se levantar, mandou que caminhasse até a garagem. Ela não se movimentou. Ele apertou-lhe o braço com bastante força, e Rebecca deu um grito.

— Vamos, comece a andar!

— Solte-me agora mesmo! — gritou Rebecca. Mas o bispo não a soltou, e a forçava a dar passos em direção à garagem.

Dolores, Elvira e Pedro, que estavam na cozinha, escutaram os gritos de Rebecca e correram até ela. Viram que o bispo a segurava e ela

Só o amor explica

gritava e se debatia. Dolores perguntou o que estava acontecendo; Lucrécia os mandou de volta para a cozinha. Mas eles não retornaram, e se mostraram abismados com o que o bispo fazia com Rebecca.

Amanda abriu a porta da sala, e Rebecca, chorando, voltou a gritar bem alto para que ele a soltasse.

Nesse momento, Teófilo chegou com Thiago. Quando viu, estupefato, o que acontecia, correu até o bispo e obrigou-o a soltar Rebecca.

— O que está fazendo com minha filha?!

— Querido — começou Lucrécia —, meu irmão só quer o melhor para nossa menina. Mas ela se recusa a acatar a decisão dele.

Teófilo abraçou a filha, que já estava sendo amparada pelo irmão, e indagou a ela o que o tio queria que ela fizesse. Rebecca contou ao pai, e este pediu que todos fossem ao escritório.

— Na minha família — falou Teófilo —, quem toma as decisões sou eu, e não esta pessoa — apontou o cunhado. — É assustador e cansativo ter de explicar coisas tão óbvias. Chega a ser absurdo o que aconteceu agora, e dentro de minha própria casa! É simples assim: concordei com o casamento de Rebecca, e ela se casará na data marcada. Qual parte do "ela se casará" o bispo não entendeu?

— Seu atrevido, ingrato! — ralhou o bispo, irritadíssimo. — Antes de conhecer Lucrécia, você não passava de um falido! Já esqueceu quem o salvou, quem o tirou da lama em que estava afundado? Eu! Graças a mim, que o ajudei investindo dinheiro dos Lorizzen em seus dois supermercados e pagando suas dívidas aos inúmeros credores. Depois, ainda vendi os supermercados por um excelente preço e lhe entreguei o dinheiro da venda. Só fiz isso porque minha irmã me pediu; e foi a pedido dela que o tornei presidente da rede de frigoríficos Lorizzen.

Teófilo calmamente apanhou uma pequenina chave e abriu uma das gavetas da mesa. Retirou alguns papéis e os entregou ao bispo. Este, conforme analisava os papéis, demonstrava não estar contente

219

com o que lia. Após ter lido todo o material, devolveu-o ao cunhado, que voltou a trancá-lo na gaveta.

— Esses papéis — disse Teófilo — provam que há muito já cumpri o acordo feito antes de assumir a presidência dos frigoríficos. Restituí o triplo da quantia que você retirou dos frigoríficos para me emprestar. Também aumentei a rede de frigoríficos Lorizzen, adquirindo outros frigoríficos no estado de Santa Catarina, e aumentei o volume de exportações da rede. Tudo o que tenho agora é exclusivamente meu, pois trabalhei arduamente com esse propósito. Sugiro que vá interferir nos assuntos da família Lorizzen, em Porto Alegre, e não se meta com minha família.

— Agora vejo, Teófilo, que você enlouqueceu de vez. Ainda bem que Lucrécia decidiu me obedecer e não assinar nenhum documento em cartório autorizando esse casamento.

— Lucrécia, você disse ao seu irmão que não mais assinará os papéis no cartório? — indagou Teófilo.

— Sim, e não volto atrás. Meu irmão é o chefe da família! Uma decisão dele é uma ordem para qualquer Lorizzen.

— Titia está certíssima: não deve mesmo assinar. Assim demonstra a tio Gilberto que segue fielmente as decisões que ele toma em nome da família — disse Amanda. — Rebecca tem de acatar a decisão de tio Gilberto e se conformar com ela.

— Cale-se, Amanda! — mandou Teófilo. — Em vez de se intrometer em um assunto que não lhe diz respeito, deveria começar a ocupar seu tempo ocioso com os estudos. Talvez assim você consiga ser aprovada no próximo vestibular, visto que no vestibular que fez foi um verdadeiro fracasso.

Amanda abaixou a cabeça e nada disse. Realmente tinha ido muito mal nas provas.

— Quanto a você, Lucrécia, se ousar não assinar os documentos no cartório a partir desse instante se considere uma mulher separa-

Só o amor explica

da. Arrume suas malas e parta para um hotel. Ficarei morando na mansão com meus dois filhos. Amanhã contratarei um advogado e pedirei para ele cuidar do divórcio — falou Teófilo. — Decida-se, Lucrécia! Assine os documentos permitindo que sua filha case com Tarcísio, ou siga o que seu irmão determinou e suma daqui junto com ele e com essa sua sobrinha.

— Você deve estar completamente louco, Teófilo! — Lucrécia mostrou-se exaltada. — Uma Lorizzen jamais se divorcia e passa a ser vista pela sociedade como uma mulher abandonada pelo marido.

— Não estou brincando — falou Teófilo, encarando a esposa. Depois, dirigiu-se ao telefone, abriu sua agenda e ligou para a casa do advogado da empresa.

— Espere, Teófilo! Não fale com o advogado — pediu Lucrécia.

— Você venceu, eu assinarei os malditos documentos. — Olhou para o irmão. — Gilberto, perdoe-me, mas não vou correr o risco de acatar sua determinação e perder minha família.

— Bem — disse Dom Gilberto, levantando-se —, não me deixam escolha a não ser conversar com o noivo e com a mãe do noivo. Talvez os dois me ouçam e acabem concordando em terminar esse noivado, ou em adiar o casamento por alguns anos. Rebecca, leve-me à residência do noivo.

— Gilberto — falou Teófilo —, se deseja tanto perder seu tempo falando com Tarcísio, amanhã eu e meus filhos iremos a casa dele na parte da manhã. Se quiser, pode ir conosco.

— Irei, Teófilo — respondeu Dom Gilberto.

Lucrécia e Amanda avisaram que também iriam. Depois, saíram do escritório acompanhando o bispo.

221

16

O grande inimigo

Sentado em uma confortável cadeira na sala de estar da casa de Marta, Dom Gilberto aguardava Tarcísio. Tomava café e conversava com Marta a respeito do filho dela.

Quando Tarcísio entrou na sala com Matilde, o bispo, ao colocar os olhos nele, pensou jamais ter visto alguém tão fisicamente lindo, nem mesmo na imagem de alguns anjos. Sentiu o que Lucrécia comentou ter sentido quando o vira no aniversário de William: um desejo de fugir daquele olhar. Teve a sensação de que Tarcísio, com seu olhar, parecia se inteirar de todos os seus segredos. Era um olhar sereno e cheio de compreensão. Não gostou nem um pouco daquele olhar, muito menos do dono do olhar.

Os dois foram apresentados. Tarcísio sentou-se ao lado da mãe.

— Tarcísio, vim em nome da família Lorizzen, que reside no Rio Grande do Sul, para dizer que nós não aprovamos o casamento de nossa sobrinha. É loucura querer casar com quinze anos, e loucura ainda maior imaginar que alguém com a sua idade se considere um homem capaz de arcar com todas as responsabilidades de um lar.

Um garoto de quinze anos não tem responsabilidade nem para cuidar de si mesmo, quanto mais de uma esposa. Como patriarca da família Lorizzen, e falando em nome dessa família, não permitirei tal casamento. Minha sobrinha só irá se casar com um homem de verdade, que possa lhe dar o conforto a que ela está acostumada, não com um garoto que crê ser homem e que não pode dar a ela uma vida que toda Lorizzen merece ter. — Sentou-se na cadeira e encarou Tarcísio.

Tarcísio sustentou o olhar do bispo e calmamente respondeu:

— Se tudo que tinha a me dizer era isso, perdeu seu tempo. O que vocês pensam pouco me importa. Casarei com Rebecca, não com a família Lorizzen. Não se deixe enganar por minha aparência: sou bastante jovem, e não nego que me falte experiência de vida. Porém, sou determinado, e não me falta coragem para encarar as dificuldades que a vida apresenta. E o mesmo posso dizer de Rebecca. E quando minhas forças não são suficientes para superar todos os obstáculos que me separam da felicidade almejada, recorro a Deus: minha fé inabalável em Deus e nos espíritos amigos me faz descobrir novas forças. Repito: confio imensamente em Deus, nos espíritos amigos e em minha capacidade de lutar por nossa felicidade. Enfim, independente de sua opinião, que aliás eu nunca pedi, considero-me um homem. Casarei com Rebecca e seremos felizes.

— Muito bonitas as suas palavras. Você pode se considerar um homem com seus quinze anos, mas para mim você não passa de uma criança. Eu só considero homem aquele que segue a religião que Cristo deixou na Terra, e obedece fielmente as diretrizes da Santa Igreja Católica Apostólica Romana. Sua religião é a do demônio; você vive metido com espíritos. Uma Lorizzen só se casará com um homem que tenha a mesma religião de sua família, e que siga fielmente essa religião. Portanto, minha sobrinha nunca se casará com você! Porque o espiritismo não é de Deus, o espiritismo pertence a Lúcifer.

ROBERTO DIÓGENES / SULAMITA

— Cale-se agora! — gritou Tarcísio, levantando-se da cadeira com o dedo indicador em riste, quase tocando o nariz do bispo, que recuou um passo atrás. — Quem pensa que é para afirmar que a doutrina espírita pertence ao demônio? Quem você julga ser para afirmar que o catolicismo é a religião que Cristo deixou na Terra? Sabe muito bem que Cristo não deixou nenhuma religião na Terra. A única religião que Ele deixou para o homem foi a do amor, do perdão e da caridade, e essa não me parece ser a religião vivenciada pela maioria dos padres, bispos e outros representantes da hierarquia católica. Porque se fosse, eles não teriam afirmado, séculos atrás, que escravos não têm alma, nem teriam concordado com o sofrimento descabido que os colonizadores europeus impuseram aos africanos. Não teriam criado o Tribunal do Santo Ofício — a Inquisição — e mandado muitos homens e mulheres para a fogueira. No fim das contas, essas pessoas morriam queimadas simplesmente por ter opinião diferente da deles! Se os padres e bispos fossem os verdadeiros representantes da religião do amor, do perdão e da caridade, tampouco teriam, com o aval do Papa, criado as Cruzadas, que massacraram milhares de muçulmanos sob o pretexto de libertar a Terra Santa das mãos de infiéis. Se foram os representantes da Igreja Católica que cometeram tais atrocidades, como você pode ficar aí dizendo que o espiritismo é que pertence a Lúcifer? — O jovem continuava com o dedo no rosto do tio de Rebecca, que recuou até encostar-se a uma cadeira, e sentou-se. — Você se acha culto? Então deve ter lido algo a respeito da doutrina codificada por Allan Kardec; e se leu, não ignora que o espiritismo, uma doutrina trazida aos homens pelos espíritos, baseia-se no princípio de que *fora da caridade não há salvação*.

Tarcísio fez uma pausa, olhou em volta e prosseguiu, com determinação:

— Os espíritas conhecem bem tal princípio, e tentam na medida do possível ser caridosos e amar o próximo com todo seu coração;

224

Só o amor explica

e se esforçam para perdoá-lo, caso esse lhes tenha lançado alguma ofensa. São os espíritas que no país se empenham em fundar várias obras sociais, e com elas estendem suas mãos caridosas e amparam milhares de irmãos. Nós não perdemos nosso tempo com divagações, buscando descobrir qual religião Cristo fundou, qual Ele não fundou. Preferimos julgar a nós mesmos, pois somos portadores de muitos defeitos, do que julgar nosso irmão dizendo-lhe que ele não é homem por não seguir a mesma doutrina religiosa que seguimos! Pois, como já mencionei, a única religião que Cristo fundou foi a do amor, do perdão e da caridade, e para mim todo e qualquer homem que a segue abraça a verdadeira religião fundada por Cristo; ninguém se torna homem por seguir unicamente o catolicismo — que, aliás, antes se chamava cristianismo e só se tornou uma religião quando o imperador Constantino, através do Édito de Milão, e o imperador Teodósio, por intermédio do Édito de Tessalônica, oficializaram-no como religião do império. Não foi Cristo que criou o catolicismo, foram os homens. Não sigo a religião católica porque sou homem o suficiente para reconhecer que essa religião não me serve, e que a religião espírita, que sigo verdadeiramente, me conduz ao amor, ao perdão e à caridade. Minha religião me ajuda a amar, a perdoar e a ser caridoso; então, como pode ser do demônio? A doutrina espírita me ensina a praticar o que Cristo tão bem praticou quando esteve reencarnado na Terra. Se tento colocar em prática os ensinamentos do Cristo e seus exemplos, na medida de minhas possibilidades, é porque sou um verdadeiro homem, porque somente um homem reconhece que deve praticar, todos os dias de sua vida, a lei do amor, do perdão e da caridade. E desejo ajudar minha esposa e meus filhos, quando eles chegarem, a reconhecer essas leis e a praticá-las. Casarei com Rebecca e não perderei mais meu tempo com as bobagens que tenha a me dizer no intuito de levar-me a desistir da idéia de me casar com a mulher que amo e com ela ser feliz! — Afastou-se do bispo, voltou a sentar-se e fixou seu olhar penetrante no tio de Rebecca.

— Dá-lhe, Tarcísio! — exclamou o espírito Phillipe, que, junto com Isaura, a tudo assistiam. — Esse garoto é demais! Colocou o bispo em seu devido lugar.

Isaura sorriu e pediu-lhe que continuasse observando.

Teófilo e Rebecca estavam admirados com Tarcísio. Ao defender a doutrina espírita tão bem, de modo tão veemente e profundo, ele mostrara que não lhe faltavam cultura e inteligência. E desafiara o bispo com o dedo em sua cara, provando ser um homem, não um menino.

Marta e Matilde contemplavam Tarcísio satisfeitas com o que ele tinha dito àquele homem arrogante, que agia de modo tão desrespeitoso dentro da casa delas. Tanto mãe como irmã não tinham dúvida: ele estava preparado para se casar e constituir uma família.

Thiago sentiu uma pontinha de inveja do futuro cunhado, que já era um verdadeiro homem, enquanto ele ainda não se considerava como tal. A irmã tivera sorte em conhecer Tarcísio; e ele também se considerava uma pessoa de sorte, por poder contar com a amizade de Tarcísio.

Por outro lado, Lucrécia e Amanda esperavam que o bispo ainda colocasse aquele garoto em seu devido lugar, e o fizesse desistir de Rebecca. Como ele se atrevia a acreditar que era digno de desposar uma Lorizzen?

O bispo não suportou por muito tempo o olhar penetrante de Tarcísio. Desviou o olhar para o chão, envergonhado por deixar-se intimidar por um garoto de quinze anos. A situação se invertera totalmente: aquela criança se expressava como adulto, tinha mais coragem e inteligência do que muitos homens feitos que conhecera. E uma fé imensa e inabalável em Deus. Tratava-se de um homem bem culto, que reconhecia o valor de honrar a palavra empenhada e os compromissos assumidos. Aquele jovem lutaria até o fim por seus objetivos, e parecia ter grande experiência de vida, apesar da pouca idade. Não podia ficar no caminho de alguém tão especial e determinado; seria muito perigoso. Sim, não havia nenhuma dúvida: o garoto era um perigo. Nada o faria desistir de desposar Rebecca. Precisava agir de outra maneira, e tomar cuidado com o que falaria àquele garoto. Por enquanto, concordaria com o casamento e fingiria reconhecer que Tarcísio era o marido ideal para sua sobrinha. Após o enlace, haveria de descobrir os pontos fracos do jovem, e neles o atingiria sem piedade. Levantou-se, caminhou até Tarcísio e falou:

— Você me surpreendeu! Rebecca não poderia ter encontrado melhor rapaz para se casar. Estou absolutamente encantado com tudo o que me disse, pois descobri que você é um homem de verdade e não um garoto de quinze anos, como eu imaginava. Foi admirável sua coragem de me lançar ao rosto alguns poucos erros que a nossa Santa Madre Igreja cometeu no passado, e de defender sua religião de forma brilhante. Isso me fez mudar de idéia: concordo com seu casamento com minha sobrinha. Quero inclusive abençoar a união de vocês, sendo o celebrante do casamento. Falarei com o arcebispo daqui e pedirei permissão para celebrar o casamento de vocês na catedral de Brasília. Parabéns, meu jovem! Você é o primeiro em sua idade que considero como homem, e que em tão pouco tempo me fez mudar de idéia. Pensarei melhor sobre os meus conceitos referentes à religião que você segue. Dê-me um abraço. Estou deveras encantado com você. — Abriu os braços.

Tarcísio levantou-se, encarou-o e o abraçou. Estava desconfiado; o bispo cedera com muita rapidez. Melhor demonstrar logo àquele homem que não se iludia tão facilmente.

— Estou contente que tenha me visto como eu realmente sou: um homem que reflete bem em tudo que escuta e vê, e não um garoto que acredita em tudo que lhe dizem. Ficaria honrado em tê-lo como celebrante de nosso casamento, mas infelizmente não será possível, pois já está combinado que o padre Júlio será o celebrante. Rebecca mostrou desejo de se casar segundo os rituais de sua religião. Por mim, casaríamos apenas no civil, mas como respeito à religião de minha esposa, concordei com ela. Padre Júlio é nosso amigo. O senhor é tio de Rebecca, e prefiro que seja amigo dela, não meu amigo.

— Estou profundamente indignado com sua decisão — disse Dom Gilberto. — Como pode preferir que um padre realize a cerimônia? Sou um bispo, e a bênção de um bispo em um casamento vale muito mais do que a de um padre qualquer.

— Padre qualquer? Ora, pare de representar... não está indignado coisa alguma, pois nenhuma emoção surgiu em seu rosto quando você disse estar ofendido. Para mim, a bênção do padre Júlio, que é um homem bondoso, honesto, piedoso e é meu amigo, vale muito mais do que a bênção de qualquer bispo, cardeal ou papa.

O bispo o encarou fixamente, dando-se conta de que não adiantaria fingir na frente do noivo da sobrinha. Falou que concordava em celebrar o casamento junto com o padre Júlio.

— Excelente idéia — falou Rebecca.

Tarcísio pediu ao bispo que conversasse com o padre Júlio. Se o padre aceitasse celebrar o casamento junto com o bispo, ele não se importaria. Dom Gilberto concordou.

Matilde, olhando o relógio, disse estar na hora de o irmão e Rebecca irem ver a casa que desejavam alugar. O proprietário já os deveria estar aguardando na casa no Núcleo Bandeirante.

O bispo despediu-se de Tarcísio. Lucrécia e Amanda deixaram a casa com ele e retornaram para o Lago Sul.

Tarcísio e Rebecca encantaram-se com a casa: era exatamente o que eles queriam. Tinha um jardinzinho, dois quartos, uma sala,

Só o amor explica

uma cozinha, um bonito banheiro, uma área de serviço e um pequeno quintal. Estava pintada de azul bem claro por fora, e toda pintada de branco por dentro. O aluguel não era muito caro; daria para eles pagarem sem nenhum problema.

O proprietário avisou que o contrato já fora redigido com validade de seis meses, que já haviam sido pagos pelo pai da noiva antecipadamente. Bastava que o jovem assinasse próximo de onde o pai de Rebecca já assinara, e ficasse com uma cópia do contrato e as chaves da casa.

Tarcísio olhou emocionado para o pai de Rebecca, que os havia acompanhado na visita da casa. Teófilo explicou:

— Eu, Thiago e Matilde acertamos tudo com o proprietário ontem, porque sabíamos que vocês iriam gostar da casa. Os seis meses de aluguel foram um presente de casamento.

Tarcísio o abraçou e disse estar muito agradecido. Depois, assinou o contrato no local que o proprietário do imóvel lhe indicou, e ao receber uma cópia do contrato e as chaves da casa, entregou tudo à noiva, pedindo-lhe que guardasse em sua bolsa.

Depois de se divertirem a valer imaginando onde cada móvel iria ficar, todos foram direto a um restaurante.

17

Casamento

Tarcísio olhava para os convidados sentados em mesas que haviam sido colocadas no jardim e perto da piscina da mansão dos pais de Rebecca, e aguardava, ansioso, sua noiva chegar. Ao seu lado, perto do altar improvisado, estava o casal Clara e Cléber, que por ele fora convidado para serem seus padrinhos de casamento, sua mãe e sua irmã. Do outro lado, Thiago, Fabiana e o general Fonseca, padrinhos de Rebecca.

Matilde disse a si mesma que nunca vira o irmão mais lindo que naquele dia, vestido com terno branco e gravata borboleta azul, que combinava com os olhos dele.

Tarcísio olhou para o padre Júlio e para Dom Gilberto, que, mantendo a mitra na cabeça, permanecia de nariz empinado. Viu o juiz de paz ao lado do bispo, e pensou ter sido uma excelente idéia de Teófilo fazer o casamento religioso e o civil ao mesmo tempo. Olhou outra vez para os convidados, e ao avistar o presidente da casa espírita, recordou que na parte da manhã ele e Rebecca tinham estado na casa espírita, e escutado uma linda palestra do presidente,

Só o amor explica

que depois, juntamente com alguns amigos da casa, fez uma linda prece por ele e por Rebecca. No momento da prece, vira Isaura e outros espíritos impondo as mãos sobre ele e sua amada, passando-lhes uma boa quantidade de energias salutares. Após a prece, ele, Rebecca, Matilde, sua mãe, os pais de Rebecca, Thiago e todos os seus amigos da mocidade espírita — grupo de jovens do qual ele fazia parte — almoçaram na casa espírita mesmo. Saíra de lá muito feliz, certo de que os espíritos amigos abençoavam a união dele com Rebecca.

O noivo voltou a olhar para os convidados, e observou tudo estar em ordem. "Lucrécia organizou uma bonita festa", pensou.

Ao escutar o barulho de um carro, Tarcísio percebeu que a noiva chegara com seus pais.

Teófilo e Lucrécia abriram uma das portas do carro, e Rebecca, ao deixar o veículo, posicionou-se ao lado do tapete vermelho que fora estendido na grama. Seu pai deu-lhe o braço, e sua mãe ficou atrás dela.

Todos os convidados se levantaram. O pianista contratado começou a tocar a marcha nupcial. Pai e noiva pisaram no tapete e puseram-se a caminhar lentamente em direção do altar e do noivo.

Rebecca estava lindíssima no belo vestido de noiva. Usava brincos de ouro, a maquiagem do rosto estava perfeita e o buquê que tinha entre as mãos fora confeccionado com flores verdadeiras. Conforme caminhava em direção ao noivo, Lucrécia, atrás da filha, ajeitava o vestido e a grinalda no tapete vermelho.

Tarcísio caminhou em direção da noiva, e Teófilo, fazendo uma mesura, entregou a filha ao noivo. Rebecca sorriu ao dar o braço ao noivo, e Tarcísio, vendo-a tão linda, imaginou ser ele naquele dia o homem mais feliz da Terra.

Ao chegarem ao altar improvisado, os dois ficaram à frente do padre e do bispo. Teófilo e Lucrécia ficaram ao lado de Thiago.

Padre Júlio deu início à cerimônia do casamento. Ele e Dom Gilberto alternavam-se nos rituais católicos próprios da celebração matrimonial. O padre abençoou as alianças e, ao entregar uma a Tarcísio, mandou que a colocasse no dedo de Rebecca e repetisse as palavras que ele dizia. O bispo entregou à sobrinha a outra aliança, e lhe fez as mesmas orientações.

O juiz de paz pronunciou algumas palavras. O padre, antes de concluir a cerimônia, olhou para o juiz de paz. Os dois contemplaram os noivos e disseram ao mesmo tempo:

— Nós os declaramos marido e mulher.

Tarcísio beijou os lábios da esposa levemente, e os convidados começaram a bater palmas. Ele e Rebecca assinaram a certidão de casamento que o padre e o juiz lhes apresentaram, depois os pais deles assinaram e por fim os padrinhos do casamento.

Maria Elise pediu que a noiva jogasse o buquê, pois estava louca para agarrá-lo. Logo havia várias mulheres agrupadas ao lado de Maria Elise; todas juntas começaram a pedir:

— Joga, joga, joga, joga!

Rebecca ficou de costas para elas e mandou que se preparassem, pois iria jogar o buquê. Contou até três e jogou-o com bastante força, e ele foi agilmente apanhado por Elvira. As outras mulheres ficaram decepcionadas.

— Mais um — falou Elvira para Dolores. — Esse já é o terceiro buquê que consigo pegar, e até hoje ainda estou encalhada.

Dolores sorriu.

Tarcísio e Rebecca começaram a dançar, e após a dança passaram a receber os cumprimentos dos convidados. Depois circularam entre as mesas e conversaram com alguns convidados. Todos notavam que a felicidade dos dois era radiante.

O casal aproximou-se do bolo. Lucrécia pediu que os convidados cantassem parabéns, porque naquele dia a filha, além de se casar,

Só o amor explica

também completaria quinze anos. Após os parabéns, os dois juntos cortaram o bolo.

Tarcísio e Rebecca ficaram na festa por mais uma hora, e depois anunciaram que iriam se retirar. Os convidados desejaram muitas felicidades ao casal, que acenou a todos em despedida e entrou no carro. Marta e Lucrécia se aproximaram do veículo, e a mãe de Tarcísio disse a ele:

— Meu filho, espero que você seja muito feliz. Lembre-se que agora é um homem casado, e que sua família passará a ser você, Rebecca e seus futuros filhos. Como lhe disse anteriormente, você não tem mais mãe e eu não tenho mais um filho. Espero que nunca mais apareça em minha casa. — Colocando as mãos nos olhos e secando uma lágrima, retirou-se.

— Rebecca, digo a você o mesmo que Marta disse ao filho. Espero que seja feliz ao lado de seu marido. Jamais colocarei os pés em sua casa, e não quero que freqüente minha mansão com Tarcísio. Você é rebelde e casou contra minha vontade, por isso, eu não tenho mais filha. Adeus, Rebecca! — disse Lucrécia, retirando-se com o nariz empinado.

Vendo a esposa um pouco triste, Tarcísio procurou consolá-la:

— Querida não fique magoada. Hoje é um dia feliz para nós. Eu sempre cuidarei de você. Você ainda tem seu pai e Thiago; eles continuarão ao seu lado. Eu tenho Matilde, que com certeza nunca deixará de ser minha irmã querida.

— Ele tem razão, Rebecca. Não ligue para o que sua mãe lhe disse. Verá que em breve a estará visitando em sua casa. Nada de tristeza, minha filha. Você acabou de se casar com o homem que ama. Tem de estar muito feliz — falou Teófilo.

— Eu estou, papai. Estou muito feliz — disse Rebecca, encostando a cabeça no ombro do marido.

— Vamos para a casa de vocês — avisou Teófilo, dando partida no carro e começando a dirigir.

Ao chegarem à residência do casal, Teófilo os deixou no portão e entregou a Tarcísio a chave da casa que Rebecca lhe entregara. Beijou a filha na testa, desejando a ela toda a felicidade do mundo; depois, abraçou o genro, pedindo que cuidasse muito bem de sua menina. Entrou no carro e retornou para a mansão.

Tarcísio abriu o portão e caminhou com a esposa até a porta. Colocou a chave na porta e a girou, deu um empurrãozinho e avisou Rebecca que iria carregá-la no colo até o sofá. Rebecca protestou. Ele sorriu e disse que a carregaria mesmo. Olhou bem para a esposa, respirou fundo e a pegou no colo. Deu três passos, e antes de chegar ao sofá cambaleou e caiu com a esposa. Os dois começaram a rir.

Phillipe caiu na gargalhada e Isaura deu um leve sorrisinho. Os dois tinham acompanhado o casal durante todo o dia.

Isaura, notando que o casal se levantara e ia em direção ao quarto, disse a Phillipe que continuariam na sala para darem as boas-vindas aos espíritos que já deveriam estar chegando.

Nesse momento, atravessando a parede, entraram três espíritos que faziam parte da equipe médica da cidade espiritual em que Isaura e Phillipe viviam. Um deles conversou com Isaura, e após ouvir o espírito protetor de Tarcísio junto com os outros dois, sentou-se, e aguardaram alguns minutos.

Ao entrarem no quarto, os dois jovens ficaram se olhando longamente. Ambos estavam um pouco envergonhados. Era a primeira vez que iriam dormir juntos.

— Rebecca, estamos casados. Acredito que seremos muito felizes.

— Também acredito que seremos muito felizes.

Os dois começaram a se beijar. Rebecca sentiu o esmorecimento que tomava conta dela sempre que Tarcísio a beijava daquela forma. Tarcísio interrompeu o beijo e disse que iria retirar a gravata e o terno. Vendo a esposa um pouco constrangida, abriu o guarda-roupa, apanhou um pijama e avisou que iria se trocar no banheiro, enquanto ela fizesse o mesmo no quarto.

O garoto fez conforme mencionara, e ao regressar ao quarto, encontrou a esposa deitada e enrolada em um lençol, com o abajur ligado. Ele deitou na cama.

— Rebecca, eu te amo!

— Eu também te amo, querido!

Os dois se abraçaram se beijaram. Tarcísio, queimando de desejo pelo corpo da esposa, desligou o abajur.

Dois novos espíritos chegaram à sala, trazendo outro.

Isaura chamou todos os espíritos para entrarem no quarto. Entraram, fizeram uma prece e rapidamente a equipe médica trabalhou. Com exceção do que fora trazido pelos dois últimos, os demais espíritos, deixando o quarto dos recém-casados e começando a volitar, iam certos de que em breve o espírito que ficou teria uma nova existência na Terra.

Rebecca, um pouco nervosa, preparava o jantar. Ao verificar que o arroz ainda não estava bem cozido, colocou um pouco mais de água, e depois começou a preparar a salada. Precisava caprichar no jantar e tomar cuidado para nada sair errado daquela vez: já era a quarta vez que preparava uma refeição para o marido. As três últimas tinham sido um desastre. Na primeira o arroz havia se transformado numa papa. Na segunda, o feijão não cozinhara direito e ficara um pouco duro. A terceira foi demais: Deixou o arroz queimar, esqueceu de colocar sal no feijão, e os ovos ficaram horríveis. Tarcísio, por ser um amor de pessoa, nunca reclamava: sorria e dizia que na próxima vez ela iria acertar. Comia tudo do jeito que estava, e a estimulava.

Como seu marido era vegetariano, Rebecca não precisava se preocupar em fazer nenhuma carne. Tarcísio se contentava com arroz, feijão, saladas e ovos. Ele avisara que compraria carne de soja e a ensinaria a preparar. Ainda bem, porque ela não tinha a menor de idéia de como se preparava tal alimento.

Tarcísio entrou na cozinha trazendo pães. Beijou a esposa, e disse que iria arrumar a mesa. Colocou os dois pratos, os talheres, os guardanapos, copos e apanhou da geladeira uma garrafa de água. Cortou dois pães em fatias e os colocou dentro de um prato de sobremesa, cobrindo com um dos guardanapos de papéis. Enquanto Rebecca acabava de preparar a refeição, ficou na sala olhando seu lindo aquário, que fora presente de casamento dos jovens da mocidade espírita.

A esposa avisou que o jantar já estava pronto. Os dois se sentaram, e Tarcísio, fechando os olhos, disse-lhe que ela iria fazer a prece agradecendo a Deus pelos alimentos. Ela os fechou e tentou fazer uma prece parecida com as que ouvira o marido fazer. Depois, os dois começaram a se servir. Rebecca esperou que ele provasse a comida para verificar sua reação. Tarcísio levou uma garfada à boca, e após mastigar e engolir, falou:

— Dessa vez você acertou, querida! A comida está uma delícia! — Levou uma nova garfada à boca.

Rebecca deu um suspiro de alívio e começou a comer. Ao experimentar a comida, verificou que seu marido falava a verdade, e disse a si mesma que agora haveria de acertar sempre.

Após terem jantado, ela foi para a sala e ligou a televisão. Tarcísio lavou a louça, escovou os dentes e se sentou no sofá. A esposa colocou a cabeça no colo dele, e os dois ficaram assistindo à televisão por alguns minutos.

Em dado momento, Tarcísio desligou a televisão e apanhou o seu *O Evangelho Segundo o Espiritismo*. Abriu-o e leu em alta voz.

Depois, os dois ficaram pensando no conteúdo da leitura. Tarcísio iniciou uma prece, e a concluiu com a esposa com a oração do pai-nosso. Foram ao quarto e se prepararam para dormir.

Pela manhã, Tarcísio chamou a esposa:

— Ainda é muito cedo, querido — disse ela, abrindo os olhos.

— Dormirei um pouco mais.

Tarcísio então vestiu seu uniforme escolar. Foi ao banheiro, fez a higiene matinal e seguiu para a cozinha. Preparou café e chá.

Quando Rebecca chegou à cozinha, já encontrou o seu café e o chá de Tarcísio prontos. Notou que o marido terminava de preparar a marmita que iria levar, e sorriu para ele. Também sorrindo, ele colocou a marmita dentro de sua mochila escolar. Tomaram café apressadamente, depois apanharam suas mochilas escolares e seguiram para o ponto de ônibus.

No colégio, seguiram de mãos dadas para suas salas de aula. Os dois, embora cursando a primeira série do segundo grau, ficavam em salas diferentes. Ao passarem pelo diretor do colégio deram bom-dia a ele.

Padre Júlio, alunos e professores que os viam caminhando de mãos dadas se alegraram ao ver Tarcísio beijar a testa da esposa quando a deixava na porta de sua sala de aula.

Assim que entrou na sala e sentou em sua carteira, Maria Elise perguntou à amiga como haviam sido os primeiros dias de casada.

— Você nem faz idéia. São os melhores dias de minha vida! — respondeu Rebecca.

Na sala ao lado, William abraçou o amigo e perguntou como estava se sentindo agora que era casado.

— Uma maravilha, William! Você descobrirá esse paraíso quando um dia se casar com Maria Elise, ou com outra moça.

Quando as aulas daquele dia terminaram, Tarcísio e Rebecca, de mãos dadas, encaminharam-se ao portão do colégio. Ao verem

Thiago aguardando o motorista, cumprimentaram-no e conversaram rapidamente com ele. Depois, ambos se dirigiram ao ponto de ônibus.

O ônibus de Rebecca chegou, e ela se despediu do marido com um beijo no rosto.

Tarcísio, por sua vez, seguiu de ônibus diretamente para a agência bancária. Nela chegando, foi direto à copa. Encontrou dois dos quatro caixas e a copeira almoçando, e pediu permissão à copeira para esquentar sua marmita.

— Deixe que eu mesma a esquentarei para você — respondeu a copeira.

Enquanto a marmita esquentava, um dos caixas perguntou-lhe como era estar casado. Tarcísio lhe respondeu que se sentia a mesma pessoa, com a única diferença:

— Agora sinto-me mais responsável e totalmente voltado para a nossa felicidade. Sabe, nós passamos a enfrentar juntos todos os obstáculos que interfiram nessa felicidade. E continuaremos sendo felizes durante os muitos anos que viveremos juntos!

— Que bom pra você. Mas lhe farei a mesma pergunta daqui a uns dois anos, e então veremos se não terá mudado de idéia a respeito da felicidade que desfruta ao lado da esposa, e de continuar lutando por ela. Veja o meu exemplo: quando me casei, era sonhador como você; mas bastou um ano para que eu percebesse que só conseguia ser feliz longe da minha esposa. Já não era mais capaz de suportar suas queixas intermináveis e seu ciúme louco. Espero que tenha mais sorte que eu, meu amigo.

Ao receber sua marmita bem quentinha, Tarcísio agradeceu à copeira. Fez uma prece agradecendo a Deus o alimento daquele dia. Após o período de refeição, bateu o ponto e sentou-se em sua mesa para começar a trabalhar.

As cantadas que o jovem recebia eram freqüentes. A funcionária da agência que fazia o mesmo serviço que ele nunca perdia uma oportunidade de seduzi-lo:

— Tarcísio, agora que é casado tornou-se uma verdadeira tentação. Um jovem lindo como você, trabalhador, educado e com uma aliança no dedo... Ficou quase impossível resistir aos seus encantos, sabe? Eu mesma já estou quase me atirando em seus braços!

Alguns funcionários e clientes que estavam na agência sorriram. Tarcísio, encarando-a, disse:

— Melhor parar com essas suas cantadas bobas. Antes eu só sorria e nada dizia, porque não era um homem casado. Agora sou casado, e fiel a minha esposa até debaixo d'água. Fidelíssimo!

Os que estavam por perto agora sorriam da cara de decepção que a moça fizera.

A esposa do governador do estado do Goiás estava na agência para abrir uma conta, e havia se sentado em frente ao jovem. Olhou-o com atenção, e pensou que a colega de serviço dele tinha razão: Aquele jovem extremamente lindo e casado era mesmo uma grande tentação; provocar calor até nela, que já tinha certa idade. Pensou ser um desperdício alguém tão jovem e fisicamente tão belo já ser casado.

Matilde estacionou o carro na porta da casa do irmão, e antes de tocar a campainha ficou pensando como o tempo passava depressa. Havia três meses que o irmão tinha casado e que ela comparecia todos os sábados à tardinha para participar do culto do Evangelho no Lar que o irmão fazia em sua casa. Tocou a campainha e Rebecca, ao abrir o portão, abraçou-a e a convidou para entrar.

As duas ficaram conversando até a hora em que o esposo chegou em companhia do senador Cardoso, do filho e de Maria Elise, que passara a freqüentar o culto do Evangelho no Lar.

Tarcísio beijou a esposa e abraçou carinhosamente a irmã. Foi até a cozinha, e a irmã o seguiu.

— E então, Matilde, como estão as coisas na universidade?

— Tarcísio, com mamãe exigindo o melhor de mim o tempo todo, eu não poderia deixar de me sair bem no curso de direito. O que não vai bem é meu namoro... meu namorado anda muito ciumento e implica demais comigo. Talvez seja a hora de pôr um fim nesse relacionamento.

— Espero que tome a melhor decisão para você, Matilde. Tudo vai dar certo, acredite. E mamãe, como está?

— Ela parece bem. Mas nunca mais tocou em seu nome, e pediu-me para fazer o mesmo.

— Não importa. Ainda é minha mãe, e faço preces em intenção dela todos os dias. Ela tem um lugar especial em meu coração. Para sempre.

A campainha tocou. Tarcísio foi até o portão e abraçou o sogro e o cunhado, que também tinham passado a freqüentar o culto do Evangelho no Lar em sua residência.

Todos se acomodaram em volta de uma mesinha.

— Mas antes de iniciarmos o culto, amigos, tenho algo importante a dizer — avisou Rebecca. Todos a olharam com atenção. Ela suspirou e revelou, fitando Tarcísio: — Estou grávida!

Tarcísio pediu-lhe que repetisse o que havia acabado de falar, e Rebecca o fez. Ele então deu um lindo sorriso e, levantando-se, beijou-a com paixão.

— Que notícia maravilhosa, meu amor! Nossa criança! — Colocou a mão direita na barriga de Rebecca. — Que esse espírito, que se prepara para uma nova existência ao meu lado e ao lado de Rebecca,

Só o amor explica

seja muito bem-vindo em nosso lar. E que se sinta amado e querido por nós a partir deste instante!

Todos se emocionaram ao escutarem Tarcísio dizer tais palavras ao filho que estava no ventre de Rebecca.

Tarcísio sentou-se novamente. Fez uma prece e iniciou o Evangelho no Lar. Quando William terminou de ler um item de *O Evangelho Segundo o Espiritismo*, Tarcísio passou a explicá-lo. Teófilo, olhando para o genro e escutando-o tecer comentários tão bonitos sobre a leitura, deduziu que a doutrina espírita ajudava Tarcísio a ser tão sereno, tão humano; e lhe dava forças para tudo suportar e enfrentar com coragem e determinação. O jovem lhe emprestara *O Livro dos Espíritos*, um dos livros codificados por Allan Kardec. Leu-o e ficou admirado com tudo que encontrou no livro. Nele deparou com algumas respostas que ninguém nunca havia lhe dado. A leitura do livro e o culto do Evangelho no Lar aos sábados, na casa da filha, despertavam nele grande desejo de conhecer um pouco mais aquela doutrina que fascinava Tarcísio e que contribuía para a felicidade do genro.

Tarcísio fez uma linda prece agradecendo a Deus a grandiosa bênção da gravidez de Rebecca, e agradecendo por tudo de bom que Ele já concedera a todos os presentes. Pediu ao Mestre Jesus, à Virgem Santíssima e aos espíritos amigos para continuarem ajudando-os. Concluída a prece, Thiago colocou a água da jarra que havia sido fluidificada nos copos e a distribuiu a todos.

Terminado o Evangelho do Lar daquele dia, Rebecca, Matilde e Maria Elise foram até a cozinha e trouxeram chá com alguns biscoitos de água e sal e serviram a todos. Sentados, ficaram conversando, e o assunto girou em torno do novo membro da família que haveria de chegar e completar a alegria do jovem casal.

— Está grávida de quantos meses, Rebecca? — perguntou Maria Elise.

— Já é quase o quarto mês de gravidez. O médico me disse que engravidei na primeira semana de casada.

Maria Elise falou a Tarcísio que gostaria de conhecer a casa espírita que eles freqüentavam, e conhecer a mocidade espírita, da qual o namorado falava tão bem. Durante um bom tempo conversaram animadamente sobre a casa espírita e a mocidade espírita da qual faziam parte.

— Ficamos combinados, então — disse Tarcísio. — Na próxima reunião do grupo, levarei Maria Elise e Thiago comigo.

Teófilo gostou de saber que seu filho tinha interesse em conhecer o grupo de jovens da casa espírita. Thiago, semelhante a ele, parecia estar empolgado com a religião que o genro seguia. Comentou com Tarcísio sobre o livro que havia lido, e ao devolver o livro pediu explicação de uma parte que não havia compreendido. O genro esclareceu suas dúvidas; depois, foi até a estante e apanhou um outro livro da codificação espírita.

— Agora vou lhe emprestar este livro — disse ao sogro. — Ele lhe proporcionará novas informações a respeito da doutrina.

Depois que todos se foram, Rebecca sentou-se no sofá e descansou a cabeça no colo do marido. Começaram a falar sobre o filho deles, e logo puseram-se a escolher o nome do filho ou da filha. Não chegaram a nenhum consenso, mas se divertiram muito!

18

Desejo de vingança

Dom Gilberto Lorizzen saiu da sala de seu superior hierárquico bastante contente. Levava consigo o documento que o transferia da Arquidiocese de Porto Alegre para a de Brasília. Entrou em seu carro, e o padre gaúcho que o servia como secretário e motorista o levou até a mansão dos Lorizzen, localizada no bairro mais nobre de Porto Alegre.

Ao chegar à mansão, o bispo telefonou para a irmã em Brasília. Após falar com Lucrécia, começou a preparar sua mala e demais coisas que levaria para Brasília. Decidira mudar para a capital do país desde o primeiro dia em que encontrara Tarcísio. Pretendia aproximar-se dele e o destruir. Nos três encontros que tivera com o jovem, fora humilhado por ele. Acabaria com Tarcísio, que parecia não saber o quanto era insignificante diante de um bispo da Igreja Católica, herdeiro de uma das maiores fortunas do Rio Grande do Sul. Sim, ele o colocaria em seu insignificante lugar. Esmagaria aquele moleque como se fosse um inseto. E junto com ele também destruiria Teófilo, que estimava muito o genro. Seria um justo castigo por terem desacatado uma decisão sua.

Lucrécia e Amanda aguardavam o bispo no aeroporto. Ele abraçou a irmã e a sobrinha, e os três entraram no carro e seguiram direto para a mansão dos Lopes Lorizzen.
No dia seguinte, o bispo acordou às sete da manhã. Levantou-se, e após ter feito sua higiene, deixou o quarto e desceu a escada.
Cumprimentou a todos com um bom-dia, sentou-se na mesa e começou a tomar café. Disse à irmã, cunhado e sobrinhos de sua transferência para Brasília:
— Não fiquei nem um pouco contente com a transferência, mas tenho de obedecer meus superiores eclesiásticos; assim, morarei em Brasília por alguns anos.
Pediu ao cunhado autorização para que Amanda pudesse pegar um dos carros da mansão e levá-lo a alguns lugares na parte da manhã.
Teófilo não gostou nem um pouco de ter o cunhado morando na mesma cidade. Tinha se mudado para Brasília porque não mais queria o cunhado interferindo na vida de sua família. Esperava que o irmão de Lucrécia se metesse apenas com os assuntos da Igreja, e não voltasse a dar palpites na vida de sua família. Falou ao bispo que Amanda poderia pegar um dos carros e levá-lo aonde ele desejasse.
Após o café, Amanda, Lucrécia e o bispo se dirigiram para a Cúria. As duas ficaram dentro do carro, aguardando o bispo, enquanto ele conversava com o seu novo superior eclesiástico.
O novo superior de Dom Gilberto disse-lhe que já estava ciente de que ele seria uma espécie de bispo auxiliar de Brasília, sem exercer as atividades de bispo auxiliar. Falou estar de pleno acordo que Dom

Gilberto se sentisse em férias durante os anos que ficasse em Brasília. A única coisa que lhe pediu foi que celebrasse alguns sacramentos nos locais que lhe seriam indicados futuramente.

Dom Gilberto, ao regressar ao carro, tinha em mãos o endereço do apartamento onde iria residir.

Após conhecer e aprovar seu apartamento, o bispo deu algumas instruções para a mulher que trabalharia para ele como doméstica.

Junto com Amanda e Lucrécia, entrou em um dos quartos do apartamento que havia sido transformado em escritório, e fechou a porta.

— Prestem bastante atenção — avisou as duas. — Precisarei muito da ajuda de vocês para ter sucesso em minha vingança contra Tarcísio.

— Conte comigo em tudo — adiantou-se Amanda.

— Comigo também — disse Lucrécia. — Mas não me peça para prejudicar minha filha, nem a criança que ela espera.

— Não quero que minha sobrinha sofra. Mas devemos destruir esse casamento. Bem, para que meu plano dê certo, necessitaremos da ajuda de Mário e Renata. Também seria ótimo se Marta se aliasse a nós. Vamos atacar esse moleque impertinente até descobrirmos o ponto fraco dele; então, desferiremos o golpe que o derrubará para sempre.

Amanda acordou cedo. Tirou a camisola e vestiu um biquíni preto bem pequenino, depois vestiu uma blusa e uma saia. Detestava acordar cedo, mas como o tio lhe pedira para colocar em prática a sua parte no plano, viu-se obrigada a levantar três horas antes do normal, por saber que aos sábados o primo gostava de nadar na piscina na parte da manhã.

Ao chegar à piscina, estendeu a toalha sobre uma espreguiçadeira, e notando que o primo a olhava de dentro da água, começou a tirar a blusa e a saia. Vagarosamente agachou-se, de modo que o primo, vendo-a de costas, pudesse observar todo seu lindo corpo. Começou a passar o bronzeador pelo corpo, e não demorou a perceber que o primo a comia com os olhos. Disse em voz alta:

— Que droga, não consigo passar o bronzeador em minhas costas.

Thiago saiu da água e sentou-se na borda da piscina, sem tomar a atitude que Amanda esperava.

— Primo, por favor, passe o bronzeador em minhas costas!

Thiago levantou-se e caminhou até onde ela estava. Amanda entregou o bronzeador a ele, e de costas deitou-se na espreguiçadeira. Thiago colocou um pouco do conteúdo do vidro em sua mão e começou a passar nas costas da prima.

— Que mãos fortes e quentes você tem, Thiago — disse Amanda, melosa. — Suas mãos são bastante macias, e você sabe passar bronzeador muito bem.

Thiago colocou mais um pouco do bronzeador em sua mão direita e voltou a passar nas costas da prima. Ele não parava de olhar para o minúsculo biquíni que a prima usava, e de olhos arregalados contemplava as partes que o biquíni não cobria.

— Pronto, Amanda. Agora preciso entrar e me vestir, está quase na hora de sair com papai.

— Espere — pediu a prima. — Passe bronzeador nas partes traseiras de minhas coxas. Não consigo alcançar direito essa região.

Embora estivesse louco de vontade de passar e sentir a maciez das coxas da prima Thiago não queria se atrasar para o pai não ir sem ele.

— Ora, primo, só levará alguns minutinhos. Dará tempo de sair com o tio.

— Não dá mesmo, Amanda, preciso ir.

Amanda sentou-se e fingiu ter ficado triste:

— Que pena, primo! Minhas coxas não ficarão como as demais partes do corpo. — Pegou o bronzeador. — Por favor, passe! Não demorará nada. — Entregou o bronzeador para Thiago e deitou-se novamente de costas, levando a mão até o biquíni e puxando-o ainda mais para cima.

Teófilo sabia que o filho encontrava-se na piscina.

— Thiago! — chamou-o. — Sairei em quinze minutos. Se quiser ir comigo, vá tomar banho e se vista bem depressa, e me encontre no escritório. Entendeu? Quinze minutos.

Thiago saiu correndo e passou por ele feito uma bala. Lucrécia, vendo-o subir apressadamente a escada, já ia dizer-lhe que era falta de etiqueta subir daquele jeito; mas desistiu ao escutar a porta do quarto do filho sendo fechada violentamente, causando o barulho que ela detestava.

— Querido, o que disse a Thiago para que ele subisse a escada daquele jeito e batesse a porta do quarto?

— Avisei que ele estava atrasado para ir comigo à casa de Rebecca.

— Mas o que irão fazer lá tão cedo? Aos sábados vocês costumam ir até lá no final da tarde.

— É que iremos acompanhar Rebecca até o Centro de Saúde, para mais uma consulta de pré-natal. Depois, compraremos o berço do bebê, e mais algumas coisas. Aliás, não nos espere para almoçar, pois almoçaremos na casa de minha filha.

— Quem tem de acompanhar Rebecca ao médico é o marido dela, não você. — Dizendo isso, Lucrécia na verdade já seguia os primeiros passos para que o plano contra Tarcísio funcionasse. — Querido, por que não vamos ao shopping fazer umas comprinhas? Há quanto tempo não saímos juntos! Depois, almoçaremos em algum restaurante, assistiremos a um filme... — Abraçou Teófilo. — Sabe, seria ótimo recordar um pouco o tempo em que namorávamos.

— Faremos isso um outro dia. Por nada eu deixaria de acompanhar nossa filha ao médico. Ela entrou no sexto mês de gravidez, e é lindo ver a barriga dela. Tarcísio sempre conversa com o filho: coloca a mão na barriga de Rebecca e diz que o filho é muito bem-vindo, e desde já muito amado por ele! Promete que tentará estar presente em todos os momentos importantes da vida dele. Quero seguir o exemplo de Tarcísio, e falar o mesmo para meu neto. Quero que meu neto, de dentro do útero da mãe, sinta que o avô já o ama muito, e que também fará tudo para estar por perto em todos os momentos importantes da vida dele.

— Parece que esse seu neto que ainda nem nasceu é muito mais importante para você do que eu, Teófilo? — indagou Lucrécia.

— Vocês dois são muito importantes para mim — respondeu ele. — Por que não vai comigo e ajuda sua filha a escolher as coisas que deve comprar para nosso neto? Ela precisa demais de sua experiência nesse momento.

— Pois ficará sem ela. Que se vire sozinha! Já lhe disse que não tenho filha; a minha morreu no dia em que se casou com aquele imprestável. Se não tenho filha, muito menos neto. Se for à casa de Rebecca e trocar-me pelo filho dela, ficarei extremamente decepcionada e magoada com você.

— Então ficará, Lucrécia.

— Seu marido já sabe que você está enfrentando uma gravidez de risco? — O médico perguntou a Rebecca após examiná-la.

— Doutor, ainda não tive coragem... Ele está tão feliz com a idéia de ser pai! Eu acabo perdendo totalmente a vontade de contar, e vou adiando.

Só o amor explica

— Mas é necessário que ele saiba que sua gravidez será difícil. Se desejar, eu mesmo conversarei com ele e explicarei o que se deve esperar de uma gravidez complicada.

Rebecca implorou ao dr. Matheus que nada dissesse a Tarcísio quando ele entrasse no consultório para conhecê-lo. Garantiu que na próxima semana contaria ao marido sobre sua gravidez. O médico concordou em nada dizer naquele momento.

— Na próxima vez que vier se consultar, espero que já tenha contado tudo a ele. Caso contrário, terei eu mesmo de revelar a seu marido toda a verdade sobre a sua gravidez.

Dr. Matheus abriu a porta do consultório e convidou Tarcísio para entrar. Logo conversavam como bons amigos.

— Conheci Rebecca quando ela chegou ao hospital oferecendo-se como doadora de sangue para uma paciente que havia perdido sangue ao dar à luz dentro de um carro. Soube depois que essa mulher era esposa do motorista que trabalhava na residência da garota. Fiquei impressionado com o que Rebecca me disse na ocasião, e com a coragem dela, pois era menor de idade. Agora, que a reencontro casada e grávida, fico muito contente.

O médico falou a Tarcísio que a gravidez de sua esposa seguia seu ritmo. Olhou para Rebecca, que abaixou a cabeça. O médico explicou que o exame de rotina indicara que a criança estava bem.

— Doutor, muito obrigado pela atenção que dispensa a minha esposa. Não a acompanhei em outras ocasiões porque o trabalho não permitiu. Mas procuro dar a Rebecca e a meu filho todo o apoio possível.

Passou a dizer ao médico o que fazia em benefício de seu filho. Dr. Matheus, desde que começara a trabalhar como ginecologista-obstetra, nunca conhecera um pai tão empenhado em acompanhar a gravidez da companheira e a evolução do filho, que já amava muito. Estranhou o fato de Rebecca ainda não ter contado a ele a verdade

249

sobre a gravidez; pareceu-lhe que se já tivesse contado Tarcísio a ajudaria muito.

— Meu jovem, fique com meu cartão. Quando Rebecca entrar em trabalho de parto, telefone-me e eu imediatamente irei ajudar o filho de vocês a nascer.

Tarcísio guardou o cartão no bolso e agradeceu ao médico.

Rebecca e Matilde foram para a cozinha e começaram a preparar o almoço. Tarcísio convidou o cunhado para ajudá-lo a limpar o aquário, e disse ao sogro que ficasse à vontade na casa.

Teófilo sentou no sofá e começou a ler o jornal que havia comprado. Enquanto o lia, lançava olhares para o genro e o filho. A certa altura, deixou o jornal de lado e ficou prestando atenção à conversa dos dois. Ficou feliz ao perceber que seu filho pedia conselhos ao genro, que os dava com satisfação. Tarcísio empregava as palavras de forma tão bonita que elas pareciam sair dos lábios de uma pessoa muito experiente. Sendo Tarcísio tão jovem, era praticamente impossível que tivesse muita experiência na vida; assim, toda aquela sabedoria que ele mostrava só poderia advir da experiência de vidas passadas, como pregava a doutrina espírita. Se a doutrina espírita tinha razão no caso de seu genro, com certeza também estaria certa em relação a todos que viviam na Terra, ao mencionar que eles viveram outras vidas e delas trouxeram o que aprenderam.

Quando os dois terminaram com o aquário, Tarcísio disse ao cunhado que iria limpar o banheiro. Thiago ofereceu-se para ajudar.

Teófilo espantou-se quando viu o filho ajudando o genro a limpar o banheiro. Sorriu ao perceber que o filho fazia um serviço doméstico que nunca antes fizera, e parecia empolgado com a atividade. Viu quando Thiago, todo desajeitado, escorregou no sabão em pó e foi ao chão. Tarcísio, dando uma gargalhada, estendeu-lhe a mão, ajudando-o a se levantar do chão. Os dois riram, e ele também. Thiago parecia estimar o cunhado, e Tarcísio demonstrava nitidamente ter grande amizade por ele. Essa amizade era importante para seu filho, disso tinha certeza.

Teófilo levantou-se e foi até o quarto que seria do neto. Depois, foi até a cozinha, onde a filha e Matilde preparavam o almoço. Regressou à sala e ficou observando os peixes nadarem dentro do aquário. Sentou-se novamente e, fechando os olhos, deixou-se contaminar pela harmonia que a casa do genro sempre lhe transmitia. Sentia-se bem nela. Toda a casa era agradável, parecia exalar o calor humano que recebia dos moradores e transmitir esse calor a todos que nela chegavam. A serenidade de Tarcísio parecia ter se espalhado por toda a casa. Sua filha tinha mesmo sido abençoada ao se casar com aquele jovem.

O pai de Rebecca abriu os olhos ao sentir Tarcísio tocar no ombro dele e perguntar se ele se sentia bem.

— Estou ótimo — respondeu. — Apenas pensando.

Tarcísio e Thiago sentaram-se para conversar com ele.

— Tarcísio, entrei em contato com o proprietário da casa a fim de pagar outros seis meses de aluguel para vocês, e ele me informou que você já tinha feito o pagamento de mais seis meses de aluguéis. Fiquei surpreso quando ele me disse tal coisa — contou Teófilo.

— Sempre que recebia meus salários, eu retirava o valor correspondente ao aluguel e o depositava em uma conta de poupança; assim, pude pagar outros seis meses antecipados. Continuarei fazendo o mesmo, para garantir que nunca nos faltará dinheiro para honrar o compromisso do aluguel.

Teófilo o escutou deveras impressionado. Quando permitiu o casamento de sua filha com ele, imaginara que quase sempre o casal necessitaria de ajuda financeira; mas logo no primeiro mês de casamento percebeu estar enganado. Em seis meses de casados, Tarcísio e a filha nunca lhe tinham pedido nada. O genro até relutara quando ele pagou o berço e o guarda-roupa do neto, e não permitiu que ele pagasse as outras coisas que compraram para a criança. Tarcísio era um excelente pai de família, sabia administrar muito bem o pouco dinheiro que recebia em seus dois empregos, e com esses recursos bastante limitados operava milagres. No futuro, quem sabe o jovem não gostaria de trabalhar com ele no escritório dos frigoríficos?

Após o almoço, todos ficaram conversando. Mais tarde, William e Maria Elise chegaram, e teve início o culto do Evangelho no Lar, que muitos seguidores da doutrina codificada por Allan Kardec fazem semanalmente.

19

Nascimento e morte

Após mais um dia de trabalho, Tarcísio chegou em casa e encontrou a esposa adormecida no sofá, com a televisão ligada. Retirou o sapato, e, tentando não fazer barulho, foi para o banheiro. Tirou a roupa que tinha usado, ligou o chuveiro e começou a tomar banho.

Quando mais tarde se dirigiu à cozinha para jantar, não encontrou nenhuma panela sobre o fogão. Abriu o forno e nada encontrou. Foi até a sala, tocou os cabelos da esposa com delicadeza e a chamou. Rebecca assustou-se, e ao vê-lo, disse que deveria ter cochilado enquanto assistia à novela. Tarcísio perguntou se ela não tinha preparado o jantar.

— Esqueci que hoje não é dia de você trabalhar com o senador Cardoso, e fiquei entretida assistindo à novela. Devo ter cochilado um pouquinho, e acabei nem lembrando de fazer o jantar. Espere só um pouco. Assim que a novela terminar, eu preparo alguma coisa para nós dois.

— Rebecca, compreendo que você goste de novelas, só que antes de assistir a elas você precisa fazer suas tarefas. Eu trabalhei a tarde inteira, cheguei com fome e não encontrei nada para comer, porque você se esqueceu de fazer comida. Creio que essa novela nem esteja assim tão interessante, do contrário você não teria dormido no sofá. Acha certo eu trabalhar a tarde inteira, chegar em casa cansado e com fome e não encontrar nada para comer porque você não se lembrou do que combinamos? Como não bastasse, ainda tenho que esperar terminar a novela?

— Pu... puxa! — Murmurou Rebecca. — Em sete meses de casados você jamais falou comigo nesse tom! Ficou magoado, e com razão. Eu deveria ter feito o jantar, mas simplesmente esqueci. Na verdade, desde que cheguei do colégio sinto dores, que cessaram um pouco, mas retornaram depois com maior intensidade. Tomei um comprimido, deitei-me um pouco e acabei adormecendo no sofá, despertando somente quando você chamou.

— Você não se sentiu bem? — Tarcísio mostrava preocupação em sua voz. — Não, meu amor, não precisa se levantar. Ainda sente dores?

— Elas diminuíram agora.

Ele acariciou a barriga de Rebecca, deu um beijo nela e perguntou se ela queria ir ao hospital.

— Não, Tarcísio, não quero! Não me leve para o hospital! As dores já não são fortes, e ainda não está no tempo do nosso filho nascer. Só estou com sete meses de gravidez. Por favor, não me leve para o hospital — pediu, recordando-se do que o dr. Matheus lhe dissera no Centro de Saúde.

— Está bem, será como você quiser. Mas fique deitada, descansando e assistindo à novela, que eu mesmo farei alguma coisa para jantarmos. — Beijou-a na fronte, tocou-lhe a barriga e disse para o filho ficar calmo e não judiar muito da mamãe. Deixando-a deitada no sofá, foi para a cozinha.

"Tenho mesmo um marido maravilhoso", pensou Rebecca. Sentiu vontade de chamá-lo e contar sobre a sua gravidez de alto risco.

Quase lhe contou que quando sentiu as primeiras dores, à tarde e ao colocar a mão na barriga, tivera um pressentimento terrível. Mas Tarcísio estava tão feliz com a chegada do filho que se viesse a contar o que o médico queria que lhe contasse, Tarcísio na certa não mais conseguiria trabalhar direito, tal seria sua preocupação. Por enquanto, deixaria tudo como estava. Melhor nem se preocupar com aquilo e se concentrar outra vez na novela, que a cada dia parecia ficar mais emocionante.

Após preparar a refeição, Tarcísio chamou Rebecca para jantarem. Sentaram-se, e após a prece que o esposo sempre fazia antes de todas as refeições, começaram a comer. De repente, as dores retornaram, e ela, levando a mão à barriga, teve o mesmo pressentimento. Disse ao marido que as dores tinham voltado e que queria ir para o quarto deitar um pouco.

Tarcísio pulou da cadeira, e com delicadeza a conduziu até a cama do casal. Rebecca segurou a barriga outra vez, e não mais teve dúvida sobre o terrível pressentimento. Apertou a mão do marido, olhou bem dentro dos olhos azuis dele e falou:

— Meu amor, prometa-me que se alguma coisa me acontecer você cuidará bem do nosso filho, e será para ele pai e mãe ao mesmo tempo. Prometa, Tarcísio!

— Acalme-se, Rebecca. Nada irá lhe acontecer. Tenha calma! Respire e relaxe, minha querida. Segure firme em minha mão e fique tranqüila.

— Tarcísio, por favor, prometa-me que se algo vier a me acontecer você cuidará bem do nosso filhinho, e será para ele pai e mãe. Por tudo que é mais sagrado, prometa-me! Sua promessa é muito importante para mim. Prometa! — insistiu, com os olhos cheios de lágrimas.

— Se é tão importante para você, prometo que cuidarei com muito amor do nosso filho e serei para ele um pai e uma mãe — disse Tarcísio, preocupado.

Rebecca ficou aliviada. Agora que tinha a promessa do marido, decidiu que não iria mesmo lhe contar nada sobre a sua gravidez. Tarcísio poderia estar certo e nada lhe acontecer. Era possível que aquilo não passasse de um terrível pressentimento.

Tarcísio soltou a mão da esposa, estendeu os braços sobre ela, fechou os olhos e começou a fazer uma prece. Rebecca sentiu as dores diminuírem um pouco.

— Telefonarei para o médico, meu amor.

— Não, não é necessário fazer isso, pois já não sinto mais tantas dores — mentiu Rebecca ao ouvir o nome do médico. — Não quero ficar no quarto sozinha. Faça outra prece, e me deixe segurar suas mãos.

Fez como ela pediu, e ao fechar os olhos iniciou uma nova prece, em que pediu, com todo coração, para que Deus ajudasse sua esposa enviando os espíritos amigos para cuidarem dela, a fim de que ela se acalmasse.

O espírito protetor de Rebecca, que estava no quarto, aproximou-se de sua protegida e começou a aplicar nela um passe magnético.

Isaura entrou no quarto acompanhada por um médico espiritual que estivera na residência do casal junto com outros espíritos no dia em que Tarcísio e Rebecca se casaram. O médico impôs as mãos sobre Rebecca, fechou os olhos e fez uma prece; e suas mãos começaram a liberar luzes bem clarinhas, que tocavam em Rebecca e lhe transmitiam uma grande quantidade de energias revigorantes. Quando abriu os olhos, começou a dar outro tipo de assistência espiritual a Rebecca. Ao concluir a assistência espiritual, falou:

— Ela ficará bem por algumas horas. Irá dormir em muito pouco tempo.

Isaura e Phillipe agradeceram a ajuda do amigo espiritual, e este, atravessando a parede do quarto do casal, seguiu em direção ao hospital dos encarnados daquela cidade, onde costumava ajudar os médicos encarnados, que semelhante a ele, antes de desencarnar, trabalhavam como obstetras.

Após concluir sua prece, Tarcísio indagou à esposa se ela ainda continuava sentindo muitas dores.

— As dores se foram, meu amor. Não se preocupe mais. Também não é necessário telefonar para o médico ou para Matilde. Preciso dormir agora, sinto um sono incontrolável. Já é muito tarde, e há muito a fazer pela manhã. — Fechou os olhos e logo pegou no sono.

Mas ele não foi se deitar; sentou-se na cabeceira da cama. Ficaria em prece velando o sono da mulher que amava.

Quando o relógio tocou, Tarcísio sentiu vontade de dar um soco nele e continuar dormindo. Parecia que tinha acabado de deitar e dormir. Levantou-se, tirou o pijama, vestiu o uniforme escolar e chamou a esposa.

— Está melhor, querida?

— Sinto-me ótima. Que noite difícil, não?

— Por que não falta à aula hoje? Fique deitada na cama, descanse e relaxe!

— Não posso — informou Rebecca. — Tenho prova de matemática.

No ponto de ônibus, Tarcísio e Rebecca tinham a companhia de Isaura, Phillipe e o médico que estivera na casa deles na noite anterior; todos entraram no ônibus junto com o casal. Dentro do coletivo, Rebecca começou a sentir dores, mas nada disse ao marido. Se as dores aumentassem, ela o avisaria.

Ao chegarem ao colégio, Rebecca percebeu que as dores aumentaram um pouco mais; mesmo assim, nada disse. Seguiram para as salas de aula de mãos dadas. Despediram-se com um beijo, na porta da sala de aula de Rebecca. Isaura seguiu com ele, Phillipe e o outro espírito ficaram com Rebecca.

Rebecca fazia a prova quando a dor ficou realmente intensa. Ela já não mais conseguia raciocinar direito e fingir que não sentia nada. As dores, que na verdade eram as contrações do parto, já ultrapassavam o limite do suportável quando ela tocou o braço de Maria Elise e disse, em alta voz, o que lhe acontecia.

— Não estou agüentando... Acho que meu filho nascerá antes do tempo!

Todos da classe olharam para ela. O professor Félix se aproximou e lhe pediu que respirasse profundamente e tivesse calma. Maria Elise levantou-se da cadeira:

— Vou correndo chamar seu marido!

Tarcísio, ao receber a notícia de que sua esposa passava mal, correu para a sala dela, e junto com o professor ajudou Rebecca a levantar-se da carteira.

— Temos de levá-la imediatamente para o hospital!

Dr. Matheus aproximou-se de Tarcísio e disse-lhe para sentar-se e ficar aguardando na sala de espera. Deixou o jovem e entrou na sala em que Rebecca já se encontrava.

Tarcísio sentou-se em um banco ao lado de Maria Elise e do padre Júlio, que os apoiava naquele difícil momento, e começou a pensar na promessa que fizera à esposa. Fechou os olhos, fez uma prece e pediu a Deus que ajudasse a esposa e o filho, que, tudo levava a crer, nasceria com sete meses. Abriu os olhos e olhou para o relógio e para a porta por onde a esposa tinha entrado.

Logo chegaram o sogro, Thiago e Matilde, todos ansiosos por informações a respeito de Rebecca e da criança.

Só o amor explica

De repente, Tarcísio sentiu uma leve brisa e uma vontade imensa de fazer uma prece. Ele a fez, e mediunicamente avistou Isaura. Seu espírito protetor disse-lhe que Deus estava sempre com ele e que jamais o abandonaria. Deixou-o e voltou ao local em que estava.

Tarcísio receou que algo tivesse acontecido. Voltou a rezar com fervor.

Passados quinze minutos, dr. Matheus surgiu e pediu a ele e aos outros parentes de Rebecca que o acompanhassem.

Tarcísio e os demais se levantaram. O jovem acompanhava o médico um pouco preocupado. Dr. Matheus o levou a uma sala-consultório e pediu a Tarcísio para se sentar, dizendo-lhe ter uma notícia boa e outra ruim. Tarcísio sentiu uma pontada no peito, e teve certeza de que alguma coisa grave acontecera.

— Primeiro vou lhe dar a boa notícia — falou dr. Matheus. — Seu filho nasceu de sete meses. Você é pai de um menino lindo.

Tarcísio emocionou-se, e o médico notou a felicidade do jovem através do belo sorriso que se formou em seus lábios. Olhou para Matilde e os demais e falou:

— Vocês ouviram. Eu sou pai de um menino lindo. Um menino lindo... Estou muito emocionado e feliz. Pode me dar agora a notícia ruim. Estou tão contente com o nascimento do meu filho que acredito que nenhuma notícia ruim possa me entristecer.

Dr. Matheus o encarou, e teve dó de lhe transmitir a má notícia. Se pudesse, jamais daria aquela notícia ao rapaz.

— Talvez Rebecca não o tenha avisado, mas a gravidez dela era difícil e complicada. Ela me prometeu que iria lhe contar — disse o médico. — Infelizmente sua esposa não resistiu ao ataque de eclampsia, e faleceu logo após o parto. Sinto muito, muito mesmo.

Tarcísio fechou os olhos e permitiu que as lágrimas descessem por sua face. Matilde aproximou-se do irmão e tocou o ombro direito dele. Ele abriu os olhos e pediu ao médico para repetir o que acabara de lhe dizer.

Depois de escutar novamente a triste notícia, o jovem fechou os olhos e fez uma rapidíssima prece. Levantou-se, levou as duas mãos aos olhos e secou as lágrimas. Pediu ao médico que primeiro o levasse até seu filhinho, e depois até a esposa.

O médico viu a enfermeira que o auxiliara no parto de Rebecca e a chamou. Disse alguma coisa a ela e apontou para Tarcísio. A enfermeira pediu que o jovem a seguisse e o levou até o seu bebê, que dormia. Ao vê-lo, o pai notou que o médico não tinha mentido quando falara sobre seu filho: era mesmo um menino lindo.

Tarcísio apanhou seu filho nos braços e disse ao médico que o levasse até onde o corpo de sua esposa estava. O médico assim fez. Tarcísio caminhava tendo o filho nos braços e o pensamento em Deus.

Quando chegou ao local em que o corpo de Rebecca estava, aproximou-se da maca e o contemplou sem nada dizer.

Teófilo abraçou-se ao corpo da filha e entregou-se ao choro. Thiago, Matilde e Maria Elise começaram a chorar também. Padre Júlio encostou-se na parede e rezou baixinho.

Tarcísio pediu aos que choravam para tentarem se acalmar um pouco. Ele também queria muito chorar, mas acreditava que suas lágrimas só aumentariam sua dor. O melhor era fazer uma prece, todos juntos. A prece haveria de ajudá-los muito mais do que as lágrimas.

O choro cessou, e todos olharam para ele.

Tarcísio contemplou o corpo da esposa, e depois olhou para o menininho em seus braços. Fechou os olhos e em alta voz começou a rezar, pedindo a Deus para ajudá-lo naquela hora. Ele precisava ser forte quando, na verdade, não contava com força alguma. Precisava de forças para poder enfrentar aquele momento com serenidade e não permitir que o desespero o dominasse. Tinha de ser forte, porque somente os fortes conseguiam suportar tanta dor e evitar que ela fosse maior do que a fé em Deus e a determinação em vencê-la. Não poderia deixar-se vencer pela dor, porque seu filhinho lindo precisava dele. Que Deus o ajudasse, porque confiava plenamente em sua proteção: o Pai Celeste haveria de ampará-lo naquele momento decisivo. Começou a rezar a prece do Pai-nosso, e todos o acompanharam. Quando a concluiu, Tarcísio colocou o filhinho ao lado do corpo da mãe e disse:

— Querida, esse é nosso filho. É um lindo menino. Cuidarei dele com todo amor e com todo meu carinho. Serei para ele pai e mãe ao mesmo tempo, como você fez-me prometer. Nossa criança se chamará Diogo, como você queria que se chamasse caso fosse menino. Eu me esforçarei ao máximo para ajudá-lo a ser feliz, e para ser muito feliz com ele, como fui com você. Eu a amo e sempre a amarei. — Inclinou-se e, com os olhos marejados de lágrimas, beijou a fronte da esposa e pegou o filho no colo, beijando-o na fronte também.

Todos se comoveram com a linda cena.

Padre Júlio contemplou Tarcísio, acreditando estar na frente de um santo. Somente um santo reagiria daquela forma em um momento tão difícil de sua vida.

Matilde, Maria Elise e Thiago cessaram de chorar completamente e começaram a pensar no que Tarcísio dissera. Teófilo achou bonito o que o genro disse, mas sentia que lhe faltava aquela força que o genro pediu a Deus para ter. Amava muito a filha. Tocou os cabelos dela e voltou a chorar. Tarcísio aproximou-se dele e disse:

— Meu sogro, imagino a intensidade de seu sofrimento e de sua tristeza. Compreendo que tudo o que eu lhe disser nesse momento pouco contribuirá para confortá-lo. Essa tristeza nos pegou em uma hora que desejávamos receber apenas uma notícia feliz. Pelo menos

Rebecca nos proporcionou uma imensa felicidade: eu sou pai dessa coisinha linda que está em meus braços, e o senhor, o avô dele. Veja como é lindo! — Mostrou o bebê para o avô.

Teófilo olhou para o neto, e vendo o bebê bem tranqüilo nos braços do pai, controlou-se um pouco.

Após explicar a Tarcísio como faria para remover o corpo da esposa do hospital, dr. Matheus apresentou-lhe a drª. Sônia:

— Ela é minha esposa, e é pediatra; vai lhe explicar os cuidados que deve ter para com o filho recém-nascido.

A doutora começou a falar, e Tarcísio tentou guardar na memória quase tudo que ela lhe dizia. O jovem pediu a ela que repetisse o que havia dito.

— Tarcísio, melhor ela repetir a mim depois — falou Matilde. — Você não está em condições de memorizar todas as informações. Quero ajudá-lo a cuidar do meu sobrinho Diogo. Deixe que eu escute as orientações da doutora e depois as passe a você.

— Obrigado, Matilde, mas eu sou o pai dele. Sou responsável por ele. Por isso, desejo que a doutora me explique tudo de novo. Quero saber exatamente todos os cuidados que terei que ter para poder cuidar direitinho do meu filho.

Drª. Sônia repetiu o que já tinha dito a Tarcísio. Depois, abrindo uma gaveta, dr. Matheus pegou dois cartões de funerárias e os entregou a Tarcísio, mencionando que soubera ser excelentes os serviços prestados por aquelas duas funerárias. Teófilo pediu ao genro os cartões, dizendo que iria tomar as providências necessárias para o enterro da filha.

— Compreendo que, como pai, o senhor deseje fazer isso; mas deixe-me cuidar de tudo — falou Tarcísio. — Quero estar presente quando a funerária vier buscar o corpo de minha esposa, pois sei que ela levará apenas o corpo que abrigou o espírito de Rebecca, o qual já deve ter recebido ajuda dos amigos espirituais e está adormecido em alguma cidade espiritual. Mas será muito importante que o senhor me acompanhe até a funerária e me ajude; porque embora eu esteja me esforçando terrivelmente para ser forte, na verdade me sinto fraco, e posso vacilar.

Teófilo o abraçou e falou que na verdade quem iria acabar vacilando seria ele e o genro é que iria ajudá-lo a não cair.

— Meu jovem — disse a esposa do médico, encantada com as atitudes daquele exemplar marido —, fique com meu cartão. Se quiser, leve seu filho até minha clínica, que ficarei muito feliz em ser a pediatra dele. E saiba que não cobrarei nada pelos meus serviços.

Tarcísio guardou o cartão em um dos bolsos da calça, e, sem que a médica esperasse, abraçou-a com toda a sua gratidão. Em seguida, Tarcísio abraçou o dr. Matheus, e disse aos dois que os considerava excelentes médicos. Dois profissionais portadores de corações boníssimos.

Antes de deixar a sala-consultório, o médico lhe disse que poderia ir buscar o filho no dia seguinte, à tardinha. Tarcísio se despediu e deixou a sala-consultório, seguido pelos outros.

— Que jovem fora do comum — a médica comentou com o marido. — É a primeira vez que vejo alguém agir com serenidade em um momento tão difícil. Agir com serenidade e confiança em Deus, e transmitir segurança aos outros quando os outros é que deveriam transmitir-lhe segurança.

— Esse jovem também me deixou muito impressionado, Sônia. Ouvindo tudo o que ele disse e vendo como ele agiu, dei-me conta de que ele é espírita como nós. Mas é um espírita que, num momento de grande dor, colocou em prática o que os espíritos amigos e a doutrina pedem para que coloquemos quando passamos por grande sofrimento. Ainda bem que você lhe passou seu cartão. Quero conhecê-lo um pouco melhor; acredito que nós dois temos muita coisa a aprender com ele. Não é todo dia que temos a oportunidade de conhecer alguém assim, tão jovem e já demonstrando ter grande experiência de vida.

Dr. Matheus levou Tarcísio até seu filhinho. Diogo estava dormindo. O médico o pegou com delicadeza, e antes de entregá-lo ao pai mostrou-lhe a maneira correta de segurar o recém-nascido. Tarcísio recebeu o filho dos braços do médico, e, com emoção, beijou-o na face.

— Não esqueça do exame do pezinho. E lembre-se de tudo que lhe falei sobre o leite materno congelado. Siga todas as recomendações, e não hesite em entrar em contato se tiver dúvidas.

Ao chegar em casa, Tarcísio levou o filhinho até o berço que colocara em seu quarto, e cobriu-o com uma manta. Diogo não acordou. Ele deixou o filho no quarto e foi até a sala. Chamou o cunhado e a irmã para irem à cozinha.

Tarcísio colocou as seis garrafinhas de leite no freezer e começou a preparar um chá. Serviu a irmã e o cunhado e se serviu também. Os três nada diziam; apenas olhavam para o relógio de parede, como se isso pudesse fazer o tempo passar mais rápido.

Tarcísio escutou um chorinho e correu para o quarto. O filho tinha acabado de acordar. Vendo-o com os olhos abertos, notou pela primeira vez que o filho tinha olhos verdes como a mãe. Sorriu. O garotinho também tinha a mesma cor de cabelo de Rebecca.

Tarcísio pegou o filho no colo, e verificou que ele tinha feito xixi; então, colocou-o em sua cama, leu as orientações da médica e trocou o filhinho. Notando que já era hora de amamentar o filho, entregou-o para Matilde. Apanhou uma das garrafinhas de leite que trouxera do hospital, leu de novo as informações da pediatra, preparou o leite e alimentou o filho. Depois o agasalhou bem, e disse a Matilde que já poderiam ir ao cemitério.

Ao chegar ao cemitério, levando junto Diogo, antes de entrar na capela onde o corpo de Rebecca estava sendo velado, Tarcísio recebeu os pêsames de amigos da casa espírita, bem como de amigos e colegas que trabalhavam e que estudavam com ele.

Tarcísio aproximou-se da capela e escutou alguém chorando bem alto. Como a capela estava lotada, pedia licença e ia passando. Ao chegar perto do esquife, viu Lucrécia debruçada sobre o caixão, chorando desesperadamente. Pediu a ela para deixá-lo contemplar o corpo de sua esposa. Lucrécia, ao escutar a voz dele, ergueu a cabeça e o encarou com um olhar cheio de ódio:

— Fora daqui! — gritou a mulher. — Você e seu filho mataram Rebecca, seus monstros! Fora! Fora! Fora daqui! Como ousa aparecer no cemitério trazendo esse maldito que tirou a vida da minha filha? Esse monstrinho não tem direito de estar aqui. Nem ele e nem você. Vocês mataram minha filha. Rebecca está morta por culpa dos dois. Desapareçam! Nunca mais quero vê-lo em minha frente. Suma daqui com esse maldito monstrinho que matou a minha filha!

— Hipócrita! — respondeu Tarcísio, também gritando. — Cale-se! Quem pensa que é para dizer que o marido e o filho de Rebecca não têm direito de estar aqui? Enxugue suas lágrimas de crocodilo e engula suas falsas palavras. Elas não me dizem absolutamente nada. A senhora nem mesmo tem filha! Foi o que disse a Rebecca no dia em que ela se casou, lembra-se? Disse que ela havia morrido para a senhora como filha. Rejeitou sua filha com uma facilidade assustadora, praticamente a descartou. Por isso, não venha gritar comigo, muito menos com o meu filho! Não somos responsáveis pelo desencarne de Rebecca. Se quiser culpar alguém, então culpe a si própria, que abandonou a filha no dia do casamento. Se não a tivesse abandonado, se tivesse auxiliado a filha durante o período de sua gravidez, como toda mãe verdadeiramente faz, certamente não estaria assim, cheia de remorso. Se alguém não tem direito de estar aqui, esse alguém é a senhora. Portanto, é melhor se calar e começar a rezar. Acredito que suas preces ajudarão muito mais o espírito de Rebecca do que seu choro.

Diogo começou a chorar. O pai o embalou nos braços e disse carinhosamente:

— Acalme-se, papai está aqui com você. Fique bem calminho. Papai está tomando conta de você. — Vendo que o filho se acalmava, beijou-o. — Isso, filhinho lindo. Fique bem tranqüilo enquanto papai faz uma prece. Você veio se despedir do corpo que abrigou o espírito de sua mãe. Fique calmo para o papai poder fazer a prece com serenidade. — Fechou os olhos e começou a fazer uma prece silenciosa.

Lucrécia sentiu seu ódio por Tarcísio crescer ainda mais. Ele ousara atirar em sua cara, diante de pessoas importantes da sociedade presentes ao enterro, que ela havia rejeitado Rebecca como filha! Aquele moleque haveria de pagar caro por tê-la exposto e envergonhado daquele modo! Ele e seu monstrinho!

Dom Gilberto aproximou-se da irmã e sussurrou em seu ouvido para se acalmar. Tarcísio estava certo: ele e o filho tinham direito de estarem presentes no cemitério.

Quando chegaram ao local da sepultura, os presentes pediram ao pai da falecida que dissesse algumas palavras. Teófilo declarou-se impossibilitado de fazê-lo. Lucrécia pediu ao irmão para falar no lugar do esposo, mas Teófilo preferiu que o marido de Rebecca falasse. Olhou para o genro, e todos os presentes fizeram o mesmo.

Tarcísio pediu aos coveiros para abrirem o caixão. Assim que o fizeram, ele entregou o filhinho para Matilde segurar. Colocou a mão direita nos cabelos do corpo da falecida esposa e começou a dizer:

— Rebecca, não sei se o seu espírito está ao lado do seu corpo, sendo amparado por amigos espirituais, enquanto nos observa. Mesmo assim, falarei como se ele estivesse presente; mas se não estiver, tenho certeza de que os espíritos amigos que aqui se encontram lhe

Só o amor explica

transmitirão as palavras que expressarei. — Suspirou e olhou para dentro do caixão. — Só quero que saiba que você continuará sendo importante em minha vida. Que jamais me esquecerei de você e dos momentos felizes que vivemos. Momentos que me fizeram compreender que a felicidade só pode ser alcançada quando corremos atrás dela e lutamos para retê-la ao nosso lado. O amor me mostrou que você é o espírito encarnado que me completou, e me fez vivenciar os dias e meses mais felizes de toda essa minha existência. E antes de partir para o outro lado da vida, em nome do amor que nos uniu você deixou aos meus cuidados o fruto desse nosso amor: nosso filhinho. — Retirou a mão de dentro do caixão e pegou o filho do colo da tia. — Como lhe prometi antes de você desencarnar, tentarei ao mesmo tempo ser pai e mãe do Diogo. Sei que não será nada fácil, mas me esforçarei ao máximo para cumprir a promessa que lhe fiz. — Curvou-se e aproximou o filho do rosto sem vida da esposa. — Minha amada e doce Rebecca, esse é o Diogo. O nosso lindo bebezinho. Ele é bem parecido com você. — Ergueu o filho, com os olhos cheios de lágrimas. — Eu a amo muito, e sempre a amarei, porque a morte só separou o seu corpo físico do meu; nosso amor continuará existindo. A morte só destrói o corpo físico, ela não consegue destruir o amor, pois o amor é eterno e nós o levamos conosco para os locais onde passamos a viver. Continuarei amando-a nesse mundo, e sei que você continuará a me amar no mundo dos espíritos. Que seu corpo possa descansar em paz, e que o seu espírito encontre a verdadeira felicidade, que só é possível nesse mundo em que ele agora está.

Com exceção do bispo e de Amanda, todos os presentes tinham lágrimas nos olhos, e bateram palmas após as lindas palavras que escutaram Tarcísio dirigir ao espírito da esposa.

Phillipe permitiu que uma lágrima escapulisse de seus olhos. Isaura escreveu tudo que Tarcísio falou para depois mostrar ao espírito de Rebecca, quando ele despertasse do sono no hospital da

267

cidade espiritual para a qual havia sido levado. Aproximou-se de Phillipe e confessou estar emocionada.

Os coveiros se aproximaram do caixão com o corpo que abrigara o espírito de Rebecca e o depositaram dentro da sepultura. Alguns presentes jogaram rosas, e outros, de acordo com suas crenças, jogaram punhadinhos de terra.

O gerente da agência bancária disse a Tarcísio que ele teria quinze dias de licença do serviço. O senador Cardoso também lhe deu uma licença.

Quando os coveiros concluíram o trabalho deles, Teófilo debruçou-se no túmulo da filha e começou a chorar.

— Não! Não vou abandoná-la aqui sozinha. Ficarei com ela. Por que isso foi acontecer? Ela não merecia isso, era tão jovem! Ela não poderia ter morrido, meu Deus!

Tarcísio agachou-se e abraçou o sogro, dizendo-lhe: — Rebecca não morreu; sua filha está viva. O espírito dela vive! O que vemos na sepultura é somente o corpo físico. Ficar sobre a sepultura não vai adiantar nada, e o espírito dela ainda sofrerá desgaste, ficará infeliz se estiver aqui, testemunhando seu desespero. Sei o quanto está triste, mas tente recordar-se dos momentos felizes passados na companhia de Rebecca. Além do mais, preciso de seu apoio para cuidar do Diogo; agora mesmo, quando chegar em sua casa, darei nele o primeiro banho, e com certeza o senhor poderá ajudar muito nessa tarefa, pois presenciou os dois filhos tomando banho quando eram bebês. — Sorriu para o sogro e, levantando-se, ajudou Teófilo a se erguer do túmulo. Pegou o filhinho do colo de Maria Elise e o entregou ao sogro, dizendo:

— Pode me ajudar a levá-lo para casa. Veja como seu neto é belo! E como se parece com sua filha!

Com o neto nos braços, Teófilo acalmou-se quando viu que Diogo se parecia mesmo com a filha: —Vejam só o meu netinho... Claro que ajudarei a dar banho nele. Tarcísio, obrigado por suas palavras.

Padre Júlio, aproximando-se de Tarcísio, indagou:

— Meu jovem, diga-me de onde você busca forças para suportar tanta dor, e de modo tão sereno e forte? E como ainda consegue confortar e estimular seu sogro?

— Do espiritismo, padre Júlio. No espiritismo aprendi que em nossos momentos de dor devemos nos manter serenos e buscar na prece a força para nos ajudar a vencer ou controlar o sofrimento. Durante a prece os espíritos amigos enviados por Deus, por Cristo e pela Virgem Santíssima se aproximam de nós e nos ajudam.

O pai de Diogo pediu licença ao padre e, com o filhinho nos braços, aproximou-se do presidente da casa espírita, dos seus ex-vizinhos do Guará II, dos médicos Matheus e Sônia, que conheciam o presidente da casa espírita, e dos jovens integrantes da mocidade espírita. Agradeceu a presença deles e as preces que sabia terem sido elevadas a Deus por eles, pedindo que o Pai Celeste cuidasse do espírito de Rebecca.

Tarcísio os deixou, e seguiu com Teófilo na direção do estacionamento do cemitério.

Clara, ao vê-lo entrando no carro do sogro, falou:

— É muito bonito ver Tarcísio colocando em prática o que lemos nos livros da codificação espírita, bem como o que os espíritos amigos nos pedem para colocar quando se manifestam através de algum médium de psicofonia. Realizando o que a doutrina pede, ele incentiva a nós, espíritas, para que façamos o mesmo — falou Clara.

— Então façamos como ele — comentou o presidente da casa espírita.

20

A vida sem Rebecca

Diogo abriu a boca e começou a chorar quando sentiu a agulha em seu pezinho. O pai, após perguntar a dr?. Sônia se já podia pegar o filho no colo, esperou mais um minuto e então começou a embalá-lo e a conversar amorosamente com ele. Diogo não se acalmou, contudo; Tarcísio então retirou de dentro da bolsa a mamadeira que sempre levava pronta para alguma emergência, e ofereceu-a a seu filho. Diogo foi serenando, e assim que tomou todo o leite o pai guardou a mamadeira na bolsa. Depois, junto com a médica, passou no banco de leite do hospital e levou mais leite para sua casa.

Dentro do ônibus, pensava com quem haveria de deixar o filho enquanto estivesse estudando e trabalhando. Não tinha como pagar uma babá, e a irmã só se oferecera para ficar com Diogo nos dias em que ele trabalhasse à noite. Seria uma grande ajuda, mas quem ficaria com a criança durante o dia? A única pessoa que surgia em sua mente era a mãe, que, segundo soubera por Matilde, não iria lecionar aquele ano no vespertino. Se ela pudesse cuidar de seu filhinho durante o horário em que estivesse trabalhando na agência bancária, conversaria com o diretor do colégio e pediria permissão para levar o filho à sala de aula. Padre Júlio tinha um bom coração, e certamente compreenderia sua situação. Era a única solução que via. Fechou os olhos, fez uma prece e pediu a Deus que o ajudasse quando fosse conversar com a mãe e com o diretor de seu colégio.

Marta conversava com Clara e Matilde na sala de estar quando a campainha tocou. Matilde levantou-se e foi verificar quem chegava. Vendo o irmão com o sobrinho nos braços, abriu o portão e o levou até a sala de estar. Ao vê-lo, Marta levantou-se e perguntou o que ele fazia em sua casa. Tarcísio disse que precisava conversar com ela.

— Não estou interessada em ouvi-lo. Não tenho mais filho, e não sou obrigada a escutar o que um estranho quer me dizer.

— Mesmo que a senhora não me queira mais como filho, eu continuo sendo seu filho. Vim aqui para conversarmos, porque minha mãe é a única pessoa que poderá me ajudar no momento em que mais preciso. Por favor, escute-me primeiro. Após me escutar deixarei sua casa.

— Não vou escutá-lo coisa alguma. Retire-se imediatamente de minha casa.

— Mamãe, não custa nada a senhora ouvir o que Tarcísio tem a dizer — disse Matilde. — Dê alguns minutos de sua atenção a ele. Não percebe que se trata de algo importante?

— É muito importante mesmo — frisou Tarcísio. — Muito importante para mim e para o meu filho.

Marta sentou-se e o mandou dizer logo o que queria falar. Clara já ia se levantando, mas Marta lhe pediu para ficar

— Não precisa sair, querida, este rapaz não irá demorar aqui. Logo retomaremos nossa conversa do ponto em que foi interrompida com a chegada desses dois desconhecidos.

— Mamãe, na segunda-feira retorno às aulas no colégio e daqui a uma semana volto a trabalhar. Não posso pagar uma babá para cuidar do meu Diogo enquanto estiver estudando e trabalhando. Matilde ofereceu-se para cuidar do bebê nas noites em que eu estiver trabalhando com o senador Cardoso. Irei conversar com o padre Júlio e pedir permissão para levar meu filho à sala de aula. Se o diretor permitir, faltará encontrar alguém confiável para cuidar do meu filhinho durante à tarde. Matilde disse-me que a senhora não está lecionando no vespertino. Aqui estou para pedir que cuide do meu filhinho nos dias de semana à tarde, até que eu possa encontrar uma pessoa de confiança para cuidar dele, ou então solicitar ao gerente da agência bancária que leve Diogo comigo. Pensei muito antes de vir até aqui e pedir-lhe isso, pois recordo o que a senhora me pediu no dia do meu casamento. Mamãe, não tenho mais ninguém a quem recorrer nessa hora. Compreendo que cuidar do Diogo é meu dever, não da senhora; mas muitas vezes as avós, com sua experiência, ajudam os filhos a cuidarem de seus netos. Mamãe, poderia cuidar do garoto enquanto trabalho no período da tarde?

— Nunca farei isso. Eu não tenho filho, muito menos neto. Não quero nem mesmo olhar para o rosto desse que Matilde está segurando nos braços. Vire-se sozinho, Tarcísio. Encontre alguém para cuidar do seu filho enquanto estiver trabalhando à tarde. E à noite também. Não vou cuidar dele, nem permitirei que sua irmã fique com ele nos dias em que for trabalhar com o político. Matilde tem estudado muito pouco durante o dia, e por isso vai precisar das noites para estudar. Agora que já escutei suas lamúrias e lhe disse o que você deveria ter ouvido, pegue o seu filho e desapareça com ele da

Só o amor explica

minha frente. E nunca mais coloque os pés em minha casa! Se o fizer outra vez, chamarei a polícia e direi que um estranho invadiu minha residência.

— Mãe, você enlouqueceu? — ralhou Matilde, revoltada. — Claro que cuidarei do Diogo nas noites em que Tarcísio estiver trabalhando, não ligo a mínima para a sua proibição.

— Bem, filha, se quer cuidar da criança de um desconhecido o problema é seu. Mas terá de pegar as suas coisas e mudar-se para a casa dele. Aproveite e peça a ele que compre os livros do seu curso, pague a gasolina do carro com que você vai todos os dias à universidade e se responsabilize por todas as suas despesas. Se não me obedecer, também deixará de ser minha filha, e você já pôde perceber o que isso significa.

— Matilde, faça o que ela pede — disse Tarcísio, pegando o filho do colo da tia. — Eu resolvo tudo com o senador Cardoso. Obrigado por me escutar, mãe. Não vou mais importuná-la. — Despediu-se de Clara e de Matilde e caminhou em direção da porta. Abriu o portão e dirigiu-se ao ponto de ônibus.

Clara e Matilde seguiram Tarcísio, e encontraram-no no ponto de ônibus; sentado, ele olhava para o filhinho com ar preocupado. Clara chamou-o e pediu que ele a acompanhasse até sua casa: queria conversar com ele. Tarcísio levantou-se e a acompanhou.

Clara disse a Tarcísio que iria telefonar ao marido, e depois conversaria com ele. Renata e Matilde ficaram com ele, trocando conselhos e sugestões sobre cuidados referentes ao bebê.

— Tarcísio, tenho boas notícias — avisou Clara ao retornar. — Cuidarei do bebê na parte da manhã, enquanto você estuda. Não poderei ficar à tarde e nem parte da noite, porque trabalho no hospital. Se não encontrar alguém para ficar com o bebê à tarde e nas noites em que trabalha, terá de levar a criança para o trabalho ou recorrer ao seu sogro.

— Clara, isso é maravilhoso! — Tarcísio mostrou-se radiante de alegria. — Jamais poderei pagar o que você fará por mim e por meu filho. Muitíssimo obrigado!

— Bem, vamos combinar tudo, então — disse Clara.

Tarcísio estava um pouco ansioso enquanto esperava que o gerente fosse atendê-lo. Acabara de sair da casa de Clara com uma ótima notícia; mas ainda havia muito a resolver.

— Bem, rapaz, o que posso fazer por você? — perguntou-lhe o gerente.

Com muita objetividade e precisão, Tarcísio expôs ao homem a situação em que se encontrava. Precisava de autorização para ficar com seu filho enquanto travalhava. Prometeu desdobrar-se para cuidar do filho e trabalhar ao mesmo tempo, pois tudo faria para manter aquele emprego. Entretanto, pediria demissão se falhasse nesse propósito.

— E é este o meu problema, senhor — disse Tarcísio. — Permite que eu venha trabalhar nesta agência trazendo meu filho?

Antes de responder, Meireles pensou por alguns instantes. Possuía três filhos, e pouco estivera presente na vida deles. Os filhos haviam crescido; dois estavam casados, e a mais nova já tinha dezesseis anos. Entretanto, ele os conhecia pouco. Se pensasse como Tarcísio, na certa os três seriam seus amigos, coisa que não eram. O pedido de Tarcísio era difícil. Um bebê dentro da agência poderia atrapalhar o serviço do pai, e até mesmo incomodar alguns clientes; ou poderia atrair a simpatia dos correntistas, que se alegrariam ao vê-lo trabalhando e cuidando do filho ao mesmo tempo. Tarcísio já atraía a atenção do sexo oposto por ser fisicamente lindíssimo: desde que começara a trabalhar na agência, o número de correntistas do sexo feminino dobrara. Certamente atrairia muito mais novas correntistas quando as já existentes o vissem cuidando do filho e comentassem com as amigas. Além disso, o jovem passara a ser na agência uma espécie de conselheiro dos demais funcionários. Ouvia os problemas de todos após o seu expediente, e a todos dava conselhos sábios. Sempre trabalhava alegre e nunca reclamava de nada. Sim, ele iria atender ao pedido de Tarcísio! Pediu ao jovem que aguardasse alguns minutos, discou o ramal da copa e solicitou à copeira para ir vê-lo.

Quando a copeira chegou a sua mesa, pediu à mulher que chamasse os demais funcionários. A mulher fez isso; e logo todos os funcionários achavam-se a sua volta. Informou a respeito do pedido de Tarcísio, e disse que contava com todos para auxiliar o jovem pai a cuidar do filho quando a criança passasse a conviver com eles na agência. Todos disseram que fariam o possível para ajudá-lo a cuidar do bebê. Meireles então olhou para Tarcísio e disse-lhe que o filho dele seria muito bem-vindo à agência.

Tarcísio, feliz e aliviado, agradeceu o gerente e os companheiros. Gostava muito deles, e era bom saber que também era apreciado. E seu filho já fazia sucesso: todos quiseram olhá-lo de perto, pois era um lindo bebê.

Ao chegar em casa, Tarcísio deu água para o bebê, limpou-o e trocou sua fralda. Apanhou o seu *O Evangelho Segundo o Espiritismo* e começou a ler em voz alta. Meditou o que tinha lido, e fez uma prece agradecendo a Deus as dádivas recebidas naquele dia. Sempre que rezava, fazia-o em voz alta para que seu filho pudesse ouvi-lo e, mesmo quase nada compreendendo, já recebesse as bênçãos oriundas da prece. Conversou com o menino por alguns minutos, e beijou-o.

— Papai ama você, meu querido! Espere que vou já preparar a sua mamadeira.

No sábado, após ter concluído o Evangelho no Lar, na hora em que estavam tomando o chá, Matilde indagou se Tarcísio tinha conversado com o gerente da agência bancária, e ele contou o que escutara do gerente.

— Gostaria de pedir ao senhor — disse o jovem, dirigindo-se ao senador — o mesmo que pedi ao gerente Meireles.

Antes de o senador se manifestar, Thiago disse que ele poderia cuidar do sobrinho enquanto o cunhado trabalhava com o senador. E Teófilo resolveu ficar com o filho e com o neto nas noites e nos sábados em que o genro estivesse trabalhando com o político.

— Amigos, muito obrigado — disse Tarcísio, bastante emocionado. — Vocês são um verdadeiro tesouro.

À noite, ao se deitar, Tarcísio agradeceu a Deus e aos espíritos amigos por terem lhe ajudado a encontrar formas de cuidar de seu filho, mesmo estudando e trabalhando. Fechou os olhos e rapidamente adormeceu.

As coisas finalmente começavam a se ajustar na vida de Tarcísio. Clara já estava cuidando de seu menininho, e se dava bem com ele. Em seu trabalho e nas aulas, Tarcísio se esforçava ao máximo.

Meireles observava que todas as mulheres atendidas por Tarcísio perguntavam-lhe se ele era pai daquela criança ao lado dele, e ao receberem a resposta, aprovavam e elogiavam o fato de o pai cuidar de seu bebê enquanto trabalhava. Certa vez, uma delas perguntou onde estava a mãe do bebê; o jovem explicou o que acontecera a Rebecca:

— Puxa, pobrezinha dessa moça! — comentou a mulher. — E de você também. Você deve ser muito forte para ter conseguido suportar e superar tanto sofrimento, sendo tão jovem. E isso sem ter se revoltado contra a vida e contra Deus.

— Ninguém jamais deve se revoltar contra a vida, muito menos contra Deus — respondeu Tarcísio. — A vida só coloca em nosso caminho os sofrimentos que podemos enfrentar e vencer. Deus, ao notar esses sofrimentos em nosso caminho, nunca nos abandona: caminha conosco, dando-nos as suas bênçãos e a força necessária para nunca nos desesperamos com os sofrimentos, e sim acreditarmos ser fortes o suficiente para passarmos por cima deles.

A primeira coisa que fez ao chegar em sua casa foi ir ao quarto ver o filho, que dormia. Tocou de leve a testinha da criança e ajeitou a manta sobre ela. Agradeceu ao sogro e ao cunhado os cuidados que dispensaram a Diogo, e quando ficou sozinho, foi para o tanque lavar as fraldas que o filho sujara naquele dia. Depois, preparou a comida que levaria na marmita no dia seguinte. Lavou as mamadeiras do filho, e quando se deitou, faltavam dez minutos para a meia-noite.

Com o passar dos dias, Tarcísio ia se acostumando à nova vida que levava. Meireles observou que a presença de Diogo na agência em nada comprometia o rendimento do pai no trabalho, e que, de acordo com sua previsão, o número de correntistas do sexo feminino aumentara com a permanência da criança na agência.

Renata olhava para Amanda e Lucrécia, que, sentadas a sua frente no escritório de Teófilo, comunicavam a ela e a Mário as intenções de Dom Gilberto.

— Não contem mais comigo para prejudicar Tarcísio. Nada mais farei para fazê-lo sofrer. Há mais de um mês ajudo mamãe a cuidar do Diogo no período da manhã, enquanto Tarcísio estuda, e comecei, junto com minha mãe e meu pai, a freqüentar o culto do Evangelho no Lar na casa dele. Tenho observado a forma como ele cuida do Diogo, e o amor que sente pelo filho. Tarcísio tem se desdobrado para conseguir cuidar do filho, estudar, trabalhar, participar dos encontros na casa espírita e dar atenção a todos que o procuram. Vendo-o fazer tanta coisa sem nunca reclamar de nada, e observando os cuidados que ele tem para com o filho, que tipo de monstro eu seria se aplicasse mais castigos a ele, se desse mais sofrimento àquele pobre coração? Não é justo que ele sofra mais; pelo contrário, ele merece receber apenas alegrias! Não contem comigo para atingi-lo. — Levantando-se, deixou o escritório e foi embora.

— Eu penso de maneira bem diferente — informou Mário. — Farei o que estiver ao meu alcance para prejudicar esse Tarcísio.

Quando o rapaz deixou a mansão, Amanda disse à tia que era hora de fazer uma visita à mãe de Tarcísio. Lucrécia telefonou a Marta e combinou encontrar-se com a mulher no dia seguinte.

Amanda consultou o relógio, e então apanhou o carro e dirigiu-se à casa de Tarcísio.

Ao chegar à casa do viúvo, tocou a campainha. Ao vê-la, Tarcísio a convidou para entrar e perguntou se algo acontecera com o sogro.

— Não aconteceu nada com tio Teófilo — disse Amanda. — Vim aqui porque desejo conversar com você.

— Sente-se! Estou a seu inteiro dispor. — Sentou-se com o filho no colo.

— Tarcísio, eu me apaixonei por você desde a primeira vez que o vi no ginásio, jogando vôlei. Essa paixão foi crescendo dia após dia, e quando você escolheu Rebecca e não a mim, imaginei que fosse morrer. Eu o amo, Tarcísio. Amo com todo meu coração. Soube que você está fazendo enormes sacrifícios para cuidar de seu filho e realizar todas as suas tarefas. Aceite o meu amor, e eu o ajudarei a cuidar de seu filho. Serei uma mãe para Diogo, e tentarei amá-lo da mesma forma que já o amo. Eu preciso de você, Tarcísio, quero você. Não suporto mais a paixão que me consome. Por favor, aceite ficar comigo! Aceite o amor que lhe ofereço!

— Amanda, só sinto por você amizade, por isso não posso aceitar o seu amor. Nunca fui apaixonado por você, e acredito que nunca serei. Sou consciente de que Rebecca era o espírito que reencarnou para me fazer feliz, e a nenhuma outra mulher conseguirei dar o amor que dei a ela. Acredito que irá encontrar alguém que a ame muito e que a faça feliz.

— Mas eu quero *você*, Tarcísio. Nenhum outro rapaz me faria feliz!

— Bem, Amanda, a mim você não terá.

— Então ninguém o terá, meu querido. Vim lhe oferecer o meu amor, e você o desprezou. Isso não se faz, jamais. — Levantando-se, Amanda se foi.

Tarcísio retomou tranqüilamente os seus serviços domésticos.

21

Do outro lado da vida

As lágrimas desciam pela face de Rebecca, que, sentada em um banco de um lindo jardim, lia pela décima vez as duas folhas de papel que Isaura pedira a Phillipe para lhe entregar e que continham as palavras que Tarcísio pronunciara no hospital e no cemitério. Essa leitura sempre a emocionava, pois mostrava que ele nunca deixaria de amá-la, e que iria cuidar de seu filho como lhe tinha prometido.

Levantou-se do banco, guardou as folhas de papel no bolso da calça que usava e começou a caminhar pelo jardim. Tocou as flores e as rosas, andou até perto da fonte que ficava no centro do jardim e contemplou alguns pássaros que bebericavam água na fonte. Ficou encantada quando, após terem bebido, as aves olharam para ela e começaram a cantar.

Isaura e Phillipe, sentados em um banco, observavam-na sem nada dizerem.

Quando os pássaros alçaram vôo, Rebecca retornou ao banco em que estava sentada e pôs-se a pensar no que tinha lhe acontecido.

Só o amor explica

Ao despertar em um quarto de hospital e ver um rapaz desconhecido sentado em uma cadeira ao seu lado, e não o dr. Matheus ou a enfermeira que ajudara na hora de seu parto, perguntou ao rapaz se ele era enfermeiro; ele respondeu que a enfermeira há pouco deixara o quarto, e ele era apenas um amigo. Então, ela perguntou quem era ele, e onde estava seu filho.

Phillipe sorriu e ajeitou o lençol sobre ela, indagando se estava bem e se não sentia mais nenhuma dor.

— Não sinto nenhuma dor. Sinto-me bem relaxada. A impressão que tenho é de que acabei de despertar após muitas horas de sono — falou Rebecca, puxando o límpido lençol branco que a cobria e sentando-se na cama.

— Você não dormiu muitas horas de sono. Dormiu durante alguns dias — disse Phillipe. — Dormiu dias para que durante o sono a equipe médica dessa cidade espiritual ministrasse cuidados especiais ao seu corpo espiritual, para que ao despertar você realmente se sentisse relaxada e sem nenhuma dor.

— Corpo espiritual? Equipe médica dessa cidade espiritual? Não entendi nada. Pode explicar o que isso significa? — pediu Rebecca.

A porta abriu-se e Isaura entrou. Aproximou-se de Rebecca sorrindo e entregou a ela um buquê de rosas brancas, indagando se estava bem após ter despertado de uma boa temporada de sono.

— Acabei de dizer a esse rapaz que estou me sentindo bem — disse Rebecca, tocando as rosas com delicadeza. — Lindas essas rosas! Gosto muito de rosas brancas. Onde as posso colocar?

— Nesse jarro que está ao lado da mesinha de sua cama — indicou Isaura. — Dê-me o buquê que farei isso por você. — Recebeu o buquê das mãos de Rebecca e o colocou no jarro que já continha água.

— Fiz algumas perguntas a esse rapaz, e aguardava as suas respostas quando você entrou no quarto. Quem são vocês? Onde está o meu filho? Onde está meu marido, que deve estar preocupado comigo, já que dormi por dias? Eu desmaiei na hora do parto e entrei em coma, e agora despertei do coma? Foi isso que aconteceu? — indagou Rebecca, olhando para Phillipe e para Isaura.

— Antes de responder as suas várias perguntas, irei me apresentar — falou Isaura, fixando seu olhar nos olhos verdes de Rebecca. — Meu nome é Isaura. O nome do meu amigo é Phillipe. Você já ouviu seu marido pronunciar o meu nome. Tarcísio algumas vezes lhe disse que eu estava na residência de vocês na hora em que se uniam com seus amigos e juntos faziam o culto do Evangelho no Lar. Eu sou o espírito que dá assistência a Tarcísio. Phillipe é o espírito que cuida de você.

— Está me dizendo que você é Isaura, o anjo da guarda de Tarcísio? E que esse rapaz que se chama Phillipe é o meu anjo da guarda? Se vocês dois são os nossos anjos guardiões, meu pressentimento de que algo terrível me aconteceria na hora do parto acabou acontecendo. Eu morri na hora do parto, e agora sou um espírito como vocês; e vou passar a viver na mesma cidade espiritual que Tarcísio me dizia que você, Isaura e outros espíritos vivem? — perguntou Rebecca, com lágrimas nos olhos.

— Rebecca, você não morreu. Recorde-se de tudo que ouviu de seu marido e dos livros da doutrina espírita que leu. Ninguém morre, apenas retorna para o mundo dos espíritos, do qual se ausentou para reencarnar em uma cidade terrena e nela aprender lições que lhe ajudassem a crescer moralmente e espiritualmente. Lições que jamais serão esquecidas pelo seu espírito, e que a ajudarão muito nesse mundo em que está — explicou Isaura. — Eu e Phillipe não somos anjos da guarda, somos seus amigos e amigos de Tarcísio; quando acompanhamos vocês em suas novas existências terrenas, além de auxiliá-los sempre que podíamos, também aprendemos bastante com as lições de vida que foram colocadas em seu caminho e

Só o amor explica

no caminho de seu marido. Continuaremos a aprender com as outras lições de vida que surgirão no caminho de Tarcísio. Como você já mencionou, encontra-se na cidade espiritual em que eu, Phillipe e muitos outros espíritos vivemos.

— Se eu estou no mundo dos espíritos, o que aconteceu com o meu filho ou filha? — inquiriu Rebecca.

— Filho! Diogo, esse é o nome do seu filho, é um lindo menino. Tarcísio tem cuidado dele com muito amor e carinho; tem sido para ele pai e mãe, como você pediu. Gostaria de saber o que seu marido disse quando soube que você tinha desencarnado, e o que ele disse no cemitério no momento em que se despedia do corpo físico que abrigou seu espírito? — indagou Isaura.

— Ficaria muito feliz se tomasse conhecimento das palavras de Tarcísio — respondeu Rebecca.

Isaura pediu a Phillipe para abrir a gaveta da mesinha e dela retirar duas folhas de papel. Ao entregar as folhas para Rebecca, ele disse:

— Leia com atenção. Irá se emocionar, como eu me emocionei quando as li.

Rebecca leu primeiro o que Tarcísio dissera no hospital; e quanto mais lia, mais se emocionava. Com os olhos marejados de lágrimas, começou a ler o que seu marido falara quando esteve no cemitério. Por fim, não mais conseguiu conter as lágrimas, e permitiu que elas descessem por sua face. Concluída a leitura, beijou as duas folhas e pediu a Isaura notícias do filho e do marido.

Isaura comentou como os dois estavam, e Rebecca ficou contente ao tomar conhecimento de que Tarcísio se revelava mesmo um bom pai, e que tentava ser mãe de seu filho. Perguntou a Isaura quando ela poderia conhecer o filho e visitar o marido. Queria imediatamente ir até a casa deles e vê-los.

Phillipe disse que primeiro ela precisava tentar se adaptar ao novo mundo em que vivia. Teria de aprender algumas coisas antes de visitar Tarcísio e Diogo, para que não quisesse ficar na casa deles quando os visitasse pela primeira vez; pois se o fizesse, em vez de ajudar Tarcísio a cuidar do filho iria prejudicar o bebê e Tarcísio, visto não ter conhecimentos ainda que contribuíssem para que ela, como espírito, auxiliasse os dois. Isaura lhe disse algo parecido; e comentou que quando ela fosse portadora de certos conhecimentos, que lhe seriam passados por ela, por Phillipe e pelos professores de uma escola onde passaria a fazer um pequeno curso, a levaria para visitar Tarcísio e Diogo.

— Eu não sei — comentou Rebecca. — Acho melhor ir visitar logo meu filho e meu marido, e só depois começar a aprender esses conhecimentos.

Isaura lhe entregou um pequeno caderno contendo as preces que Tarcísio fazia por ela, e o que nas preces pedia para que a esposa fizesse no mundo dos espíritos. Isaura e Phillipe a deixaram no quarto. Ela começou a ler o que continha o caderno.

Os dois regressam após trinta minutos, e ela disse que iria fazer como os dois tinham sugerido e como o esposo lhe pedia através das preces dele. Os dois a abraçaram e perguntaram se ela não gostaria de passear pelo jardim do hospital. Ao terem sua resposta, sugeriram que ela entrasse no banheiro, tomasse um banho e vestisse a roupa que no banheiro encontraria. Eles voltariam ao quarto dentro de alguns minutos, e a conduziriam até o jardim do hospital. Ela gostou bastante de conhecer o jardim, e após mais duas visitas a ele, mudou-se para a casa em que Isaura vivia. Ficou admirada ao descobrir que o marido realmente falava a verdade quando lhe dizia que a vida continua após a morte, e que os espíritos viviam em cidades espirituais parecidas com as cidades terrenas, só que bem mais evoluídas que as cidades dos homens. Tinha se matriculado em um curso numa escola parecida com o colégio em que ela e Tarcísio estudavam, e no curso com Isaura e Phillipe aprendia o que a ajudaria no dia em que

Só o amor explica

fosse visitar o filho e Tarcísio na Terra. Fazia quase três meses que fazia o curso, e torcia para que Isaura e Phillipe logo lhe dissessem quando a levariam até Brasília.

Isaura e Phillipe levantaram-se do banco em que estavam sentados, foram até ela e a convidaram para regressarem a casa em que morava. Quando deixaram o jardim que se localizava bem no centro da cidade, Isaura lhe dava novas notícias de Tarcísio e do filho. Notícias que a deixavam feliz e desejosa de poder ver os dois em breve.

Logo que uma nova reunião do grupo da mocidade espírita terminou e Renata viu Tarcísio saindo da sala, empurrando o carrinho do seu filho em companhia de Thiago, William e Maria Elise, aproximou-se deles e disse a Tarcísio que precisava conversar com ele em particular. Tarcísio entregou o filho aos cuidados do cunhado para ir conversar com Renata.

— Tarcísio, tenho ajudado a mamãe a cuidar de Diogo desde o primeiro dia que o bebê ficou em minha casa. Cuido dele com muito carinho; até sinto vontade de ficar cuidando mais tempo dele. Aprendi com minha mãe a cuidar de uma criança bem direitinho. Notei que Diogo precisa de uma mãe para cuidar dele, e quero tornar-me essa mãe. Então, que acha de começarmos a namorar e no futuro casar? Seria uma excelente mãe para Diogo, e uma excelente esposa para o pai de Diogo.

— Renata, agradeço por auxiliar sua mãe a cuidar do meu filhinho quando ele se encontra em sua casa, durante as manhãs. Estou tentando ser pai e mãe do Diogo. Por isso, no momento não vejo necessidade de meu filho ter uma mãe. Não posso aceitar seu pedido de namoro. Você precisa compreender que eu gosto de você como um irmão gosta da irmã. Não tenho por você nenhum sentimento parecido com o que sentia por Rebecca. Espero que não mais me fale em namoro, porque minha resposta será sempre a mesma. Com licença, preciso retornar para perto do meu filho.

— Espere, Tarcísio! — chamou Renata quando ele lhe deu as costas. — Se você não namorar comigo, pedirei a minha mãe para não mais cuidar de Diogo.

Tarcísio mencionou que ela já tinha recebido a resposta. Sem dizer mais nada, saiu ao encontro do filho e dos amigos.

Sentindo-se novamente rejeitada, Renata encheu-se de ódio e decidiu fazê-lo sofrer; assim, talvez ele voltasse atrás e aceitasse seu pedido.

Quando jantava, comentou com os pais o pedido que fizera a Tarcísio. Eles lhe disseram para tentar encontrar um jovem que gostasse dela e se esforçasse para esquecer a paixão doentia que parecia sentir por Tarcísio.

— Nunca! Jamais esquecerei Tarcísio. Estou disposta a conquistar o coração dele a qualquer preço — afirmou Renata. Pediu à mãe que não mais cuidasse de Diogo e só voltasse a fazê-lo quando Tarcísio aceitasse namorá-la. Clara disse que não faria tal coisa. Renata ameaçou passar a tratá-la como uma estranha; deixaria de ter mãe e nunca mais trocaria uma só palavra com ela.

— Filha, o que me pede é absurdo — disse Clara. — Não virarei as costas para Tarcísio no momento em que ele mais necessita de mim.

Renata a olhou com raiva, pegou seu copo de suco e o atirou na parede. Ele se espatifou todo, e os cacos se espalharam no chão. Levantou-se e foi para seu quarto, bateu a porta com força e passou a chave na porta.

— Querida — falou Cléber —, não seria melhor conversarmos com ela?

Só o amor explica

— Vamos terminar o jantar, meu bem. Depois faremos uma prece solicitando a Deus e aos espíritos amigos auxílio; e então conversaremos com Renata.

Quando bateram na porta do quarto de Renata, a jovem não abriu, e fez de conta que não os ouvia. No dia seguinte, Renata não olhou para a mãe, nem lhe dirigiu a palavra. Mais dois dias se passaram, e nada mudou. Por fim, depois de conversar com Cléber, Clara acabou cedendo à filha.

— Bem — lembrou Cléber —, vamos então até a casa de Tarcísio para lhe dar a notícia.

Após avisarem Tarcísio sobre a resolução de não mais cuidar de seu filho, Clara e Cléber, enquanto voltavam para casa de carro, ficaram pensando na forma como o jovem recebera a notícia. Permaneceu sereno, agradeceu por tudo que haviam feito por ele e pelo filho, e em vez de ficar triste e preocupado, rezou solicitando a Deus para abençoá-los. Clara deixou uma lágrima escorrer pela face ao imaginar que recebera uma nova lição de vida dada por Tarcísio. Renata retornava para casa decepcionada. Imaginava que Tarcísio se desesperasse por não ter com quem deixar o filho durante as manhãs, e acabasse aceitando o seu pedido de namoro. Mas o viúvo não reagiu como ela esperava, destruindo suas esperanças.

Logo que os amigos se retiraram, Tarcísio entrou em seu quarto, sentou-se na cabeceira da cama e ficou vendo o filhinho dormir no lado da cama em que a mãe dormia antes de desencarnar. "Quem ficará com meu filho enquanto eu estiver estudando?", pensou. A única solução que lhe ocorria era falar com o padre Júlio e solicitar que o autorizasse a levar o filho para a sala de aula. Fez uma prece demorada, entregando-se a ela de coração e depositando toda sua confiança em Deus.

Quando o dia amanheceu, Tarcísio colocou a mochila nas costas e pôs o filho dentro do carrinho de bebê. Seguiu para o ponto de ônibus. Ao entrar no coletivo, o motorista, que já o conhecia, aguardou com paciência ele entregar o bebê para o cobrador enquanto descia e apanhava o carrinho, colocando-o próximo à cadeira em que iria se sentar. Agradeceu ao motorista e ao cobrador, e desejou ardentemente que o padre Júlio o compreendesse e o ajudasse.

— Meu caro Tarcísio, a que devo a honra de sua visita? — disse alegremente o padre Júlio, ao chegar ao colégio e encontrar Tarcísio com o filho nos braços o aguardando. Mandou que entrasse em sua sala, e fez um carinho no bebê.

— Padre Júlio — Tarcísio começou —, ser pai e mãe ao mesmo tempo não é uma tarefa fácil. A responsabilidade pelo filho triplica, e você nunca mais tem tempo para pensar em suas próprias necessidades, em seu próprio bem-estar: é preciso estar a todo o momento voltado para a felicidade e o bem-estar de seu filho. Por isso, como faço os dois papéis, tenho de levar o meu filho para onde for, pois não tenho condições de pagar uma pessoa para cuidar dele. Amo meu filho, e por ele sou capaz de fazer qualquer coisa. Prometi a Rebecca que cuidaria dele com muito amor e carinho, e farei o possível e o impossível para cumprir a minha promessa. Ainda que nada tivesse prometido a minha esposa, mesmo assim faria tudo por meu filho, porque o amor que tenho por ele já é muito maior do que o amor que tenho por qualquer outra pessoa. É por isso que lhe peço autorização para trazer meu filho à escola, e ficar com ele em sala de aula.

O diretor do colégio ficou profundamente tocado com as palavras de Tarcísio. Contemplou o jovem, com a certeza de que ele cumpria fielmente a promessa que fizera à esposa. Sim, ele iria conceder a autorização que o jovem pai lhe solicitava; e não o perderia de vista: queria observá-lo enquanto ele cuidava do filho e dedicava

Só o amor explica

a ele todo o seu amor, quando estivesse com o bebê no colégio. Através da observação, poderia continuar aprendendo com os exemplos de vida que aquele aluno lhe dava desde que fora matriculado em seu colégio.

Levantando-se, pediu a Tarcísio para acompanhá-lo até a sala dos professores. queria que o jovem repetisse aos professores o que lhe tinha dito. Tarcísio fechou os olhos, fez uma rapidíssima prece pedindo aos espíritos amigos para ajudá-lo a se recordar de tudo que dissera ao diretor. Assim que Tarcísio concluiu sua fala, o padre comunicou aos professores que autorizava o rapaz a ficar em sala de aula com o filho.

Quando a sirene soou, o padre e Tarcísio se dirigiram à sala de aula. Padre Júlio informou aos alunos que o filho de Tarcísio iria ficar com o pai durante as aulas. Alguns alunos levantaram-se e foram dar uma olhadinha em Diogo.

Maria Elise, que se mudara para a turma de Tarcísio quando este ficara viúvo, vibrou com a notícia, e quando o jovem sentou na carteira ao lado dela, ela colocou o carrinho de Diogo entre as duas carteiras.

Na hora do intervalo, Diogo foi a atração do colégio. Professores, alunos e funcionários do colégio, ao verem Tarcísio com o filho no colo dando-lhe a mamadeira, achavam a cena linda. Thiago fazia questão de dizer a todos que Diogo era seu sobrinho.

Conforme os dias passavam, professores e alguns alunos se apegavam ao filho de Tarcísio, e em determinados momentos ajudavam o pai a cuidar do filho. Diogo dificilmente atrapalhava o andamento de alguma aula: Tarcísio sabia exatamente a hora em que a criança precisava tomar a mamadeira e ser trocada, e ausentava-se da sala antes do bebê começar a chorar. Ao retornar, trazia o filho dormindo e o colocava no carrinho. Se o menino estivesse acordado, embalava-o devagarzinho no colo enquanto prestava atenção às aulas.

Na agência bancária, Meireles notava o mesmo: a presença de Diogo em nada prejudicara o bom desempenho de Tarcísio no trabalho. Algumas correntistas, quando iam à agência, levavam alguns presentinhos para o filho de Tarcísio, e sempre que conversavam com ele elogiavam muito o fato de o jovem viúvo cuidar do filho com tanto empenho e amor.

Dia após dia, Tarcísio esforçava-se ao máximo para dar conta de todas as suas obrigações. Quando a última semana de aulas daquele ano letivo iniciou-se, Tarcísio pensou ter aquele mês passado muito depressa. Ao entrar em férias escolares, decidiu que iria dedicar as manhãs exclusivamente ao filho.

22

Sem limites para o mal

Assim que seus tios deixaram a mansão para irem ao teatro, Amanda vestiu uma minissaia, colocou uma blusa que deixava os seios bem salientes, passou um batom vermelho e bateu na porta do quarto do primo. Thiago abriu a porta, e ao vê-la vestida de forma provocativa perguntou o que ela desejava. Amanda disse ao primo que pensava em sair e se divertir um pouco. Indagou se ele conhecia algum local em que os jovens de Brasília costumavam ir para dançarem, beberem e se divertirem à vontade.

— Conheço um clube bem legal, podíamos ir para lá — sugeriu Thiago.

— Vamos, então, primo. Podemos dançar a noite inteira.

Ao chegarem ao clube, Amanda notou que se tratava de um dos famosos "inferninhos" que costumava freqüentar na capital gaúcha. Dentro deles havia música, bebida, drogas e algumas vezes até sexo. Muito bom. Ao ter convidado o primo, acreditava que ele a levaria para um desses clubes caretas onde quase nada era permitido. Thiago, tendo-a levado para um inferninho sem perceber, contribuíra com seus planos.

Thiago apresentou a prima para alguns amigos que lá estavam. Após ser apresentada, Amanda chamou o primo para dançarem. Após ter dançado duas músicas, Amanda pediu a Thiago para providenciar bebidas para os dois. Quando o primo lhe entregou uma cerveja, ela recusou o copo, e, levando a garrafa até a boca, começou a beber como via os demais jovens fazendo. Entregou a garrafa para Thiago e mandou que ele fizesse o mesmo; o primo a obedeceu. Quando a garrafa esvaziou-se, ela chamou o primo para dançar novamente. Enquanto dançava, sussurrou no ouvido de Thiago que queria outra cerveja. Thiago providenciou, e rapidamente os dois a consumiram. Amanda pediu ao primo para conseguir uma bebida mais quente. Thiago relutou. Ela o beijou, e após o beijo disse que a bebida iria deixá-la mais solta. O primo disse que só bebia cerveja. Amanda deu uma gargalhada e pediu a Thiago que a acompanhasse até o bar.

Amanda sentou-se e pediu uma dose de uma bebida bem forte. Foi servida. Tomou um gole da bebida e mandou Thiago experimentar, mas ele recusou. Ela pediu ao garçom que enchesse o copo. Chamou o primo para voltarem a dançar, e durante a dança ela bebia e beijava Thiago, esfregando-se nele de forma provocativa. Quando percebeu que o primo desajeitado colocava as mãos em sua cintura, retirou uma das mãos dele e a levou até uma de suas coxas, beijando-o com sofreguidão. Mostrou-lhe o copo da bebida, e lhe disse para experimentar, pois a bebida o ajudaria a se soltar um pouco.

— Já disse que não quero isso — protestou Thiago. — Estou bastante solto.

— Solto coisa nenhuma, você parece uma estátua — brincou Amanda, e mordiscou a orelha dele. Apontou para um casal que dançava ao lado deles: — Aquele rapaz é que sabe se soltar. Você precisa fazer como ele, que bebe e dança ao mesmo tempo; veja como a garota sente o fogo que o consome por dentro! — Mostrou o copo para o primo e o levou até os lábios de Thiago.

Só o amor explica

Thiago experimentou a bebida, e gostou do sabor. Tomou outro gole, e Amanda começou a passar as mãos pelo corpo dele de forma sensual. Quando ele lhe agarrou as coxas com vontade, a jovem o empurrou e disse que a bebida parecia estar fazendo efeito. O primo tinha começado a se soltar, mas ainda estava um pouco parado. Mandou o garoto buscar mais bebida, e ao vê-lo retornando com o copo cheio, fingiu beber um novo gole e o estimulou a fazer o mesmo. Observando que o primo bebia com cautela, foi aceitando as carícias dele, e quando elas se tornavam bem provocativas, mandava-o beber mais. Thiago obedecia, e ela permitia que ele continuasse com as carícias.

— A bebida está fazendo efeito, Thiago? Sente-se mais solto?

— S-sim, priminha querida...

E assim passaram a noite inteira: mal o copo de Thiago se esvaziava e Amanda o enchia de novo.

Amanda não parou de estimular o primo a beber nem quando voltaram para casa. Dentro do carro, abriu a garrafa e mandou que ele bebesse até que chegassem à mansão. Colocou a mão na perna do jovem e a alisou. Ele já estava completamente bêbado. "Idiota", ela pensou. "Ele é mesmo apaixonado por mim. Não será nada difícil torná-lo um alcoólatra, e depois apresentá-lo às drogas".

Thiago começou a vomitar. Amanda estacionou o carro calmamente, foi até o quarto dos tios e bateu na porta. Teófilo a abriu.

— Tio, venha socorrer Thiago! Ele está passando mal, e eu não consigo levá-lo para dentro sozinha.

Teófilo a seguiu, e ficou chocado ao encontrar o filho todo sujo e bêbado. Gritou com ele, e quase o arrastou até o banheiro. Ligou o chuveiro e deixou que água fria caísse sobre a cabeça do jovem, que reclamou muito quando sentiu a água fria. O pai mandou que se calasse, e aumentou a velocidade da água. Depois ajudou-o a tirar a roupa molhada, secou-o e o colocou na cama.

— Amanda! — Ralhou Teófilo, irritadíssimo. — Por que deixou que se embriagasse? Sabe muito bem que ele não bebe!

— Não tenho culpa de nada. Thiago me levou ao clube, um lugar horrível, aliás. Ele começou a beber assim que chegou, e eu lhe pedi para parar. Mas Thiago afirmou que sempre bebia naquele clube com os amigos; eu então me calei. Durante toda a noite, assim que seu copo se esvaziava ele o enchia. Voltei a pedir para ele não beber, mas ele não ligou, e ainda foi rude comigo. Fiquei quieta em um canto, vendo-o embebedar-se com os amigos e se aproveitar de algumas garotas. Ele começou a vomitar já dentro do carro.

— Nunca mais convide-o para sair com você, entendeu? Para lugar algum! Você é péssima companhia. Viu o garoto beber e nada fez para impedi-lo. Vou conversar com Thiago quando ele despertar, e lhe passar uma reprimenda. — Teófilo deixou-a com a esposa e entrou em seu quarto.

Lucrécia, que estava ciente do que Amanda iria fazer com o filho, perguntou se tinha sido difícil convencer o filho a beber.

— Ah, tia, coisa mais fácil neste mundo não há — respondeu Amanda. — Não será complicado fazer com Thiago o que o bispo pediu-me para fazer. Acho que cerca de três meses serão suficientes para transformar Thiago em um alcoólatra. Depois, passaremos às outras etapas do plano.

As duas gargalharam e depois foram para seus quartos.

Thiago acordou no dia seguinte sentindo uma forte dor de cabeça. Após tomar café, o pai o chamou no escritório e conversou longamente com ele. Prometeu ao pai que não mais beberia, e que não aceitaria novo convite de Amanda para sair. Deixou o escritório do pai cabisbaixo e triste. O pai tinha toda razão: ele realmente exagerara na noite passada.

No sábado, assim que Thiago chegou com o pai da casa de Tarcísio, a prima perguntou se ele se lembrava de tudo que tinham feito no clube, e se ele havia gostado.

— Só me lembro de ter bebido demais — respondeu Thiago. —Nunca mais farei isso novamente. Papai ficou furioso, e eu detestei ter bebido tanto, pois fiquei com dor de cabeça no dia seguinte.

— Ora, não faça drama. Na verdade, você bebeu pouco. Foram apenas uns golinhos, mas graças a eles você fez coisas deliciosas comigo... coisas tão quentes!

— Eu fiz? Que coisas foram essas, Amanda?

— Primo, você me fez sentir certos prazeres que nunca senti, com nenhum homem.

— Sério? Mas que prazeres exatamente?

— Quando retornarmos àquele clube para mais uma festinha, e você beber mais uns golinhos, você vai se lembrar do estado em que me deixou...

— Então nunca vou saber. Papai não quer que eu vá mais àquele clube, nem que beba outra vez. Prometi a ele que não iria beber nunca mais.

— Pena, Thiago! Sabe, o uísque tornou-o outra pessoa; você se soltou tanto que várias garotas naquele clube vieram me perguntar se não poderiam dançar com você. Falei que não: disse que você era meu namorado, e que do clube nós iríamos a um motel nos divertir bastante!

— E n-nós fomos ao motel? — perguntou Thiago.

— Infelizmente não. Você começou a passar mal logo que entrou no carro. Eu o trouxe para a mansão decepcionada. Queria muito ter experimentando o fogo que meu primo demonstrou ter depois que tomou uns golinhos de uísque. Agora que não mais irá beber, acho que jamais experimentarei esse fogo.

— Você quer experimentar? — indagou Thiago.

— Claro — disse Amanda, piscando para ele. — Mas só senti esse fogo depois que você bebeu um pouquinho. Como não mais irá beber, não voltarei a sentir esse fogo; portanto, não me terá.

— Mas eu poderia despertar esse tal fogo novamente sem ter que beber — argumentou Thiago.

— Duvido que consiga — disse a prima, e, como teste, beijou-o. — Viu só? Não senti nada. — Ele então a beijou, e ela continuou afirmando que nada sentia. — Não adianta, primo: sem bebida você é um zero à esquerda.

— Mas meu pai me proibiu de beber, Amanda!

— O tio não precisa saber que você bebeu: faça isso escondido. Assim vai se acostumar com a bebida, e não ficará mais bêbado. E nós faremos loucuras...

Thiago acabou concordando em acompanhá-la ao clube ainda naquela noite.

Ao tomar banho, Thiago pensou que naquela noite perderia sua virgindade. Não ligava a mínima para o que prometera ao pai. Já tinha completado dezessete anos, e nenhum amigo da idade dele ainda era virgem. Naquela noite, iria beber bem pouquinho para poder se lembrar de tudo. Queria se lembrar para depois contar aos amigos a noitada que tivera com a prima.

Saiu de casa sem nada dizer ao pai, e ao chegar ao clube, incentivado por Amanda, começou a beber com cautela. Amanda, notando que ele quase não bebia, passou a agir: beijava-o apaixonadamente e lhe pedia para beber mais um pouco...

— Vamos, eu preciso que você libere esse seu fogo... Beba mais...

Thiago acabou ficando bêbado pela segunda vez. Amanda o levou para casa, e como ele não havia passado mal, conduziu-o até o quarto e o deixou atirado sobre a cama.

Amanda o levou ao clube por mais três finais de semana; em todos eles Thiago voltava para casa embriagado, e ao despertar no dia seguinte não se recordava de nada que tinha feito na noite anterior. Quando o pai lhe chamava a atenção, dizia para Teófilo o que Amanda o instruíra a dizer; e Teófilo ficava surpreso ao notar que seu filho estava totalmente mudado.

Algum tempo depois, Amanda chamou o primo para conversar e o pediu em namoro, alegando estar perdidamente apaixonada por ele. Thiago aceitou o pedido.

— Meu primo querido, quero que comunique a nossos tios que estamos namorando. — Beijou o primo. — Hoje à noite, iremos ao clube para comemorar o início do nosso namoro.

Amanda passou a convidá-lo para sair nas noites em que ele costumava ir cuidar de Diogo com o pai, e aos sábados também. Influenciado pela namorada, Thiago não mais ajudou o pai a cuidar do sobrinho e deixou de comparecer ao culto do Evangelho no Lar que o cunhado fazia. Também não foi mais às reuniões da mocidade espírita que freqüentava junto com o cunhado.

Acompanhada por Isaura e Phillipe, e bastante emocionada, Rebecca chegou ao portão da casa em que morara com Tarcísio. Ao atravessar a entrada, recordou-se que há seis meses tinha desencarnado, e a saudade que sentia do marido e do filho, que ainda não conhecia, era muito grande. Vendo Tarcísio alimentando o filho, aproximou-se dos dois, e com os olhos marejados de lágrimas depositou um beijo na fronte de Diogo, e outro na face de Tarcísio. Depois, ficou tocando o cabelo do filho e fazendo carinho.

Logo que sentiu o beijo e os carinhos da mãe, Diogo empurrou o bico da mamadeira com a língua, e, olhando para o local em que a mãe estava, deu um sorrisinho. Ao sentir o beijo da esposa, Tarcísio experimentou um imenso bem-estar e acreditou estar sendo visitado por espíritos amigos, e talvez até pela esposa. Fechou os olhos e tentou, através de sua mediunidade, ver os espíritos. Avistou Isaura sorrindo, e pensou que ela fosse a visitante, e que talvez estivesse brincando com o seu filho. Abriu os olhos e voltou a colocar a mamadeira na boca do bebê.

Após alimentar o filho, Tarcísio o sentou no sofá e começou a cantar, batendo palmas:

— Parabéns, meu menininho! Está completando seis meses... ficando velhinho e cada dia mais bonitinho. Viva o Diogo! Viva! — Pegou o filho o abraçou e o beijou. — Papai o ama muito, filho. Muito mesmo. — Acariciou o narizinho do filho, que deu uma risadinha.

Após colocar Diogo para dormir, Tarcísio resolveu olhar as fotos do dia de seu casamento. Recordou o esbarrão que dera em Rebecca, os encontros que tiveram no shopping e em outros lugares, e tudo que sofreu para poder se casar com ela. Ao ver uma foto da esposa grávida, emocionou-se e deixou uma lágrima descer pela face. Beijou a foto, abraçou o álbum e pensou ser o amor que tinha para com a esposa um sentimento muito puro, muito bonito. Continuava amando Rebecca com a mesma intensidade. Fechou os olhos e pediu aos espíritos amigos, que acreditava estarem em seu quarto, para dizerem à esposa que ele a amava demais, e em nome desse amor desejava que ela fosse imensamente feliz ao lado de Isaura e demais espíritos. Pediu a Isaura para dizer a Rebecca que Diogo completava seis meses, e estava saudável e lindo.

Sentada na cama ao lado dele, Rebecca não mais se conteve, e o abraçou com emoção. Disse que também o amava, e que estava feliz em visitá-lo.

Ao sentir o abraço, Tarcísio voltou a pensar que Rebecca talvez estivesse em sua casa junto com Isaura. Tentou mais uma vez, através de sua mediunidade, avistá-la; mas não conseguiu ver Rebecca porque os dois estavam bastante emocionados. Como não avistou a esposa, atribuiu tudo à sua imaginação e à grande saudade que dela sentia. Achou que já era hora de ir dormir.

— Vamos, Rebecca! — chamou Isaura. — Já visitou seu marido e seu filho, e constatou que eles estão bem e que Tarcísio continua amando-a e desejando a sua felicidade.

— Isaura e Phillipe, obrigada por terem me trazido aqui e permitido que visitasse meus queridos, e com eles ficasse algum tempo. Obrigada de coração por terem me conduzido até aqui, e por tudo que me ensinaram antes dessa visita. Hoje compreendo que esses meses de estudo e preparação que tive para visitar os dois ajudaram-me muito. Devido a esses estudos, agora retorno para a cidade em que vivemos sem desejar ficar aqui, ao lado de minha família. — Rebecca aproximou-se do berço do filho e o beijou no rosto. Depois, aproximou-se da cama e beijou os cabelos do marido. Dirigindo-se a Isaura e Phillipe, disse:

— Grata por tudo que estão fazendo para ajudar Tarcísio e Diogo. Os dois são excelentes amigos. — Abraçou-os e os beijou. — Podemos ir.

Isaura e Phillipe se emocionaram com a atitude dela. E os três saíram volitando em direção da cidade espiritual em que viviam.

Marta ouvia Amanda dizer o que já fizera com Thiago, e, admirada, olhava para Lucrécia, que dava os parabéns à sobrinha por seguir fielmente as instruções do bispo e em pouco tempo levar Thiago ao vício da bebida. Pensou em perguntar por que havia concordado com o que Amanda fizera, mas preferiu continuar apenas escutando. Só se posicionaria quando soubesse o que o bispo lhe tinha a dizer.

Ficou claro para Marta que Dom Gilberto era um homem muito inteligente, mau e vingativo. Ele não hesitava em prejudicar os outros simplesmente para poder atingir e destruir seu lindo filho, que jamais prejudicara alguém. Atenta, não perdeu uma única palavra do bispo, e quando este lhe explicou o que ela tinha de fazer para ter o filho de volta à casa dela, humilhado, ferido e implorando por perdão, pensou que se fizesse o que lhe era pedido talvez ainda pudesse realizar o sonho de ver o seu lindo filho conquistando o mundo da moda e do cinema. Disse ao bispo que poderia contar com ela.

O bispo mandou as três mulheres colocarem suas mãos direitas uma sobre a outra; depois, colocou a mão direita dele sobre as delas e falou:

— Unidos para conseguirmos atingir nosso objetivo. Trabalharemos com todo empenho por essa meta. Juntos conseguiremos atingir Tarcísio muito mais rápido. Um por todos e todos contra Tarcísio. Repitam comigo. Um por todos e todos contra Tarcísio.

As mulheres assim fizeram.

Ao retornar para sua casa, Marta considerou que Dom Gilberto estava coberto de razão. A culpa por Tarcísio não ter voltado a viver com ela e com Matilde quando ficara viúvo tinha sido de Diogo. Eles queriam o filho de Tarcísio para criar, por acreditarem ser a criança um legítimo Lorizzen, que só poderia ser criado por outro Lorizzen. Agradeceria se levassem Diogo para o sul do país; se perdesse o filho, talvez Tarcísio regressasse para a casa dela e se sujeitasse a fazer tudo o que ela queria. Sim, ela se empenharia em ajudá-los a conseguir o que eles queriam, para assim conseguir o que *ela* desejava.

Sentado no sofá com o neto em seu colo, Teófilo olhava para Tarcísio, que explicava a leitura que o senador Cardoso fizera em *O Evange-*

lho Segundo o Espiritismo. Olhou para Maria Elise, William, Matilde e Mário, que participava pela segunda vez do culto do Evangelho no Lar na casa de Tarcísio desde que começara a namorar Matilde, e desejou que Thiago estivesse no meio deles, ouvindo a explicação do cunhado. Decidiu que quando todos fossem embora iria conversar com o genro a respeito de Thiago. O pai de seu neto talvez pudesse ajudá-lo.

Ao ouvir Tarcísio falar de modo tão profundo e tocante, e vendo como ele cuidava do filho e enfrentava tantas dificuldades para manter tudo em ordem, Mário sentiu ímpetos de dizer a Amanda que desistiria de tentar prejudicar Tarcísio. Mas se dissesse tal coisa, jamais poderia se vingar de Tarcísio por ter ele roubado Rebecca dele. Não poderia sentir pena de Tarcísio; precisava pensar como Amanda pensava. Tirando-lhe Rebecca, Tarcísio roubara dele a chance de ser feliz. Haveria de continuar namorando Matilde para poder freqüentar a casa de Tarcísio e descobrir os pontos fracos dele. Gostava de Matilde. Era uma moça bonita e educada. Depois que terminasse com Tarcísio, até poderia continuar o namoro com ela.

Quando todos foram embora, Teófilo disse ao genro que gostaria de ter uma conversa com ele. Tarcísio sentou no sofá e esperou o sogro começar a falar.

— Estou muito preocupado com Thiago. Depois que começou a namorar Amanda, ele se transformou em outra pessoa. Entra e sai de casa a hora que bem entende. Vive sempre bêbado, e abandonou o cursinho pré-vestibular, afirmando que não queria mais saber de vestibular algum. A faxineira encontrou alguns litros de uísque e de outras bebidas vazios embaixo da cama dele. Tento conversar, mas ele não quer me escutar. Recusa-se a enxergar que está bebendo demais. Pedi a Lucrécia para falar com o filho, mas ela não só se recusou como ainda mandou-me deixar Thiago em paz, pois se trata de uma fase e logo nosso filho voltará a ser o bom rapaz de sempre. Não concordo com ela! Se Thiago continuar do jeito que está, jamais irá se recuperar.

— Fez uma pequena pausa. — Tarcísio, meu filho sempre demonstrou estimar você. Poderia conversar com meu Thiago e tentar chamá-lo à razão? É possível que ele o escute. Pode fazer isso por mim?

— Tenho feito muitas preces por Thiago desde que notei sua ausência; ele não o acompanha mais quando o senhor vem cuidar do meu filho, e não tem mais comparecido aos sábados ao culto do Evangelho no Lar. Também há muito tempo não comparece a nenhuma reunião do grupo da mocidade espírita. Diogo já tem nove meses, e a última vez que o vi meu filho nem tinha seis meses ainda. Conversarei com Thiago e tentarei ajudá-lo na medida de minhas possibilidades. Traga-o aqui ou leve-o à agência bancária quando o expediente estiver encerrado.

Teófilo agradeceu e prometeu levar o filho para conversar com ele.

Thiago relutou bastante quando o pai, no dia seguinte, chamou-o para ir à casa de Tarcísio; mas cedeu diante da ameaça de não receber mais nenhum dinheiro. Entrou no carro e seguiu junto com o pai para a casa do cunhado. Ao chegarem, Teófilo pegou Diogo no colo e saiu com o neto para passear. Tarcísio aproximou-se de Thiago, abraçou-o calorosamente e perguntou por que ele sumira.

— Você deve saber muito bem o motivo do meu sumiço. Tenho certeza que papai já lhe contou que estou namorando Amanda e que tenho bebido socialmente. Bem, diga logo o que quer e depois não peça mais para falar comigo — falou Thiago rispidamente.

— Você sabe que eu o estimo muito, e que só quero vê-lo feliz. Pode fazer o que quiser com sua vida, claro; mas sendo seu amigo, preocupo-me com sua atual situação. Hoje você bebe socialmente, mas amanhã isso pode se tornar um vício. Não permita que a

Só o amor explica

bebida o impeça de atingir seus sonhos! Já desistiu do cursinho e do vestibular; se não cursar administração, não se tornará um bom empresário como seu pai, e sei que esse era seu sonho. Mas ainda há tempo de pôr as coisas no lugar. Sei que você é forte o suficiente para deixar de beber no meio da semana, e voltar a ser aquele jovem responsável que era. Talvez precise de ajuda para evitar a bebida durante a semana; estou disposto a auxiliá-lo, se permitir. Farei uma prece e gostaria que me acompanhasse, solicitando que Deus lhe dê forças para superar as dificuldades.

Sem esperar o cunhado se manifestar, Tarcísio fechou os olhos e fez uma prece. Concluiu-a com o Pai-nosso, e quando rezava a oração percebeu que Thiago a rezava junto com ele.

— Tarcísio, não tenho nenhuma dúvida de que só quer o meu bem. Eu também o estimo muito; e o que vou lhe dizer deverá ser mantido em segredo. Gostaria que não contasse ao meu pai nem a ninguém. Se existe alguém em quem confio e posso chamar de amigo, esse alguém é você. Vou lhe contar por que bebo, e por que abandonei o cursinho e não mais compareci a sua casa.

E Thiago revelou os motivos que o levaram a mudar tanto, e a agir como agia. Ele estava viciado nos prazeres que a prima lhe proporcionava; estava viciado em Amanda. Obedecia-a em tudo, fazia tudo que ela pedia. Não parava de beber porque ela queria; abandonara tudo porque ela queria. Se ela o deixasse, seria capaz de cometer uma loucura. Por isso, ele não iria deixar de beber socialmente, não retornaria para o cursinho, nem voltaria a rezar na casa dele aos sábados.

Tarcísio o abraçou e disse que o compreendia.

— Sinto muito, meu amigo — comentou Thiago —, eu gostaria que fosse tudo diferente.

— Eu continuarei rezando por você. Sempre que desejar, não hesite em vir conversar comigo; esta também é sua casa. — Pelo abraço que recebeu do cunhado, Thiago sentiu que ele realmente o compreendia.

23

O mal traça seus planos

Matilde apagou as luzes da sala da casa do irmão, e os poucos convidados começaram a cantar parabéns para Diogo, que olhava para a chama da vela com vontade de tocá-la. Quando terminaram de cantar parabéns, Matilde cortou o bolo, e Maria Elise distribuiu pedaços para os convidados.

Depois de dar bolo e refrigerante para o filho, Tarcísio o sentou perto dos presentes, e entregou um carrinho para Diogo. Estava conversando com os convidados quando viu o filho arrancando os pneus do carrinho e batendo com o brinquedo no chão. Aproximou-se dele, tomou-lhe o brinquedo e bateu forte na mão dele, dizendo para não estragar o brinquedo.

Diogo começou a chorar. Teófilo aproximou-se do neto, e Tarcísio, ao notar que ele iria colocar Diogo no colo, disse-lhe para deixar o filho no chão chorando.

— Mas meu neto hoje está completando um ano, não sabe ainda que estragar um brinquedo é errado — reclamou Teófilo.

— Ele sabe, sim — afirmou Tarcísio. — Já é capaz de entender certas coisas. Quando tinha onze meses, quebrou o brinquedo; dei uma palmada na mão dele e avisei por que ele a tinha recebido. Hoje, novamente, recebeu uma palmada na mão, e um aviso. É assim que ele começará a compreender que sempre que estraga os brinquedos é castigado, e procurará não mais quebrá-los. Não quero que o apanhe do chão, isso tornará o castigo sem efeito. Deixe que pare de chorar sozinho.

Quando o filho parou de chorar e começou a brincar com os outros presentes que ganhara, Tarcísio tirou algumas fotos do menino.

Mais tarde, quando a festa já havia acabado e todos já haviam ido embora, Tarcísio deixou o filho entretido com os brinquedos e começou a lavar os copos e pratos de sobremesa. Ainda bem que o filho completara um ano: A creche só aceitava crianças a partir dessa idade.

Depois que tudo foi acertado na creche onde Diogo ficaria, a diretora chamou Neide, uma moça que fora contratada havia menos de um mês, e a apresentou para Tarcísio, avisando que Diogo ficaria aos cuidados dela.

Neide imaginou estar diante do homem mais lindo que já vira em toda sua vida. Aquele jovem pai superava em beleza física qualquer ator de novelas e de filmes.

Tarcísio entregou para Neide os objetos pessoais de Diogo e pediu que ela cuidasse bem do filho dele. Mal a moça começou a empurrar o carrinho, Diogo principiou a chorar bem forte. O pai correu até o filho e o retirou de dentro do carrinho, pedindo-lhe para se acalmar. Mas Diogo não se acalmou: continuou a chorar.

— É normal a criança chorar no primeiro dia em que fica na creche, e nos outros dias, até se acostumar — explicou a diretora, aproximando-se e retirando Diogo dos braços do pai. — Deixe tudo conosco. Vá, e não olhe para trás. O garoto irá chorar mais um pouco, e depois se acalmará.

Tarcísio fez como ela pediu; mas se foi com o coração pesado, escutando o choro do filho sem nada poder fazer.

Na hora em que as crianças dormiam, Neide, de um telefone público, telefonou para Dom Gilberto e informou-lhe que o filho de Tarcísio estava na creche. O bispo disse que ela sabia o que deveria fazer, e pediu a ela que seguisse fielmente as instruções dele. A moça de vinte anos, cabelos castanhos, baixa e olhos cor de mel retornou para a creche, e ao se aproximar de Diogo e recordar o quanto o pai do menino era lindo, pensou em não fazer nada que o bispo lhe ordenara.

Após examinar Diogo, drª. Sônia ficou olhando atentamente para a criança; e quando um pensamento surgiu em sua mente, tratou de expulsá-lo para longe. Entregou o menino para o pai, informando-o de que Diogo estava abaixo do peso normal para uma criança de sua idade. Pediu a Tarcísio que averiguasse na creche o tipo de alimentação que o menino recebia. A doutora também avisou que seria necessário incentivá-lo a andar e a pronunciar as primeiras palavras; Diogo já tinha um ano e seis meses, e nessa idade a maioria das crianças já falava e andava. Entregou a Tarcísio uma receita contendo o nome de uma vitamina, e, sorrindo, fez um carinho nos cabelos loiros de Diogo, comentando que o aguardava para uma nova consulta dentro de poucos meses.

Ao vê-lo deixando o consultório com o filho, a médica ficou preocupada. Esperava que o pensamento que tivera ao examinar o menino fosse apenas um pensamento, e nada mais.

Na creche, Tarcísio pediu para falar com a diretora.

— A pediatra de Diogo me disse que o menino está com menos peso do que deveria. Preciso saber que tipo de alimentação meu filho recebe aqui.

A diretora, que se afeiçoara a Tarcísio porque ele era um dos pais mais responsáveis e amorosos que já conhecera, levou-o até o refeitório da creche e solicitou à cozinheira que informasse a Tarcísio o que as crianças da creche costumavam comer. Após ouvir a cozinheira, Tarcísio pediu para falar com a moça que tomava conta do filho.

Neide entrou na sala da diretora, e contemplou Tarcísio longamente, com os olhos cheios de cobiça. Tinha se apaixonado pelo pai de Diogo, e por isso não estava cumprindo as determinações de Dom Gilberto. O bispo pagava-a para maltratar Diogo; quando ia ao apartamento do bispo para dele receber o pagamento, Neide mentia a ele e dizia estar seguindo à risca as ordens dele.

Tarcísio lhe entregou a vitamina que comprara na farmácia e a receita contendo as informações sobre os horários em que ela deveria dar a vitamina ao filho. Agradeceu pelo trabalho que realizava com Diogo, e lhe pediu que estimulasse o menino a falar e a andar, quando dispusesse de mais tempo.

— Farei o que o senhor me pede — disse Neide.

— Não precisa me chamar de senhor. — Abraçou-a calorosamente, agradecendo por antecipação o que ela iria fazer pelo filho. Ao sentir aquele abraço, Neide desejou que ele não chegasse ao fim. Quando Tarcísio se retirou da creche, não parou de pensar no abraço que dele recebera. Na expectativa de receber outro abraço, decidiu que tudo faria para ensinar Diogo a falar e a andar o mais rápido possível.

Tanto Neide como Tarcísio se desdobraram para ensinar Diogo a falar e a andar. Certo dia, Tarcísio foi buscar o filho na creche e o encontrou sentado no banco do jardim, ao lado de Neide. Era o último a buscar o filho, devido ao horário em que saía da agência bancária. Neide se levantou do banco com Diogo.

— Faça para o papai ver! Vamos! — pediu Neide ao menino.

Diogo deu um passinho à frente, e outro mais; e, esforçando-se para não cair, deu os outros passinhos apressados e atirou-se nos braços do pai, dizendo:

— Pa-pai ti a-mo!

Emocionado, Tarcísio abraçou Diogo e o beijou:

— Papai também ama você. Ama! Ama e ama! — Colocou o filho no chão, segurou a mãozinha dele, foi até Neide e a abraçou. — Muito obrigado! Não imagina o bem que isso me fez!

No dia da formatura de segundo grau de Tarcísio, após o culto do Evangelho no Lar Matilde conduziu o irmão e o sobrinho até o ginásio do colégio. Tarcísio foi considerado o melhor aluno do segundo grau. Emocionado, agradeceu ao padre por tudo que tivera naquela escola, e disse-lhe que sentiria saudade. Ambos ficaram emocionado.

Avistando o sogro, Tarcísio foi até ele e lhe entregou o diploma:

— Meu sogro, o senhor disse-me que quando concluísse o segundo grau iria me fazer uma proposta. O diploma do curso está em suas mãos. Pode agora mencionar qual é a proposta?

— Meu caro, preciso de um contador de confiança para trabalhar comigo. Confio muito em você, e o estimo como um pai estima um filho. Não sei quais são seus planos, nem qual o curso que pretende cursar na universidade. Ficaria muito contente se você prestasse vestibular para ciências contábeis e no futuro trabalhasse em meu escritório. Estou disposto a pagar uma universidade particular para você, caso não passe no vestibular da universidade pública. Não estou nem um pouco contente com meu atual contador. Procuro um contador em quem possa confiar plenamente, e não conheço pessoa mais honesta e responsável do que você. Proponho que se forme contador e venha trabalhar comigo, no escritório dos meus frigoríficos. Aceita a proposta? Ou pensava em prestar vestibular para outro curso?

— Sim, o curso que eu gostaria de fazer na universidade não é o que acabou de me sugerir. Contudo, deixarei para cursá-lo quando já estiver formado em ciências contábeis. Se esse curso é importante para o senhor, torna-se também para mim importante. Quando me formar, estarei a sua disposição para trabalhar com o senhor. Conte comigo. Farei minha inscrição no vestibular para o curso de ciências contábeis, e na próxima semana já começarei a estudar para as provas.

Antes de ir embora, Tarcísio pergunto ao sogro se Thiago estava bem.

— Não podia estar pior, meu caro. Depois que Amanda terminou o namoro, ele passou a beber todos os dias... Até começou a usar drogas!

Tarcísio teve compaixão de Thiago. Fechando os olhos, rapidamente fez uma prece por ele, e depois disse ao sogro que tentaria conversar outra vez com o rapaz.

— Mário descobriu dois pontos fracos em Tarcísio — disse Amanda a todos que estavam reunidos no escritório de Dom Gilberto Lorizzen. — Pelas conversas que já tive com Maria Elise e William, e por tudo que soube quando namorei Thiago, percebi estes mesmos pontos fracos.

— A única coisa que consegui arrancar de Teófilo foi um ponto mais vulnerável de Tarcísio, idêntico a um dos pontos fracos que Amanda e Mário descobriram.

Dom Gilberto, encarando Marta, perguntou se ela concordava com as conclusões.

— Elas estão corretas. Se realmente querem atingir meu filho, precisarão concentrar esforços no seu ponto mais fraco. Tarcísio é um guerreiro, não se intimida com as primeiras derrotas que surgem: ao contrário, elas o estimulam a lutar mais ainda e vencer a guerra. Ele nunca se deixa abater. A confiança que tem em Deus e naqueles espíritos que ele chama de amigos o faz superar qualquer sofrimento. Ele acredita que sofre porque no passado fez outros sofrerem; é o que ensina a doutrina espírita, na qual ele crê piamente. Para derrubar Tarcísio, que é forte como um leão, basta atacar o filhote do leão. Se Diogo for atingido, o pai será massacrado. Mas antes será necessário tirar do caminho os dois homens que ainda apóiam meu filho: o senador Cardoso e o marido de Lucrécia.

— Já estou cuidando de meu cunhado — disse o bispo. — Mas dar cabo do político será difícil; até agora não descobri nada que pudesse usar contra ele. Bem, é chegada a hora de darmos a primeira facada em Tarcísio. Cada um de vocês agirá de modo a não saber o que os outros quatro estão fazendo, e somente eu terei conhecimento dos passos de todos.

O bispo pediu que Amanda e Marta aguardassem na sala enquanto ele conversava com a irmã.

— Se fizer o que lhe peço — disse Dom Gilberto a Lucrécia, quando ficaram sozinhos —, poderemos voltar a ser íntimos, como fomos no passado. — Aproximando-se da irmã, beijou-a nos lábios. — Sinto falta dos encontros que mantínhamos em segredo.

Lucrécia beijou o irmão com paixão, e sussurrou-lhe no ouvido:
— Seu pedido é uma ordem.

Depois, foi a vez de Marta reunir-se a sós com o bispo; a tarefa da mãe de Tarcísio seria obter uma importante informação.

Quando Amanda estava a sua frente, o bispo a parabenizou pelo excelente trabalho feito com Thiago. Agora, poderiam levantar a mão contra Tarcísio e feri-lo mortalmente. Notou que a sobrinha abaixara a cabeça, pensativa.

— Querida — disse ele, carinhoso —, erga a cabeça, sim? Você não odeia Tarcísio, não é?

— A-acho que sim... Bem, eu...

— Minha criança, sei que está apaixonada por ele. Agora não tenho mais dúvidas. Sabe qual será sua recompensa se executar com presteza o que eu lhe pedir? Tarcísio! Sim, eu a ajudarei a conquistar o viúvo, e até a se casar com ele, se quiser.

— Jura que fará isso? Prometa, tio!

— Eu prometo.

— Nesse caso, farei tudo que me pedir!

Dom Gilberto entregou à sobrinha um pequeno pacote contendo cem gramas de drogas. Ela, por sua vez, deveria levá-lo a Mário, juntamente com algumas instruções.

Depois que todas se foram, o bispo não pôde deixar de rir delas. Como era fácil enganá-las! Embora tivesse prometido à sobrinha que ela teria Tarcísio, jamais a ajudaria a conquistar o viúvo. Esmagaria Tarcísio até a morte; e a sobrinha na certa não iria querer ficar com um cadáver.

Sentado na cama, Mário olhava para o pacotinho que Amanda lhe entregara. Quando dissera à garota que não mais iria prejudicar Tarcísio, ela o beijou com malícia, tirou a roupa e o seduziu; e ele acabou prometendo que faria exatamente o que ela desejava.

Abriu uma gaveta do guarda-roupa e apanhou a cópia da chave da casa de Tarcísio que surrupiara de Matilde. Iria agir naquela noite, pois a namorada iria levar o irmão e o sobrinho na creche em que Diogo ficava.

24

O verdadeiro espírita

Sentado ao lado de Matilde e de outros pais, atento a todos os detalhes, Tarcísio assistia à peça que o filho e outras crianças da creche apresentavam. Diogo estava caracterizado como anão ajudante de papai-noel.

Quando a peça chegou ao fim, os atores cumprimentaram o público. Tarcísio jogou um beijo para o filho, e Diogo, jogando um beijo para o pai, esqueceu que tinha de caminhar atrás das outras crianças que seguiam o papai-noel e se retiravam do palco. Apressou-se para alcançar a fila, e acabou caindo no chão. Neide correu até a criança, tocou-a e gritou:

— Ele desmaiou... está machucado!

Tarcísio deu um pulo da cadeira, e, atropelando o que encontrava pela frente, correu até o filho.

Rebecca, que assistia à apresentação do menino, volitou até ele, agachou-se e tocou a cabecinha do filho.

Tarcísio apavorou-se ao ver o sangue jorrar de um ferimento na testa do garoto. Colocou Diogo no colo e gritou para Matilde correr

Só o amor explica

para o carro; começou a caminhar rapidamente até o estacionamento da creche.

Em menos de dez minutos chegaram ao pronto-socorro. Tarcísio desceu do carro gritando para acudirem seu filho.

Dr. Matheus, que deixava o plantão, ao reconhecer Tarcísio acercou-se dele e mandou que o seguisse. Indicou ao pai de Diogo uma maca, e pediu que colocasse nela o menino. A partir daí, Tarcísio nada mais pôde fazer a não ser aguardar na sala de espera.

— Tarcísio, você sabe qual é o tipo de sangue do seu filho? — perguntou o médico.

— O negativo. Por quê?

— Seu filho precisa receber sangue desse tipo — disse o médico, virando as costas e retornando apressadamente para a sala em que Diogo estava.

Tarcísio ficou mais preocupado ainda, e pediu a Matilde para rezar pelo sobrinho. Fechou os olhos e rezou com todo seu coração, solicitando na prece que Deus e os espíritos amigos cuidassem do seu filhinho. Colocou-se totalmente nas mãos de Deus.

Quando o dr. Matheus se aproximou dele, sentou-se ao seu lado e fez sinal para Matilde não chamar o irmão. Ficou observando Tarcísio rezar, e notou que o jovem pai possuía uma fisionomia bem serena enquanto rezava. Esperou Tarcísio abrir os olhos, e só então pediu que os dois o seguissem. Levou-os até a enfermaria infantil em que Diogo estava. Tarcísio, ao ver o filhinho dormindo, com um curativo na testa e recebendo soro, beijou-lhe o rosto. Depois, virou-se para o dr. Matheus e perguntou:

— Ele está bem?

— Acreditamos que sim — respondeu um médico que se encontrava na enfermaria. — Seu filho recebeu a quantidade de sangue que julgamos ter ele perdido. O soro que ele recebe só irá lhe fazer bem. Ainda não sabemos o que ocasionou o desmaio. O dr. Matheus disse-me que a esposa dele é a pediatra do seu filho; pedirá à drª. Sônia que venha ao hospital. Quando ela chegar, conversaremos. Quando seu filho despertar terá de fazer alguns exames. O menino ficará no hospital, e o senhor pode ficar com ele sem nenhum problema.

— Obrigado, doutor. Ficarei com meu filho, e só sairei daqui quando me permitirem levá-lo para casa. Agradeço de coração tudo que fizeram por ele. Que Deus sempre os abençoe e os proteja, e faça o mesmo em prol de suas famílias. Em minhas humildes preces, recordarei do que hoje fizeram pelo meu Diogo e pedirei ao misericordioso Jesus para iluminá-los dia após dia — falou Tarcísio, abraçando o dr. Matheus e também o outro médico. Virando-se para Matilde, disse:

— Matilde, obrigado por trazer meu filhinho rapidamente ao hospital. Conte sempre comigo! Serei eternamente grato a você. — Abraçou a irmã. — Pode ir para sua casa e descansar. Permanecerei com meu filho, fazendo preces até a hora em que ele despertar. — Aproximou-se do filho e, tocando-lhe o cabelo com delicadeza, disse baixinho:

— Repouse em paz, filhinho, e se recupere logo. Papai está aqui do seu lado, cuidando de você e pedindo para Jesus e os espíritos amigos também cuidarem. Papai te ama e estará sempre ao seu lado. — Sentou numa cadeira próxima à cama do filho e ficou olhando para Diogo.

Dr. Matheus aconselhou-o a deixar Matilde com Diogo, até que ele fosse para sua casa, tomasse um banho, trocasse de roupa e se alimentasse. Depois, poderia retornar ao hospital para ficar com o filho.

— Mas eu sou o pai de Diogo, Matilde não tem obrigação de ficar.

— Tarcísio, sua roupa está muito suja — observou Matilde. — Faça o que o dr. Matheus lhe pede.

Só o amor explica

— Está bem. Mas não demorarei para regressar ao hospital. — Segurou as mãos da irmã e disse: — Cuide direitinho do meu filho. Se por acaso ele despertar antes de eu chegar, diga-lhe que o amo com todo meu coração e em breve estarei ao lado dele. Explique a ele que não demorarei. Por favor, cuide bem do tesouro mais precioso que tenho. Deixo o meu filho em suas mãos.

— Entendi, e farei exatamente isso se ele acordar.

Tarcísio beijou a face do filho, fechou os olhos e pediu aos espíritos amigos para cuidarem do filho junto com Matilde.

Dr. Matheus ofereceu carona a Tarcísio; no caminho, os dois foram conversando sobre a doutrina espírita. O médico tinha algumas dúvidas referentes à doutrina, e Tarcísio as esclareceu. Ao chegarem à rua em que ficava a casa de Tarcísio, este avistou o carro de Mário na frente de sua casa, e uns garotos agredindo o rapaz. Chutavam Mário, que, caído no chão, gritava de dor.

Tarcísio pediu ao médico para estacionar atrás do carro de Mário, e, descendo depressa do carro, começou a empurrar os garotos, pedindo para cessarem a agressão. Um dos jovens deu um soco no queixo de Tarcísio. Dr. Matheus, aproximando-se deles, puxou o crachá que usava no hospital e o ergueu na direção dos garotos, gritando:

— Polícia! Polícia! Parados, todos vocês.

Isso foi o bastante para que os garotos fugissem correndo.

Tarcísio e o médico conduziram Mário para dentro da casa. Deitaram-no no sofá, e cuidaram de seus ferimentos.

Mário não podia revelar o que realmente fora fazer na casa de Tarcísio; então, mentiu, dizendo que, segundo Marta, era ali que ele encontraria Matilde. Ao chegar, desceu do carro e tocou a campainha para perguntar a Tarcísio onde sua namorada se encontrava. Assim que tocou a campainha, levou um soco nas costas, e ao olhar para trás recebeu um murro no rosto. Um dos garotos pediu a chave do carro, anunciando ser um assalto. Relutou em entregar a chave e a carteira que os garotos pediam, e começou a ser agredido. Tarcísio chegara bem na hora em que havia caído no chão e era chutado.

— Acalme-se agora, amigo — disse Tarcísio. — Por que não toma um bom banho? Posso lhe emprestar roupa limpa.

Ao sentir a água do chuveiro em seu corpo, Mário começou a pensar. Se Tarcísio não tivesse aparecido, talvez os marginais o machucassem de verdade, ou até o matassem. Ainda bem que o ferimento que um dos bandidos fizera com um canivete não fora grave. Graças a Deus, Tarcísio chegara bem na hora. Devia um grande favor a ele; talvez devesse até a própria vida. Tinha de pegar de volta a droga que colocara embaixo do colchão de Tarcísio e devolvê-la para Amanda, ou dar um fim nela. Jamais haveria de tentar prejudicar Tarcísio novamente. Os espíritos seus amigos na certa agiram para que ele fosse castigado por tentar prejudicar alguém como Tarcísio, que vivia rezando e queria bem a todos.

Ao sair do banho, sentou-se no sofá. Após comer algo, disse ao dono da casa que a camiseta havia ficado muito comprida, e perguntou se ele não tinha outra menor para lhe emprestar. Tarcísio disse-lhe para entrar em seu quarto, abrir o guarda-roupa e escolher uma camiseta.

Mário rapidamente se dirigiu ao quarto, apanhou a droga e a colocou no bolso da bermuda; então abriu o guarda-roupa de Tarcísio e pegou uma camiseta qualquer. Regressou à cozinha, e avisou que precisava ir embora. Antes de Mário deixar sua casa, Tarcísio pediu-lhe que fechasse os olhos, pois rezaria uma prece por ele.

— Bondoso Deus, proteja o Mário e o ajude a chegar a sua residência sem que lhe aconteça mais nenhum acidente. Envie os espíritos amigos para acompanhá-lo, e o ajude a ser feliz hoje e sempre. Assim seja, com a graça de Deus. — Tarcísio abriu os olhos. — Vá em paz, Mário! Deus o abençoa e cuida de você.

— Obrigado, Tarcísio, pela prece e por tudo que fez por mim nessa noite. Depois telefonarei para Matilde.

Mário saiu com seu carro, e ao virar a primeira esquina deu de cara com o carro de Amanda, que buzinou e pediu-lhe para estacionar. Mário o fez, e quando a moça desceu do carro e se aproximou dele, atirou-lhe o pacote com força, dizendo:

— Isso aí pertence a você. Não pense em prejudicar Tarcísio com isso. Caso contrário, irei à polícia e acabará sobrando para você! — Ligou o carro e seguiu para sua casa.

Amanda entrou no carro e guardou a droga. Conduziu o veículo até a casa de Tarcísio, e o estacionou. Tocou a campainha, e o médico abriu-lhe a porta.

— Tarcísio, vim a pedido de Teófilo — avisou ela, sem rodeios. — Precisa me acompanhar urgentemente até o hospital, pois Thiago está entre a vida e a morte! Sofreu um acidente de carro, após muito beber e se drogar. Meu tio está desesperado, e pediu-me para vir buscá-lo. Ele está chorando demais, e tudo que diz é que precisa do genro ao lado dele.

— Vamos já para lá! — disse Tarcísio. Escreveu algo num papel e o entregou ao médico. — O senhor pode levar esse bilhete para Matilde? — Dr. Matheus colocou a folha de papel no bolso, e perguntou a Amanda em que hospital Thiago estava.

— Tarcísio, irei com você até esse hospital. Sou médico, e posso ajudar em alguma coisa. — Na verdade, dr. Matheus queria acompanhar Tarcísio para verificar o que ele poderia fazer, pois o rapaz já tinha recebido ajuda médica.

Antes de saírem, Tarcísio apanhou o seu exemplar de *O Evangelho Segundo o Espiritismo*.

Ao chegarem a um dos mais conhecidos hospitais particulares de Brasília, o médico viu Tarcísio fechar os olhos e respirar profundamente. Quando o jovem abriu os olhos, sua expressão, sempre serena, pareceu ter ficado mais serena ainda. Lentamente Tarcísio entrou no hospital; Teófilo, assim que viu o genro, levantou-se e se atirou em seus braços, chorando.

— Acalme-se, meu sogro. Tenha confiança em Deus. Ele está olhando pelo senhor, e principalmente olhando por seu filho — disse Tarcísio. — Além dos cuidados médicos, Thiago também está recebendo cuidados de médicos espirituais, que ajudam os médicos encarnados a darem a seu filho a assistência de que ele realmente necessita. Confiemos nos médicos encarnados e nos médicos espirituais, e confiemos em Deus.

Teófilo parou de chorar, e aos poucos foi se acalmando.

Tarcísio cumprimentou Lucrécia e o bispo, e, sentando-se ao lado do sogro, disse que iria fazer preces por Thiago. Fechou os olhos e começou a rezar.

Lucrécia e o bispo não gostaram nem um pouco de vê-lo no hospital, mas nada comentaram. No fundo, Lucrécia até sentiu-se aliviada com a presença dele; pois seu irmão, que era bispo, desde que chegara ao hospital não dissera nada consolador a ela e ao marido, tampouco havia feito uma única prece por Thiago. Resolveu fechar os olhos e rezar também.

Tarcísio, ao abrir os olhos, disse novas palavras de conforto ao sogro, e lhe entregou o livro da codificação espírita que levara. Pediu-lhe que o abrisse e lesse um pouco, e acompanhou-o na leitura. Segurou a mão direita do sogro com firmeza, dizendo-lhe para ser forte, como aconselhava o trecho lido, e deixar tudo nas mãos de Deus e dos espíritos amigos.

Teófilo fechou os olhos e fez uma rápida prece, e ao concluir sua prece agradeceu ao genro por ter atendido seu chamado ao hospital. A presença dele ao seu lado o tranqüilizava, e ele confiava que Deus e os espíritos amigos do genro haveriam de escutar suas preces e ajudarem Thiago.

Dr. Matheus e um médico do hospital se aproximaram deles.

— Fizemos tudo que podíamos pelo rapaz — avisou o médico.

— Ele está na UTI. Entrou em coma. Vamos esperar que saia do coma para avaliar o quadro clínico dele. Se desejar, pode me acompanhar e dar uma olhada em seu filho.

Teófilo olhou para Tarcísio com os olhos cheios de lágrimas.

Thiago estava todo enfaixado, recebendo medicação através das veias; havia alguns aparelhos ligados a ele. Teófilo aproximou-se da cama, olhou demoradamente para o rapaz e começou a chorar. Tarcísio aproximou-se da cabeceira de Thiago, colocou a mão direita na cabeça do cunhado, fechou os olhos e começou a rezar:

— Bondoso Deus! Pedimos vossa santíssima proteção para nosso irmão Thiago. Envie até ele suas infindáveis bênçãos, e através delas proporcione a Thiago a força necessária para ele sentir vontade de lutar pela vida e regressar do coma o mais rápido possível. Bondoso Pai! Confiamos que somente Vós podeis auxiliar Thiago, e devido a essa confiança pedimos com toda fé que envie os espíritos amigos para estenderem a mão ao nosso irmão necessitado. Pai Celestial, deixamos Thiago aos Vossos cuidados, certos de que ele está recebendo a Vossa preciosa assistência. Sois um Pai amoroso e misericordioso, e sendo um pai que só deseja o bem de seus filhos, acreditamos Thiago esteja amparado. Confiamos plenamente em Vossa proteção e em Vosso auxílio. Pai nosso que estais no Céu... — Ao concluir a prece, abriu os olhos e os fechou novamente. — Thiago! Thiago! Thiago! — chamou com doçura. — Sei que o seu espírito está me ouvindo. Por isso, peço que não se apavore. Entregue-se nas mãos de Deus e lute com todas as suas forças para regressar ao seu corpo e continuar vivendo como sempre fez, alegre, sorridente e feliz. Confio que não nos dará nenhum susto e que retornará sem demora ao seu corpo físico, abrirá os olhos e dará o primeiro passo para se recuperar desse acidente. Deus está com você, os espíritos amigos estão com você, sua família e eu aqui estamos. Confie em Deus e no espírito amigo que se encontra ao seu lado, e comece a lutar por sua recuperação. Amo-o muito, e devido ao amor que tenho por você quero vê-lo saudável e feliz outra vez, ajudando-me a cuidar de seu sobrinho, como fazia anteriormente, junto com seu pai.

Thiago, pairando acima do seu corpo, ao escutar o que o cunhado lhe disse acreditou estar sonhando. Somente em um sonho veria o seu corpo estirado em uma cama, parecendo estar todo machucado; e ele, flutuando sobre o corpo, vendo o cunhado e todas as pessoas que havia naquele quarto, que parecia ser um quarto de hospital. Será que ao fazer aquela conversão em alta velocidade e bater em cheio num poste tinha morrido, e agora seu espírito via seu corpo na cama, e via as pessoas que olhavam para o corpo dele?

— Não — gritou Thiago. — Não posso ter morrido! — Aproximou-se do cunhado. — Ajude-me, Tarcísio! Por favor, me ajude! Eu não quero morrer. Não quero morrer! — Colocou as duas mãos nos ombros de Tarcísio, sacudindo-o e chorando.

— Thiago, pense em Deus. Pense em Deus. Reze e se entregue nas mãos de Deus e nas mãos do espírito amigo que lhe quer auxiliar — disse Tarcísio, começando a rezar outro Pai-nosso.

— Pensar em Deus e rezar. Rezar e se entregar nas mãos de Deus. Foram as palavras de Tarcísio — falou Thiago. — É o que irei fazer, pensar em Deus e rezar.

Thiago pensou em Deus, entregando-se nas mãos Dele e pedindo ao Pai Celeste para ajudá-lo. Começou a rezar a mesma prece que o cunhado rezava. Ao concluir a prece, viu Phillipe estendendo-lhe a mão. Pensou ser Phillipe o espírito amigo que o cunhado mencionara, e segurou a mão que lhe foi estendida. Viu Phillipe assoprar sobre ele, e na mesma hora sentiu uma imensa vontade de dormir. Em seguida, viu o homem assoprar novamente sobre ele e pegá-lo nos braços. Fechando os olhos, não viu nem sentiu mais nada.

Phillipe conduziu o espírito de Thiago de volta ao corpo físico que dele tinha se ausentado, e piscou para Tarcísio.

Uma pequena luz de um dos aparelhos ligados a Thiago começou a piscar, e a emitir um som.

Tarcísio, que através de sua mediunidade presenciara o momento em que Phillipe ajudara o espírito de Thiago a retornar ao corpo, fez uma prece agradecendo a Deus por tê-lo atendido e auxiliado seu cunhado. Abrindo os olhos, dirigiu-se ao sogro:

— Deus, por ser infinitamente bondoso e misericordioso, ouviu a nossa prece. Thiago saiu do coma. Apenas está dormindo. Dentro de algumas horas despertará.

Todos que o ouviram olharam admirados para ele. A forma como Tarcísio falou e a expressão de serenidade que ele mantinha não deixaram dúvida de que ele estava certo.

Um médico aproximou-se de Thiago e colocou o ouvido direito próximo aos lábios do rapaz, observou-o detalhadamente e disse, meio incrédulo:

— Parece que ele saiu do coma e está dormindo, como este jovem acabou de afirmar. — Encarou Tarcísio e começou a indagar-se quem seria aquele rapaz para ter uma prece atendida tão rapidamente por Deus.

— Obrigado, Tarcísio! Sabia que sua presença, suas preces e sua confiança ilimitada em Deus haveriam de ajudar meu filho! — falou com entusiasmo Teófilo, abraçando o genro.

O médico pediu para deixarem Thiago dormir sossegado. O pai do garoto pediu a Tarcísio:

— Fique comigo, por favor! Fique comigo durante a madrugada, pois não deixarei o hospital enquanto meu filho não despertar. Não vá agora que meu filho está quase se salvando!

Tarcísio pensou no pedido de Teófilo, e em seu próprio filho, em outro hospital. Matilde cuidava de Diogo, mas não estava de-

ROBERTO DIÓGENES / SULAMITA

sesperada como Teófilo; ela era capaz de fazer o que fosse necessário pelo seu filho. Já o sogro se mostrava perdido e desamparado, sem condições de raciocinar direito.

— Ficarei com o senhor — respondeu Tarcísio. Depois, dirigiu-se ao dr. Matheus e pediu-lhe para entregar o bilhete à irmã e dizer-lhe que ele iria ficar no hospital com o sogro.

Dr. Matheus encarou Tarcísio admirado. No lugar dele, qualquer um teria preferido ficar com o próprio filho.

— Meu neto ficou dormindo e Matilde está com ele? — indagou Teófilo.

Tarcísio pensou no filho, e, sem olhar para o sogro, respondeu que Matilde estava com o menino. Dr. Matheus, notando que ele não iria dizer que o filho encontrava-se hospitalizado, explicou:

— O filho de Tarcísio sofreu um acidente quando fazia uma apresentação teatral na creche, e está em um hospital público. Matilde ficou cuidando dele enquanto Tarcísio, após ter se sujado com o sangue do filho, foi até sua casa limpar-se e retornar para o hospital, a fim de ficar com o pequeno.

— Eu não sabia que meu neto estava no hospital, precisando de você, Tarcísio! Meu Deus... você ajudou Thiago, e ainda se dispôs a ficar comigo a madrugada inteira aguardando meu filho despertar, em vez de ficar ao lado de seu filho, só porque eu lhe pedi para ficar comigo? Por que fará isso? — questionou Teófilo.

— Porque quando somos visitados pela dor, e logo em seguida tomamos conhecimento de que um amigo também foi visitado por dor semelhante, ou até superior à nossa, precisamos sufocar a nossa dor e imediatamente correr e amparar o nosso amigo, tudo fazendo para ajudá-lo a se livrar do sofrimento. Porque a dor de um amigo nos faz sofrer também, e nos impele a tentar livrá-lo dessa dor. O Senhor e Thiago são meus amigos e minha família. Eu os amo, e quero que compreendam que não estão sozinhos nessa hora amarga.

322

— Você também ama seu filho, Tarcísio; deveria primeiro pensar nele, não em mim e em Thiago — disse Teófilo.

— Amo Diogo, o senhor, Thiago e diversas outras pessoas. E vocês necessitam mais de meu auxílio do que meu filho, nesse momento. A atitude que tomei ao deixar Matilde com Diogo e vir até aqui quando fui chamado... bem, somente o amor explica. Tem coisas que só o amor explica — disse Tarcísio, terminando de comover os que já se haviam comovido com suas palavras anteriormente.

Teófilo o abraçou e, emocionado, afirmou que o amava como um pai ama um filho. Pediu-lhe para ir cuidar de Diogo, pois o neto precisava dele; que o fosse amparar, como já tinha amparado a ele e a Thiago.

— Mas quando Thiago despertar — Tarcísio falou ao sogro —, diga-lhe que estou fazendo preces por ele, e que o visitarei depois no hospital. — Então, apanhando o seu *O Evangelho Segundo o Espiritismo*, caminhou em direção da saída do hospital, tão sereno quanto entrara.

O médico que estava ao lado do dr. Matheus, vendo que este ia seguir Tarcísio, tocou-o no ombro e perguntou:

— Quem é esse garoto? É, por acaso, algum santo?

— Ele costuma dizer que é apenas um seguidor da doutrina espírita codificada por Allan Kardec — respondeu dr. Matheus, seguindo até onde tinha estacionado o seu carro.

Amanda, quando viu-se sozinha com a tia e o bispo, contou a eles que encontrara Mário, e o que o rapaz dissera quando devolvera a droga. Dom Gilberto pediu a ela que lhe devolvesse a droga, pois a utilizaria no futuro. Despediu-se da irmã e da sobrinha, e retirou-se, preocupado por perceber que destruir Tarcísio não seria nada fácil. "Mas ele não perde por esperar", pensou.

25

Abandonando o vício

Diogo abriu os olhinhos e viu a tia cochilando na cadeira. Olhou para os lados em busca de seu pai, mas não o encontrou; então, chamou o nome da tia bem alto. Matilde assustou-se e perguntou se ele sentia alguma dor. A criança indagou onde estava, e por que não via o papai dela.

— Você está no hospital, recebendo remédios para ficar bonito e bem saudável. Seu papai foi conversar um pouco com o médico em outra sala, e logo voltará para ficar com você.

— Papaizinho! Papai! — disse Diogo, começando a chorar.

— Ele logo virá cuidar de você. Acalme-se e volte a dormir — pediu Matilde. — Quando acordar de novo, seu papaizinho vai estar bem do seu lado.

— Quelo ele agora, tia. Tia, por favor, tira essa coisa do meu braço. Tira! Tira! Tá machucando. Depois vai buscar meu pai pra mim. Num quero ficar sem meu papaizinho... — passou a chorar mais alto.

A porta foi aberta, e Tarcísio entrou com o dr. Matheus. Aproximando-se do filho, beijou-o no rosto, dizendo:

Só o amor explica

— Papai acabou de chegar para cuidar do filhinho dele. Pare de chorar e fique calmo. Pode ficar sossegado agora — pediu Tarcísio, fazendo carinho no cabelo da criança.

— Papaizinho! Olha, tira isso do meu braço, tá machucando...

— O papai não pode tirar, filho. Isso está ajudando você. Quando acabar eu tiro. Veja, já está quase acabando! Depois, já vamos pra casa. Mas enquanto o soro não chegar ao fim, você vai dormir, que o papai vai continuar aqui, cuidando de você como sempre fez.

— Promete que se eu dormir num vai me deixar sozinho com tia Matilde? Hein? — inquiriu Diogo.

— Prometido! — garantiu Tarcísio, beijando-lhe a testa. — Agora, dê boa-noite para a tia Matilde, para o doutor Matheus e para o papai.

Diogo fez o que o pai disse. Tarcísio pegou uma coberta, que trouxera de casa, e o cobriu. Recomendou ao filho que rezasse antes de dormir, e foi o que o menino fez:

— Papai do Céu, obrigadinho por tudo que fez nesse dia pra mim e por meu papaizinho quelido. Amo muito você, Papai do Céu. Protege eu enquanto durmo. Assim seja — disse Diogo, fechando os olhinhos.

— Matilde, como poderei um dia retribuir tanta dedicação? Obrigado por cuidar tão bem de meu filho!

— Meu irmão, como você poderia imaginar que tudo aquilo aconteceria a Thiago? Acredite, eu gostei de ter ficado com Diogo.

Eles se despediram.

Matilde, ao chegar em casa, foi direto para a cozinha e preparou um lanche. Marta surgiu na cozinha e perguntou aonde ela andava, e se duas horas da manhã era horário de uma moça de família estar na rua.

— Você nem sabe o que aconteceu, mãe... Olhe, meu sobrinho foi hospitalizado, e tive de ficar com ele no hospital.

— Se o filho de um desconhecido ficou doente e está no hospital, o pai é que tem de ficar com ele, não você. Já lhe disse inúmeras vezes que não quero que seja babá daquele que chama de sobrinho. Se ousar chegar em casa outra vez depois das onze e meia da noite por bancar a babá, dormirá na rua!

— Mãe, meu sobrinho sofreu um acidente e Tarcísio...

— Não pronuncie esse nome dentro de minha casa — interrompeu Marta gritando. — Não quero ouvir esse nome nunca mais! Não me importa quem esteja doente! — ralhou Marta, virando as costas e retirando-se.

No hospital, Tarcísio, ao verificar que o filho se mexera na cama, segurou o braço ao qual o soro estava ligado; e quando Diogo se aquietou, ajeitou a coberta nele. Foi até o banheiro e lavou o rosto para tentar espantar o sono. Retornou para perto do filho, abriu o seu *O Evangelho Segundo o Espiritismo* e começou a ler o primeiro capítulo. Iria ler até a hora em que o filho acordasse, ou quando um médico ou uma enfermeira viesse ver seu filho.

No dia seguinte, às sete horas, quando a dra. Sônia, dr. Matheus, outro médico e uma enfermeira entraram na enfermaria, encontraram pai e filho rezando o Pai-nosso. Acharam bonito Diogo repetir parte da prece que o pai dizia, e aguardaram que os dois a concluíssem. A médica, ao notar que a prece chegara ao final, aproximou-se de Diogo, tocou-o perto do curativo da testinha dele e falou:

— Andou se machucando. Não acredito que um menino lindo como você caiu e se machucou. Tem que olhar para onde anda da próxima vez... — Afagou os cabelos de Diogo. — Vamos levantar dessa cama e ir à sala da tia Sônia com o seu pai, mas antes você vai esticar o braço para essa moça aqui poder livrá-lo dessa coisa que colocaram nele. Não vai querer outra em seu braço, vai?

Só o amor explica

— Não quelo! Não! Pode tirar, moça! — Diogo esticou o bracinho para a enfermeira, que rapidamente fez o seu trabalho.

Na sala-consultório da médica, Tarcísio respondeu a perguntas de praxe, e a médica examinou Diogo. Depois que Diogo fez todos os exames necessários, Tarcísio regressou à sala-consultório da drª. Sônia, que examinou Diogo novamente e pediu a Tarcísio que levasse seu filho à clínica em que ela trabalhava dentro de dez dias.

Em casa, Tarcísio deu banho no filho e o alimentou; depois, foi com Diogo ao hospital onde Thiago estava internado.

No hospital, encontrou o sogro, que ficou felicíssimo ao ver o neto.

Thiago fora transferido da UTI para um quarto individual, e naquele instante recebia a visita de Maria Elise e William. Os dois ficaram conversando, e quando Maria Elise e William deles se aproximaram, cumprimentaram Tarcísio e abraçaram Diogo.

Tarcísio e Teófilo foram ao quarto de Thiago, enquanto Maria Elise e William ficavam com Diogo.

— Fico feliz por vê-lo acordado e já um pouco recuperado — disse Tarcísio ao cunhado. — Fiz muitas preces por você, Thiago. Tinha certeza de que as preces, aliadas ao seu desejo de recuperar-se, surtiriam efeito. Continuarei rezando para que sua recuperação seja completa e você logo possa estar saudável como antigamente. Recupere-se logo, meu amigo. Acredito que o fará, pois dentro de você existem forças que o impulsionarão cada vez mais ao seu pleno restabelecimento. Deus, que muito lhe ama, está bondosamente cuidando de você; em breve retornará para sua casa.

— Suas palavras são injeções de ânimo, Tarcísio — disse Thiago. — Papai me contou que ontem você esteve aqui, e que através de suas preces pediu, com toda confiança, para que Deus e os espíritos amigos em que tanto você confia me ajudassem. Acredito que se hoje estou um pouco melhor, devo isso a você e a suas preces. Obrigado por vir aqui ontem, e por rezar por mim.

— Não precisa agradecer nada. Você é meu cunhado, meu amigo e um verdadeiro irmão para mim. Amo-o muito e tentarei estar sempre ao seu lado nos momentos em que mais precisar de mim. Quem ama o seu irmão só quer o melhor para ele, e o que verdadeiramente desejo a você é que o melhor aconteça em sua vida. Vamos fazer uma prece juntos. A prece haverá de lhe proporcionar bem-estar.

Colocando sua mão direita sobre a esquerda de Thiago, Tarcísio fechou os olhos e pediu ao cunhado para repetir suas palavras na prece. Thiago assim fez; e quando encerraram a prece, Thiago pediu ao pai que o deixasse a sós com Tarcísio, que queria conversar em particular com ele.

Thiago começou a falar; Tarcísio sentou-se para escutá-lo, e não o interrompeu nem mesmo quando viu lágrimas descerem pela face dele.

— Tarcísio, sei que sou o único responsável por tudo que me aconteceu. Eu até pensava em parar com a bebida e com as drogas, mas não tinha forças para isso. Depois que Amanda rompeu o namoro comigo, passei a consumir ainda mais bebidas e drogas. Quero parar, só que não tenho forças para conseguir sozinho. Você disse-me que estará ao meu lado quando eu precisar de você; por isso, eu lhe peço-lhe: dê-me forças para parar de consumir drogas. O acidente me revelou que se eu continuar com meus vícios destruirei a minha vida. Por favor, ajude-me! Deixe-me ficar em sua casa quando eu sair do hospital, e me ajude. Sei que você gosta mesmo de mim e só quer o meu bem. Sem seu auxílio, não vou conseguir parar com a bebida e nem com as drogas!

— Thiago, seu desejo de abandonar seus vícios é o primeiro passo para conseguir o que almeja. Os outros passos serão dados quando você rezar muito e, durantes suas preces, entregar-se inteiramente nas mãos de Deus e Nele confiar plenamente, permitindo que essa confiança o estimule a despertar as forças que existem em

Só o amor explica

seu interior. Elas o conduzirão para profissionais habilitados a ajudá-lo a atingir o que você tanto almeja, em clínicas que auxiliam pessoas viciadas. Meu amigo, minha casa está de portas abertas, e eu, de coração aberto para o acolhermos quando deixar esse hospital. Acredito que uma clínica para recuperação de drogados também o acolherá de bom grado. Você, eu, minha casa e a clínica trabalhando pelo seu afastamento das drogas: assim, acredito que você se livrará delas. Conte comigo, e conte com você também. Sua liberação das drogas dependerá muito mais de você.

— Obrigado! Fale mais a respeito dessas clínicas.

Marta entregou a Dom Gilberto um papel contendo os nomes e telefones de um delegado e um advogado, dizendo ao bispo que os dois faziam qualquer coisa por dinheiro. Depois, deixou o homem e regressou para sua casa.

Logo que se viu sozinho no apartamento, Dom Gilberto telefonou para Lucrécia. Ela mesma atendeu a ligação. Conversaram por alguns minutos, e Lucrécia anotou em um papel o endereço que o irmão lhe passou. Garantiu ao bispo que compareceria ao local.

Dom Gilberto guardou o papel que Marta lhe passara, e pensou em comprar os dois homens quando chegasse a hora certa. Pensou também que fora excelente idéia ter ido até Goiânia alugar um apartamento para se encontrar com a irmã, e os dois voltarem a ser amantes.

— Pode esquecer isso, Teófilo! — vociferou Lucrécia. — Não irei com você ao hospital ver meu filho receber alta e correr para a casa do maldito macumbeiro, muito menos acompanharei Thiago até a clínica em que ele ficará internado. Não acredito que Thiago saia da clínica livre dos vícios. Na minha opinião, ele poderia muito bem parar de usar drogas na hora que quisesse.

— Não diga bobagens — respondeu Teófilo. — Um viciado jamais larga dos vícios quando quer, pois o vício exerce grande influência sobre ele, não o contrário. Um viciado só consegue parar de usar drogas se contar com uma grande força de vontade da parte dele próprio, com a ajuda de profissionais do ramo da medicina e com o apoio dos amigos e familiares; enfim, com o amor daqueles que dizem amá-lo, e principalmente com as preces sinceras que ele e outros elevariam a Deus pedindo seu afastamento do vício.

— Bem — Lucrécia avisou —, vou sair de carro, e passarei o dia fora.

— Amanda irá com você?

— Não, eu irei sozinha. Quero dirigir um pouco e passar todo o dia longe da mansão.

Teófilo espantou-se ao ouvir a esposa mencionar que iria dirigir, pois era algo que ela não gostava de fazer, a não ser que houvesse grande necessidade. Se ela queria passar o dia fora, que o fizesse. Ele iria passar o dia na casa do genro; assim, não precisaria regressar para almoçar em companhia da esposa e de Amanda.

Lucrécia deu partida no carro, e, deixando a mansão, consultou o mapa rodoviário; seguindo as indicações do mapa, entrou na rodovia que a levaria para Goiânia.

Assim que entraram no apartamento, o bispo beijou Lucrécia demoradamente, depois a conduziu até o quarto e a deitou na cama. Dom Gilberto beijou a irmã com sofreguidão, e ela se entregou ao beijo com paixão. Amaram-se. Depois, passaram a relembrar os velhos tempos de paixão, como o caso que haviam mantido logo depois que Thiago nascera.

— Lucrécia, prepare-se: quando receber meu telefonema, você fará o que eu lhe pedi para fazer com seu marido. Amanda e Marta já fizeram a parte delas, e eu estou fazendo a minha. Não falhe! Assim atingiremos Tarcísio, que haverá de pagar por tudo que nos fez!

— Logo que receber o seu telefonema, Gilberto, farei tudo o que você me pediu. Não o decepcionarei.

— Sei que não decepcionará. Você é muito esperta e tanto quanto eu desejo vê Tarcísio afundado na lama. Juntos esmagaremos Tarcísio — pronunciou o bispo sorrindo.

Thiago deixou o quarto do hospital em companhia de Tarcísio, que o levou até o carro de Teófilo. Ao chegarem à casa de Tarcísio, entraram em silêncio. Thiago foi conduzido até o quarto de Diogo, e quando nele entrou foi recebido com uma canção de boas-vindas que os jovens da mocidade espírita cantavam. Olhou para Tarcísio, emocionado e feliz, e o cunhado apenas sorriu. O grupo se aproximou dele, e todos o abraçaram, desejando que ele fosse feliz e voltasse um dia a participar das reuniões na casa espírita.

Os jovens foram para o quintal preparar a salada do almoço, e convidaram Thiago a ir também; ele aceitou o convite, e logo estava cortando alguns tomates. Tarcísio encontrava-se na cozinha, com Matilde, Renata e Clara; depois, também juntou-se ao grupo. Enquanto isso, Teófilo, o senador Cardoso e Cléber conversavam na sala.

Antes do almoço, Tarcísio fez uma prece agradecendo a Deus o alimento recebido e a presença de Thiago, recuperado do acidente,

ROBERTO DIÓGENES / SULAMITA

no meio deles. Começaram a se servir, e foram se sentando no chão. Renata sentou-se próximo a Thiago, e perguntou se o gesso em seu braço esquerdo não incomodava. Thiago respondeu negativamente.

Os jovens pensavam em formar um grupo de estudos para enfrentar o próximo vestibular da universidade pública. Pediram com tanta insistência a Thiago para se juntar a esse grupo de estudos que o rapaz acabou concordando:

— Assim que resolver um problema pessoal, vou juntar-me a vocês para estudar, pois pretendo concorrer a uma das vagas do curso de administração — informou Thiago.

— Ei, pretendo concorrer a este curso também! — revelou Renata.

Ao escutar Tarcísio mencionar que tentaria uma das vagas do curso de ciências contábeis, William falou:

— Tarcísio, você sempre comentou que cursaria psicologia. Agora nos diz que irá fazer ciências contábeis. Por que mudou de idéia assim tão de repente?

— Descobri que o curso de ciências contábeis é tão importante para mim quanto o curso de psicologia, que me obrigaria a largar meus empregos e procurar um à noite. Se fizer tal coisa, não terei tempo para o meu filho; nem mesmo conseguirei sustentá-lo. Farei ciências contábeis, e daqui a alguns anos cursarei psicologia.

Quando terminaram de almoçar, lavaram a louça em regime de mutirão. Uma garota apanhou um violão, e se pôs a tocar e cantar uma canção. Os outros começaram a cantar e a dançar; o senador juntou-se aos jovens nessa diversão.

Tarcísio, consultando o relógio, pediu licença aos amigos e foi ao banheiro com o filho. Deu banho em Diogo, vestiu-o e depois entregou-lhe o seu exemplar de *O Evangelho Segundo o Espiritismo*. Encheu uma jarra com água, e junto com o filho retornou ao quintal. Chamou todos para fazerem um rápido culto do Evangelho no Lar.

Só o amor explica

Fizeram uma prece de abertura, e Thiago, abrindo o livro que Tarcísio lhe entregou, leu o item da página em que o livro foi aberto. Clara comentou sobre o que Thiago lera, e dois jovens também teceram comentários. Fizeram uma prece de encerramento, pedindo a Deus e aos espíritos amigos para continuarem ajudando Thiago. Encerrado o rápido culto, os jovens se despediram, e o presidente da mocidade espírita convidou Thiago para voltar a participar do grupo.

— Voltarei a freqüentar as reuniões do grupo — respondeu o rapaz — quando concluir um tratamento que farei em uma clínica.

Quando Renata despediu-se dele, perguntou sobre o tal tratamento.

— Vou internar-me em uma clínica para recuperação de drogados. Não vai ser fácil, mas me dedicarei de corpo e alma a superar meus enormes problemas. Ficarei até amanhã aqui na casa de Tarcísio, e então serei levado para a clínica.

Renata olhou bem dentro dos olhos verdes do rapaz, e disse: — Rezarei para que tudo dê certo no tratamento. — Apertou a mão do jovem carinhosamente, e recebeu dele um sorriso.

26

Gravíssima doença

Depois de deixarem Diogo na creche, Tarcísio, Teófilo e Thiago seguiram para a clínica onde Thiago ficaria.

Na clínica, os três conversaram com o diretor e com uma psicóloga. Tarcísio pediu permissão para estudar com o cunhado, nos fins de semana, algumas matérias que iriam cair no vestibular. A permissão foi concedida. Tarcísio acompanhou Thiago até o quarto que ele iria ocupar enquanto estivesse em tratamento. No quarto, fez uma prece pedindo a Deus que enviasse os espíritos amigos para auxiliarem Thiago durante o tempo em que ele permanecesse na clínica. Após a prece, abraçou carinhosamente o cunhado. Aconselhou-o a estudar para o vestibular e ler *O Livro dos Espíritos*.

— Não se preocupe, filho — disse Teófilo a Thiago, abraçando-o. — Vou telefonar, e virei visitá-lo sempre. Depois que seu pai e seu cunhado se foram, a psicóloga chamou Thiago para mostrar-lhe as dependências da clínica.

O espírito Phillipe, que chegara à clínica logo após a prece de Tarcísio, acompanhou Thiago e a psicóloga. Iria ficar algumas horas por dia na clínica, incentivando Thiago a dar os passos exigidos para vencer o vício.

Teófilo convidou Tarcísio a ir com ele até o seu escritório.

Depois de conhecer todas as salas que formavam o escritório dos frigoríficos do sogro, sentou-se para escutar o que o sogro tinha a lhe dizer.

— Meu caro, quero lhe fazer um convite. Gostaria que viesse trabalhar comigo antes mesmo de prestar o vestibular. Pretendo colocá-lo como auxiliar do tesoureiro. Por seus serviços, você receberá o valor dos dois salários que recebe nos seus outros dois empregos. Trabalhará aqui no escritório durante oito horas. Ao lado do tesoureiro, você irá se familiarizar com a contabilidade dos dois frigoríficos, e quando se formar já saberá qual o trabalho que pedirei a você. Faço esse convite porque, como já lhe disse, preciso ter um contador honesto ao meu lado. Aceita o convite?

— Não direi nem sim nem não. Pensarei em seu convite. De qualquer maneira, é muito bom saber que o senhor confia em mim, e espera que no futuro eu o auxilie profissionalmente. Farei preces para não errar na decisão que tomarei. — Levantando-se, disse ao sogro que precisava ir para o trabalho na agência bancária.

Naquela mesma tarde, Amanda, Dom Gilberto e o presidente do banco entraram na agência e foram até a mesa do gerente Meireles. O presidente conversou alguns minutos com Meireles, que em seguida pediu a um funcionário:

— Comunique a todos que o presidente fará um comunicado logo após o expediente.

Logo que bateram seus pontos, os funcionários aproximaram-se da mesa do gerente e aguardaram. E o presidente do banco falou:

— Gostaria de lhes informar que o gerente Meireles será transferido dessa agência, para uma nova, que será inaugurada na próxima semana no Gama. A transferência dele ocasionou a vinda de um novo gerente para essa agência. Dom Gilberto — apontou o bispo —, após ter adquirido algumas ações do banco, indicou a senhorita Amanda para ser a nova gerente dessa agência. Espero que a recebam de braços abertos, e que a obedeçam da mesma forma que antes obedeciam ao Meireles. A partir de amanhã ela já estará na agência, treinando com Meireles.

O bispo também falou: — Amanda recebeu instruções do presidente do banco, e instruções minhas, para gerenciar essa agência com o máximo rigor. Toda e qualquer decisão que ela tomar deverá ser acatada imediatamente. Lembrem-se de que vocês são subordinados dela; por isso, jamais faltem-lhe com o respeito. Obedeçam-na e continuarão trabalhando nessa agência.

— Desejo ser amiga de todos — avisou Amanda —, e gostaria que todos se tornassem meus amigos. Trabalhando juntos, continuaremos ofertando aos nossos clientes um excelente serviço.

— Quero agradecer a todos a bonita amizade que tivemos durante os anos em que trabalhamos juntos. Espero que essa amizade não acabe simplesmente porque serei transferido para uma nova agência. Vocês são minha segunda família; onde quer que seja, sempre me recordarei de vocês, e quero que se recordem de mim — disse Meireles, emocionado. — Estão dispensados. Podem ir para suas casas.

Tocando a testinha de Diogo, a médica disse que o ferimento cicatrizara bem rápido. Abriu o envelope com os exames, e avisou Tarcísio que iria solicitar que Diogo fizesse novamente um dos exames no mesmo hospital no qual estivera internado, e em uma clínica particular. — Telefonei para o hospital e agendei o exame de Diogo para as sete horas de amanhã; está bem para você? Quanto ao horário na clínica, você mesmo pode marcá-lo.

Tarcísio concordou, e despediu-se da médica. Deixou o consultório pensando que seu filho talvez não estivesse bem de saúde. Levaria Diogo para fazer os dois exames, e aguardaria pacientemente pelos resultados. Então providenciaria o que fosse necessário.

No sábado, foi à clínica onde Thiago se encontrava e ficou mais de uma hora com ele. No domingo, ficou quase duas horas. Conversou com Thiago, e jogou bola com ele e com outros internos. Depois do jogo, reuniu-os para ler um pequeno item de *O Evangelho Segundo o Espiritismo* que presenteara ao cunhado. Após explicar a passagem, fez uma prece. Quando se despediu, garantiu ao cunhado que retornaria no próximo final de semana.

A nova semana foi difícil para Tarcísio no serviço. Logo que se viu como gerente da agência bancária, Amanda não parava de ir até a mesa dele solicitar-lhe serviços que não eram de sua alçada. Educadamente os fazia; mas Amanda, alegando que ele executava mal as tarefas de que o encarregava, chamava-o de incompetente na frente dos funcionários e dos correntistas. Tarcísio nada dizia, e continuava cumprindo com suas Obrigações.

Na sexta-feira, um senhor dirigiu-se à mesa de Amanda e reclamou da lentidão de Tarcísio no serviço. A gerente mandou Tarcísio trabalhar mais rápido, frisando que não o pagava para "enrolar". Tarcísio nada respondeu; apenas atendeu o homem que havia reclamado dele.

No domingo, Matilde foi com o irmão até a clínica visitar Thiago. O pai de Diogo conversou bastante com o cunhado, e conti-

ROBERTO DIÓGENES / SULAMITA

nuou dando-lhe forças para não desanimar do tratamento e continuar acreditando que era capaz de se livrar do terrível vício.

A segunda feira chegou, e Tarcísio teve novas dores de cabeça na
agência bancária. Durante a tarde, uma moça e um rapaz reclamaram do atendimento dele para Amanda. Alegaram que ele datilogra-
fava muito devagar. O rapaz também disse que Tarcísio não parava
de olhar para as moças que entravam na agência, e de se insinuar
para elas. Amanda o chamou e disse:

— Tarcísio, é a terceira pessoa que reclama de você em pou-
quíssimos dias. Se eu receber outra reclamação, infelizmente não
poderemos mais mantê-lo aqui. Este rapaz — indicou uma pessoa
— viu-o lançar cantadas para algumas correntistas. Você é pago para
atender bem os novos correntistas dessa agência! — Amanda falava
bem alto, para que todos pudessem ouvi-la. — Se não faz seu trabalho direito, não serve para ocupar a função que desempenha nessa
agência. Como sou uma pessoa extremamente bondosa, eu lhe darei
mais uma chance. Espero que se mostre digno dessa chance, e trate
com educação todos os que se dirigirem a você. Pode retornar a sua
mesa e concentrar-se em seu trabalho — ordenou Amanda.

Tarcísio a olhou com seu olhar sereno e penetrante; olhou da
mesma forma para o rapaz, que, intimidado, abaixou a cabeça. Pedindo licença, Tarcísio regressou à sua mesa, sentou-se na cadeira,
abaixou a cabeça e pensou. Não desrespeitara nenhuma das três pessoas que haviam reclamado dele; tinha sido educado com todas elas.
Jamais lançara "cantadas" a nenhuma mulher na agência; pelo contrário, era ele que recebia "cantadas" e fingia não ver. As três pessoas
que dele reclamaram receberam total apoio de Amanda. Sua gerente
nem mesmo o chamou para saber o que tinha acontecido. Desde
que assumira a gerência, Amanda todos os dias encontrava um motivo para implicar com ele. Reprovava tudo que ele fazia. Chamava-
o de preguiçoso e malpreparado. A nova gerente também implicava

338

com os outros funcionários, mas de modo mais complacente. Não chamava a atenção deles na frente de todo mundo: só ele recebia tal tratamento. Era o oposto de Meireles, que era um verdadeiro gerente. Mas Meireles não estava mais na agência; sua gerente agora era Amanda, e tinha de aprender a conviver com ela. Faria uma prece para se acalmar. Começou a rezar.

De sua mesa, Amanda olhava-o, e o via cabisbaixo. "Deve estar aborrecido", pensou. "No lugar dele também estaria. Deve ser horrível ser tão criticado na frente de todos." Ela havia feito de propósito, para que Tarcísio lhe faltasse com o respeito ou a olhasse com raiva. Ele a escutou em silêncio e continuou olhando-a de forma serena e penetrante. Mas ainda tinha muitos truques na manga. O tolo nem de longe suspeitava que aquelas pessoas tinham ido à agência a mando do bispo, justamente para reclamarem dele. Quando a próxima pessoa aparecesse na agência e reclamasse dele, veria se ele iria continuar tão sereno.

No final do expediente, Matilde apareceu na agência. — Posso falar com você, Tarcísio? Preciso de uns conselhos...

No carro de Matilde, seu irmão informou-a de que Amanda era a nova gerente da agência.

— Mesmo? Por essa eu não esperava. Não acha isso estranho? Bem, de qualquer maneira, fique de olho nela.

Ele não comentou nada.

Apanharam Diogo na creche, e depois levaram-no para uma consulta com a pediatra. Dr. Matheus que tinha sido chamado pela esposa para dar a notícia do resultado dos exames de Diogo junto com ela.

— Tarcísio, os resultados dos dois novos exames foram os mesmos do exame anterior. Os três exames revelaram que seu filho é portador de uma gravíssima doença — disse a Drª. Sônia.

— Gravíssima... doença?! Que doença é essa? — inquiriu Tarcísio.

— Seu filho tem leucemia — respondeu a médica.

— Leucemia! Que horror! — exclamou Matilde.

Observando a reação da irmã, Tarcísio perguntou à pediatra:

— O que vem a ser leucemia?

Dr. Matheus pediu a palavra: — Câncer dos leucócitos. Leucócitos são os glóbulos brancos, e têm um papel vital no sistema imunológico do ser humano, protegendo o organismo contra as infecções. A leucemia é uma doença maligna dos glóbulos brancos. Sua principal característica é o acúmulo de células jovens blásticas anormais na medula óssea, que substituem as células sanguíneas normais. A medula óssea é o local de formação das células sanguíneas. Nela são encontradas as células precursoras que originam os elementos figurados do sangue, os glóbulos brancos, os glóbulos vermelhos e as plaquetas. O excesso de células leucêmicas toma o lugar das células sanguíneas normais, tanto na medula óssea como no sangue e em outros órgãos, impedindo a produção dos glóbulos e das plaquetas e causando grandes problemas ao portador da doença: anemia, hemorragias e finalmente a insuficiência de alguns órgãos.

— Essa doença... tem cura? — perguntou Tarcísio.

— Somente através do transplante de medula óssea. Mas é necessário encontrar uma medula óssea compatível para seu filho. Essa medula geralmente existe entre irmãos consangüíneos; raramente é encontrada entre pessoas que não sejam parentes — esclareceu a pediatra.

— Se não acharmos uma medula óssea para o meu filho, o que acontecerá com ele? — questionou Tarcísio, olhando para os dois médicos.

Os dois se entreolharam, e o médico disse:

— Se não encontrarmos a medula, seu filho passará por um rigoroso tratamento, que muito o debilitará. Esse tratamento será ministrado até o dia em que... — Dr. Matheus calou-se; não teve coragem de completar o que iria dizer.

Só o amor explica

— Até o dia em que ele morrer, Tarcísio — falou Matilde.

— Morrer! Morrer! — repetiu o pai de Diogo. — Essa doença horrível matará meu filhinho lindo se não conseguir encontrar uma medula para ele! — Abraçou o filho. — Preciso encontrar uma medula óssea com urgência. Não posso perder a jóia mais preciosa que Deus me deu. Meu filho é tudo que tenho... — Olhou para o médico. — Onde existe uma medula que seja compatível com meu filho?

— Essa é uma pergunta difícil de ser respondida — falou Dr. Matheus. — Como Diogo não tem irmãos, as chances de ele vir a fazer um transplante de medula são mínimas. Você e sua família poderão fazer testes para verificar se é possível doar suas medulas a ele. Se elas não forem compatíveis, você terá de empreender uma grande busca até encontrar uma que seja compatível. Não será uma busca fácil, Tarcísio. Muitos pais a empreenderam, e infelizmente não obtiveram sucesso. Diogo deve começar o tratamento imediatamente. Como já mencionei, esse tratamento é muito forte.

Tarcísio pediu-lhe que falasse sobre o tratamento; enquanto a escutava, tentava ficar calmo. O que ouvia da médica não era nem um pouco animador.

— O tratamento feito em um hospital público enfrenta os mesmos problemas que outros tratamentos aplicados a outras doenças. Nem sempre os remédios estão disponíveis no hospital, e com muita freqüência as máquinas que ajudam no tratamento estão quebradas. Você sabe como os hospitais públicos funcionam, e que nem todos os profissionais da saúde trabalham corretamente. Como já mencionei, seria interessante fazer o tratamento do seu filho em um hospital particular. Mas tente guardar algum dinheiro, para o caso de precisar pôr seu filho em um desses hospitais: eles são muito caros.

— Trabalharei dia e noite para conseguir ter esse dinheiro. Não deixarei meu filho ficar sem o tratamento. Diogo haverá de recebê-lo do hospital público ou do particular. Sou seu pai; amo meu filho. A partir desse momento, estarei voltado para combater essa doença. Empreenderei uma grande luta para vencê-la, com as armas da paciência e da confiança em Deus. Sei que conto com as bênçãos de Deus e com o auxílio dos espíritos amigos. Se no final não vencer a luta, ao olhar para meu filhinho antes que ele se despeça da presente encarnação, terei a certeza de ter feito tudo por ele, e a certeza de que ao regressar para o mundo dos espíritos Diogo será recebido pelo espírito da mãe, ou por outros espíritos amigos que sempre ajudam, embora eu não mereça. — Fechando os olhos, fez uma prece solicitando a Deus que lhe desse forças para tanta provação.

Os dois médicos e Matilde o contemplaram. Tarcísio permanecia sereno mesmo ao receber aquela notícia tão triste; qualquer pai, em seu lugar, entraria em pânico se soubesse que seu filho tem uma doença maligna.

Rebecca, que estava no consultório com Phillipe e Isaura, falou:

— Tarcísio é muito forte, Isaura. Se eu ainda estivesse encarnada e ouvisse o que os médicos acabaram de lhe dizer, teria entrado em desespero. Meu filho tem leucemia. Essa doença vai acabar com meu filhinho. O que Tarcísio poderá fazer?

— Ele lutará, rezará e confiará em Deus — respondeu Isaura.

— E ele vai vencer essa luta? — quis saber Rebecca.

— Só saberemos depois de alguns anos — respondeu Phillipe.

— Vamos, Rebecca! Está na hora de regressarmos para a nossa cidade espiritual.

— Eu gostaria de acompanhar meu marido e meu filho.

— Isaura os acompanhará. Depois ela lhe passará informações sobre eles, e você poderá vê-los quando sua presença ao lado deles for importante — explicou Phillipe. — Retornemos agora para nossa cidade espiritual. Vamos, Rebecca.

— Isaura, por favor, ajude-os!

Só o amor explica

— Farei tudo que me for permitido, Rebecca. Tarcísio e Diogo terão de enfrentar as provas que eles mesmos escolheram antes de reencarnarem. Tentarei inspirá-los para que não sucumbam diante dessas provas, ajudando-os a confiarem em si próprios e em Deus, a fim de se sentirem fortes o bastante para vencê-las, ou ao menos para enfrentá-las sem se revoltarem contra a vida nem contra ninguém — falou Isaura, despedindo-se dela e volitando até o carro de Matilde, no qual entrou, sentando-se ao lado de Diogo.

Ao chegar a sua casa, Tarcísio preparou um suco de caju e fez três sanduíches. Deu banho no filho, e quando comiam perguntou a Matilde o que ela queria conversar com ele.

— Não é nada, não se preocupe. Você já tem problemas de sobra! Depois do que acabamos de saber pelos médicos, como eu poderia falar dos meus problemas de relacionamento?

— Matilde, eu posso ouvi-la, sim. Não estou paralisado de preocupação. Tudo que posso fazer é seguir as instruções dos médicos, e levar Diogo para iniciar o tratamento na próxima semana.

— Papaizinho, posso vê televisão? — pediu Diogo.

— Vou ligar para você. Fique assistindo direitinho enquanto o papai conversa com a tia Matilde — falou Tarcísio, indo até a sala e ligando o televisor.

— Bem, meu irmão, a questão é que meu namoro com Mário vai mal. Gosto muito dele, mas terei de terminar o namoro. Ele me pressiona para mantermos relações sexuais; mas eu disse várias vezes a ele que só faríamos isso quando nos casássemos. Mário não me compreende. E ainda ameaçou fazer uma loucura se eu rompesse com ele. Não sei como agir.

— Se seu namorado exige que você faça algo que não quer, termine o namoro. Mário não é do tipo que comete loucuras com a própria vida. É só chantagem emocional, mais nada. Tenta fazê-la ceder. Pressionando-a assim, ele apenas mostra que não a respeita; e um relacionamento sem respeito só tende a ser problemático e causar muitos transtornos. Farei preces em sua intenção para que você tome a decisão mais conveniente.

Na tarde do dia seguinte, Tarcísio foi visitar Thiago, e Renata o acompanhou.

Thiago gostou de receber a visita de Renata. A moça conversou demoradamente com ele. Enquanto isso, Tarcísio conversava com outros rapazes e moças que, como Thiago, tentavam se livrar das drogas.

No dia seguinte, também visitaram Thiago; dessa vez, Teófilo foi junto. Depois, foram para a casa de Tarcísio, onde encontraram Matilde, que contou a Teófilo sobre a doença de Diogo.

— Como isso pôde acontecer com meu pobre neto, Tarcísio? Mas não se preocupe: bancarei as despesas de Diogo em um hospital particular.

Tarcísio gentilmente recusou a oferta do sogro, comentando que se um dia precisasse de auxílio financeiro para comprar remédios ou outra coisa para o filho, procuraria o sogro e pediria um empréstimo. Teófilo ainda insistiu em pagar todo o tratamento do neto, mas Tarcísio deixou bem claro que não aceitaria de forma alguma. O sogro não insistiu mais.

27

Um novo trabalho

Uma nova semana se iniciou, e na terça-feira Tarcísio levou o filho ao hospital. A drª. Sônia apresentou-lhe o irmão, o oncologista dr. André, que iria acompanhar mais de perto o tratamento de Diogo.

Dr. André conversou alguns minutos com Tarcísio, e após a conversa Diogo iniciou o tratamento da sua doença.

Na manhã seguinte, quando levou o filho à creche, Tarcísio comunicou à diretora e a Neide que Diogo tinha leucemia. Pediu às duas que ficassem de olho nele, e que lhe telefonassem caso alguma coisa acontecesse com seu filhinho.

— Senhor, se Diogo tem leucemia... bem... só posso permitir que ele continue na creche até o dia em que a doença começar a se manifestar com intensidade, e a criança passar a exigir mais cuidados do que as outras. Eu e Neide ficaremos de olho nele, mas já o aviso que chegará o dia em que Diogo infelizmente não poderá mais ficar na creche.

— Compreendo — respondeu Tarcísio. — Quando meu filho não puder mais ficar na creche, cuidarei para que ele receba amparo de outra maneira.

Um senhor entrou na agência com a esposa e o filho. Falou a Tarcísio que queria abrir três contas: uma no nome dele, outra no da esposa e outra no de seu filho. Tarcísio solicitou-lhe os documentos e começou a datilografar as informações dos documentos para o formulário de abertura de contas. O homem comentou que ele era muito lento, e pediu para se apressar, pois não tinha tempo a perder.

— Estou datilografando o mais rápido que posso — disse Tarcísio.

— Se chama isso de rápido, deveria então observar como a secretária da minha empresa datilografa . Você está é "enrolando". Irei agora mesmo reclamar de você à gerência. — Foi até Amanda. — Aquele seu funcionário é lento, e desrespeitou a mim e minha família!

Amanda levantou-se de sua mesa, aproximou-se de Tarcísio e disse que ele estava demitido. — Dei-lhe várias chances para se redimir. Mas você continua tratando mal os futuros correntistas, e com isso prejudica a imagem da agência. Assine os papéis de sua demissão e regresse à agência em cinco dias para receber o que tem direito.

— Entregou os papéis da demissão a Tarcísio. Vários funcionários perceberam que ela mal demitira Tarcísio e já apresentara os papéis da demissão para ele assinar; então, deram-se conta de que ela já tinha planejado demiti-lo com antecedência.

Ao entregar os papéis a Tarcísio, Amanda o encarou demoradamente, na expectativa de vê-lo perder aquele ar de serenidade. Esperava que ele entrasse em desespero e implorasse para não ser demitido; ela então faria pouco caso do desespero dele, e lhe diria que a agência era lugar para se trabalhar e não para ficar enrolando

Só o amor explica

no serviço. Mandaria os seguranças da agência colocarem-no para fora na frente de todos, e depois telefonaria ao bispo para inteirá-lo das novidades.

Mas Tarcísio não fez o que ela esperava. Ao receber os papéis de sua demissão, assinou-os tranqüilamente e, devolvendo-os, fixou seu olhar no da gerente:

— Senhorita Amanda, agradeço a oportunidade que um dia o gerente Meireles concedeu-me ao me admitir como funcionário dessa agência bancária. Durante o tempo que nela trabalhei, fui honesto e ágil e jamais desrespeitei nenhuma das pessoas que por mim foram atendidas. Levarei dessa agência a experiência que obtive na função que desempenhei, e a saudável amizade que criei com os demais funcionários. Desejo que a senhorita possa continuar conduzindo essa agência como o gerente Meireles fazia. Felicidades à senhorita e sorte em seu trabalho. Em minhas preces, lembrarei de pedir a Deus para iluminar sua vida e lhe conceder inúmeras bênçãos.

Amanda abaixou a cabeça, decepcionada. Em vez de ficar furioso e guardar rancor dela, ele se manteve sereno e comentou que faria preces por ela.

— Senhorita Amanda, como acabou de demitir Tarcísio terá de demitir a mim também — falou um dos caixas. — Trabalho nessa agência há mais de dez anos, e jamais vi ninguém tão responsável quanto Tarcísio. Desde que começou a trabalhar conosco, ele tornou-se um exemplo a ser seguido. Além de ser um excelente funcionário, é uma excelente pessoa. Um jovem portador de um coração nobilíssimo e um amigo para todas as horas. A senhorita pode mandar preparar a minha demissão.

— A minha também — falou o outro caixa.

— E a minha — disse a copeira.

Todos os funcionários da agência que haviam se aproximado de Amanda e Tarcísio disseram o mesmo. Amanda ficou sem reação.

347

Achou bonito o gesto solidário dos funcionários em favor de Tarcísio. Concordava com eles. Nos dias que observara Tarcísio trabalhando, ele o fazia com muita responsabilidade e tratava as pessoas que se encaminhavam à mesa dele com muita educação. Era amável com todos, e tinha sempre um sorriso no rosto. Ela, que já era loucamente apaixonada por ele, ao observá-lo trabalhando tornara-se mais apaixonada ainda. Não queria demiti-lo; desejava que ele continuasse na agência apenas para poder contemplá-lo durante as tardes. No entanto, o tio fora bem claro. Mandara que demitisse Tarcísio logo que se tornasse gerente da agência. Foi o que fez. Mas se todos os outros funcionários se demitissem, como é que a agência iria funcionar?

— Meus amigos, não precisam pedir demissão! — declarou Tarcísio. — Todos vocês necessitam do serviço, suas famílias contam com os salários que recebem. Fico honrado com a sua atitude. O fato de não mais trabalhar com vocês em nada atrapalhará a nossa amizade, porque uma verdadeira amizade nunca morre: caminha sempre conosco, pois os amigos encontram-se dentro do coração. Obrigado a todos por me honrarem com sua amizade. Rezarei solicitando aos espíritos amigos que os ajudem, a vocês e a seus familiares. Levarei de todos boas recordações. — Começou a abraçar os amigos. Olhou para o homem que reclamara dele e disse:

— O senhor reclamou de mim sem motivo algum, e acabou me prejudicando. Lembre-se que recebemos nessa existência, ou em outra, o que damos aos outros. É a lei da causa e do efeito: o que o senhor hoje me deu amanhã receberá de outra pessoa. — Olhou para a gerente. — Agora, caberá à senhorita concluir o atendimento e datilografar com a velocidade que esse senhor espera. Com licença, vou apanhar meus pertences. — Virou as costas, e após reunir suas coisas deixou a agência.

Tarcísio seguiu para a creche. Apanhou o filho mais cedo, e dirigiu-se para sua residência. Deu banho em Diogo, sentou-se com ele no sofá e contou-lhe que não mais trabalhava no banco. Conversou quase uma hora com o filho. Escutou dele o que havia acontecido na creche, e explicou-lhe como se comportar em algumas situações. Depois, os dois brincaram de atirar almofadas um no outro. Inventaram outras brincadeiras, até a hora do jantar.

Após colocar o filho na cama, deixou-o dormindo e seguiu para seu quarto. Sentou-se em sua cama e ficou pensando em sua demissão. Com seu filho doente, ele não poderia ficar desempregado. Fechou os olhos e fez uma prece, pedindo ao Filho de Deus para olhar por ele e por seu filhinho e ajudá-lo a conseguir encontrar outro emprego. Depois da prece, recordou-se do convite que o sogro lhe fizera e decidiu aceitá-lo.

No sábado, o senador Cardoso, William e Maria Elise foram à residência de Tarcísio na hora em que o viúvo costumava fazer o culto do Evangelho no Lar. Tarcísio ficou contente ao rever os amigos. Após conversarem bastante e realizarem o culto do Evangelho, Tarcísio pediu a Maria Elise e Matilde que olhassem Diogo alguns minutos, pois necessitava ter uma conversa particular com o senador Cardoso e com o sogro.

Sentado a frente dos dois homens, Tarcísio informou-os de sua demissão, e comentou com o senador o convite que o sogro lhe fizera. Disse ao senador que aceitaria o convite do sogro, e explicou por quê.

Teófilo ficou muito contente com a decisão de Tarcísio. O senador lamentou perder um secretário tão eficiente.

— Mas não se preocupe, senador — avisou Tarcísio. — Ainda trabalharei para o senhor durante um mês, para que possa encontrar um novo secretário. Eu o tenho em altíssima conta, pois sempre me deu a mão. Não quero prejudicá-lo.

— Obrigado, meu jovem! Contar com seu trabalho foi para mim motivo de orgulho!

No dia em que Tarcísio foi ao escritório do sogro e entregou no departamento de pessoal a documentação exigida para sua admissão, Teófilo convocou todos os funcionários do escritório e apresentou o genro. As mulheres que trabalhavam no escritório fizeram questão de cumprimentar Tarcísio com beijinhos no rosto.

Almir, o tesoureiro, não gostou nem um pouco de saber que Tarcísio iria trabalhar diretamente com ele. Agora seria mais complicado fazer o que vinha fazendo há mais de três anos a pedido do bispo, sem que ninguém desconfiasse. Ele era o tesoureiro, e Tarcísio seria apenas seu auxiliar. Só teria de tomar mais cuidado. O genro na certa não iria atrapalhar em nada o que andava fazendo às escondidas para prejudicar o patrão no futuro. Falsamente abraçou Tarcísio e lhe deu boas-vindas.

Após três meses de trabalho ao lado de Tarcísio, o tesoureiro reconheceu ter se enganado a respeito do genro de seu patrão. O rapaz praticamente não o deixava sozinho. Fazia perguntas sobre tudo; queria ter contato com todas as tabelas de gastos e lucros dos dois frigoríficos. Tarcísio aprendia o serviço muito rápido, e dia após dia dedicava-se a aprender cada vez mais o serviço. A presença do jovem viúvo prejudicara-o muito; desde que o auxiliar começara a trabalhar, não mais conseguira fazer o que o bispo lhe pagava para fazer. Tarcísio o impedia de continuar executando as ordens de Dom Gilberto. Sempre que chegava ao escritório disposto a colocar em prática o plano contra Teófilo, deparava o olhar sereno e penetrante de Tarcísio, e mudava de idéia na mesma hora. Tinha a impressão de que o rapaz podia ler sua mente, que descobrira o seu segredo. O jeito seria telefonar para o bispo e marcar um encontro com ele. Relataria tudo ao homem.

Assim que Tarcísio ausentou-se da sala, Almir telefonou para Dom Gilberto Lorizzen e marcou um encontro com o irmão de Lucrécia para aquele mesmo dia.

Quando deixou o escritório de Teófilo, o tesoureiro seguiu diretamente para o apartamento do bispo. Dom Gilberto o ouviu calmamente; depois, mandou que parasse de fazer o que haviam combinado, até que recebesse um telefonema dele com ordens para recomeçar.

Logo que Almir deixou seu apartamento, o bispo decidiu que entraria em contato com o advogado e o delegado apenas quando o plano que acabara de bolar estivesse em pleno funcionamento. Muita sorte que Tarcísio trabalhasse agora no escritório do cunhado: isso lhe dava a chance de matar duas cobras com uma única paulada. Esse novo plano haveria de destruir de uma única vez Tarcísio e Teófilo.

No dia seguinte, Dom Gilberto reuniu-se em seu apartamento com Lucrécia, Amanda e Marta. Quando soube que Diogo tinha leucemia, o bispo vibrou. Disse às mulheres que parassem com os planos para prejudicarem Tarcísio e Teófilo, e só voltassem a agir quando ele pedisse. O bispo já imaginava uma maneira de tirar vantagem da leucemia de Diogo.

Teófilo estacionou o carro na frente da clínica em que o filho estava internado. Após conversar com o diretor, deixou o lugar, levando junto Thiago. Passou no escritório e apanhou Tarcísio.

— E então, como vai o tratamento? — perguntou o jovem ao cunhado, abraçando-o.

— Muito bem, Tarcísio! Acredito que dentro de um mês eu possa deixar a clínica e refazer minha vida.

Os três seguiram para a universidade pública de Brasília, onde encontraram William, Maria Elise e alguns jovens da mocidade espírita. Renata, ao ver Thiago, abraçou-o e disse estar com muita saudade dele. Os dois tinham começado a namorar a partir da quarta visita que a moça fizera a Thiago na clínica.

Tarcísio preencheu a ficha de inscrição do vestibular e pagou a taxa cobrada; ele concorreria a uma vaga para o curso de ciências contábeis. Thiago inscreveu-se para tentar uma vaga no curso de administração. Tarcísio regressou para o escritório, e Teófilo conduziu o filho de volta à clínica.

Todos os dias, ao chegar do escritório, Tarcísio fazia o jantar, brincava e conversava com o filho, e então colocava Diogo para dormir. Estudava por três horas para o vestibular; vez ou outra, fazia isso junto com alguns integrantes da mocidade espírita. No final de semana ia visitar o cunhado na clínica, e estudava com ele e com Renata. Quando levava Diogo para fazer o tratamento da leucemia no hospital, também aproveitava para estudar mais um pouco.

Quando faltavam vinte dias para as provas vestibulares, Thiago concluiu seu tratamento na clínica: já não era mais dependente de drogas. Tarcísio, seu filho e seu sogro foram buscá-lo. Alguns jovens internos da clínica pediram a Tarcísio que retornasse à clínica e os visitasse, a fim de dar continuidade à leitura dos livros da codificação espírita, e de explicá-las. Tarcísio concordou em atender ao pedido deles, e Thiago informou que acompanharia o cunhado nas futuras visitas.

Antes dos exames vestibulares, Thiago passou a estudar com o grupo de estudos da mocidade espírita, e com Tarcísio, à noite, na casa do cunhado.

Só o amor explica

Quando o vestibular finalmente começou, Tarcísio estava confiante, pois sentia-se preparado. Conseguiu resolver a maioria das questões, e acreditou ter feito uma boa redação. Thiago achou as provas fáceis, e confiava que seria aprovado.

Enquanto aguardava o resultado do vestibular, Tarcísio passou a levar serviço para casa, e durante a noite dedicava-se ao estudo da contabilidade dos dois frigoríficos do sogro. Certo dia, Tarcísio propôs ao sogro fundir os dois frigoríficos, tornando-os um só; dessa forma, ficaria mais fácil administrar e fazer a contabilidade do negócio. Sem contar que eles economizariam nos gastos, e os lucros passariam a ser maiores. Teófilo concordou com o que o genro propusera, e em quinze dias notou ter feito a coisa certa. Começou a chamar Tarcísio para visitar semanalmente a fazenda onde o gado era abatido, e visitar o frigorífico onde a carne era preparada para exportação e para venda no mercado brasileiro.

No dia em que saiu o resultado do vestibular, Teófilo levou o filho e o genro até a universidade para verificar a lista dos aprovados. Tarcísio deu um pulo ao verificar seu nome na lista, e abraçou Thiago, parabenizando-o por ter sido aprovado também. Renata, Maria Elise e mais dois jovens da mocidade espírita encontraram, cheios de alegria, seu nome na relação de aprovados. Já William não conseguiu ser aprovado, assim como outros jovens da mocidade; mas todos estavam determinados a continuar estudando para o próximo vestibular.

Tarcísio matriculou-se na universidade, e na primeira semana de aula levou Diogo consigo. Conversou com todos os professores, em busca de autorização para que o filho permanecesse em sala de aula com ele. Os professores, compreendendo a situação do jovem pai, permitiram que Diogo o acompanhasse durante as aulas, todos os dias. Alguns alunos que estudavam na sala de Tarcísio, e que já eram pais e mães, comoviam-se ao ver como Tarcísio cuidava do filho.

ROBERTO DIÓGENES / SULAMITA

Quando Diogo pegava no sono, seu pai colocava duas cadeiras ao lado da dele e um travesseiro nas pernas. Deitava o filho com a cabeça em seu colo, e pedia a alguém para colocar uma coberta no menino. Depois, prestava atenção às aulas enquanto o filho dormia tranqüilamente em seu colo.

No dia em que completou três anos, Diogo ganhou uma bonita festa de aniversário. Nela compareceram alguns amiguinhos que faziam o tratamento de leucemia no hospital, junto com ele. Também se encontravam na festa algumas crianças da creche, a diretora da creche e Neide, bem como alunos e professores da universidade onde o pai estudava, seu avô, tia, tio e amigos do pai que costumavam participar do Evangelho no Lar.

Matilde aproveitou a ocasião e terminou o namoro com Mário. O rapaz havia parado de pedir que ela cedesse aos desejos sexuais dele; no entanto, após alguns meses sem importuná-la com aquele assunto, voltara a bater na mesma tecla. Embora tenha ficado triste com o rompimento do namoro, Mário pediu para que os dois passassem a ser amigos. Matilde concordou, e, apertando a mão do jovem, disse que daquele dia em diante ele teria apenas a sua amizade. Os dois informaram sua decisão a Tarcísio, e Mário perguntou-lhe se poderia continuar participando do culto do Evangelho no Lar aos sábados.

— Sem dúvida, meu amigo; e por que não poderia? Aliás, deixe-me convidá-lo a ir, um dia desses, a uma reunião do grupo da mocidade espírita.

Quando todos os convidados foram embora, Tarcísio abraçou-se ao filho. — Eu te amo muito, garotinho! — Beijou o rosto de Diogo. — Você é a pessoa mais importante da minha vida.

— Amo você, papaizinho! Amo muito!

— Eu que te amo muito, filhinho. Amo, amo, amo!

Rebecca, que assistia à cena, aproximou-se dos dois, abraçou-os e disse que os amava demais. Com lágrimas nos olhos, beijou o rosto

Só o amor explica

de cada um; e quando Tarcísio, fechando os olhos, concentrou-se para através de sua mediunidade avistar quem o beijara, não conseguiu vê-la, pois ela já havia saído, volitando com Isaura e Phillipe.

No final do ano, Matilde se formou e recebeu o diploma de advogada. Tarcísio compareceu à festa de formatura da irmã, beijou-a e lhe deu parabéns. Diogo, imitando o pai, fez o mesmo. Os dois sentaram-se na mesa que Teófilo e Thiago ocupavam, e ficaram apreciando a festa. Ao avistar a mãe sentada um pouco distante deles, Tarcísio deixou o filho com o sogro, dirigiu-se a Marta e a cumprimentou, perguntando como ela estava. Marta fez de conta que não o viu nem o escutou; e virou o rosto para o outro lado. Tarcísio, com a serenidade de sempre, regressou à sua mesa.

28

A descoberta

Os meses passaram depressa. No hospital, enquanto aguardava a hora em que Diogo seria chamado para iniciar a primeira seção de quimioterapia, Tarcísio olhava para o filho, que conversava com Thiago, e pensava em tudo que o dr. André lhe tinha dito na última vez em que o encontrara.

— Tarcísio, a leucemia linfóide aguda de seu filho avança muito rapidamente. Infelizmente, as transfusões de sangue a que ele vinha se submetendo não surtem mais efeito. Vamos ter de passar para outra etapa do tratamento. Seu filho vai iniciar a quimioterapia.

— Por qual motivo a leucemia dele avança tão rápido? — indagou Tarcísio.

— A leucemia aguda costuma progredir com maior rapidez que a leucemia crônica. Em geral, o organismo de cada portador da leucemia linfóide aguda reage de diferentes formas durante o desenvolvimento da doença, e durante o tratamento da doença. Como até a presente data Diogo não conseguiu encontrar uma medula compatível, a quimioterapia terá de ser aplicada. Não me agrada

Só o amor explica

ter de submeter seu menino a esse tipo de tratamento; para uma criança tão pequena, os efeitos colaterais da quimioterapia causam mais sofrimento.

— Sofrimento não é novidade para ele, doutor. Desde que iniciou o tratamento, meu filhinho lindo tem sofrido muito. Estarei ao lado dele nesse novo tipo de sofrimento, e continuarei mostrando-lhe que sofro junto com ele. Também continuarei fazendo preces para que uma medula óssea compatível apareça o mais rápido possível.

— Continue rezando, Tarcísio — falou o médico. — Talvez suas preces sejam atendidas.

— Quais são os efeitos colaterais da quimioterapia? — quis saber Tarcísio.

— Os mais comuns são queda do cabelo, náuseas, vômitos, anemia, constipação, diarréia, hemorragias, entre outros.

— Meu Deus, tudo isso! — abismou-se Tarcísio.

— Papaizinho, quero ir ao banheiro — Diogo pediu, fazendo o pai mudar o curso de seus pensamentos e olhar para ele.

— Eu o levo, Tarcísio — ofereceu-se Thiago, já se levantando para conduzir o sobrinho ao banheiro. Depois, regressou para perto de Tarcísio, que pôs a criança em seu colo e aguardou.

Quando o nome do filho foi pronunciado, Tarcísio entrou na sala com Diogo e encontrou o dr. André, que indicou o local em que deveria colocar Diogo. Após alguns minutos, Tarcísio deixou a sala com o filho nos braços e chamou Thiago para irem embora. Ao chegar ao estacionamento, entrou no carro do cunhado; e enquanto Thiago dirigia, não parava de olhar para o filho, pensando no que o médico lhe dissera sobre os efeitos colaterais.

Ao chegar a sua casa, agradeceu o cunhado por tê-los levado ao hospital. Thiago ofereceu-se para levar o sobrinho ao hospital nos dias em que ele fosse se submeter às seções de quimioterapia. Despedindo-se dos dois, foi para sua casa.

Tarcísio preparou o almoço, e então chamou o filho para comerem. Naquele dia não iria trabalhar, nem iria à universidade à noite.

À tarde, enquanto o filho dormia, foi seis vezes ao quarto dele para verificar se tudo estava bem. Somente à noite Diogo vomitou e sujou toda a cama. Tarcísio o levou ao banheiro, mas Diogo não vomitou mais. Deu banho no filho, vestiu nele outro pijama e o levou para sua cama. Rezou com o garoto, e, beijando-o na testa, disse-lhe que naquela noite ele iria dormir com o papai. Assim que Diogo dormiu, Tarcísio foi ao quarto do filho, a fim de limpar toda a roupa de cama.

Quado se deitou ao lado do filho, fez uma prece direcionada exclusivamente ao garoto, e preparou-se para dormir. Porém, não dormiu direito: acordou três vezes durante a madrugada para averiguar se tudo estava tranqüilo com o filho.

Depois da segunda seção de quimioterapia, seu filho vomitou à tarde e à noite; isso o deixou preocupado. No dia seguinte, ao apanhar o filho na creche, a diretora comentou que Diogo vomitara, e estava muito fraco:

— Não é fácil para mim ter de dizer-lhe isso, mas não tenho escolha. Se Diogo voltar a vomitar e não deixar Neide cuidar das outras crianças nos próximos dias, não será mais possível mantê-lo na creche.

— Isso acontece porque meu filho começou a fazer quimioterapia.

— Sei muito bem quais os danos que a quimioterapia causa; por isso, não mais permitirei que Diogo permaneça na creche. Seria necessário contratar uma pessoa para cuidar apenas dele. Portanto, a partir da próxima semana você precisará encontrar outro lugar para seu menino.

— Mas onde vou deixar meu garotinho? Não posso deixar de trabalhar para ficar com ele, porque necessito do emprego. O que

Só o amor explica

farei? Com quem o deixarei? — perguntou Tarcísio, mais para si próprio do que para a diretora.

— Sinto muito, Tarcísio. Não posso fazer mais nada por você — disse a diretora. — Com quem seu filho doente ficará enquanto você trabalha é problema exclusivamente seu. Nossa creche não conta com estrutura para cuidar de uma criança que tem leucemia. Quem tem de cuidar de crianças portadoras dessa doença são os pais.

— A senhora tem toda razão. Os pais é que têm de cuidar de seus filhos, sendo eles doentes ou não. Ao chegar em minha casa, rezarei pedindo a Deus e aos espíritos amigos para me ajudarem a encontrar alguém confiável para cuidar de meu filho. Se não encontrar ninguém, não hesitarei em deixar o emprego e ficar com Diogo. Ele tem prioridade. Entre meu garotinho e meu emprego, claro que escolherei tomar conta do que tenho de mais precioso na vida. Além do mais, posso encontrar uma forma de trabalhar em casa e ganhar algum dinheiro, enquanto cuido de meu menino. — Olhou para Diogo. — Vamos, filho! — Pegou na mão de Diogo, e já ia se retirar quando Neide pediu-lhe que esperasse.

— Tarcísio — disse a moça —, posso não ser a pessoa confiável que você mencionou, mas estou disposta a deixar meu emprego na creche e ficar cuidando do seu filho em sua casa. Moro na mesma cidade satélite que você mora, e não terei nenhum problema para chegar cedo a sua casa. Apeguei-me ao seu filho, e gostaria de ajudá-lo a cuidar dele, agora que Diogo precisa tanto de alguém ao seu lado.

— E o seu trabalho aqui, Neide? Vai abandoná-lo? — interrogou a diretora.

— Pedirei demissão.

— Neide, não sei se poderei lhe pagar o salário que você recebe aqui na creche. Não ganho muito bem — falou Tarcísio.

359

— O que você puder me pagar aceitarei de bom grado. Como lhe disse, apeguei-me ao seu filho; e Diogo, por ser uma criança tão educada, cativou-me bastante.

Tarcísio colocou o filho no chão, abraçou a moça e disse: — Será uma imensa honra aceitá-la em minha casa para cuidar de Diogo.

Neide prometeu à diretora que ficaria na creche até o último dia da semana; assim, a mulher teria três dias para providenciar uma nova funcionária.

Teófilo ficou contente com o fato de Tarcísio ter encontrado alguém para ficar com seu neto durante o dia; o que o preocupava agora era o período da noite, quando o jovem viúvo estudava. Tarcísio seria obrigado a ficar com o filho no dia da quimioterapia e no dia seguinte, faltando às aulas na universidade. Se ele continuasse faltando a muitas aulas, acabaria se prejudicando.

Lembrando-se de uma conversa que ouvira entre seus empregados, telefonou para sua casa e pediu que chamassem rapidamente Dolores.

— Alô, sr. Teófilo! Gostaria de falar comigo?

— Dolores, você ainda quer arranjar outro emprego à noite, conforme a ouvi dizer dias atrás?

— Sim, quero muito! Mas é muito difícil encontrar um.

— Pois acredito que tenho um para você. Como é do seu conhecimento, meu neto está com leucemia. Tarcísio estuda à noite. No dias em que Diogo vai ao hospital para tratar sua doença, meu genro é obrigado a ficar em casa e faltar às aulas. Pagarei a você para ficar à noite cuidando do meu neto, para que Tarcísio possa estudar e não mais faltar a nenhuma aula. Aceita tomar conta do meu neto?

— Aceito, sr. Teófilo!

Só o amor explica

— Sabia que podia contar com você, Dolores! Vou chamar Tarcísio e comunicar a ele as novidades. Que tal pedir ao motorista para trazê-la a meu escritório agora?

— Já vou fazer isso, senhor!

Quando Dolores chegou ao seu escritório, Teófilo discou o número do ramal de Tarcísio e pediu que comparecesse a sua sala.

Logo que entrou na sala do sogro e encontrou Dolores, Tarcísio a cumprimentou, abraçando-a, e indagou se ela e sua família estavam bem.

— Está tudo bem com eles, obrigada!

Quando Teófilo explicou o que Dolores fazia ali, Tarcísio olhou para a mulher e disse:

— Seria para mim um alívio poder contar com você, Dolores! Mas não posso lhe pagar absolutamente nada. Meu salário já está todo comprometido. Infelizmente não poderei contar com seus préstimos.

— Não se preocupe com isso, Tarcísio. Eu pagarei Dolores — informou Teófilo.

— Não precisa se preocupar mesmo, sr. Tarcísio — disse Dolores. — O senhor não precisa me pagar nada, sr. Teófilo. Ficarei com o Diogo sem cobrar. A senhorita Rebecca, que Deus tenha a sua alma em um bom lugar — a mulher se benzeu —, quando viva ajudou-me muito. Foi graças a ela e ao senhor que não perdi minha casa. Devo um grande favor a ela e ao senhor. Se o filhinho dela hoje precisa de mim, eu o auxiliarei, e nem seu pai nem seu avô terão de me pagar por isso. Sou uma mulher pobre e sem instrução, mas aprendi com meus pais que um favor geralmente se paga com outro favor. — Levantou-se da cadeira. — Sr. Tarcísio, ficarei muito feliz em poder ajudar. Conte comigo!

Tarcísio a abraçou e agradeceu de todo coração o enorme favor que ela iria prestar a ele e ao seu filho. Os três combinaram que a partir da próxima semana Dolores já iria ficar com Diogo, e Teófilo disse à mulher que pediria a Thiago para levá-la a sua casa todos os dias depois que ela saísse da casa do genro.

À tardinha, foram buscar Diogo na creche. Tarcísio presenteou a diretora do estabelecimento com um romance espírita. Teófilo perguntou quanto Neide recebia por seu trabalho na creche; ao ser informado do valor, olhou para Neide, que estava com eles na sala da diretora, e disse:

— Pagarei a você o dobro do que recebia na creche.
— Mas o senhor não precisa fazer isso — protestou Tarcísio. — Eu pagarei pelos serviços de Neide.
— Eu não preciso, eu quero — insistiu Teófilo. — Diogo é meu neto, e faço questão de pagar um bom salário a Neide para que ela cuide muito bem do meu querido neto. Aliás, mandarei registrar a carteira da moça como funcionária do frigorífico.

Resignado, Tarcísio agradeceu ao sogro por ser tão imensamente bondoso.

No sábado, assim que terminaram o culto do Evangelho no Lar, Renata e Thiago aceitaram ir ao shopping com Teófilo, Tarcísio e Diogo. Tarcísio deu banho no filho e colocou no menino uma roupa bem bonita. Depois, partiram todos de carro rumo ao shopping.

Após assistirem a um filme, foram para a praça de alimentação. Assim que se sentaram em uma mesa, as moças e adolescentes começaram a passar perto de Tarcísio e a encará-lo com olhos de cobiça. Algumas se abanavam e o chamavam de "tentação". Ele apenas sorria. Fizeram o pedido de lanches, e enquanto aguardavam a comida, Diogo caminhou em direção a um palhaço que fazia propagandas na frente de uma das lanchonetes, e distribuía balões com o nome do estabelecimento e desenhos de alguns sanduíches. Tarcísio foi atrás dele, agradeceu o palhaço por ter dado um balão para Diogo e disse ao filho:

— Vamos, garotinho! O lanche já deve estar chegando, e hoje papai vai deixar você comer sozinho.

— Vai mesmo, papaizinho?

— Vou! Só não vá se sujar.

— Não vou me sujar não, papaizinho. Vou comer direitinho, que nem o senhor me ensinou. — Soltando-se da mão do pai, correu até o avô e falou:

— Vovô! Vovô! Paizinho disse que hoje eu posso comer que nem gente grande. Vou comer sozinho e não vou me sujar! — Sentou na cadeira e ficou aguardando o lanche chegar, ansioso.

Quando o lanche chegou, Tarcísio deixou o filho se virar sozinho. Depois de três minutos observando o filho, comentou: — Está comendo direitinho, filho. Só não esqueça de limpar a boca com o guardanapo de vez em quando, antes que algum resíduo do lanche caia em sua roupa.

— Vou fazer isso agora, papai! — disse Diogo, apanhando o guardanapo.

Um ruivo de cerca de trinta anos, que não perdia um único movimento de Tarcísio desde que o jovem chegara à praça de alimentação, levantou-se da mesa em que estava, aproximou-se de Tarcísio e perguntou bem alto:

— Você existe mesmo, ou meus olhos estão me pregando uma peça? — Colocou as mãos na cintura. — Você é real? Se for, eu estou escandalizado! Você é lindo demais. Lindo é pouco para você: na verdade você é extremamente lindo. Um pedaço de bom e mau caminho ao mesmo tempo! — Abanou-se com as mãos.

Tarcísio, o cunhado, o sogro, Renata e algumas pessoas que estavam na praça de alimentação olharam para o ruivo e começaram a rir.

— Será que ouvi bem quando você chamou esse garotinho aí — apontou para Diogo — de filho, e o garotinho o chamou de papaizinho? Você é pai ou irmão dele?

— Sou pai! Por quê?

— Pai! Está brincando comigo? Você deve ter somente uns quinze anos. Nessa idade não teria como ser pai de um garotinho que aparenta ter três ou quatro anos. É pai dele mesmo?

— Tenho dezenove anos, e meu filho fará quatro dentro de alguns meses. Sou pai do Diogo, sim. Por que quer saber isso?

— Pai! Pai! Você disse pai! Que bárbaro! — O ruivo bateu palmas. — Finalmente encontrei quem procurava há mais de dois meses. Adamastor, venha já aqui! — chamou, e um rapaz levantou-se de uma das mesas. — Veja, Adamastor! Que pedaço de homem! — Apontou para Tarcísio e se abanou. — Extremamente lindo! Carinha de adolescente, e para completar é pai desse garotinho bonitinho. Em outras palavras, é o pai que nossa agência tem procurado para fazer a propaganda do shopping. Encontrei, Adamastor! Encontrei! Eu lhe disse que hoje era o meu dia de sorte...

— Sem dúvida é seu dia de sorte, Ruivo — falou Adamastor.

— A que vocês estão se referindo? — perguntou Teófilo. — Se são homossexuais e pensam que vão dar em cima de meu genro, podem sumir da nossa frente, ou chamarei os seguranças.

— Homossexuais nós somos — respondeu o Ruivo. — Mas não queremos dar em cima do seu genro coisa alguma. Tenham calma, vou explicar qual é o negócio. Posso me sentar com vocês? — perguntou Ruivo, já puxando uma cadeira e sentando-se.

Ruivo explicou que faltavam trinta e oito dias para a comemoração do dia dos pais. Dois meses atrás, o shopping contratara a agência de modelos dele, que também funcionava como agência de publicidade, para fazer uma propaganda do shopping referente ao dia dos pais. Desde então ele não dormia direito, ansioso por encontrar

Só o amor explica

o modelo ideal para a propaganda. Queria um pai jovem e bonito para a propaganda que idealizara. E ao colocar os olhos em Tarcísio, notou que estava diante da pessoa ideal para a sua propaganda. Ruivo falou a respeito da sua propaganda, e Tarcísio o escutava sem nada mencionar. O dono da agência fez uma proposta a ele.

— Você e seu filho são o par perfeito para o anúncio. Aceita a proposta que lhe fiz? — questionou Ruivo.

— Sinto muito, mas você terá de continuar procurando um modelo. Não estou interessado em sua proposta.

— Pelo amor de Deus, não diga um absurdo desses — comentou Ruivo. — Aceite. Após essa propaganda, o mundo da moda lhe abrirá as portas, e você vai arrasar nas passarelas brasileiras e nas de outros países. Vai se tornar o modelo número 1 do mundo. Por favor, diga que aceita!

— Não estou interessado.

— Mas por quê? Vai receber uma boa bolada pelo trabalho. Se acha pouco cinco salários mínimos, aumento o valor para dez salários mínimos. Dez salários, só para você e seu filho fazerem uma propaganda de dois minutos na TV, e permitir que *outdoors* sejam espalhados na cidade com sua foto e a de seu filho.

— Não é pelo dinheiro — insistiu Tarcísio. — Simplesmente não me interessa fazer nenhuma propaganda, muito menos tornar-me um modelo.

— Mas você já é um modelo nato. Sua beleza física deve ser conhecida no mundo inteiro. Você nasceu para as passarelas da moda! Por tudo que é mais sagrado, aceite minha proposta. Pago quinze salários mínimos, mas, por favor, aceite fazer a propaganda. Aceite! — implorou Ruivo, levantando-se da cadeira e ajoelhando-se perto de Tarcísio.

— Vamos, aceite a proposta! — aconselhou Thiago. — O cara esquisito aí — indicou Ruivo — disse que vai pagar quinze salários mínimos somente para você fazer o trabalho. É um bom dinheiro. Você poderá utilizá-lo para pagar vários meses de aluguéis de sua casa adiantados, ou mesmo para comprar remédios para o Diogo.

Ao escutar o cunhado falar de remédios para Diogo, imediatamente Tarcísio pensou na doença do seu filho, e concluiu que o dinheiro que receberia da agência de Ruivo poderia ser empregado no bem-estar de seu filho.

Renata e Teófilo também aconselharam Tarcísio a aceitar a proposta.

— Filhinho, quer aparecer na televisão com o papai? — perguntou Tarcísio ao filho.

— Aparecer que nem aquele pessoal que fica dentro dela? — quis saber Diogo.

— Isso mesmo.

— Nós não vamo ficar preso dentro dela que nem o pessoal, papaizinho?

Todos riram da pergunta inocente de Diogo.

— Não, filhinho, não vamos ficar presos dentro dela. Vamos só aparecer nela.

— Se é assim, eu quero! Quando é que a gente vai entrar dentro dela, papai?

— Em poucos dias — respondeu Ruivo.

Tarcísio aceitou a proposta. Ruivo bateu palmas, e comentou que Tarcísio e seu filho iriam arrasar na propaganda. — As mulheres, e outros homens que não são assim tão homens, como é o meu caso, quando virem Tarcísio na televisão e nos *outdoors* sentirão um calor terrível, daqueles que água nenhuma dá jeito!

Todos riram. Ruivo entregou a Tarcísio um cartão de sua agência, comentando que na quarta-feira mandaria um motorista apanhar Tarcísio e o filho, bem na hora do almoço do viúvo, para que fizessem o primeiro ensaio da propaganda. Deixou a mesa e saiu comen-

Só o amor explica

tando com Adamastor a grande descoberta que fizera ao encontrar um verdadeiro deus grego no shopping.

Na quarta-feira, quando chegou à agência de modelos de Ruivo com o filho, Tarcísio rapidamente compreendeu o que Ruivo queria que eles fizessem. Ensaiou duas vezes sua fala, e estimulou Diogo a ensaiar dez vezes a única frase que iria dizer. Da agência partiram para o shopping, a fim de fazerem um teste. Pai e filho só necessitaram repetir duas vezes a cena para Ruivo considerá-los excelentes. Combinaram gravar a propaganda no dia seguinte, quando também tirariam fotos de Tarcísio e Diogo para os outdoors.

A propaganda foi gravada na quinta-feira, e a foto do outdoor escolhida. Tarcísio, o filho e Thiago assistiram ao anúncio antes de ele ser exibido na TV. Ruivo entregou o cheque no valor de quinze salários mínimos a Tarcísio, e lhe disse:

— Não se atreva a sumir, hein!? Tenho certeza que depois que o virem na TV e nos *outdoors* aparecerão inúmeras propostas a você. Não o deixarei sossegado até que aceite novamente algumas dessas propostas que surgirão. Felicidades a você e ao fofinho do seu filho. Bye-bye! — Ruivo jogou beijinhos com a mão para Tarcísio.

Tarcísio e o filho entraram no carro de Thiago, que levou o cunhado de volta ao escritório do pai, e depois conduziu o sobrinho para casa, deixando-o aos cuidados da Neide.

Em seu escritório, Teófilo conversou demoradamente com Tarcísio sobre as suspeitas que tinha contra o seu tesoureiro, Almir. Quando o sogro terminou seu relato, Tarcísio disse que iria averiguar se suas suspeitas tinham fundamento; se tivessem, veria o que se poderia fazer. Deixando a sala do sogro, regressou para a sua sala e concentrou-se no trabalho, observando Almir sem que o homem se desse conta disso.

Sentada no sofá de sua confortável sala, Marta lamentou-se não ter nada para fazer naquele domingo. Ligou a televisão e ficou assistindo à programação. De repente, chamou Matilde, que estava na cozinha; e a filha, ao chegar à sala, ainda conseguiu ver o finalzinho do anúncio que o irmão e o sobrinho faziam sobre o dia dos pais.

— Era Tarcísio naquela propaganda, Matilde? — indagou Marta.

— Pode apostar que sim, mãe!

— Já havia visto esse anúncio antes?

— Não, ainda não. Quando estive ontem na casa de Tarcísio, ele comentou que a propaganda seria exibida na TV a partir de hoje. Pena que não a vi por inteiro — lamentou-se Matilde. — Vou ficar assistindo com a senhora, aguardando a hora em que a propaganda será exibida novamente.

— Seu irmão estava lindo na propaganda.

— A senhora precisa ver os outdoors que estão espalhados com a foto dos dois. Tarcísio e Diogo estão maravilhosos nos outdoors!

— Existem outdoors com a foto de Tarcísio e do filho na cidade?

— Sim, mamãe!

— Quando foram colocados?

— Acredito que tenham sido colocados hoje, porque ontem não vi nenhum. Hoje, ao voltar da casa de uma amiga, avistei a foto deles em um outdoor; parei o carro e fiquei olhando encantada para aquela imagem... E avistei outros outdoors. Tem um bem na frente do shopping que fica a poucos minutos daqui.

Marta levantou-se do sofá, apanhou a chave do carro e disse a Matilde: — Estou indo agora mesmo ver esse outdoor!

Marta avistou o outdoor de longe. Parou o carro no estacionamento do shopping, aproximou-se do outdoor e ficou olhando para ele, emocionada. Depois entrou no carro e começou a circular pela cidade, contado o número de outdoors que encontrava com a propaganda do shopping que o filho fazia. Ao regressar para sua casa, disse a Matilde que ficara emocionada ao avistar o outdoor. Perguntou à filha se a propaganda voltara a aparecer na televisão. Ao saber que a filha gravara o anúncio, Marta ligou o videocassete e viu e reviu a propaganda diversas vezes.

— Ah, Matilde... Tarcísio nasceu mesmo para aparecer na televisão e em outdoors!

Logo depois do dia dos pais, Tarcísio recebeu alguns telefonemas de Ruivo, que tinha propostas de trabalho como modelo. Foram vinte e seis propostas, todas recusadas por Tarcísio. Mas Ruivo não desistiu: foi até o escritório de Teófilo e conversou longamente com ele. Após ouvir Ruivo, Teófilo chamou Tarcísio a sua sala e pediu ao dono da agência que repetisse a Tarcísio o que dissera a ele. Assim que Ruivo concluiu sua fala, Teófilo, sem esperar o genro se manifestar, disse o que pensava.

— Ruivo — falou Tarcísio —, tendo em vista a opinião de meu sogro, concordo em levar todas as propostas para casa e estudá-las.

Teófilo comentou que ele poderia estudá-las na sala dele mesmo; assim, ele opinaria também.

Tarcísio fechou os olhos, fez uma prece e pediu aos espíritos amigos para ajudá-lo. Abrindo os olhos, pediu a Ruivo as propostas. Enquanto lia cada uma delas, fazia comentários com o sogro. Por fim, decidiu-se por três propostas. Ruivo e o sogro conseguiram convencê-lo a aceitar pelo menos dez. Ele as aceitou, com a garantia de que só faria novas propagandas e desfilaria para algumas lojas de roupas masculinas da cidade se no contrato estivesse claro que as propagandas e os desfiles seriam realizados nos finais de semana. Pois de modo algum ele iria se ausentar do serviço no escritório, ou das aulas na universidade, para fazer propagandas ou desfilar.

Ruivo disse que o contrato seria redigido como Tarcísio desejasse, e ressaltou acreditar que em poucos meses Tarcísio seria um modelo famoso.

Assim que Ruivo se foi, Tarcísio olhou para Teófilo e perguntou:

— Será que fiz a coisa certa ao aceitar essas dez propostas, meu sogro?

— Acredito que sim, Tarcísio. Vi que você fez uma prece antes de solicitar ao Ruivo as propostas para estudá-las. Creio que sua decisão foi correta. Receberá bastante dinheiro por elas. O tratamento do seu filho poderá ser feito num hospital particular. Acho até que, no futuro, você acabará aceitando outras propostas.

— Aceitei as dez propostas pensando em meu filho. Não tenho nada contra o tratamento que ele faz de sua leucemia no hospital público. Mas desde que me disseram no hospital que ele só poderia receber o tratamento no finalzinho da tarde, porque não era possível ministrá-lo na parte da manhã, fiquei muito preocupado e imediatamente recordei as palavras da pediatra dele no dia em que me informou sobre a doença. O senhor tem toda razão: o dinheiro que receberei irá permitir que meu filho seja tratado num hospital particular.

— É ótimo que pense assim, meu caro.

Só o amor explica

— Mudando de assunto, eu acredito que o senhor estava certo ao suspeitar do tesoureiro. Dê-me mais alguns meses, e terei o que o senhor me solicitou. — Levantou-se da cadeira. — Tenho de retornar à minha sala e voltar ao trabalho. Já fiquei mais de uma hora em seu escritório. Se continuar me ausentando assim, Almir é capaz de reclamar do péssimo auxiliar que tem! — Ele riu, e o sogro também.

Ruivo surgiu no escritório no final da tarde do novo dia, com o contrato nas mãos. Tarcísio o assinou, e acertou com Ruivo que no sábado estaria na agência para receber algumas aulas sobre como desfilar em uma passarela.

No sábado, durante toda a parte da manhã, Tarcísio permaneceu na agência de Ruivo, que estava encantado com a rapidez com que Tarcísio aprendia tudo que ele lhe explicava. No outro final de semana, Tarcísio começou a gravar as propagandas para o rádio e a TV, e desfilar para três lojas.

Após ter cumprido as dez propostas iniciais, Tarcísio, incentivado pela irmã, pelo sogro e pelo cunhado, aceitou outras propostas feitas pela agência de Ruivo; e em três meses seu rosto podia ser visto em revistas nas bancas de jornal do Brasil, e em diversas propagandas da TV. Durante esses três meses, viajou para outras capitais brasileiras, e nelas desfilou em passarelas, gravou novos anúncios para TV e saiu em algumas revistas, fazendo propaganda de alguns produtos. Da noite para o dia, Tarcísio transformou-se em um modelo bastante requisitado no mercado da moda. A beleza física do viúvo, aliada ao seu olhar sereno e penetrante e ao amor que ele devotava ao filho, cativou o coração de inúmeras adolescentes, jovens e mulheres no país inteiro. Antes do final do ano, assinou contrato para desfilar na capital francesa no primeiro mês do ano seguinte.

Ruivo andava sorrindo à toa: Tarcísio rendia muito dinheiro à sua agência de modelos e publicidade; e o viúvo ganhava ainda mais dinheiro do que ele.

A vida de Tarcísio se transformara em uma verdadeira correria, mas ele nunca deixava de acompanhar o filho ao hospital. Saía com o filho para o cinema, para o shopping, jogava bola com Diogo e os amiguinhos dele; e os dois conversavam todos os dias, sentados no sofá da sala. Contava a Diogo tudo o que estava lhe acontecendo, e o filho relatava o que fizera durante o dia. Depois abraçava Diogo, e enchia-o de beijos. Levava o garotinho com ele em todas as viagens que fazia para outras cidades, e quando era possível o encaixava nas propagandas em que trabalhava. Só dava entrevistas com o filho nos braços. Todos se encantavam diante daquele pai tão responsável e amoroso. E mais admirados ficavam ao saber que ele tinha dezenove anos, era viúvo e criava o filho de quatro anos sozinho.

Tarcísio não deixou de fazer o seu culto do Evangelho no Lar; apenas mudou o dia. Tampouco deixou de freqüentar o grupo da mocidade espírita. Não faltava a nenhuma aula do curso de ciências contábeis, muito menos se ausentava do serviço no escritório do sogro. Sempre deixava bem claro para Ruivo que não gravava propagandas nem desfilava para nenhuma loja em horários que o impedissem de cumprir com suas verdadeiras responsabilidades.

Quando as pessoas mais próximas perguntavam como Tarcísio conseguia fazer tanta coisa sem se cansar nem se queixar, o pai de Diogo sorria e dizia que fazia tudo pelo filho. O dinheiro que ganhava com propagandas, entrevistas e desfiles era para conseguir, no futuro, pagar um transplante de medula óssea para Diogo. Dr. André já o avisara que seria praticamente impossível encontrar para o menino uma medula óssea compatível; mesmo assim, Tarcísio confiava imensamente em Deus e nos espíritos amigos: haveria de conseguir.

Duas semanas antes do Natal, Tarcísio entregou ao sogro alguns documentos que vinha reunindo desde a ocasião em que o sogro comentara que suspeitava de Almir. Teófilo os guardou consigo, e, abraçando o genro, agradeceu pelos documentos que obtivera.

— Meu sogro, semana passada o proprietário do imóvel em que vivo com meu filho procurou-me, e propôs que eu comprasse o imóvel dele. Falei ao homem que hoje lhe daria uma resposta. Verifiquei o dinheiro que tenho na poupança, e constatei que é suficiente para comprar o imóvel e ainda continuar pagando o tratamento do meu filho. Será que farei um bom negócio?

— A casa está em bom estado, e você mora nela há alguns anos. Acredito que seja um excelente negócio. Quanto o proprietário pediu por ela?

Tarcísio informou o valor, e Teófilo disse que não estava cara. Telefonaram para o homem e solicitaram a presença dele no escritório. Quando o proprietário chegou, conversaram bastante, e Tarcísio acabou comprando a casa.

Assim que o homem deixou sua sala, Teófilo apanhou o telefone e discou o ramal da sala de Almir. Pediu ao tesoureiro que fosse à sua sala. Quando Almir chegou, mandou o tesoureiro sentar-se. Então, apanhou os documentos que Tarcísio trouxera e pediu a Almir que os avaliasse. Ao ler os papéis, Almir perdeu a cor; e se Tarcísio não o tivesse abanado com uma pasta, o tesoureiro teria desmaiado.

Tarcísio telefonou para a copa e pediu que levassem água com açúcar até a sala do sogro. A copeira atendeu-o rapidamente, supondo que seu patrão passava mal.

— Pode me explicar o que esses documentos significam, Almir? — perguntou Teófilo.

Almir engoliu em seco, abaixou a cabeça e nada disse.

— Por que estava me roubando, Almir?

— E-e-eu — gaguejou Almir. — N-não queria roubar o senhor.

— Mas roubou, Almir. Por que fez isso?

— Eu precisava de dinheiro. Minha esposa está doente, e fez uma cirurgia muito cara em um hospital particular. Eu não tinha como pagar. Então peguei o dinheiro, com a intenção de devolvê-lo no futuro — mentiu Almir, recordando o que o bispo lhe dissera se um dia a verdade aparecesse.

— A cirurgia de sua esposa deve ter sido muito cara. Você roubou muito dinheiro. Todo esse dinheiro foi para pagar a cirurgia de sua esposa? — inquiriu Teófilo.

Almir disse que não. Pagara a cirurgia e guardara o resto para garantir duas novas cirurgias que a esposa teria de fazer novamente.

— Você deve pensar que sou um completo idiota — falou Teófilo. — Mas mesmo que fosse eu não conseguiria acreditar no que me diz. — Pegou o telefone e disse que iria discar para a polícia.

— N-não! Não faça isso, pelo amor de Deus! — implorou Almir, de joelhos. — O dinheiro roubado está comigo, vou devolvê-lo.

— Não ligo. Dinheiro nenhum pagaria a satisfação de vê-lo atrás das grades.

Almir começou a chorar, e Tarcísio, compadecendo-se do tesoureiro, disse:

— Se ele vai devolver o dinheiro, acredito que não seja necessário chamar a polícia. Deixe-o devolver seu dinheiro, meu sogro, e mantenha-o na tesouraria.

— Não posso fazer isso. Esse homem me roubou, e você quer que eu não o denuncie à polícia? E ainda continue mantendo-o como tesoureiro?

— Quero! Reconheço que Almir roubou. Segundo ele, roubou para ajudar a esposa doente. Se falou a verdade ou mentiu sobre isso, jamais saberemos. Embora tenha roubado, Almir é um bom tesoureiro. Sou grato a ele por tudo que me ensinou até agora. Só que eu ainda não me formei, e também não aprendi todo o serviço que Almir faz. Se não o denunciar à polícia e der a ele um voto de confiança, deixando-o cuidar da contabilidade do frigorífico, creio que ele não irá desperdiçar essa chance de se redimir. Não é mesmo, Almir?

— Não duvide disso nem por um segundo, Tarcísio! Se o patrão fizer o que você sugeriu, nunca mais roubarei nada de ninguém, e farei um excelente trabalho contábil nesse escritório — afirmou Almir.

Olhando para o genro, Teófilo falou:

— Você tem um coração bondoso demais, por isso é capaz de solicitar um voto de confiança para um ladrão. Espero um dia possuir um coração tão bondoso quanto o seu. — Olhou para o tesoureiro. — Almir receberá o voto de confiança; não porque o merece, mas devido à consideração que tenho por meu genro. Trate de trazer-me ainda hoje o dinheiro que roubou, e se empenhe em fazer o excelente trabalho que prometeu.

— Vou agora mesmo buscar seu dinheiro — disse Almir. — Tarcísio, obrigado por ter intercedido por mim! — Saiu da sala apressadamente.

— Meu sogro, obrigado por ter dado o voto de confiança a Almir. Todo homem merece uma segunda oportunidade.

Ao deixar o escritório, Almir ligou para Dom Gilberto de um telefone público, e disse ao homem que o esquecesse e não depositasse mais nenhum dinheiro mensalmente em sua conta. Tarcísio descobrira a quantia que ele andava desviando, e só não tinha sido preso por intercessão do próprio Tarcísio. Não mais iria desviar dinheiro de Teófilo, muito menos colocar droga dentro do escritório de Teófilo e das coisas de Tarcísio quando o bispo ordenasse. Dizendo ao bispo que iria devolver todo o dinheiro que desviara, desligou.

Dom Gilberto Lorizzen decidiu que estava na hora de tirar Tarcísio de seu caminho.

Cinco dias antes do Natal, Tarcísio aceitou ser por três horas o papai-noel do shopping para o qual tinha feito sua primeira propaganda. Durante o tempo em que ficou sentado, tirando uma porção de fotos com crianças e até mesmo com jovens e adultos, Diogo permaneceu sempre ao lado dele, vestido como ajudante de papai-noel. Quando tudo terminou, abraçou o filho e o beijou, e lhe disse que iriam comprar presentes para o dia do Natal. Quando retirou a roupa de Diogo e colocou o boné na cabeça do filho, sentiu um aperto no coração: percebeu que o cabelo do menino caía bastante. A quimioterapia verdadeiramente estava acabando com seu lindo filhinho.

Compraram diversos presentes. Pegaram um táxi, e, chegando em casa, Tarcísio pediu a Diogo para ajudá-lo a colocar os presentes perto da árvore de natal. Mandou o filho tomar banho, e começou a preparar o jantar.

Na véspera de Natal, a casa de Tarcísio tornou-se pequena para tanta gente. Mesmo assim, todos conseguiram um lugar para se sentar, e passaram a conversar animadamente. Tarcísio agradeceu tudo o que eles tinham feito naquele ano por ele e por seu filho, e antes de iniciarem a ceia e comerem, abriu o seu exemplar de *O Evangelho Segundo o Espiritismo*. Após a leitura, ele a comentou, e fez uma prece; então, pediu ao filho para apanhar os presentes que comprara, e distribuir aos que ali se encontravam.

Logo que o filho entregou todos os presentes, disse para o pai:

— Papaizinho! Dei presente pra todo mundo... e agora olhei pra árvore de Natal e não vi nenhum pra mim. Você comprou pra todo mundo e se esqueceu do meu!

— Xi, o papai esqueceu mesmo — falou Tarcísio. — Perdoa o papai. Amanhã nós vamos ao shopping e compramos um bem bonito pra você.

— O senhor comprou pra todo mundo e esqueceu logo de comprar para mim... Tô muito triste. — Diogo levou as mãozinhas aos olhos e começou a chorar.

Tarcísio o pegou no colo, abraçou-o bem forte e falou para ele não chorar, pois não tinha esquecido de comprar o presente dele. Colocou-o no chão e mandou-o abrir a porta do quarto dele. Diogo correu até seu quarto, e ao abrir a porta todos escutaram um gritinho de alegria da criança. Saindo do quarto, jogou-se nos braços do pai e falou:

— Uma bibiceta! Oba! Você me deu uma bibiceta papaizinho... Era o que eu tanto queria. Eu te amo muito!

— O papai também te ama muito.

— O senhor me ensina a andar nela?

— Amanhã o papai ensina. Agora nós vamos comer. Todos devem estar com fome.

— Eu também estou. Vamos logo, então, quero comer uma coxa de peru sozinho pra ficar bem forte — disse Diogo.

Todos sorriram e, aproximando-se da mesa, começaram a servir a excelente comida que Dolores, Neide e Matilde haviam preparado.

29

O seqüestro

O advogado, que recebera de Dom Gilberto uma boa quantia em dinheiro, prometeu-lhe que seguiria fielmente suas instruções. O delegado também aceitou fazer parte do plano que o bispo tinha em mente; sua ação se daria no aeroporto. Evidentemente, Dom Gilberto pagou-o com generosidade.

Marta informou-o em que dia Tarcísio viajaria para o exterior sem levar junto seu filho.

O bispo, reunindo-se com Amanda e Lucrécia, revelou que chegara a hora de colocar em ação os últimos passos do plano que iria esmagar Tarcísio. Disse o que as duas teriam de fazer, e entregou a Amanda um hábito religioso que conseguira com a madre de um convento. Pediu a Amanda para vesti-lo. Dom Gilberto e a irmã admiraram-se ao constatar que Amanda ficara irreconhecível. O hábito religioso só deixava à mostra os olhos verde-esmeralda, a boca e o nariz da moça. Quem a avistasse e não a encarasse bem de perto jamais descobriria que aquela freira era na verdade Amanda.

Só o amor explica

O bispo solicitou que a sobrinha aguardasse na sala enquanto ele conversava com Lucrécia. Sozinho com a irmã, explicou a ela o que deveria fazer. Depois, chamou Amanda, e revelou à sobrinha um outro plano que iria colocar em prática.

— Conto com você para me ajudar também neste plano. Mas mantenha sigilo absoluto sobre ele.

— Tem certeza que isso não será perigoso, tio? O que vamos fazer com Tarcísio já será bastante doloroso para ele. Penso que esse seu novo plano é arriscado, e pode acabar não dando certo.

— Amanda, já lhe disse que Tarcísio é daqueles homens que não se abalam facilmente. Durante o tempo em que ficamos observando-o e agindo calmamente, verificamos que é preciso bater com força para que ele caia e não se levante mais. A primeira paulada que daremos em Tarcísio irá deixá-lo tonto; mas se receber a segunda paulada logo depois da primeira, ele tombará definitivamente. Então você poderá estender-lhe sua mão e ajudá-lo a se levantar; e terá em seu poder o homem por quem está apaixonada.

— Tem certeza que tudo sairá conforme seus planos?

— Absoluta certeza. Tomei todas as precauções para que tudo saia conforme planejei.

— E aqueles espíritos malditos que Tarcísio chama de amigos? Eles não irão contar a Tarcísio o que o senhor pretende fazer?

— Aqueles espíritos nada poderão fazer, Amanda. Eu nem mesmo acredito que existam. Mas se existirem, terão muito trabalho: acontece que já paguei para uma mãe-de-santo fazer uma macumba "braba" para Tarcísio. A mulher me garantiu que mandou vários espíritos atormentarem Tarcísio, e que os espíritos amigos dele sairiam correndo quando avistassem o batalhão de espíritos ruins que invadiriam a casa do viúvo e o acompanhariam em sua viagem. Não se preocupe, tudo sairá conforme planejei se você fizer sua parte direitinho.

— Se o senhor já tomou todas as precauções, farei tudo que me pediu. Amo Tarcísio, e por ele sou capaz de tudo; até mesmo de destruí-lo, para que, destruído, ele me enxergue e me dê a chance de ser a mulher de sua vida.

— Amanda, você é a única pessoa em quem confio plenamente; é meu maior trunfo, minha principal aliada para vingar a humilhação que aquele arrogante me impôs.

— Pedro, a patroa quer falar com você imediatamente — Dolores disse ao motorista.

— Ela que espere; eu quero tomar meu café sossegado. Só irei depois que terminar o café. E quando for, direi a ela tudo o que sempre quis desde o dia em que comecei a trabalhar nessa mansão. Aliás, ela só fez me humilhar todo esse tempo.

— Ficou maluco, Pedro? — indagou Elvira.

— Não fiquei maluco coisa alguma.

— Só pode ter ficado louco para dizer um absurdo desses — concordou Dolores. — Melhor ir agora mesmo verificar o que a mulher deseja. Quando ela manda chamar um de nós, quer que estejamos a sua frente na mesma hora.

Pedro levantou-se e avisou-as que falava sério; bastaria que o acompanhassem para presenciar tudo. Dirigiu-se até onde Lucrécia tomava café com a família, e Dolores e Elvira o seguiram.

— Mandou me chamar, dona Lucrécia? — perguntou Pedro.

— Não! Mandei chamar a pia da cozinha que é o motorista dessa mansão — respondeu Lucrécia.

— Então, retornarei à cozinha, arrancarei a pia e a trarei; e a senhora dirá a ela o que deseja — retrucou Pedro.

Só o amor explica

— Que atrevimento é esse, rapaz? Perdeu o juízo? Quer ser demitido agora mesmo?

— Não perdi o juízo, dona Lucrécia. E muito menos desejo que me demita. Antes que o faça, eu mesmo peço a minha demissão. Estou cansado de ser obrigado a dirigir para a senhora e suportar tudo que me tem dito. Se deseja ir para algum lugar, aqui está a chave do carro. — Pôs a chave sobre a mesa. — A senhora sabe dirigir, então é só começar. A partir de hoje não dirijo para mais ninguém, somente para mim. Semana passada ganhei na loteria, e agora sou um homem rico. Já recebi o meu prêmio, e na próxima semana me mudarei para Goiânia. Lucrécia, foi um imenso e tenebroso desprazer trabalhar esses anos para a senhora. — Olhou para Teófilo. — Já trabalhar para o senhor foi um imenso prazer. Agradeço por tudo que o senhor fez por mim durante o tempo em que fui motorista particular de sua família.

— Não há o que agradecer, Pedro. Fico contente por você ter ganhado um bom dinheiro. Espero que você e sua família sejam muito felizes em Goiânia.

Dando as costas para Lucrécia, Pedro voltou para a cozinha. Lá, abraçou Dolores e Elvira, ambas sem fala, confusas e emocionadas. Desejou sorte a elas, e deixou a mansão.

Lucrécia, após tomar café, subiu ao quarto, apanhou sua bolsa e um pacote, entrou no carro e dirigiu-se ao frigorífico do marido. Iria colocar em prática o que o irmão lhe tinha solicitado.

Teófilo entrou na sala em que o genro trabalhava e o convidou para ir ao frigorífico com ele. Mas Tarcísio tinha muito serviço para fazer, e perguntou ao sogro se não poderia ir após o almoço. Teófilo concordou, e regressou a sua sala. Pouco tempo depois, Tarcísio entrou na sala de Teófilo e disse:

— Resolvi ir ao frigorífico.

— Mas agora há pouco você disse que não poderia se ausentar do trabalho!

— Eu sei. Mas assim que o senhor deixou minha sala, senti uma vontade imensa de ir ao frigorífico imediatamente.

— Por que, Tarcísio?

— Não sei; aconteceu de repente.

O sogro logo pensou ter sido coisa dos espíritos amigos de Tarcísio. O genro, por ser um fiel seguidor da doutrina espírita, tinha o costume de reformar-se moralmente; e devido a essa reforma, os espíritos evoluídos viviam se comunicando com o rapaz, através da sua mediunidade.

Quando chegaram ao frigorífico, Teófilo viu o carro de sua mansão deixar o lugar; mas não conseguiu ver quem o dirigia. Um seu funcionário lhe disse que era a própria esposa do patrão quem dirigia o carro. Ela ficara um bom tempo nas dependências do frigorífico.

Teófilo procurou o gerente e perguntou ao homem o que a esposa fora fazer no frigorífico.

— Bem, senhor — respondeu o homem —, ela pediu para ver como se dava o processo de embalagem da carne enviada para exportação. Mostrei o lugar a ela. E certo momento, ela quis água, pois sentia muita sede; fui então buscar um copo d'água, e a deixei sozinha. Quando voltei, Lucrécia não estava mais lá. Encontrei-a em outro local, conversando com algumas funcionárias.

— Curioso... — comentou Teófilo.

— O que estranhei, senhor, é que ela levava um pacote nas mãos ao entrar comigo na sala onde a carne é embalada; e quando a encontrei conversando com as funcionárias, não mais a vi com esse pacote — disse o gerente.

— Um pacote! Que estranho! Será que ela o esqueceu na sala? — questionou Tarcísio.

— Acredito que não — falou o gerente. — Voltei imediatamente à sala, mas ao chegar não vi nenhum pacote. Deduzi que dona Lucrécia saiu com ele e talvez o tenha entregue a alguém.

Só o amor explica

— Ou então o deixou dentro da sala, em um lugar onde você não poderia encontrá-lo — falou Tarcísio, repetindo exatamente as palavras que o espírito Isaura lhe dizia, sem se dar conta disso.

— Que disse, Tarcísio? — inquiriu Teófilo.

— Nada... Só pensei algo.

— Pensou e falou ao mesmo tempo. Por que fez isso?

— Foi de repente. Nem percebi que tinha falado, apenas pensei.

— Vamos imediatamente para a sala em que Lucrécia esteve — decidiu Teófilo.

O espírito protetor de Tarcísio seguiu junto com eles. Na hora em que entrou na sala, Tarcísio arrepiou-se todo. O arrepio lhe revelou que a sogra não fora fazer boa coisa naquela sala. Procuraram o pacote, e nada encontraram. Tarcísio fechou os olhos e fez uma prece. Depois, começou a procurar embaixo de três lotes de carnes destinados à exportação. Encontrou o pacote em um deles, e o gerente, ao vê-lo, reconheceu-o como o material que vira na mão da esposa do patrão.

Tarcísio entregou o pacote ao sogro, que o abriu. Os três homens ficaram espantados quando viram a quantidade de cocaína que havia dentro do embrulho. Teófilo refez o pacote e pediu ao gerente e ao genro segredo absoluto do que tinham visto. Deixou o frigorífico em companhia de Tarcísio. No escritório, perguntou a Tarcísio se ele achava que a esposa era viciada em drogas.

— Talvez seja, talvez não seja. Penso que se ela fosse viciada em drogas não iria levar a cocaína para o frigorífico e escondê-la em um lugar onde logo seria descoberta. Sinceramente, penso que se ela levou a droga para lá, foi a fim de prejudicar o senhor.

— Prejudicar-me! — espantou-se Teófilo. — O que Lucrécia ganharia tentando me prejudicar?

— Somente ela poderá responder essa pergunta — disse Tarcísio, pedindo licença e retornando para sua sala.

Intrigadíssimo, Teófilo apanhou o pacote, deixou o escritório e entrou em seu carro. Ao chegar a sua residência, procurou a esposa e a encontrou no quarto. Entregou-lhe o pacote, perguntando o que ela pretendia.

Lucrécia fez cara de espanto, e indagou o que tinha no pacote.

— Você já sabe o que há aí.

— Onde encontrou isso, querido?

Teófilo contou como o descobrira. — Lucrécia, você usa drogas ou colocou esse lixo no frigorífico com outra intenção?

— Lógico que não sou uma viciada, como seu filho foi no passado.

— Se não é viciada, então Tarcísio tinha razão quando mencionou que você tentou me prejudicar! Por que deseja me prejudicar, Lucrécia?

— Só mesmo você para acreditar que eu, Lucrécia Lopes Lorizzen, sua digníssima esposa, desejaria seu mal. Aquele maldito macumbeiro não sabe de nada.

— Então, o que você pretendia colocando a droga naquele lugar?

— Isso você jamais saberá — disse Lucrécia, deixando o quarto e saindo à procura de Amanda.

Teófilo percebeu que não mais poderia confiar em Lucrécia; o divórcio deles não tardaria a acontecer. Foi até a churrasqueira e jogou bastante álcool no pacote; ao ver a droga pegar fogo, entrou no carro e voltou para o local em que trabalhava.

Lucrécia telefonou para o irmão e o colocou a par do que ocorrera.

Após falar com a irmã, o bispo ficou preocupado. De alguma forma, Tarcísio sempre acabava descobrindo o que ele tramava para destruí-lo. Seria ele uma espécie de santo, como muitos acreditavam? Só teria certeza disso no dia em que Tarcísio recebesse uma facada no aeroporto, e outra facada quando estivesse em Paris. Ele estava perto de recebê-las, muito perto mesmo.

Tarcísio abraçou Diogo, beijou-o muito e pediu-lhe que se comportasse direitinho enquanto estivesse viajando para outro país. Chorando, Diogo disse que queria ir com ele.

— Filhinho, já conversamos sobre isso. Dessa vez não poderei levar você, porque ficarei uma semana fora e você tem de ir ao hospital fazer a quimioterapia. Papai promete que vai trazer um presente bem lindo da França para você.

— Eu queria ir com o senhor, papaizinho lindo. Por favor, leva eu. Não quero ficar aqui sozinho. Estou com medo de nunca mais te ver. Leva eu com o senhor, leva eu — pedia Diogo, chorando.

— Filhinho, não chore. O papai não vai embora para sempre. Na outra semana o papai estará aqui.

— Tô com medo, papaizinho. Tô com muito medo. Não quero que você viaje e me deixe sozinho com a Neide. Por favor, meu papai? — Diogo chorava muito. — Leva eu também!

— Diogo, seu pai não pode levá-lo — falou Matilde. — A tia Matilde vai junto com seu pai. Ela promete trazer seu papaizinho de volta para você. Por isso, pare de chorar e reze para tudo dar certo na viagem de seu pai, e para ele desfilar muito bem na França, ganhar muito dinheiro e trazer todo esse dinheiro para você.

— Tia Matilde, eu queria que o papai me levasse. E se ele ficasse aqui comigo e não fosse viajar não? Tô sentindo uma tristeza em meu coração... num sei explicar o que é. Tenho medo de nunca mais ver meu papaizinho querido!

— Sente tristeza porque nunca se separaram antes. A tristeza logo vai passar — falou Matilde. — Agora, dê outro beijo em seu pai e deseje boa sorte a ele.

Diogo atirou-se nos braços do pai, que também chorava, e beijando-o na face disse que o amava muito, e que sempre o ia amar.

Quando Tarcísio o colocou no chão, correu para o quarto, jogou-se na cama e começou a chorar bastante. Tarcísio aproximou-se do quarto, e antes de entrar Matilde disse que era melhor deixar o filho chorando e irem para o aeroporto.

Tarcísio pediu a Neide que lhe telefonasse em Paris se alguma coisa acontecesse com Diogo. Deixou a casa e entrou no carro de Thiago, junto com Matilde. Thiago deu partida no carro e seguiu para o aeroporto.

Vinte minutos depois que Tarcísio foi para o aeroporto, Neide escutou a campainha. No portão, avistou uma mulher e perguntou o que ela desejava. A mulher disse ser da agência de modelos de Ruivo, e comentou ter um documento para entregar a Tarcísio antes de ele viajar. Neide disse que Tarcísio já tinha ido para o aeroporto. A mulher pediu um copo com água. Quando Neide trouxe a água e abriu o portão, a mulher deu um tapa forte no rosto da moça; dois homens rapidamente saíram de um carro e, apontando uma pistola para Neide, disseram-lhe para ficar quieta, caso contrário morreria. Entraram na casa, amarraram Neide e a amordaçaram. A mulher foi até o quarto de Diogo e pegou o menino, que ao vê-la começou a chorar. A mulher, ao passar por Neide, disse algo e os três abandonaram a casa levando Diogo com eles.

No aeroporto, Tarcísio não prestava atenção em nada que Ruivo lhe dizia, e pensava em Diogo. Deixara seu filhinho chorando e sofrendo bastante. Jamais tinha se separado dele. Sempre que viajava levava o filho junto. Despedir-se do menino tinha sido muito doloroso. Ficara preocupado quando Diogo lhe dissera que tinha medo de nunca mais vê-lo, e que sentia uma tristeza que não sabia explicar. O filho nunca antes se expressara assim. Se ele mencio-

Só o amor explica

nara ter medo de nunca mais vê-lo, talvez estivesse pressentindo alguma coisa. O filho talvez tivesse herdado da mãe o dom do pressentimento. Se Diogo pressentira que queria viajar com ele, na certa a tristeza do filho relacionava-se a algo ruim que viria a acontecer.

— Vou telefonar para minha casa, preciso saber como está meu filho — avisou a Ruivo, saindo em busca de um telefone.

Ao passar por Amanda, não a reconheceu vestida de freira. Amanda sorriu intimamente ao descobrir que Tarcísio não a reconhecera. Olhou para onde Matilde estava sentada, e ao verificar a mala que Tarcísio iria levar na viagem, sorriu ao notar que era idêntica à sua. O tio realmente mandara espionar todos os passos de Tarcísio. Ainda bem que ela usava luvas, e nenhuma impressão digital sua iria ficar na mala que segurava. Só precisava aguardar o momento exato para chocar-se com Tarcísio e fazer a troca das malas. Depois, era só telefonar para a polícia federal e fazer uma denúncia. Executaria a parte dela sem nenhum problema, e depois ganharia o seu troféu. Tarcísio seria dela. A moça consultou o relógio e deduziu que àquela hora o tio já deveria ter colocado em prática o outro plano. Dentro de trinta minutos, ela própria colocaria em prática o que fora fazer no aeroporto.

Tarcísio estranhou que Neide não atendesse ao telefone. Ligou duas vezes e nada. Retornou para perto de Matilde e Ruivo, e disse ter ficado preocupado com o fato de Neide não atender a ligação. Após cinco minutos telefonou novamente, e nada de Neide atender. Sua preocupação aumentava cada vez mais. Sentando-se, fechou os olhos e fez uma prece. Concluída a prece, voltou a aproximar-se do telefone e ligou outra vez para sua casa. Ninguém atendeu. Falou para Ruivo e Matilde que algo deveria ter acontecido, pois nem Neide nem seu filho ouviam o telefone tocar insistentemente.

— Relaxe, Tarcísio... não deve ter acontecido nada — Ruivo disse.

— Concordo com ele, você está exagerando — opinou Matilde.

— Bem, tentarei telefonar de novo — resolveu Tarcísio.

Quando se aproximou do telefone, Isaura assoprou sobre ele. Tarcísio ligou para sua casa, e ninguém disse nada do outro lado da linha. Isaura assoprou outra vez sobre ele, que através de sua mediunidade sentiu o sopro do seu espírito protetor e imediatamente se deu conta de que algo acontecera com seu filho.

Nesse instante, foi anunciado o número do vôo que ele pegaria com Matilde, e solicitou-se que os passageiros daquele vôo comparecessem ao portão de embarque. Ruivo e Matilde levantaram-se. Tarcísio, aproximando-se deles, falou que não mais iria viajar e que iria imediatamente para sua casa.

— Ficou louco, Tarcísio? Você tem um desfile importantíssimo em Paris. Não pode faltar a ele só porque telefona para sua casa e ninguém atende! Seu filho está bem. Vamos ao portão de embarque! Os passageiros se dirigem para ele — falou Ruivo.

— Meu filho é muito mais importante do que qualquer desfile. Alguma coisa aconteceu com ele. Estou indo para minha casa. — Tarcísio apanhou a mala que tinha levado, chamou Matilde e saiu apressado até o local onde os táxis estavam estacionados.

Matilde e Ruivo seguiram-no, e assim que eles entraram no táxi Tarcísio pediu ao motorista que dirigisse o mais rápido possível para o Núcleo Bandeirante.

Vendo-os desaparecer no táxi, Amanda olhou para a mala que tinha em mãos, e ficou sem saber o que fazer. Telefonou para o tio, e contou-lhe o que acontecera. Dom Gilberto ordenou que se livrasse da mala e o procurasse em seu apartamento. Se fracassara o plano de fazer Tarcísio e Teófilo passarem por traficantes de drogas e serem presos, o outro plano saíra conforme ele planejara. Logo que o tio se despediu, Amanda olhou para os lados, e, notando que ninguém a observava, abandonou a mala. Depois apanhou um táxi rumo à mansão da tia.

Quando o táxi parou na frente do portão de sua casa, Tarcísio abriu a porta do carro e mandou Matilde pagar a corrida e pegar sua mala. Saiu do carro, e ao notar o portão de sua casa aberto, estranhou. Foi até a porta e colocou sua chave na fechadura; mas a chave não fez nenhum movimento. Empurrou a porta. Quando acendeu as luzes da sala, viu Neide toda amarrada, e sentiu um forte aperto no coração. Gritou por Matilde e Ruivo, e correu até o quarto do filho. Não o encontrou; procurou-o então em seu quarto, na cozinha e no banheiro. Voltou até onde Neide estava, e aproximou-se da moça. Matilde e Ruivo entraram na sala e, assustados, depararam Neide toda amarrada.

Tarcísio retirou a mordaça de Neide e começou a desamarrar a moça. Pediu a Matilde para preparar um pouco de água com açúcar para Neide. Quando se viu livre das cordas e da mordaça, a moça bebeu a água adoçada que Matilde preparara e contou a todos o que tinha acontecido.

— Levaram meu filho para onde, Neide? — indagou Tarcísio, com lágrimas nos olhos.

— Não sei! Eles me amarraram, e quando a mulher saiu carregando Diogo em seus braços, que esperneava sem parar, olhou-me e disse que era um seqüestro.

— Seqüestro — disse Tarcísio, desmaiando em seguida.

Ruivo e Matilde correram até ele.

— Ai, meu Deus, ele desmaiou! Que vamos fazer, Matilde? — perguntou Ruivo, colocando as mãos na cintura.

ROBERTO DIÓGENES / SULAMITA

— Vamos ajudá-lo — respondeu Matilde. — Neide, onde ficam guardados álcool e algodão?

— Já vou pegar tudo, Matilde — disse Neide, indo até a cozinha.

Passaram álcool nos pulsos de Tarcísio. Ensoparam um pedaço de algodão e colocaram no nariz dele. Ruivo bateu de leve no rosto do jovem, e aos poucos ele voltou ao normal. Ruivo o ajudou a levantar-se do chão e a se sentar no sofá. Tarcísio olhou para Neide e pediu que ela contasse novamente o que acontecera.

Neide sentou-se e outra vez contou como o seqüestro de Diogo ocorrera.

— E agora, Tarcísio, o que você irá fazer? — perguntou Ruivo.

— Telefonarei para a polícia.

— Deixe que eu telefone para um amigo que é delegado — sugeriu Matilde. — Ele estudou comigo quando eu cursava direito na universidade. — Caminhou até o telefone e, discando para sua casa, pediu à mãe para procurar em sua agenda o número do telefone de uma pessoa.

Marta, pensando que Matilde estivesse no aeroporto, fez o que a filha lhe pediu.

Imediatamente ela telefonou para o amigo delegado, que em quarenta minutos chegou à casa de Tarcísio. Ao se inteirar do seqüestro, disse a Tarcísio que os seqüestradores certamente iriam entrar em contato.

— Enquanto não entram em contato, você terá de ir até a delegacia dessa cidade-satélite com Neide fazer a ocorrência do seqüestro. Irei com vocês — disse o delegado Faustino a Tarcísio.

— Obrigado, Faustino! Sua presença será de grande valia — afirmou Tarcísio. — Antes de ir à delegacia, vou telefonar para meu sogro e solicitar que ele me acompanhe. — olhou para a irmã. — Matilde, telefone ao meu sogro e informe a ele o que aconteceu! Diga

Só o amor explica

que necessito da presença dele com urgência aqui em casa. Enquanto você telefona, farei preces. Preciso me acalmar nessa hora, e através da prece me preparar para o que vai me acontecer futuramente.

Matilde telefonou para Teófilo. Tarcísio, fechando os olhos, começou a rezar.

Quando Teófilo e Thiago chegaram, pediram maiores explicações do seqüestro. Ao saberem como tudo ocorrera, Teófilo disse ao genro que poderiam ir à delegacia.

Teófilo, Neide, Tarcísio e Faustino foram à delegacia, e relataram ao delegado de plantão como se dera o seqüestro de Diogo. Faustino solicitou que o deixassem ficar à frente das investigações. O delegado achou excelente o pedido do jovem colega. Seqüestro dava muito trabalho; ele já tinha certa idade, e só esperava sua aposentadoria. Não queria mais correr atrás de bandido, muito menos de seqüestradores. Acompanharia o caso de longe. Colocou o delegado Faustino à frente de toda a operação, e deixou à disposição dele sua delegacia e os homens que trabalhavam ali.

Quando deixaram a delegacia, já passava das onze da noite. Chegando em casa, Tarcísio preparou um chá e o ofereceu a todos. Depois de tomar o chá, Faustino disse que apareceria no dia seguinte com alguns policiais para grampearem o telefone. Pediu a Tarcísio para ficar próximo ao telefone, que os seqüestradores poderiam entrar em contato a qualquer hora.

Tarcísio disse a Neide que ela poderia ir para sua casa descansar um pouco. A moça comentou que iria ficar com ele. Tarcísio disse não haver necessidade. Preferia que ela fosse para sua casa descansar, e no outro dia chegasse bem cedinho. Teófilo pediu a Thiago que levasse a moça até a sua casa.

Matilde disse que iria telefonar para o senador Cardoso e colocá-lo a par do acontecimento. Ligou para a casa do político, mas ninguém atendeu. Voltou para perto do irmão e ficou sentada ao lado dele.

Thiago regressou da casa de Neide, e perguntou para Tarcísio o que ele pretendia fazer.

— Vou ficar a madrugada inteira sentado no sofá, fazendo preces enquanto espero os seqüestradores entrarem em contato por telefone. Se você e meu sogro quiserem, podem dormir em minha cama. Matilde, durma na cama de Diogo. Não pedirei que fiquem de vigília comigo.

— Não sairei daqui, Tarcísio — disse Teófilo. — Thiago e Matilde, que são jovens, podem não agüentar uma vigília, mas eu agüento.

— Eu também ficarei. Já passei muitas noites acordada estudando — garantiu Matilde.

— Também ficarei, papai — mencionou Thiago.

— Então, vamos rezar e pedir a Deus para cuidar de Diogo. Deus não permita que judiem do meu garotinho! — falou Tarcísio. — Vamos fechar os olhos e nos sintonizar com a espiritualidade.

Todos fecharam os olhos, e Tarcísio fez uma prece. Rezaram juntos o Pai-nosso, e após a oração, Teófilo, Thiago e Matilde ficaram em silêncio, observando Tarcísio, que mantinha os olhos fechados e continuava rezando.

Quando Tarcísio abriu os olhos, Teófilo o viu sereno, e perguntou:

— Meu caro, você parece estar tranqüilo. Como consegue se manter sereno em uma hora tão difícil?

— Tento manter-me assim com as forças que obtenho da prece. Aprendi no espiritismo que antes de entrar em desespero devo recorrer à prece e nela buscar forças para me acalmar. É por isso que sempre faço preces: elas me ajudam bastante. Sou muito feliz por ter encontrado a doutrina espírita. Essa doutrina é tão abençoada que me ajuda a ser forte em um momento tão doloroso.

30

Lutando contra o desespero

Dom Gilberto bateu na porta do apartamento que alugara em Goiânia, e quando um homem a abriu, entrou e perguntou onde estava a criança. O homem levou-o até o quarto, onde Diogo dormia com as mãos e os pés amarrados. Perguntou onde estava o outro homem e a mulher, e ao saber que eles se achavam na cozinha, mandou que os chamasse. Quando os três surgiram na porta, fez a eles algumas perguntas; depois, disse-lhes que haviam feito um bom trabalho.

Abrindo uma maleta, o bispo retirou de dentro dela dinheiro em vários maços de notas, e entregou a cada um determinada quantia. Mandou-os conferirem, e os três começaram a contar o dinheiro recebido. Dizendo que iria até a cozinha apanhar uma cerveja para que comemorassem, deixou-os contando o dinheiro. Foi à cozinha e apanhou uma garrafa de cerveja; abriu-a e colocou algo dentro dela. Pôs então a tampa na garrafa, para dar a impressão de que ela não tinha sido aberta. Apanhou três copos e retornou para a sala. Entregou um copo para cada um. Dom Gilberto fingiu ter aberto a garrafa, e serviu-lhes a bebida dizendo que não os acompanhava porque só bebia vinho. Cerveja lhe fazia mal.

Os três beberam a cerveja. Dom Gilberto perguntou se queriam mais, e os três responderam que não. Iriam embora e sumiriam de Goiânia. Com o dinheiro, mudariam para o estado do Pará e lá viveriam sossegados. O bispo pediu-lhes sigilo absoluto sobre tudo que fizeram, e os mandou embora. Os três juraram que nunca tocariam no assunto com ninguém.

Assim que fechou a porta do apartamento, Dom Gilberto aproximou-se da janela e olhou para fora. Os três entraram no carro, mas o veículo só andara uns dez metros; olhou no relógio e disse:

— Dez minutos exatos. O veneno já fez sua parte. Esses três nunca abrirão a boca, e a polícia nada conseguirá descobrir quando os encontrar mortos dentro do carro com o dinheiro. O dinheiro é falso, e usei luvas ao lidar com ele. A polícia nunca encontrará nenhuma impressão digital minha no dinheiro falsificado! — Saiu da janela, entrou no quarto e ficou observando o filho de Tarcísio dormir.

— Você realmente se parece com Rebecca. É uma pena que ela tenha morrido para você poder vir ao mundo. Você não a conheceu, mas em breve irá se encontrar com ela. Ficará amarrado nessa cama sem comer nem beber, até morrer. Quando morrer, darei um jeito de deixar seu corpo na frente da casa de seu pai. Só que antes irei torturar o seu papai um pouquinho — disse Dom Gilberto, gargalhando em seguida.

Deixando o quarto, foi até a cozinha, abriu a garrafa de refrigerante que levara e colocou veneno dentro dele. Pôs a tampa na boca da garrafa, bateu nela para que se fixasse melhor e a depositou na geladeira. Deixou o apartamento e retornou a Brasília.

Neide abriu a porta com a chave que possuía; encontrou Teófilo dormindo no sofá, e Tarcísio, de olhos fechados, parecia rezar. Tocou no ombro dele e o chamou. Tarcísio abriu os olhos e, olhando no relógio, verificou que eram sete horas da manhã. Chamou o sogro e pediu-lhe que fosse deitar um pouco em sua cama. Teófilo disse ao genro que não iria dormir, e pediu a Neide que fizesse um café bem forte para eles.

A campainha tocou, e Tarcísio, ao abrir a porta, permitiu que o delegado Faustino e alguns policiais entrassem. Faustino perguntou se os seqüestradores tinham telefonado.

— Ainda não — informou-o Tarcísio.

— Bem, estes dois policiais vão grampear seu telefone. — Faustino disse algo aos policiais, e os homens aproximaram-se do aparelho telefônico e começaram a trabalhar. Um outro policial indagou a Neide onde os seqüestradores tinham entrado, e o que haviam tocado; e passaram a procurar impressões digitais.

Teófilo telefonou para o senador e informou ao político o que havia acontecido. Quando Matilde acordou, telefonou para Maria Elise e inteirou-a do seqüestro.

— Você poderia falar com Fabiana, Maria Elise? — perguntou Matilde. — Talvez ela queira mandar alguém para fazer uma matéria. — Depois, Matilde telefonou para Clara e Cléber e contou aos dois o que ocorrera com Diogo.

Ruivo apareceu com um repórter de uma emissora de TV, e outro de uma emissora de rádio; ao vivo, informaram em primeira mão o seqüestro de Diogo Tarcísio, filho do viúvo Tarcísio Tarcísio.

Maria Elise apareceu com sua mãe. A colunista fez a matéria, que sairia no jornal no dia seguinte.

Durante a manhã, a casa de Tarcísio encheu-se de gente. No início da tarde, Lucrécia, Amanda e Dom Gilberto chegaram a casa. Lucrécia aproximou-se de Tarcísio, e em voz alta disse:

— Que tipo de pai você é? Não presta nem para cuidar de seu filho direito! Inventa de viajar para o exterior e deixa uma criancinha pequena aos cuidados de uma moça incompetente? Que raio de macumbeiro você é, que os malditos espíritos não lhe disseram o que iria acontecer com seu filho? E agora fica aí, calmo e sereno, quando deveria estar desesperado por seu filho ter sido seqüestrado! Que tipo de pai você é, Tarcísio, que não liga a mínima para o drama de seu filho?

Tarcísio a olhou da forma que ela não gostava e calmamente falou:

— Até o dia de hoje, a senhora nunca pisou em minha casa. Se nos tivesse visitado antes, testemunharia meus cuidados e meu zelo para com meu lindo filhinho. Meu filho tem leucemia, e com o dinheiro que receberia nessa viagem ao exterior eu poderia continuar pagando o tratamento dele em um hospital particular. Quanto a Neide, não a considero incompetente, e confio tanto nela que a deixei cuidando do meu filho enquanto viajava; isso é algo que eu nunca pediria à senhora: jamais viajaria e deixaria meu filho aos seus cuidados. A senhora está cansada de saber que não sou macumbeiro. Sou espírita Kardecista, e tento na medida do possível colocar em prática o que a doutrina me pede. Os espíritos amigos me ajudaram, sim. Não fosse por eles, eu teria tomado o avião, e somente receberia a notícia do seqüestro na França. Além disso, passei a madrugada inteira fazendo preces, e um espírito amigo me informou que se eu tivesse viajado algo desastroso aconteceria comigo.

Lucrécia imediatamente olhou para Amanda, que por sua vez olhou para o bispo. O olhar das duas não passou despercebido a Faustino, que freqüentava a mesma casa espírita que Tarcísio, e fazia parte do mesmo grupo mediúnico do jovem viúvo.

— O desespero — continuou Tarcísio — não me levará a nenhum lugar. O espiritismo me ensinou que antes de desesperar-me devo ser forte e tudo enfrentar com serenidade; pois a serenidade

Só o amor explica

permite que me mantenha em prece, e dela angarie as forças que necessito para não sucumbir durante as tempestades da vida. Desesperar-me seria apenas sofrer mais do que já estou sofrendo. Sofro em silêncio porque a dor que sinto agora é grande demais, e não poderia ser expressada por nenhum choro, por nenhum desespero. Se a senhora pudesse enxergar o meu coração nesse exato momento, veria como é grande a minha dor. Dona Lucrécia, sofrerei em silêncio e tentarei colocar em prática o que a minha amada doutrina espírita recomenda para os momentos de grande dor. Ela nos manda fazer preces, ficar calmos, confiar em Deus e acreditar no auxílio dos espíritos amigos. É o que continuarei fazendo. E não posso fazer mais nada. Os seqüestradores não entraram em contato, e a polícia está trabalhando. Confio que o delegado Faustino e a sua equipe farão um excelente trabalho, e a polícia acabará descobrindo onde meu filho está sendo mantido em cativeiro.

— E por que ela ainda não descobriu onde ele está? — questionou Lucrécia.

— Porque não foi a polícia que seqüestrou o menino para poder, em tão pouco tempo, saber onde o esconderam — respondeu Faustino.

Lucrécia o olhou de cima a baixo e nada disse.

Dom Gilberto, decepcionado por não ter encontrado Tarcísio arrasado, aproximou-se dele e perguntou se o espiritismo realmente lhe dava a fortaleza que ele demonstrava ter em um momento tão delicado como aquele.

— O espiritismo tem me ajudado bastante, desde quando o adotei como minha religião, ainda criança. Ele me ensina a ser forte nos momentos em que verdadeiramente me sinto fraco. Só encontro força quando coloco em prática o que o espiritismo me aponta; pois de nada adiantaria apenas achar lindo o que a doutrina espírita pede mas nunca colocar nada em prática, adiando o dia de fazer minha reforma íntima, e, conseqüentemente, adiando o dia de tornar-me forte quando a fraqueza parece insuperável. A fortaleza só surge dentro de nós, no momento em que dela mais necessitamos, quando rezamos com o coração e não somente com os lábios; e quando confiamos inteiramente em Deus ao rezar. E como é maravilhoso quando ela surge! Ajuda-nos a suportar tudo com coragem, sem se revoltar contra a vida e contra Deus. Rezando e entregando nas mãos de Deus o que somente Ele poderá resolver, Ele, sendo um pai tão bondoso, haverá de enviar os espíritos amigos que trabalham para Ele até nós; e esses, em nome de Deus, darão a nós todo o respaldo. É o que tenho feito desde quando soube o que aconteceu com meu Diogo. Tenho feito muitas preces, e nelas peço para Deus direcionar sua misericórdia unicamente para meu filho. Pois se é grande a minha dor, a do meu garotinho é muito maior, já que ele está nas mãos de pessoas más, passando por situações terríveis até mesmo para um adulto. Afinal, ele tem quatro anos e é portador de leucemia. Os espíritos amigos haverão de cuidar bem dele. Acredito que eles estejam auxiliando Diogo e fazendo o possível para que meu filhinho não sofra muito.

— E se eles não estiverem auxiliando Diogo? Se esses espíritos amigos não existirem e não puderem fazer nada do que vocês, espíritas, acreditam? — perguntou o bispo. — Se a Igreja Católica Apostólica Romana diz que os espíritos dos mortos não podem de comunicar com os vivos é porque não podem mesmo.

— O senhor acredita em sua religião, e eu acredito piamente no que a doutrina espírita diz e prova. O espiritismo, diferente da Igreja Católica, não esconde nada de ninguém e prova claramente tudo o que defende. Confio que os espíritos amigos estão auxiliando meu filho, e nada me fará duvidar disso.

— Deixemos Tarcísio confiando em seus espíritos, e nós, que somos católicos, vamos rezar a oração do terço, pedindo à Santíssima Virgem Maria para ajudar o filho de Tarcísio e de minha falecida

Só o amor explica

sobrinha a ser rapidamente encontrado e devolvido ao seu pai — falou Dom Gilberto, retirando um terço do bolso e começando a rezar em voz alta. Algumas pessoas que estavam na casa de Tarcísio e eram católicas seguiram o homem na oração.

Após rezar o terço, Dom Gilberto despediu-se de Tarcísio, e retirou-se com Lucrécia e Amanda.

Teófilo estranhou que a esposa tivesse chegado e saído da casa do genro sem ter falado nem com ele, nem com Thiago.

Dentro do carro, Dom Gilberto entregou a chave de seu apartamento de Goiânia para Amanda. Ela deveria ir até Goiânia verificar como o filho de Tarcísio estava.

— Preste bem atenção; observe se não há ninguém seguindo-a. E já sabe o que fazer com a criança. — Encarou-a. — Faça exatamente o que lhe mandei!

Amanda os levou até a residência do bispo. Depois, foi para a mansão da tia, apanhar o hábito de freira que o tio lhe dera. Entrando no carro, deixou a mansão. Logo que se viu na rodovia que a levaria para Goiânia, verificou se não estava sendo seguida. Quando se assegurou de que não havia nenhum carro por perto, mudou a marcha e acelerou.

Ao chegar ao apartamento em Goiânia, entrou. Vestiu o hábito de freira e foi até o quarto em que Diogo estava. Encontrou o filho de Tarcísio chorando. Ao vê-la, Diogo, com voz fraca, disse:

— Por favor, ajuda eu! Tô com muita sede e com fome. Uma mulher ruim me roubou da casa do papai e me deixou aqui sozinho, amarrado. Tem dó de mim, me dá um pouco de água. Eu tô morrendo de sede.

Amanda lembrou-se das ordens do tio: "não lhe dê água nem comida". Mas ele estava morrendo de sede! Ficou com pena dele e foi até a cozinha buscar água. Diogo bebeu a água com muita vontade, depois pediu:

— Desamarra eu e leva pra casa do meu papaizinho. Eu tô com muita fome e muito fraquinho. Papai tá viajando, mas a Neide vai me dá comida e depois vai me levar no hospital... pra eu fazer o tratamento da minha doença! Daí eu fico forte de novo. Desamarra eu, por favor!

— Não posso desamarrá-lo. Já lhe dei água. Agora tente dormir um pouco, que a sua fome passa. Dormindo você não vai saber que está com fome.

— Já dormi muito e já chorei muito. Eu tô é com fome e quero ir pra casa. Eu sei o número do telefone da minha casa! — Falou o número para Amanda, que ficou espantada ao constatar que naquela idade o garoto já sabia o número do telefone de sua casa. — Meu paizinho me fez aprender o número... daí, se um dia eu me perdesse era só falar o número do telefone pra alguém. Telefona pra minha casa... pede pra Neide vir me buscar. Você não tem telefone?

— Seu pai não viajou. Ele está em sua casa, muito preocupado com você. Não posso fazer o que você quer. Tente dormir! Durma, que é a única coisa que lhe resta fazer. — Amanda levantou-se da cama.

— Não me deixa aqui sozinho de novo. Pelo menos traz alguma comida. Tô com muita fome. Se você não me der comida vou acabar morrendo. Tem dó!

Amanda nada respondeu. Deixou o quarto, e da sala escutava o menino chorar. O choro foi ficando desesperador. Ela aproximou-se da porta e, sem ser vista por ele, ficou olhando ele chorar.

Rebecca aproximou-se de Amanda, assoprou na prima e com lágrimas nos olhos disse:

— Amanda, ele está com fome, está sofrendo. Tenha compaixão! Diogo é apenas uma criança. É filho do homem que você diz amar perdidamente. Ajude o filho desse homem e estará ajudando o ho-

Só o amor explica

mem por quem é apaixonada. Ajude Diogo! Ajude Diogo! Ajude Diogo! — pedia insistentemente.

Amanda, recebendo as palavras de Rebecca, pensou ser Diogo o filho do homem que ela desejava conquistar. O tio não deveria se vingar de Tarcísio usando a criança para concretizar sua vingança. Sim, daria algo para Diogo comer. Iria ajudá-lo. O tio não descobriria mesmo. Foi até a cozinha e procurou nos armários e na geladeira; não encontrou nenhum alimento. Dentro da geladeira só havia uma garrafa de refrigerante laranja. Deixou o apartamento e procurou uma panificadora perto do edifício. Comprou alguns pães, um pedaço de queijo e dois iogurtes.

No apartamento, preparou dois pães com duas fatias de queijo e os colocou em um prato. Levou a comida para Diogo, juntamente com os dois iogurtes. No quarto, desamarrou-lhe apenas os braços, e o mandou comer. Depois, saiu e fechou a porta a chave. Pôs a chave dentro do bolso do hábito, deitou no sofá e acabou adormecendo.

No dia seguinte, acordou com o bispo chamando-a:

— Acorde, garota, são nove horas da manhã.

Abriu os olhos e deparou com ele e com sua tia Lucrécia.

— Amanda, por que o trancou dentro do quarto? Onde está a chave? — perguntou o bispo.

— Tranquei-o porque desamarrei os braços dele para que pudesse comer um pouco. Aqui está a chave do quarto — falou Amanda, enfiando a mão no bolso.

Ao receber a chave das mãos dela, Dom Gilberto deu-lhe uma forte bofetada no rosto.

— Disse-lhe para não o alimentar nem dar-lhe água. Da próxima vez que lhe mandar fazer alguma coisa, obedeça!

Amanda o olhou com raiva.

— Ele estava com sede e com fome. Implorou para que eu lhe desse água e o alimentasse! É apenas uma criança, tio Gilberto.

401

— Sei que é apenas uma criança, e pouco me importa isso. É filho de Tarcísio. Morrerá de fome e sede para que sua morte seja uma eterna tortura ao seu pai.

— O senhor não disse que ele precisaria morrer. Falou-me apenas que o iria seqüestrar, e após alguns dias devolvê-lo ao pai; depois, tia Lucrécia entraria na Justiça, solicitando uma ação de guarda e responsabilidade, e o advogado que o senhor comprou daria um jeito de tia Lucrécia ganhar a guarda de Diogo. Nada foi dito sobre matá-lo — comentou Amanda.

— Acontece que sua tia Lucrécia só ganharia a guarda do menino se você tivesse cumprido sua parte no aeroporto, e o delegado que eu paguei encaixasse Tarcísio como traficante de drogas. Na cadeia, ele não teria condições de ganhar a ação de guarda e responsabilidade na Justiça. Infelizmente, o que pretendíamos não deu certo, e Thiago acabou sendo prejudicado à toa. Se você tivesse conseguido colocar aquela mala cheia de drogas nas mãos de Tarcísio, teríamos como alegar na justiça que Tarcísio e Teófilo, como traficantes, tinham viciado Thiago. Como o plano das drogas não deu certo, decidi que se o filho de Tarcísio morrer o pai receberá um golpe muito maior do que o que receberia com as drogas. Portanto, Diogo morrerá para que Tarcísio sofra — esclareceu o bispo.

— Tio Gilberto, isso não está correto, se Diogo morrer...

— Cale-se, Amanda — Dom Gilberto a interrompeu. — Retorne imediatamente para Brasília. Não precisa mais ficar tomando conta do menino. Suma da minha frente e não conte nada para ninguém. Caso contrário, a próxima a morrer será você!

Amanda apanhou a bolsa que havia jogado sobre o sofá e deixou o apartamento, batendo a porta.

Dom Gilberto, inserindo a chave na porta da fechadura, abriu-a e entrou. Lucrécia entrou atrás dele.

Só o amor explica

— Vocês vieram levar eu pra casa do meu papai? — perguntou Diogo.

Lucrécia, que desde o dia do enterro nunca mais tinha visto o neto, ao olhá-lo levou um susto: ele era a cópia viva de Rebecca. Encarando-o, pensou que se ele não tivesse nascido sua filha ainda estaria viva. A culpa da morte dela tinha sido de Tarcísio, que a engravidara muito cedo, e do neto, que matara sua filha na hora do parto. Que morresse, e que fosse parar no inferno. Pouco lhe importava o que o irmão iria fazer com ele.

O espírito da filha, ao tomar conhecimento dos pensamentos da mãe, horrorizou-se; olhando para Phillipe tristemente, inquiriu:

— Phillipe, como é que a mamãe pode pensar tal coisa?

— Rebecca, sua mãe culpa Tarcísio e o seu filho pelo seu desencarne. Ela condicionou-se a pensar assim, e nada do que eu e Isaura já tentamos fazer para que ela nos escute surte efeito — disse Phillipe. — Vamos continuar fazendo preces por ela. Uma hora sua mãe reconhecerá seus erros.

— Vocês vão me levar pra casa do papai? — perguntou Diogo outra vez.

— Não viemos levar você para lugar algum. Esqueça o seu pai. Nunca mais irá vê-lo novamente. — O bispo aproximou-se dele e voltou a amarrar as mãos de Diogo.

— A senhora pode me dar uma coisa pra comer? — pediu Diogo a Lucrécia. — Tô com fome. Aquela moça que veio aqui me deu comida, e num apareceu mais. Tô com fome e com sede de novo.

Lucrécia nada respondeu. Phillipe assoprou nela, colocou o indicador na fronte de Lucrécia e fez a mulher recordar que era avó da criança; mesmo não gostando de Diogo, deveria tentar alimentar o neto de alguma forma.

Lucrécia deixou o quarto e sentou no sofá da sala. O irmão a seguiu.

— Gilberto, temos de alimentá-lo. Ainda que não goste do pai dele nem dele, a criança é meu neto. Eu sugiro que nós compremos alguma coisa para ele comer e beber. Desamarramos as mãos dele, o deixamos no quarto e regressamos para Brasília. Depois, não mais retornaremos aqui por uns dois dias; até lá, ele já terá morrido de fome, de sede, ou por causa de sua leucemia. Se lhe dermos algo para comer agora, não ficarei com minha consciência pesada.

Phillipe assoprou sobre o bispo e sussurrou em seu ouvido para que acatasse a sugestão de Lucrécia. Depois, encostou-se na parede e ficou observando Dom Gilberto.

— Concordo em dar-lhe apenas comida. Nada de água. Ele ficará sem beber — disse o bispo, imaginando que mais cedo ou mais tarde alguém haveria de dar o refrigerante da geladeira para Diogo beber.

Lucrécia disse que iria até a panificadora próxima ao edifício. O bispo foi até a cozinha. Pegou os pães e o resto do queijo que Amanda deixara dentro da geladeira, e jogou tudo no lixo. Fechou o registro da água, colocou um abridor de garrafa sobre a pia, e dando uma olhada para a geladeira, sorriu diabolicamente.

Passados vinte minutos, Lucrécia entrou no apartamento. Tinha comprado uma fatia de bolo confeitado e dois sanduíches. Entrando no quarto com o bispo, colocou o que comprara no chão. O bispo desamarrou as mãos de Diogo e o mandou comer. Disse ao menino que aquele seria o último alimento que ele receberia. Deixou o quarto com Lucrécia. Fechou a porta por fora e manteve a chave na fechadura. Os dois foram até o estacionamento do edifício. Logo que entraram no carro, o bispo avisou Lucrécia que iriam diretamente para a casa de Tarcísio.

Diogo, vendo-se com as mãozinhas livres, tentou outra vez desamarrar o nó da corda que prendia suas perninhas. Não conseguindo, pulou até perto dos alimentos. Sentou-se no chão e começou a comer com as mãos. Depois, levantou-se com cuidado, pulou até a porta do quarto e mexeu no trinco da porta. Percebendo que a porta não abria, começou a bater nela e a gritar por socorro. Gritou e bateu na porta até cansar-se. Sentou no chão e começou a chorar.

Vendo o filho chorar, Rebecca aproximou-se dele e o abraçou. Phillipe estendeu as mãos sobre a cabeça da criança e lhe aplicou um passe magnético. Depois, sussurrou no ouvido de Diogo para recordar a prece que Tarcísio lhe tinha ensinado.

— Vou rezar como meu paizinho sempre me falava pra fazer quando eu tivesse sozinho e com medo do escuro — falou Diogo, juntando as mãozinhas e fechando os olhos. — Deus, ajuda eu. Tô muito sozinho. Manda alguém aqui me tirar desse lugar e levar eu pra casa. Meu pai falou que Você é poderoso e ajuda todo mundo. Deus, por favor, Ajuda eu! Assim seja. Amém!

Após a prece, saiu pulando até a cama. Deitou-se e chorou até dormir.

— Rebecca, vá até a casa de Tarcísio verificar como ele está. Eu ficarei cuidando de Diogo. — Rebecca agradeceu e saiu volitando para Brasília.

Ao chegar a casa em que fora feliz com o marido, encontrou Tarcísio sentado ao lado do telefone, olhando para o aparelho na esperança de que ele tocasse. Aproximou-se dele, abraçou-o e perguntou a Isaura, que se encontrava ao lado de Tarcísio, se o pai do seu filho estava bem.

— Observe-o e descobrirá como ele suporta a imensa dor que dilacera seu coração — comentou Isaura.

— Farei isso, Isaura — respondeu Rebecca, olhando para Tarcísio e pedindo a Deus que o ajudasse.

O telefone tocou. Tarcísio imediatamente atendeu. Trocou algumas palavras com o delegado Faustino e desligou.

— Eram os seqüestradores? — perguntaram Teófilo e Matilde ao mesmo tempo.

— Não! Era o delegado Faustino — respondeu Tarcísio.

— Encontraram Diogo? — questionou Clara.

— Não. Mas continuo confiando que eles o encontrarão. Depois de Deus e dos espíritos amigos, a polícia é minha única esperança. Ela precisa encontrar meu filhinho. Diogo é tudo para mim, é meu tesouro... Ele tem de estar bem! Vou rezar novamente. A prece tem me trazido muito benefício. — Fechando os olhos, começou a rezar.

Clara esperou que ele concluísse a prece, e, em pensamento, pediu para que Isaura ajudasse Tarcísio. Logo que Tarcísio abriu os olhos, Clara disse:

— Tarcísio, tenho observado você desde que cheguei aqui, hoje cedo. Confesso que estou muito admirada com sua capacidade de se controlar e de buscar na prece a conservação de sua serenidade. Sou espírita há vários anos, e sei que, nos momentos de dor, o espiritismo nos pede para agirmos com calma e buscarmos forças na prece, assim como você faz; mas se eu estivesse em seu lugar, garanto-lhe que não conseguiria ter nenhuma calma, muito menos ser forte. Não sei como você consegue.

— Clara, mentiria a você se lhe dissesse que me sinto forte. Posso parecer forte a todos vocês, mas por dentro sinto meu coração dilacerado. Experimento uma dor tão forte que somente as preces podem aliviá-la um pouco. Estando sempre em prece, não penso na dor; e não sinto vontade de entregar-me ao desespero. Porém, sufoco os sentimentos que querem me deixar desesperado, e assim sofro mais ainda; porque sempre que sufocamos algum sentimento, ele brota dentro de nós com mais intensidade! É quando penso no sofrimento que o meu filho deve estar enfrentando. Só de pensar no padecimento dele, minha dor triplica de intensidade, e choro por dentro. Chorar por dentro é mil vezes pior do que extravasar o

Só o amor explica

sofrimento em lágrimas; com as lágrimas, costumamos colocar para fora parte da dor que sentimos. Mas não deixar que isso aconteça: se eu fraquejar e me entregar ao pranto, sou capaz de jorrar lágrimas até desfalecer. E não posso desfalecer, porque preciso rezar por meu filho. Então, sufoco essa dor, e tento ser forte mesmo reconhecendo estar muito fraco. Amo Diogo mais que tudo, e, em nome desse amor, preciso encontrar forças para que, ao ouvir minha prece, Deus alivie o sofrimento do meu filhinho, não o meu — falou Tarcísio, esforçando-se para não chorar.

Clara deixou uma lágrima despontar de seus olhos, imaginando ser mesmo imensa a dor que o atormentava, e ainda maior o esforço dele em não deixar essa dor se expandir exteriormente; porque tinha de controlar-se, a fim de rezar em intenção do filho. Ele era o exemplo de um bom espírita, e esperava um dia ser tão boa como ele.

— Tarcísio, por que em suas preces não tenta sintonizar-se com o plano espiritual, e através de sua mediunidade pergunta a Isaura onde Diogo está? — interrogou Matilde.

— Já fiz isso, minha irmã. Isaura só me pede para fazer preces e lembrar de Deus. Diz-me para ser forte e enfrentar com coragem as provas que eu e Diogo assumimos antes de reencarnarmos.

— Ela lhe respondeu isso e você fez o que ela lhe sugeriu?

— Estou tentando, Matilde. Tento estar sempre em prece.

— Só você faria isso — comentou Matilde, olhando por toda a sala. — Desde adolescente, sempre fez o que Isaura lhe pediu. Só que agora ela não deveria lhe pedir para ser forte, e sim mostrar-lhe onde seu filho está. Você merece saber isso.

— Não mereço, Matilde. Não sou diferente de nenhum outro encarnado para que os espíritos concedam-me privilégios que outros não têm. Para saber semelhante coisa, através de Isaura ou de qualquer outro espírito, eu teria de ter algum mérito; e eu não tenho nenhum.

— Se você, que é a pessoa mais humana, bondosa e amorosa que conheço, não tem nenhum mérito... então acredito que ninguém deva ter — rebateu Matilde. — Isaura, imagino que esteja em algum lugar dessa sala. Por isso, pense no que irei lhe dizer. Por que você não reencarna, e antes de reencarnar solicita uma prova igual a essa pela qual meu irmão está passando? Reencarnada, descobrirá que estar no lado em que eu e meu irmão nos encontramos é bem diferente de estar no seu lado. É bastante fácil aconselhar Tarcísio a ser forte em uma hora dessas; mas se estivesse reencarnada no lugar dele, acredito que não iria gostar nem um pouco de experimentar a dor que visivelmente meu irmão experimenta. Tenha compaixão dele, e em vez de mandá-lo ser forte, diga onde meu sobrinho está! Ou será que não tem coração? Pois sabe onde os seqüestradores esconderam o menino e enxerga o estado de Tarcísio, mas nada faz para mudar esta situação. Que espécie de espírito protetor é você? Eu jamais iria querer tê-la como meu espírito protetor.

— Matilde, não diga isso — chamou-lhe a atenção o irmão. — Isaura é um espírito que trabalha para Deus. Se ela não disse onde Diogo está, é porque não deve ter permissão para tanto. Isaura sempre me ajudou; se me pediu para ser forte e enfrentar com coragem essa prova, é o que tentarei fazer.

— Bem, continue rezando e sendo forte, meu irmão. Em seu lugar já teria mandado Isaura sumir da minha frente com esse conselho. Vou à cozinha verificar se Neide já preparou o almoço. — Seguiu para a cozinha, e ao regressar chamou o irmão, Clara, Teófilo e outros que estavam na sala para almoçarem.

— Vão vocês. Estou sem fome — avisou Tarcísio.

— Você tem de comer alguma coisa, Tarcísio. Tudo que comeu desde que seqüestraram seu filho foi uma fatia de pão com margarina e um copo de leite — falou Teófilo. — Tem de se alimentar um pouco.

Só o amor explica

— Não consigo. Não tenho fome. Só consigo pensar em meu filho. Almocem sossegados que continuarei ao pé do telefone, fazendo preces.

— Venha conosco, Tarcísio — chamou Clara. — Esforce-se em comer pelo menos um pouquinho. A prece lhe dá força interior, e o alimento lhe dará forças exteriores. Venha comigo. — Clara estendeu a mão, e Tarcísio, segurando nela, deixou-se levar até a cozinha.

Isaura ficou pensando no que Matilde dissera, e Rebecca, vendo-a pensativa, perguntou se ela não poderia mesmo dizer a Tarcísio em que lugar Diogo estava.

— Rebecca, seu esposo e seu filho escolheram as provas que iriam passar nessa existência, antes de reencarnarem. Eu, Phillipe e você devemos inspirá-los a enfrentarem com coragem as provas que eles mesmos se sentiram capacitados a enfrentar, e não retirar essas provas do caminho deles. Diogo passa pela prova que solicitou em seus primeiros anos de infância, e Tarcísio compartilha a prova que pediu para compartilhar com o filho. Deixemos, então, que passem por ela e façamos preces para eles serem capazes de sair vitoriosos dela. Hoje os dois precisarão muito de nossas preces — falou Isaura, começando a rezar. Rebecca fez o mesmo.

Tarcísio comeu um pouquinho, e quando todos almoçaram, retornou para o sofá e ficou olhando para o telefone com ansiedade.

Amanda apareceu bem no início da tarde, e perguntou a Tarcísio se já tinha alguma notícia de Diogo. Tarcísio disse-lhe que não.

Lucrécia e Dom Gilberto chegaram uma hora depois de Amanda. Lucrécia perguntou ao marido se havia novidades; ele respondeu que os seqüestradores ainda não tinham entrado em contato. Dom Gilberto convidou os que estavam na sala para rezarem o terço. Enquanto rezava, não tirava os olhos da sobrinha. Temia que ela retornasse ao cativeiro de Diogo e o libertasse.

ROBERTO DIÓGENES / SULAMITA

Logo que Faustino chegou, Tarcísio dirigiu-se a ele, perguntando:

— Descobriram alguma coisa?

— Infelizmente ainda não temos nenhuma notícia. A polícia está fazendo tudo que pode, mas até agora não conseguimos apurar nada. Os seqüestradores não deixaram nenhuma pista — revelou Faustino tristemente.

Tarcísio caminhou até a janela. Olhou para o Céu e perguntou:

— Meu Deus, para onde levaram meu garotinho? Estará meu filho ainda encarnado? Bondoso Pai, ajude Diogo! Faz quase quarenta e oito horas que ele foi seqüestrado. Amanhã é dia de levá-lo ao hospital para a quimioterapia. O que lhe acontecerá se ele não receber o tratamento? Pai misericordioso, tenha compaixão do meu filhinho e de mim! Não suporto essa dor, ela dilacera-me por dentro e mata-me aos poucos... — Escorregou pela parede até sentar-se no chão, e lentamente deixou que as lágrimas aflorassem. — Meu bondoso Deus, minha dor é tão imensa que parece que vai explodir em meu peito e consumir-me. Por que eu e meu filho temos de passar por uma prova assim? O que fizemos em uma existência passada para hoje colher o que plantamos no coração de outras pessoas? Meu Deus, por favor, tenha compaixão, não agüento mais. Senhor, venha em meu auxílio nessa hora em que mais preciso. Não tenho mais forças para continuar acreditando. Estou em meu limite. Sinto-me completamente desfalecido. Deus! Deus! Por quê? Senhor, não me abandone nessa hora em que mais preciso de sua assistência! Tenho de receber alguma notícia de meu menino. Permita, Pai misericordioso, que os espíritos amigos me ajudem antes que eu me desespere. Não posso desesperar-me. Não posso! Deus, perdoe esse meu desabafo. Sou pai. Amo meu filho com todo o meu coração, e é por amá-lo que me dirigi ao Senhor dessa forma. Compreendo que o amor explicará esse meu desabafo. Perdoe-me, Senhor, por ser fraco em vez de seguir o conselho de Isaura, meu

Só o amor explica

anjo guardião, e tentar ser forte nesse momento de imensa dor. Mas é insuportável ficar tanto tempo sem saber o que aconteceu com meu Dioguinho. Não estou agüentando, Pai Amado! — Levou as mãos aos olhos, cobriu a face e permitiu que as lágrimas brotassem com maior intensidade.

Isaura aproximou-se dele, e, impondo as mãos acima de sua cabeça, começou a lhe aplicar um passe magnético, passando para Tarcísio, através do passe, energias revigorantes. Era tudo que poderia fazer naquele momento. Embora desejasse de todo coração dizer-lhe em que lugar Diogo se achava, não poderia revelar-lhe o cativeiro do filho, porque fazer isso seria interferir na prova que os dois precisavam para quitar débitos contraídos em existência passada. Olhando com compaixão para Tarcísio, sussurrou no ouvido de seu pupilo:

— Deus está com você e com seu filho. Tente vencer a si mesmo e continuar forte; vai precisar de muita força para enfrentar as próximas horas. Faça preces, elas estão auxiliando você e seu filho.

Parando de chorar, Tarcísio a escutou. Continuou sentado no chão, pensando no que Isaura quis dizer ao afirmar que ele iria precisar de muita força nas próximas horas. Será que algo iria acontecer com seu filho? Melhor não pensar nisso, e concentrar-se na prece. Tinha de rezar como jamais fizera em toda sua vida.

Dom Gilberto, vendo que Tarcísio continuava cobrindo o rosto com as mãos, acreditou que o jovem rival estivesse em grande desespero e alegrou-se. Até que enfim aquele arrogantezinho demonstrara ser igual aos demais homens, e caíra em desespero. A dor que ele deveria estar sentindo por não saber o paradeiro do filho começava a sangrar de verdade. Haveria de sangrar bastante e destruí-lo de vez quando recebesse a notícia de que seu querido menino morrera de fome e de sede. Mas, pensando bem, por que esperar se poderia naquele instante fazer a ferida jorrar um pouco mais de sangue? Aproximou-se de Tarcísio e disse:

ROBERTO DIÓGENES / SULAMITA

— Finalmente você revelou que tem coração, e demonstrou estar sofrendo. Só que seu desespero soou para mim mais como uma prece. Onde estão os espíritos que não vieram até você e lhe revelaram o paradeiro de seu filho? Se eles ainda não vieram, é porque não existem, e a Igreja Católica Apostólica Romana está correta quando afirma que os espíritos dos mortos não podem se comunicar com os vivos. Se pudessem se comunicar com você, que todos consideram a perfeição em pessoa, já teriam se manifestado e dito onde seu filho se encontra. Sendo assim, ou eles não existem ou existem mas não sabem onde seu filho está. Você se ilude ao acreditar tanto neles. Deve ser muito doloroso confiar tanto em espíritos que não intercedem por você na hora em que mais precisa deles... Não é mesmo, Tarcísio?

Tarcísio retirou as duas mãos do rosto. A prece já havia lhe dado conforto e forças, e ele olhou o bispo com seu olhar penetrante e sereno.

— Perde seu tempo se acha que me importo com o que diz. Continuo acreditando nos espíritos amigos. Isaura, meu espírito protetor, está nessa sala; e sei que ela me auxilia, e outros espíritos amigos auxiliam meu filho.

— Onde ela está? Não vejo nada — ironizou Dom Gilberto, olhando por toda a sala e sorrindo. — Pelo visto, só você a vê. Se ela realmente se encontra nessa sala, pergunte-lhe quem seqüestrou seu filho, e em que lugar ele está! Só acredito que ela realmente existe se ela responder essa pergunta. Se não responder, é porque você mente e minha irmã Lucrécia está coberta de razão quando o chama de macumbeiro e diz que você só usa os espíritos para fazer mal às pessoas. Pergunte a essa Isaura onde seu filho está... Pergunte, Tarcísio!

Tarcísio ficou em silêncio e nada disse. Matilde e Teófilo pediram a ele que fizesse a pergunta a Isaura. Tarcísio permaneceu em silêncio.

Clara fez uma prece e solicitou que Deus permitisse a comunicação de Isaura com Tarcísio. Não para satisfazer a curiosidade do bispo, mas para que o jovem pai obtivesse alguma informação a respeito do paradeiro do filho.

O presidente da casa espírita que Tarcísio freqüentava também estava na sala; assim como Clara, fez uma prece pedindo a Deus para que o espírito Isaura entrasse em contato com seu pupilo.

— Estou esperando, Tarcísio. A tal da Isaura ainda não disse nada? — interrogou o bispo com deboche.

Tarcísio fechou os olhos e fez uma prece.

Um espírito altamente evoluído adentrou a sala e, aproximando-se de Isaura, disse que a prece aflitiva de Tarcísio, saída de seu coração com toda sinceridade, fora ouvida por Deus e por milhares de espíritos. Ao saberem que Tarcísio, na presente existência, superava-se bastante e era fiel aos compromissos assumidos antes de reencarnar, intercederam por ele junto a Deus, que o enviara para comunicar a Isaura que ela tinha permissão de empregar uma metáfora a fim de informar a Tarcísio a resposta à pergunta do bispo.

Isaura assoprou em Tarcísio e disse algo no ouvido do viúvo; ele entendeu as palavras dela, e, abrindo os olhos, encarou Dom Gilberto e falou:

— Isaura me disse que algumas pessoas fazem perguntas já sabendo as respostas.

Dom Gilberto arregalou os olhos e deu um passo atrás. Acabara de ter a confirmação de que o espiritismo estava coberto de razão quando mencionava que os mortos se comunicam com os vivos.

A forma como ele reagiu ao escutar Tarcísio não passou despercebida ao delegado.

Amanda, aproximando-se de Tarcísio, pediu-lhe para repetir a resposta que o espírito dera ao seu tio. Tarcísio o fez, e ela imediatamente olhou para o tio, que a encarou com expressão séria; Amanda abaixou a cabeça.

Faustino, ao notar o olhar dos dois e pensar na resposta que o espírito dera ao bispo por intermédio de Tarcísio, deduziu que o bispo ou Amanda talvez tivessem alguma informação sobre o menino. Iria ficar de olho nos dois.

— A tal da Isaura lhe mandou dizer isso? Francamente, Tarcísio... Está na cara que ela não sabe onde seu filho está — debochou Dom Gilberto. — Se eu fosse você renegaria esse maldito espiritismo e me tornaria católico. Faria uma promessa para Nossa Senhora Aparecida, prometendo a Ela visitar o seu Santuário em Aparecida do Norte, levando seu filho consigo todos os anos, se Ela ajudasse a polícia a descobrir onde seu filho se encontra.

Tarcísio, dando-lhe as costas, apanhou o seu *O Evangelho Segundo o Espiritismo*, abriu-o e leu em voz alta. Fez uma prece, e depois sentou-se perto do telefone, na esperança de que os seqüestradores entrassem em contato.

— Acredite nessa bobagem o quanto quiser — zombou Dom Gilberto. — Já tentei pôr juízo em sua cabeça; fiz o que pude. Lucrécia, vamos embora. — Antes de deixar a casa, olhou ameaçadoramente para Amanda, fazendo-a compreender que ela não deveria cometer nenhuma bobagem.

Assim que entrou no carro e Lucrécia colocou o automóvel em movimento, Faustino mandou um policial segui-los durante vinte e quatro horas, sem perdê-los de vista. Depois, voltou para a sala e não parou de observar Amanda.

Amanda, por sua vez, ficou olhando para Tarcísio e pensando na prece que ele fizera ao chorar. A dor dele deveria ser muito grande. Ao ouvi-lo dirigir-se a Deus do modo como fez, deu-se conta de que o sofrimento daquele jovem pai era imenso. Acompanhava os passos de Tarcísio desde que o vira, pela primeira vez, no estádio do

Só o amor explica

colégio em que ele estudara. Quando Tarcísio ficou viúvo e se desdobrou em cuidados para com o filho, descobriu como era grande o amor dele por Diogo. Ela amava Tarcísio de forma avassaladora; se por acaso alguém seqüestrasse Tarcísio e ela não pudesse jamais ter alguma notícia dele, mesmo que o viúvo não a amasse haveria de sofrer horrivelmente. A dor de não vê-lo, mesmo de longe, haveria de matá-la. Tarcísio deveria estar sentindo uma dor dessas. Iria fazer algo por ele. Ainda tinha a chave do apartamento de Goiânia. Iria imediatamente para Goiânia, libertaria Diogo e o deixaria em algum lugar de Brasília.

Amanda deixou a casa de Tarcísio, entrou no carro e começou a dirigir.

Faustino a seguiu sem que ela o visse.

O espírito que havia chegado à casa de Tarcísio despediu-se de Isaura e de Rebecca, e saiu volitando.

— Vamos, Rebecca! Retornemos com urgência para onde seu filho e Phillipe estão — chamou Isaura, atravessando a parede.

Rebecca a seguiu, e as duas saíram volitando.

31

Envenenado

Ao chegar à rodovia que a levaria para Goiânia, Amanda acelerou o veículo e não percebeu que um carro parado no estacionamento de um posto de gasolina começou a segui-la. Dentro desse carro encontravam-se Dom Gilberto e Lucrécia.

— Não disse que ela seria capaz de ir ao apartamento em Goiânia para alimentar Diogo? — Falou o bispo, triunfante. — Bem, vou deixá-la entrar no apartamento, e quando estiver dando comida para aquele moleque, eu a apanharei de surpresa e lhe darei uma surra. Depois, tranco-a no banheiro por um dia inteiro. Vai aprender a me obedecer.

O bispo passou a falar do que ainda pretendia fazer com Tarcísio após ele receber a facada final. Os dois riam sem parar, e estavam tão empolgados com o futuro padecimento do jovem viúvo que o bispo, esquecendo-se do conselho que dera a Amanda, não verificou se era seguido.

O delegado Faustino seguia-o dentro de um carro com mais dois policiais, e um outro carro da polícia vinha atrás do de Faustino, com mais dois policiais.

Só o amor explica

Chegando ao edifício, Amanda foi direto para o apartamento. Ao notar a chave na fechadura, abriu a porta do quarto. Quando a viu, Diogo pediu-lhe água.

— Vou tirar você daqui. Depois lhe darei água — disse Amanda.

— Eu tô com muita sede. A mulher que veio aqui com um homem me deu comida, mas num deu água não. Dá você água pra mim. Tô com muita sede.

— Vou buscar água para você — falou Amanda. — Depois que você beber, nós sairemos daqui.

Dom Gilberto abriu a porta do apartamento, e, ouvindo a última frase da sobrinha, fez sinal para Lucrécia não entrar ainda, e fechou a porta com cuidado para que não fizesse barulho.

Amanda foi até a cozinha. Isaura e Rebecca a seguiram. Amanda abriu a geladeira, e só avistou o refrigerante laranja. Pegou um copo, abriu a torneira e nada de sair água. Olhando em volta, não encontrou nenhum filtro. Então, decidiu pegar o refrigerante e dá-lo para Diogo beber.

— O refrigerante não, Amanda. Não o dê a Diogo — gritou Rebecca para a prima.

Amanda não assimilou o que Rebecca lhe disse. Pegou o refrigerante, encontrou o abridor de garrafas em cima da pia e com ele abriu a tampa, que saiu facilmente. Retornou para o quarto, e ao colocar o refrigerante dentro do copo, Rebecca bateu no braço dela; mas o copo não caiu.

— Não o dê para Diogo, Amanda. Não dê o refrigerante para meu filhinho! — gritava Rebecca.

— Acalme-se, Rebecca! Faça preces pelo seu filho. Logo ele estará com você — revelou Isaura. — Esta foi a prova que Diogo escolheu para ressarcir seus débitos.

Rebecca começou a chorar. Phillipe, aproximando-se dela, abraçou-a.

ROBERTO DIÓGENES / SULAMITA

Amanda entregou o copo a Diogo. O menino, recebendo-o, bebeu o líquido. Pediu mais um pouquinho, e assim que o bebeu devolveu o copo a ela.

— Obrigada, moça — agradeceu Diogo. — A senhora é muito boazinha. Agora, pode levar eu pra casa do meu papaizinho? Você leva eu, por favor, leva?

Amanda começou a desamarrar a corda que prendia as perninhas dele.

— Que pensa que está fazendo? — perguntou Dom Gilberto, entrando no quarto.

Amanda assustou-se ao ouvir a voz do tio. Encarou o homem e disse:

— Vou levá-lo para a casa do pai. Sou contra sua decisão de matar a criança de fome e sede. O plano não era esse. Tarcísio está sofrendo muito. Fiquei com muita pena dele. Ele já sofreu demais com a morte de Rebecca, e acho que sofreria até a morte se o seu filho morrer. Não suporto ver Tarcísio assim. Vou ajudá-lo.

Dom Gilberto deu um forte tapa na face direita da sobrinha.

— Sua tola sentimental. Você está com pena de Tarcísio porque é apaixonada por ele. Quer salvar o filho dele, e em vez de fazê-lo acabou matando a criança! — O bispo gargalhou. — Você deu um refrigerante envenenado para ele beber. Deixei-o na geladeira certo de que você, ou talvez Lucrécia, acabaria sentindo dó da criança e dando a bebida para o menino. Idiota, você matou o filho de Tarcísio com suas próprias mãos! — Voltou a gargalhar.

Faustino entrou no quarto com os policiais gritando:

— Polícia! Não se mexam. Estão todos cercados.

Dom Gilberto olhou para o delegado, e ao reconhecê-lo, disse:

— Minha sobrinha me confidenciou que tinha seqüestrado o filho de Tarcísio. Aconselhei-a a devolver o menino ao pai imediatamente. Segui-a até aqui para descobrir onde ela o havia es-

Só o amor explica

condido. Iria pegar a criança e entrar em contato com o pai, e também...

— Cale-se! Escutamos muito bem o que falaram dentro desse quarto. Mãos para trás, o senhor e as duas mulheres. Algemem-nos — ordenou Faustino aos policiais.

O bispo tentou apanhar a garrafa, na qual havia ainda um pouco de refrigerante; mas Faustino, percebendo o que ele pretendia, conseguiu chutar a garrafa antes que o homem a pegasse. Colocou a arma no pescoço do bispo e mandou-o levantar-se. Algemou-o, e vendo Lucrécia e Amanda algemadas, aproximou-se de Diogo e o pegou nos braços.

— Levem os prisioneiros. Vou levar a criança a um hospital — falou Faustino, saindo apressado do quarto.

— Tarde demais! O veneno faz efeito em dez minutos. O filho de Tarcísio já deve estar morrendo — disse o bispo, sorrindo.

Faustino não ligou para o que seu prisioneiro dissera, e, chamando um policial para segui-lo, entraram no elevador. Chegando ao térreo, perguntou ao porteiro do edifício onde ficava o hospital mais próximo. Entraram no carro, e Faustino mandou o policial correr para o hospital. Rebecca, Isaura e Phillipe entraram junto com eles.

Faustino olhou para Diogo e disse-lhe:

— Agüente um pouquinho só! Não morra agora. Agüente até chegar ao hospital.

Diogo olhou para o delegado, depois sentiu a vista escurecer, tombou a cabecinha para a direita e parou de respirar.

Isaura e Phillipe rapidamente se aproximaram dele, e, ajudando o espírito de Diogo a se libertar do corpo físico, entregaram-no para Rebecca. Chorando, ela segurou o filho nos braços, e os três saíram volitando, levando Diogo para o hospital da cidade espiritual onde viviam.

Faustino, ao observar que a criança tombara a cabecinha e parara de respirar, compreendeu que ela havia morrido. Deixou uma lágrima rolar pela face e disse ao policial: — O menino acaba de morrer em meus braços!

No hospital, o delegado entregou o corpo físico de Diogo para os enfermeiros, que o colocaram em uma maca. Faustino relatou a um médico o que tinha acontecido com a criança.

Depois que deixou o hospital, aproximou-se de um telefone público e ligou para a casa de Tarcísio, em Brasília. Teófilo atendeu a ligação, e o delegado deu-lhe a triste notícia para que a transmitisse ao genro.

— Era Faustino, Tarcísio. Encontraram Diogo.

— Graças a Deus! Graças a Deus encontraram meu menino! — exclamou Tarcísio. — Como o meu filhinho está?

— Meu caro — respondeu Teófilo. — Diogo está morto.

— Morto? Morto?! — repetiu Tarcísio. — Meu Diogo morreu?

— Foi o que Faustino disse. O corpo de Diogo está em um hospital de Goiânia.

Tarcísio fechou os olhos, e imediatamente, em prece, pediu a Deus para dar-lhe forças. Abrindo os olhos, caminhou até o quarto do filho. Abriu uma das gavetas do guarda-roupa de Diogo, e dele retirou um álbum de fotografias contendo várias fotos de seu filho. Sentou-se na cama de Diogo, e enquanto olhava as fotos as lágrimas desciam por sua face. Após ver todas, fechou o álbum, deitou na cama e continuou chorando.

Teófilo e Matilde se aproximaram dele. Matilde tocou o cabelo do irmão e perguntou se ele queria tomar um calmante. Levantando-se da cama, Tarcísio respondeu não querer calmante algum. Secou as lágrimas com a mão direita, sentou-se na cama e fez uma prece demorada. Depois, olhando para o sogro, perguntou se Faustino informara o nome do hospital onde o corpo do filho estava.

— Sim, ele me disse o nome do hospital.

— Matilde, leve-me imediatamente ao hospital em Goiânia. Tomarei um rápido banho, apanharei meu talão de cheques, minha carteira e então iremos. Por favor, leve-me com urgência a Goiânia! — insistiu Tarcísio.

— Pode tomar seu banho que o levarei, meu irmão.

— Matilde, deixe que eu o leve — propôs Teófilo. — Fique na casa de Tarcísio, telefone para os amigos de seu irmão e dê a notícia a eles.

— Ficarei, seu Teófilo. Acho que não estou em condições de dirigir mesmo — disse Matilde.

— Papai, deixe-me ir com vocês — pediu Thiago.

— Filho, gostaria que ficasse com Matilde e a ajudasse. Vá ao cemitério e providencie para que meu neto seja enterrado no mesmo sepulcro da mãe. Faça isso, Thiago, e estará ajudando imensamente Tarcísio.

— Entendi, pai.

— Eu irei com vocês dois — falou Clara, que desde o momento em que chegara à casa de Tarcísio não havia voltado para sua casa.

Tarcísio logo avisou ao sogro que estava pronto para partir para Goiânia. Ele e Clara entraram no carro de Teófilo, e seguiram caminho.

Em Goiânia, pediram informações, e assim chegaram ao hospital.

Faustino voltara ao apartamento onde os seqüestradores estavam, e ordenara que os policiais os conduzissem para Brasília e informassem a imprensa sobre a morte do filho de Tarcísio, e o nome dos seqüestradores. Retornou ao hospital e ficou aguardando a chegada de Tarcísio. Logo que avistou o jovem, dirigiu-se até ele e apresentou suas condolências. Levou-o até o médico que atendera Diogo e que assinara o atestado de óbito da criança.

O médico conversou rapidamente com Tarcísio, e respondeu as perguntas de Teófilo a respeito da remoção do corpo do menino

ROBERTO DIÓGENES / SULAMITA

para Brasília. Pediu a Tarcísio para assinar uns papéis, e levou o pai até onde o corpo do filho estava.

Ao ver o corpinho que abrigara o espírito de seu filho, tocou os cabelos que pertenceram a Diogo, abraçou o corpinho e o beijou. Fechou os olhos e fez uma prece demorada. Depois, chamou o sogro e Clara para que procurassem a funerária indicada pelo médico.

O corpinho que fora de Diogo foi transportado do hospital para a funerária; Tarcísio permaneceu ao seu lado durante todo o processo. Chegando à funerária, aguardou que o corpinho fosse preparado, a fim de ser conduzido até o cemitério de Brasília.

Faustino, aproximando-se de Tarcísio, perguntou-lhe se ele gostaria de saber quem havia seqüestrado seu filho. Tarcísio nada respondeu. Teófilo pediu ao delegado para informá-los. Quando Faustino revelou quem eram os seqüestradores, Teófilo por pouco não desmaiou. Sentou-se em uma cadeira, e uma funcionária da funerária deu-lhe um copo com água.

Tarcísio perguntou se o sogro estava bem. Teófilo balançou a cabeça afirmativamente. Depois, indagou a Tarcísio se ele escutara o nome dos criminosos. O genro respondeu que sim, e, fechando os olhos, começou a rezar, evitando que o sogro lhe fizesse outra pergunta. Rezaria pelo espírito do filho e tentaria não pensar em quem o seqüestrou e o matou.

Teófilo levantou-se da cadeira, a fim de telefonar para a casa de Tarcísio. Disse a Matilde que chegariam ao cemitério com o corpo de Diogo por volta das oito horas. Perguntando se Thiago estava na casa, pediu para falar com ele.

— Já está tudo acertado no cemitério, pai. — Thiago chorava. — A imprensa já noticiou a morte de Diogo, e apresentou os seqüestradores. Que loucura, pai!

— Sei disso, filho. Pensaremos nesse... assunto depois. Tarcísio lhe pede para levar o seu exemplar de *O Evangelho Segundo o Espi-*

422

ritismo ao cemitério. — Despediu-se do filho, e voltou para o lugar onde o genro se achava.

Quando o agente funerário falou que o corpinho de Diogo já estava preparado para a viagem, Tarcísio pediu para ir ao lado do esquife. Entrou no carro da funerária, colocou a mão sobre o esquife e começou a rezar. Enquanto rezava, as lágrimas jorravam de seus olhos e caíam sobre o pequeno caixão.

Teófilo entrou em seu carro. Clara e Faustino também entraram, e Teófilo passou a dirigir atrás do carro funerário.

Durante toda a viagem, Tarcísio não parou de fazer preces. O motorista o olhava pelo retrovisor, admirado com o comportamento do jovem pai. As lágrimas que desciam pela face dele eram diferentes das de pais que já acompanhara em outros enterros. Os outros choravam desesperados. Aquele pai apenas rezava e permitia que as lágrimas silenciosas descessem por sua face.

Quando o carro funerário chegou ao cemitério de Brasília uma grande multidão aguardava o corpinho que pertenceu a Diogo chegar.

Tarcísio desceu do carro, e quando retiraram o esquife de dentro dele, fez questão de ajudar a carregar até a capela em que o corpinho seria velado.

Como ele tinha se tornado um modelo brasileiro famoso, repórteres de rádios, TV e jornais cercaram-no de microfones. Ele não disse uma única palavra. Colocou-se ao lado do esquife do filho e pediu a Thiago o seu *O Evangelho Segundo o Espiritismo*. Abriu a obra no capítulo das preces espíritas e começou a fazer a prece *"Por alguém que acaba de morrer"*. Ao concluí-la, com o dedo indicador tocou todo o corpinho que serviu de abrigo ao espírito do filho. Beijou a testinha gelada e, erguendo a cabeça, devolveu o livro para Thiago. Todos, amigos e conhecidos, passaram a lhe dar os pêsames; ele nada disse a ninguém. Permaneceu em silêncio, tentando manter a serenidade.

Tarcísio deixou a capela e pediu para ninguém o seguir. Foi até o sepulcro onde antes fora depositado o corpo da esposa. Sentou em um banco e começou a chorar. Após algum tempo, retornou para a capela. Aproximando-se novamente do esquife, ficou olhando para o corpinho e relembrando os momentos alegres que tinha passado em companhia do filho.

Quando o esquife deixou a capela, Tarcísio segurou o pequeno caixão de um lado e o ajudou a transportá-lo até o local da sepultura. Nela chegando, diversas pessoas pediram-lhe para pronunciar algumas palavras.

Seriam as últimas palavras de um pai extremoso ao filho que para sempre o deixava:

— Deus! Meu Deus! Como é grande a minha dor! Ela não se compara a nenhuma outra. Um pai jamais deveria sepultar o corpo de um filho. Sinto-me destroçado por dentro ao sepultar o corpinho que abrigou, por uma breve temporada, o espírito do meu querido filhinho. Pai misericordioso, dê-me a fortaleza necessária para não desfalecer nesse instante, ao imaginar que nessa existência não mais poderei sentir os bracinhos do meu Diogo envolvendo meu pescoço, ao chegar do trabalho... ele abraçava-me e beijavame... — As lágrimas começaram a brotar. — Senhor! Ajude-me a ser forte ao pensar que durante as noites de chuva não escutarei mais meu filhinho lindo pedindo-me para dormir em minha cama, por medo dos trovões e relâmpagos. Bondoso Deus, não me deixe perecer ao descobrir que não mais ouvirei a vozinha linda do meu filho me chamando de papaizinho, e dizendo que muito me ama. Ah, meu Deus! Proteja o espírito do meu pequenino, e permita que Rebecca cuide do nosso filho no mundo dos espíritos. Pai Amado, entrego aos teus cuidados a jóia mais preciosa que tenho. Certo de que cuidarás dela muito melhor do que eu cuidei enquanto ela esteve comigo. — Olhou para o esquife e tocou o rostinho gelado

Só o amor explica

que jazia dentro dele. — Filhinho lindo do papai! O seu papaizinho sabe que seu espírito não o está ouvindo; mesmo assim, me reportarei a você certo de que o espírito Isaura ou mesmo o espírito de sua mãe um dia lhe transmitirá minhas palavras. Diogo, o seu papai vai continuar amando você, e terá sempre na memória o seu sorrisinho lindo. Você só deu alegrias para o seu pai enquanto esteve ao lado dele, durante esses quatro anos e alguns meses. Filho, o papaizinho deseja que você seja muito feliz aí do outro lado da vida, e que, ao tomar ciência do que lhe aconteceu, não fique com raiva das pessoas que causaram o seu desencarne. Recorde-se do que o papai sempre lhe ensinava, e as perdoe; assim, seguirá sua jornada espiritual em paz. Papai irá perdoá-las, e aqui, deste lado da vida, vai continuar seguindo a vida dele! — As lágrimas pararam de brotar dos seus olhos. — Eu te amo mais que tudo, e em nome desse amor tentei ser pai e mãe para você ao mesmo tempo. Perdoe-me por minhas falhas. Só o amor explica tudo o que fiz para que você fosse feliz e nada lhe faltasse. Filhinho adorado, o amor explica até mesmo o fato de o papai ter agora parado de chorar e estar um pouco mais sereno, ao imaginar que você continuará amando seu papai aí do outro lado da vida, da mesma forma que seu papaizinho nunca deixará de amá-lo. Eu te amo, meu amado filhinho. Eu te amo com todo o meu coração. — Beijou a fronte do filho, deixou uma única lágrima escapulir, e, fechando o caixão, disse que o poderiam depositar no fundo do túmulo.

Muitos tinham lágrimas nos olhos. As palavras de Tarcísio calaram fundo.

Quando o corpo foi sepultado, um repórter, com um gravador na mão, perguntou a Tarcísio se ele sabia por que a avó de Diogo, o bispo e Amanda haviam seqüestrado o garoto e o envenenado. Tarcísio nada falou. Sentou-se num banco e ficou olhando para o túmulo.

425

As pessoas foram deixando o cemitério. Matilde o chamou para irem embora. Levantando-se, ele se aproximou do túmulo, tocou-o com a mão direita e deixou algumas lágrimas caírem sobre o túmulo. Suspirando, pensou como seria sua vida agora que o seu menininho desencarnara.

Teófilo o abraçou e o conduziu até o estacionamento do cemitério. Colocou Tarcísio dentro de seu carro e falou a Matilde que levaria o genro para casa.

32

O sentido do perdão

Cinco dias após o enterro do corpo de Diogo, o delegado Faustino apareceu na casa de Tarcísio e o convidou para ir até a delegacia em que os seqüestradores de seu filho estavam presos. Disse que Amanda queria desesperadamente falar com ele.

Tarcísio resolveu ir, e Teófilo, que estava na casa dele, disse que o acompanharia. Thiago, que mudara para a casa de Tarcísio a fim de ficar uns dias com o cunhado, e Matilde também quiseram ir junto.

Na delegacia, foram até a cela em que Amanda e Lucrécia encontravam-se presas. O bispo estava sozinho na cela ao lado da delas, porque tinha curso superior.

Ao ver Tarcísio, Amanda pediu que ele se aproximasse da cela. Tarcísio fez o que ela pediu. A moça, contemplando-o, disse:

— Tarcísio, me perdoe! Eu não tive nada com o seqüestro do seu filho, muito menos com a morte dele. Fui aquele dia a Goiânia porque sabia onde seu filho estava, e lá chegando tentei ajudá-lo. Gostaria que não me odiasse e me perdoasse.

ROBERTO DIÓGENES / SULAMITA

— Mas por que seqüestraram e mataram meu Diogo?

— Diogo foi seqüestrado para...

— Cale-se, Amanda — gritou o bispo da cela ao lado, interrompendo-a. — Deixe que eu mesmo lhe revele o motivo de ter feito o que fiz com o imprestável do filho dele.

Tarcísio aproximou-se da cela do bispo, e aguardou que ele falasse.

Dom Gilberto o encarou:

— Matei seu filho para me vingar de você. Foi o único homem que fez uma Lorizzen virar as costas para mim e não seguir uma determinação minha. Foi o único que me humilhou na frente de outras pessoas. Eu nasci para humilhar, não para ser humilhado! Você não passa de um moleque, e eu sou bispo, e um grande empresário gaúcho. As humilhações que me fez passar não poderiam ficar por isso mesmo. Desde que me mudei para Brasília tentei prejudicá-lo, mas você nunca se deixou abater pelas coisas ruins que eu fazia contra você; e conseguiu se livrar delas, e ainda evitar que outras piores lhe acontecessem. Durante o tempo em que o observei para descobrir seu ponto fraco, constatei que sua fraqueza estava em seu filho. Você amava seu filho mais do que a si próprio. Decidi me vingar de você usando seu filho. Optei em matá-lo para vingar a morte de minha filha Rebecca. — Olhou para Teófilo e sorriu ao ver a cara de espanto do homem. — Rebecca era minha filha. Eu e Lucrécia somos amantes desde que Thiago tinha apenas um ano de idade. — Voltou a olhar para Tarcísio. — Rebecca morreu ao dar à luz seu filho Tarcísio. Portanto, seu filho foi culpado da morte dela. Acabando com ele, eu me vingaria ao mesmo tempo de você e da morte que ele causou a minha amada filha.

— Está louco! Só pode estar louco — bradou Teófilo. — Rebecca nunca foi sua filha.

— Ah, ah, ah, ah! Se não acredita em mim, pergunte a sua esposa. Ela pode confirmar tudo.

Teófilo olhou para Lucrécia e perguntou se aquela história era verdadeira.

— É verdade, Teófilo. Eu e meu irmão somos amantes. Rebecca é filha de Gilberto. Desde que Thiago nasceu descobri que não mais o amava, mas como uma Lorizzen nunca se separa do marido, continuei casada com você para manter as aparências. Sentia nojo quando você dormia comigo. Sempre que estávamos na cama, quando você me tocava imaginava que era meu irmão, e só assim conseguia entregar-me.

— Como pôde ser amante do seu próprio irmão? — perguntou Matilde, horrorizada com o que Lucrécia dissera.

— Não lhe devo nenhuma satisfação, mas para seu conhecimento eu e Gilberto não somos irmãos consangüíneos. Gilberto foi adotado por meus pais quando tinha apenas dois anos de idade. Só depois disso minha mãe engravidou. Fui muito feliz sendo amante do meu irmão. Ele sabe realmente proporcionar certos prazeres que deixam felizes uma mulher. Teófilo, infelizmente, não foi capaz disso. Qualquer um que visse Gilberto e Rebecca juntos logo descobriria que fisicamente eles eram bem parecidos.

Teófilo deixou uma lágrima descer pela face. Estava muito triste. Saber que Rebecca era filha do cunhado deixou-o totalmente desnorteado. Tarcísio, colocando a mão no ombro do sogro, disse:

— Não permita que essa revelação o faça sofrer. O verdadeiro pai de Rebecca é o senhor, que cuidou dela desde o seu nascimento, que a educou, e acima de tudo a amou incondicionalmente. Quem a ensinou a ser uma pessoa bondosa, honesta, humilde e sensível? O senhor. Somente um pai faz tudo isso por uma filha. O senhor fez isso muito bem. Tenho certeza que Rebecca, do outro lado da vida, o tem como seu verdadeiro pai. Portanto, nada de ficar triste. O senhor é o pai de Rebecca e o avô do filho dela. E como já lhe disse, não o tenho somente como sogro: considero-o um pai, porque nos momentos em que mais precisei o senhor esteve ao meu lado, amparando-me e amando-me ao seu modo. — Abraçou o sogro.

— Tem razão, Tarcísio. O verdadeiro pai de Rebecca sou eu. Obrigado por considerar-me seu pai. Eu gosto de você como se gosta de um filho.

Tarcísio sorriu para ele e deu-lhe outro abraço.

Thiago, observando o abraço dos dois e mais uma vez reconhecendo em Tarcísio uma pessoa muito especial, perguntou para a mãe:

— Mamãe, por que ajudou tio Gilberto a seqüestrar e matar Diogo?

— Eu nunca gostei de Tarcísio. Sempre o odiei. Detesto a forma como ele me olha, e o julgo culpado pela morte de Rebecca. Nunca quis o casamento dela com esse maldito macumbeiro. Sabia que um macumbeiro metido em nossa família só nos traria azar; e foi apenas o que ele nos trouxe. Azar, muito azar mesmo. Éramos uma família unida, e todos obedeciam cegamente às determinações do homem que amo. Ao ver Tarcísio humilhando Gilberto, odiei-o com todo meu coração e decidi vingar-me dele. No dia do enterro de minha filha, Tarcísio me humilhou no cemitério, na frente de boa parte da sociedade. O meu ódio por ele triplicou, e concentrei esforços para vê-lo totalmente destruído. Eu o odeio, Tarcísio! — gritou Lucrécia, e pelas grades da cela cuspiu no jovem viúvo. — Odeio-o e quero vê-lo morto! Fiquei muito feliz quando soube que seu filho bebeu veneno... agora conhece a dor que eu experimentei quando você e o pestinha do seu filho mataram minha filha Rebecca.

— E você, Amanda, por que ajudou os dois? — inquiriu Teófilo.

— Não os ajudei a seqüestrarem Diogo, muito menos aprovei a morte dele — falou Amanda. — Meu tio pediu-me para trocar de malas com Tarcísio no dia em que ele fosse viajar para Paris. A mala que eu tinha em mãos era idêntica à de Tarcísio, e me foi entregue por meu tio recheada de drogas. Assim que trocasse as malas

Só o amor explica

eu telefonaria para a polícia federal, que prenderia Tarcísio como traficante de drogas. Se vocês dois não tivessem descoberto a droga no frigorífico, meu tio faria o senhor passar por traficante de drogas também; e com o senhor e Tarcísio presos, ele se apoderaria do seu frigorífico, e tia Lucrécia entraria na Justiça para requerer a guarda de Diogo. Eu só sabia de tudo isso e do seqüestro. Nada sabia de morte. Quando soube, não a aprovei.

— É mentira. Amanda foi quem bolou todo o seqüestro — gritou o bispo da outra cela. — Ela está mentindo para se ver livre da prisão. Mas a responsável pela morte da criança é ela, que deu o refrigerante envenenado para Diogo. Ela está tão metida nessa história quanto eu e Lucrécia.

— Não é verdade. Se eu soubesse que o refrigerante tinha veneno, nunca teria dado a ele! — protestou Amanda.

— Acredito em você, Amanda — disse Tarcísio. — O que me surpreende é o motivo que levou o bispo e sua irmã a seqüestrarem e matarem meu filhinho. Foi um motivo muito fútil. Jamais poderia supor que alguém fosse capaz de matar simplesmente por sentir-se humilhado. Mas sei que muitas pessoas matam por qualquer coisa, por serem fracas e não conseguirem domar seus maus instintos. Matando meu filho inocente, esses dois revelaram que necessitam crescer muito, e que ainda terão de passar por muitas provações a fim de atingir um grau de compreensão que os capacite a entender que a vida de um ser humano vale muito mais do que qualquer humilhação que sofremos, e do que qualquer outra coisa que nos aconteça. Pois o espírito, ao reencarnar, tem a chance de aprender a crescer moralmente. Tirar a oportunidade de crescimento dele é tirar a sua própria oportunidade de crescimento; pois quem a tira revela que infelizmente ainda não cresceu na presente existência, e por ter cometido ação tão bárbara permitiu que na próxima reencarnação alguém que não tenha crescido retire sua nova oportunidade de crescimento. Trata-se da lei de causa e efeito. — Contemplou Lucrécia e o bispo. — Pensando nessa lei que nós, espíritas, temos certeza que nos acompanha sempre em todas as nossas existências, não vou odiá-los por terem matado meu filhinho; pois tenho consciência de que nada acontece por acaso. Se o mataram é porque Diogo deve ter passado por essa lei, recebendo nessa sua curta existência terrena o que em alguma existência passada praticou contra vocês dois. Conhecendo a lei de causa e efeito, jamais irei odiá-los. Eu os perdoarei pelo que fizeram a ele, e rezarei para que possam um dia se arrepender. Se precisarem de mim, mandem me chamar que irei até onde vocês estiverem e os auxiliarei na medida de minhas possibilidades.

— Enlouqueceu, Tarcísio? — perguntou Matilde. — Como vai perdoá-los e rezar por eles, e ainda se colocar à disposição para ajudá-los, depois de assassinarem seu filho? Você tem de odiá-los, e com um ódio ferrenho! E desejar que apodreçam na prisão.

— Não farei o que está dizendo, minha irmã. Assim me tornaria igual a eles; e não desejo que o ódio nasça em meu coração e me destrua aos poucos. Quero continuar amando as pessoas, não odiando-as. Se as odiar, não serei um verdadeiro espírita Kardecista. Um verdadeiro espírita tenta colocar em prática o que a doutrina lhe recomenda, ou seja: que jamais tenhamos ódio em nosso coração e que façamos o que o Cristo nos mandou fazer. Amar os que nos odeiam, e dar a eles o tratamento que damos aos que amamos. É o que farei. Eu os perdoarei, e rezarei por eles. Rezarei porque eu os amo, Matilde, e é por amá-los que compreendo que eles ainda são fracos e se deixam levar por suas fraquezas.

— Como pode amá-los, Tarcísio? Isso não se explica. Como pode amar os assassinos de seu filho? — indagou Matilde, incrédula.

— Porque eles são a família de Rebecca, e conseqüentemente a de meu filho Diogo. Como amo imensamente Rebecca e Diogo, também amo aqueles que eles amaram, e que são importantes

Só o amor explica

para eles. Amo-os porque existem coisas que só o amor explica. Só o amor é capaz de explicar — comentou Tarcísio, olhando para o bispo, Amanda e Lucrécia.

Amanda tinha lágrimas nos olhos. Estava muito comovida com o que escutou de Tarcísio.

O bispo o contemplou demoradamente, e não teve mais nenhuma dúvida de que estava diante de um santo, ou de um anjo reencarnado, como ouvira algumas vezes os espíritas da cidade comentar.

Embora achasse bonitas as palavras do jovem viúvo, Lucrécia continuava odiando-o.

Matilde, Teófilo, Thiago, Faustino e outros presos tinham lágrimas nos olhos. Jamais em suas vidas haviam presenciado alguém perdoar e dizer que amava os assassinos de seu próprio filho.

— Delegado, poderia dizer-me como foi que descobriu que eu estava envolvido no seqüestro do filho de Tarcísio? — questionou o bispo.

— Foi através da resposta que o espírito Isaura, por intermédio de Tarcísio, deu a sua pergunta quando o senhor a desafiou a dizer em que lugar era o cativeiro de Diogo. O espírito Isaura respondeu dizendo-nos que as pessoas fazem certas perguntas sabendo as respostas. Compreendi na hora o que ela quis dizer, e não me passou despercebido seu passo para trás e seu olhar de espanto.

— O espírito Isaura. Ela realmente respondeu minha pergunta. Só que não me dei conta de que você a tinha compreendido — falou o bispo.

— Desejo de todo coração que os três possam se arrepender e um dia serem muito felizes. Que Deus os abençoe e os ilumine — disse Tarcísio, despedindo-se.

Os que estavam com ele o seguiram.

No outro dia, ao receber a visita de seu advogado, Dom Gilberto Lorizzen pediu ao homem para entrar em contato com a arquidio-

433

cese e pedir que o arcebispo o ajudasse. O advogado voltou no dia seguinte à delegacia.

— As notícias que tenho não são nada boas — disse ao bispo. — O arcebispo mandou avisar que o senhor não esperasse ajuda da arquidiocese, porque o senhor é muito rico e influente. Com seu dinheiro e seus contatos, pode muito bem se ver livre da prisão. A arquidiocese não o reconhece como bispo, porque durante o tempo em que esteve em Brasília não demonstrou sê-lo. Numa entrevista à imprensa, o arcebispo informou que o senhor não pertence ao clero brasiliense, e que a arquidiocese nada tem a ver com o crime hediondo cometido. Em resumo: querem que se vire sozinho.

Dom Gilberto pediu ao advogado para entrar em contato com a família em Porto Alegre e conseguir dinheiro. O advogado fez o que ele pediu, e o bispo, com o dinheiro nas mãos, começou a ter certas regalias dentro da delegacia.

Tarcísio entregou-se de corpo e alma ao serviço no escritório do sogro e ao curso universitário. Para amenizar a imensa saudade que sentia do seu pequeno filho, começou a visitar uma creche e passar algumas horas com crianças. Aceitou várias propostas que a agência de modelos e publicidade de Ruivo lhe fez, e voltou a trabalhar em propagandas na TV e em revistas, e a desfilar em capitais brasileiras. Sempre que fazia o culto do Evangelho no Lar elevava preces cheias de amor para o filho e para a esposa.

Com o dinheiro que já guardara e com o que ganhara com as novas propostas, chamou o sogro para ir até uma concessionária. Dois meses antes do desencarne do filho, tinha acatado o conselho do sogro e tirado sua carteira de motorista. Na concessionária, comprou um carro zero.

Só o amor explica

Um mês após o desencarne de seu filho, aceitou duas propostas para desfilar no exterior. Desfilaria em Roma, capital italiana, e em Paris, a capital francesa. Os dois desfiles seriam em finais de semanas diferentes.

No sábado, ao concluir o seu culto do Evangelho no Lar, convidou Matilde para ir com ele a Roma e a Paris. A irmã não poderia: estava se preparando para passar em um concurso da polícia federal em que concorria a uma das vagas de delegada. Tarcísio convidou o sogro e o cunhado, e eles também não puderam acompanhá-lo.

Quando ficou sozinho, pensou na mãe e no desejo dela de vê-lo desfilando em passarelas de outros países. Entrou em seu carro e seguiu para a casa da mãe. Matilde abriu a porta e espantou-se ao vê-lo. Desde quando o irmão pedira à mãe para cuidar de Diogo e ela o expulsara, nunca mais tinha voltado àquela casa.

— Aconteceu alguma coisa? — perguntou Matilde.

— Não aconteceu nada — disse Tarcísio. — Mamãe está em casa?

— Está.

— Posso falar com ela?

— Claro que pode. Só espero que ela o receba — falou Matilde. — Entre! Você sabe onde fica a sala de estar. Vou chamá-la.

Tarcísio entrou e, em pé na sala de estar, ficou olhando para a casa e recordando o quanto fora feliz nela.

Marta, ao saber que ele se encontrava em sua casa, desceu a escada e foi até a sala. Matilde desceu junto.

— Queria falar comigo? — indagou ao filho.

— Sim, mamãe!

— O que quer? — perguntou Marta rispidamente.

— Gostaria de convidá-la para viajar comigo para Roma e para Paris. Vou desfilar nessas duas capitais, e posso levar um acompanhante comigo. Um desfile será em um final de semana, e o outro no final de semana seguinte. Teremos uma semana para conhecer os

435

pontos turísticos dessas duas cidades. Todas as despesas ficarão por conta da agência que me contratou.

Marta sentou-se no sofá, encarou o filho e indagou:

— Por que veio até minha casa depois de tantos anos convidar-me para viajar com você ao exterior?

— Porque a senhora tinha o sonho de ver-me como modelo. Naquela ocasião não me foi possível realizar seu sonho, pois eu havia voltado a realizar os meus. Mas, agora que seu sonho chegou até mim sem que eu o procurasse, gostaria que viajasse comigo.

— Mesmo depois de tudo que lhe fiz, você ainda vem a minha casa e convida-me a viajar com você para constatar a realização de um dos meus sonhos? Por que faz isso, Tarcísio? Em vez de sentir ódio de mim por não ter lhe ajudado quando mais necessitou de sua mãe, vem convidar-me a ver a realização de um dos meus sonhos?

— Mamãe, como pode pensar que um dia cheguei a ter ódio da senhora? Jamais esse sentimento terrível esteve presente em meu coração. Se não pôde me ajudar quando necessitei, compreendi e respeitei a sua decisão. Aprendi isso com você, que sempre me ensinou a respeitar as decisões das pessoas. Viaje comigo! Quero vê-la sorrindo quando me vir entrar na passarela; quero ver seu rostinho feliz quando, ao desfilar, chegar próximo da senhora, fazer certo charme e os fotógrafos baterem várias fotos. Quero poder presenciar sua emoção quando eu for dar alguma entrevista e apresentá-la como minha amada mãe. Quero tudo isso porque sou grato à senhora pelos anos que cuidou de mim, educou-me, e deu-me seu amor.

Com os olhos marejados de lágrimas, Marta levantou-se, abraçou o filho e pediu perdão por tudo que o fizera passar. Tarcísio disse-lhe que não precisava pedir perdão por nada.

Os dois se sentaram lado a lado, e ela deu-lhe os pêsames pela morte de Diogo. — Estive no cemitério no dia do sepultamento do corpo dele, filho. Você deve estar sofrendo muito.

— Não penso mais nesse assunto, e assim não sofro. Evito pensar na tragédia que se abateu sobre meu filho, e procuro pensar apenas nas alegrias que desfrutei ao lado dele. Fico feliz ao saber que enquanto esteve reencarnado ao meu lado eu o amei com todo meu coração, e por ele fui amado. Quando faço preces pelo espírito dele fico imensamente feliz, pois agora, do outro lado da vida, ele não padece mais com os efeitos colaterais da quimioterapia; e deve estar feliz, brincando com a mãe ou com outras crianças em algum bonito jardim ou parquinho da cidade espiritual em que hoje vive. Enquanto na cidade espiritual ele brinca feliz, eu vou a uma creche e brinco com algumas crianças. Dessa forma, continuo vivendo e amando-o através do carinho e do amor que dou às crianças da creche.

Marta e Matilde o contemplaram emocionadas. Tarcísio mais uma vez, com suas palavras, tinha lhes dado uma lição de vida.

Tarcísio informou à mãe o dia da viagem, e a convidou para participar do culto do Evangelho no Lar na casa dele. Abraçando a mãe e a irmã, despediu-se e regressou à sua casa.

No dia da viagem ao exterior, Marta acompanhou o filho e realmente se emocionou ao vê-lo na passarela desfilando e recebendo inúmeros aplausos. Nenhum dos modelos masculinos que desfilavam era mais lindo e mais charmoso que seu filho. Tarcísio deu entrevistas, e nelas a apresentou como sua mãe; também posou para algumas fotos ao lado dela. Os dois visitaram lugares turísticos de Roma e Paris.

Ao chegarem ao Brasil, Marta o abraçou no aeroporto e agradeceu os momentos felizes desfrutados ao lado dele.

Tarcísio convidou a mãe para assistir às propagandas que iria gravar durante a nova semana, e no dia em que as gravava Marta compareceu.

Certo sábado, Marta apareceu na casa do filho para participar do culto do Evangelho no Lar, e surpreendeu-se com a quantidade de gente que participava do culto na casa do filho. Tarcísio a apresentou às pessoas que ela não conhecia.

Após o Evangelho no Lar, Marta, tomando chá com biscoitos caseiros preparados por Dolores, que passara a trabalhar na casa de Tarcísio, ao ver as pessoas conversando entre si, como ela fazia, compreendeu o motivo de tanta gente ir à casa do filho aos sábados para rezar. A residência de Tarcísio era acolhedora, transmitia paz, e junto com as belas preces feitas pelo filho fazia a pessoa sentir aconchego e tranqüilidade.

Marta passou a freqüentar a casa do filho aos sábados. Aos poucos, a amizade e o amor que os unia tornaram-nos novamente íntimos. Ela começou a pedir conselhos ao filho quando passava por determinados problemas. Tarcísio a ouvia pacientemente, depois abria uma das obras da codificação espírita, lia um trecho com ela e só então a aconselhava. "Graças a Deus permiti que meu filho seguisse o espiritismo quando criança" pensava ela muitas vezes; pois reconhecia que a doutrina espírita ajudara o filho a ser forte, humilde, piedoso e sábio.

A mãe de Tarcísio, após participar de vários Evangelhos no Lar na casa do filho, optou por conhecer mais profundamente o espiritismo; e semelhante a Matilde, Teófilo, Thiago e outros, deixou o catolicismo e passou a ser adepta da doutrina codificada por Allan Kardec.

Certa noite, em sua casa, Marta ligou o televisor, e ao assistir no noticiário que o julgamento dos assassinos do neto demorava a acontecer, imaginou que Dom Gilberto, de dentro da prisão, tinha comprado algum juiz e alguns advogados. Arrependeu-se de ter fornecido ao bispo o nome de um advogado corrupto, e decidiu-se a procurar os juízes amigos que conhecia. Tentaria convencê-los a agir para que o julgamento fosse marcado o mais rápido possível. Dois

Só o amor explica

juízes lhe deviam favores; iria procurá-los e solicitar que um deles presidisse o julgamento. Faria isso por Tarcísio, que após ter sido rejeitado por ela como filho não lhe guardou nenhum ressentimento, e continuava a amá-la e a desejar apenas sua felicidade. Os assassinos cruéis deveriam pagar caro pelo que fizeram ao filho de seu filho. Não iria revelar a Tarcísio as providências que tomaria; talvez o filho não aprovasse a interferência dela. Ainda bem que era doutorada em direito penal, e entendia muito bem de crimes e de penalidades. Saberia exatamente o que dizer aos juízes para que eles concordassem em ajudá-la.

Marta procurou os dois juízes, e com a ajuda deles o julgamento dos seqüestradores e assassinos de Diogo Tarcísio foi marcado.

No dia do julgamento, Dom Gilberto Lorizzen ficou bastante preocupado quando descobriu que o juiz que iria presidir o julgamento não era o juiz que ele havia comprado. Olhou para Marta na assistência, e a forma como Marta o encarou e em seguida olhou para o juiz o fez compreender tudo.

Quando as testemunhas de acusação começaram a ser ouvidas, Tarcísio foi convocado para depor. Todos que assistiam ao julgamento ficaram admirados com o que o filho de Marta disse. Ele mais parecia uma testemunha de defesa do que de acusação. Falou que não iria guardar nenhum sentimento negativo para com os assassinos, porque isso não iria trazer seu querido filhinho de volta. Dessa forma, perdoava os assassinos e não desejava nenhum mal a eles.

O testemunho do delegado Faustino revelou ter sido o bispo que idealizara o seqüestro e a morte de Diogo. Dom Gilberto Lorizzen foi apontado como o principal responsável por tudo que aconteceu a Tarcísio. Foi condenado a trinta anos de prisão, pena máxima atribuída a seqüestro que resulta em morte da vítima.

Amanda e Lucrécia foram condenadas por homicídio culposo, e cada uma recebeu pena de três anos de prisão.

Antes de ser levada para o presídio, Lucrécia endereçou a Tarcísio um olhar cheio de ódio. Gritou que iria odiá-lo pelo resto de sua vida, e que o viúvo haveria de pagar por tudo que fizera a ela. Estava muito revoltada, porque nada do que haviam planejado para prejudicar Tarcísio e fazê-lo apodrecer na prisão tinha dado certo. Não bastasse isso, ela é que era presa enquanto o macumbeiro a observava. Mas jurou que se vingaria dele um dia.

Dom Gilberto Lorizzen, ao receber a visita de seu advogado no presídio, pediu ao homem que lhe conseguisse uma boa quantia em dinheiro com seus pais, em Porto Alegre. O advogado apareceu no presídio após alguns dias, e conseguiu entregar o dinheiro para o bispo. Com o dinheiro, o bispo comprou alguns presos, que o ajudaram a se suicidar dentro do presídio.

Assim que se enforcou, o bispo viu seu espírito ser lançado em um lugar horroroso, e ele passou a vivenciar a cena do enforcamento diversas vezes por dia, atormentando-se e sofrendo terrivelmente.

Ao saber da morte do homem, Tarcísio foi ao presídio e providenciou o necessário para o sepultamento do corpo do tio de Rebecca. Depois, passou a visitar o presídio nos dias de visitas e levar para Amanda e Lucrécia frutas, biscoitos, livros e outras coisas.

Amanda, ao perceber que Tarcísio a tratava amigavelmente e rezava em intenção dela, compreendeu que ele a perdoara de fato. Lucrécia nem queria saber de falar com Tarcísio. Ao receber as frutas, biscoitos e outras coisas que o jovem lhe levava, jogava tudo sobre ele e dizia que o odiava com um ódio mortal, que crescera após o enforcamento do irmão.

Tarcísio fazia uma prece por ela e pedia a Deus para ter compaixão da pobre mulher.

De quinze em quinze dias Tarcísio visitava Amanda, e durante uma hora e meia conversava com ela. Outras presidiárias, ao ouvirem-no falar, passaram a contar seus problemas para o viúvo. Este as

Só o amor explica

ouvia, e no final da conversa fazia uma prece por todas. Numa das visitas, ele levou seu exemplar de *O Evangelho Segundo o Espiritismo*, e, com autorização do diretor do presídio, passou a fazer junto com as presas o culto do Evangelho no Lar dentro do presídio. Na visita seguinte, Teófilo e Thiago acompanharam-no. Outros que freqüentavam o culto do Evangelho no Lar na casa de Tarcísio começaram a acompanhá-lo, e de visita em visita as presidiárias, com exceção de Lucrécia, sentiam que alguém se importava com elas e que o espiritismo as ajudava a enfrentar suas penas com mais resignação; além disso, respondia a muitas de suas perguntas.

Certa vez, ao saírem do presídio, Matilde perguntou ao irmão:

— Tarcísio, vendo-o conversar com Amanda, e mesmo com dona Lucrécia, que não o quer ouvir, e chamá-las de amigas ou irmãs, fico pensando onde encontra forças para tratá-las bem e não odiá-las. De onde vêm essas forças, meu irmão?

— Primeiramente de Deus, e depois do Espiritismo. A doutrina espírita deu-me a fortaleza para que eu aprendesse a tudo suportar e não deixar-me levar pelas tempestades da vida. O espiritismo me ensinou que nós só recebemos na presente existência o que um dia demos a outras pessoas, em existências passadas. Se hoje elas me fizeram sofrer o horror de perder meu menino, a doutrina espírita esclareceu-me que, em existências passadas, eu ou o meu filhinho devemos ter prejudicado essas pessoas. Portanto, se na atual encarnação eu der somente amor e tratar bem todas as pessoas, em minha próxima reencarnação receberei amor dos indivíduos a quem dei esse sentimento; e elas me tratarão da mesma forma que atualmente as trato. Sou muito feliz por ter conhecido o Espiritismo.

Ao chegar em casa, Matilde contou à mãe o que escutara de Tarcísio. A mulher ficou pensando no que ouviu, e disse a Matilde que ela era bem diferente do filho. Iria procurar o diretor do presídio em que as duas estavam presas, e também o juiz que presidira o julga-

441

mento das duas; junto com os dois homens, ela cuidaria para que as duas cumprissem a sentença de três anos sem conseguir liberdade antes disso. Sendo doutorada em direito penal, sabia que elas poderiam sair do presídio antes dos três anos por bom comportamento, ou por outras regalias que a Justiça permitia. Mas elas não teriam essas regalias; se tivesse de pagar caro para que as criminosas permanecessem os três anos dentro do presídio, pagaria.

Marta procurou o diretor do presídio e o juiz que presidiu o julgamento, e após muito conversar com os dois, ao regressar para sua casa teve certeza de que Amanda e Lucrécia cumpririam a pena de três anos.

Os meses foram passando, e Tarcísio seguia sua vida normalmente. Trabalhava no escritório do sogro, estudava na universidade, freqüentava a casa espírita, fazia o seu culto do Evangelho no Lar, visitava a creche, o presídio e continuava com a vida de modelo.

Nas férias do meio do ano, o presidente da casa espírita, ao participar do culto do Evangelho no Lar na residência de Tarcísio, disse ao viúvo que a quantidade de pessoas que iam à casa dele no sábado era suficiente para fundar uma nova casa espírita na capital brasileira. Tarcísio disse jamais ter pensado em tal coisa. O senador Cardoso, Teófilo, Clara, Cléber, os dois médicos e os jovens que estavam presentes comentaram que o presidente tinha razão.

Começaram a conversar, e acabaram convencendo Tarcísio a coordenar a fundação de uma nova casa espírita. O jovem aceitou, com a condição de que ele não fosse eleito presidente da casa.

O senador Cardoso e Teófilo compraram o terreno e o doaram à futura casa espírita. Colocaram uma lona no terreno, e embaixo dela fizeram a primeira reunião da nova casa espírita. Clara foi eleita presidente da casa, e o senador o vice-presidente. Tarcísio foi eleito diretor das futuras obras sociais.

Só o amor explica

Isaura, Rebecca, Phillipe e outros espíritos estiveram presentes à reunião, e transmitiram aos presentes energias benéficas, impondo suas mãos sobre eles.

Todos começaram a se empenhar na construção de duas salas e um banheiro no terreno. Cada um, conforme suas possibilidades, fez doações financeiras, e em dois meses as duas salas e o banheiro estavam prontos. Começaram a se reunir nas salas, e os trabalhos espirituais, sociais e estudos da doutrina começaram a ganhar vida na casa espírita recém-fundada.

Algumas noites, quando sentia falta do filho, Tarcísio entrava no quarto que pertencera a Diogo, beijava algumas roupas do garoto, e olhava o álbum de fotos; nessas ocasiões, deixava rolar pela face lágrimas de saudades.

Quando a saudade de seu filhinho era muito forte, ia até a creche que costumava visitar e ficava algumas horas brincando com Diego, um menino de cinco anos, loirinho e de olhos azuis; eles eram muito apegados um ao outro.

33

Filme de vidas passadas

Diogo jogava bola com outras crianças, e Rebecca, Isaura e Phillipe o observavam. Sorriram quando ele errou o chute e acabou caindo. Um menino que jogava no time dele estendeu-lhe a mão, e o ajudou a levantar-se do chão. Os dois voltaram a correr atrás da bola.

Rebecca recordou o dia em que o filho chegara ao mundo dos espíritos. Depois de dormir por dois dias, ao despertar o menino começou a chorar; queria ir para a casa de seu papaizinho e ficar com ele. Ela e Isaura conversaram muito com o pequeno, e aos poucos o foram conquistando. Quando soube que Rebecca era sua mãe, ele se deixou envolver pelos carinhos, beijos, cuidados e amor dela; e conforme o tempo passava, ia se apegando a ela.

Quando Isaura percebeu que ele já podia tomar conhecimento do que lhe tinha acontecido, com muito tato falou-lhe sobre o seu desencarne. Diogo chorou um pouco; mas Rebecca leu para o garotinho as palavras ditas pelo pai dele no dia do sepultamento de seu corpinho físico, e o que ele costumava dizer quando fazia preces por ele. O menino comentou:

Só o amor explica

— Meu paizinho num vai me esquecer, e vai me amar sempre. Que coisa linda. Ele me ama, e eu amo ele bastaaaante. Agora que virei espírito posso continuar amando o papai, né, tia Isaura?

— Claro, Diogo! Você pode continuar amando seu papaizinho, sim.

— Que bom! Nunca vou esquecer meu papaizinho lindo, e nunca vou deixar de amar ele. Amo, amo e amo meu papai! — Olhou para Rebecca. — Eu amo você, mamãe, mas amo muuuito — abriu os bracinhos — meu papaizinho.

As duas sorriram. Ela abraçou e beijou o filho, garantindo-lhe que o amava muito e que não ia ficar com ciúmes por ele amar mais o pai dele.

Diogo visitou o pai com ela, Isaura e Phillipe bem no dia em que Tarcísio fazia o culto do Evangelho no Lar, e na hora da prece pedia para que o filho continuasse aceitando a ajuda que recebia da mãe e de outros espíritos, e que fosse muito feliz na cidade espiritual em que vivia. Amava-o com todo seu coração, e sempre o iria amar e se lembrar dele. Diogo aproximou-se do seu pai, e, com lágrimas nos olhos, beijou-o na face e disse que também o amava e que estava feliz ao lado da mãe.

Depois daquela visita, ao escutar o pai dizendo que o queria ver muito feliz, Diogo passou a brincar com outras crianças. Ouviu-as dizer que tinham assistido em uma televisão bem grande um filme que mostrava por que elas haviam morrido da forma como morreram. O menino pediu a Isaura para assistir ao filme que explicava por que ele havia sido envenenado. Isaura lhe dizia que uma hora haveria de levá-lo junto com Rebecca para os dois assistirem ao filme.

Logo que o jogo terminou, Diogo correu até o banco em que a mãe, Isaura e Phillipe estavam; e olhando para Isaura, disse:

— Tia Isaura, já brinquei com meus amiguinhos, como a senhora mandou. Posso assistir agora ao filme na televisão grande?

— Pode — falou Isaura. — Você e sua mãe podem me acompanhar, que irão assistir ao filme. — Levantando-se do banco, olhou para Rebecca. — Preparada para ver sua vida passada?

— Sim, estou — respondeu Rebecca.

— Sigam-me! — convidou Isaura.

Rebecca, levantando-se do banco, segurou na mãozinha de Diogo e começaram a caminhar ao lado de Isaura. Phillipe seguiu com eles.

Os quatro se dirigiram à escola da cidade e entraram em uma sala aconchegante. Sentaram em poltronas confortáveis. Isaura mandou Diogo e Rebecca olharem para uma tela fixada na parede, parecida com essas que usam em cinemas. Apertou um botão fixado no braço esquerdo da poltrona em que ela estava sentada, e as imagens começaram a surgir na tela.

Um homem de cabelos brancos, olhos azuis e aparentando mais de sessenta anos, sentado em uma cadeira no locutório do convento, uma espécie de sala de espera separada por grades onde as freiras de ordens contemplativas conversam com os visitantes, aguardava falar com uma freira. Passados cinco minutos, duas freiras surgiram no locutório e se sentaram.

— Boa Tarde, sr. Tadeu! Sou a Madre Inês — disse uma freira idosa. — Soube que o senhor gostaria de falar com sua neta. Ficarei ao lado da Irmã Teresa escutando o que tem a dizer a ela.

— Boa tarde, vovô! — saudou uma freira bem jovem.

— Boa tarde, Teresa! — respondeu o homem, contemplando os olhos azuis da neta. — Teresa, depois que você entrou no convento seu primo Raul casou-se obrigado com a irmã da esposa do irmão dele. Obriguei Raul a casar-se porque ele faltou com o respeito para com a moça. Raul não a amava, e após seis meses de casado sua esposa entrou em trabalho de parto. Raul não permitiu que Lúcia, sua cunhada, ajudasse a irmã, nem deixou que a escrava parteira da

Só o amor explica

fazenda entrasse no quarto; permitiu somente que uma escrava que nada entendia de partos ficasse no quarto. Ao saber disso, Antônio brigou com o irmão, e montando em seu cavalo foi até a cidade em busca do médico. Antes de o médico chegar, a criança começou a nascer, e a escrava que estava no quarto só conseguiu ajudar o bebê; a esposa de Raul morreu. Lúcia, esposa de seu primo Antônio, não quer cuidar da criança. Além de Lúcia, as únicas mulheres que existem na fazenda são as escravas, e não quero que Danilo, meu bisneto, seja criado por escravas. Por isso, aqui estou para pedir-lhe que tire uma licença de alguns anos do convento e volte comigo para a fazenda. Preciso de você. Quero que você crie o filho de Raul.

— Vovô, está me pedindo para deixar o convento e ir cuidar do filho de Raul? — perguntou a freira espantada.

— Isso mesmo!

— Irmã Teresa não poderá deixar o convento, sr. Tadeu — falou a madre. — Ela é a minha melhor freira. Será enviada por nossa Ordem Religiosa para fundar um novo convento em outro país. Dentro de seis meses deixará o Brasil e seguirá para a França.

— Madre Inês, o que sua Ordem Religiosa pretende fazer com minha neta não me interessa — disse o avô da freira. — Quero minha neta educando meu bisneto. — Cravou os olhos na freira. — Teresa, você me deve muito. Pense em tudo que fiz por você na ocasião em que seus pais e os pais de seus primos foram mortos quando a fazenda foi invadida por escravos fugitivos. Acredito que você deva mais a mim do que a sua Ordem Religiosa.

A freira de vinte e seis anos pensou no dia em que os escravos entraram na fazenda e mataram seus pais e os pais dos primos. Ela tinha apenas cinco anos, mas desde aquela idade o avô cuidou dela e dos primos, e satisfez a todos os seus caprichos. Devia muito ao avô. Ele sabia disso, e agora pedia que o ajudasse na hora em que precisava dela. Queria que ela fosse cuidar logo do filho de Raul, o filho

447

do primo que amava em segredo. E sabia que o primo a amava. Mas não fora capaz de revelar seu amor a Raul quando ele lhe disse que a amava; acreditava ser um grande pecado dois primos se amarem. Agora o destino lhe pedia para criar justamente o filho do primo amado. Se fosse cuidar do menino, teria de abandonar o convento. Embora gostasse muito do convento e das freiras, seu avô era sua família, e naquele momento precisava dela; não poderia virar as costas ao homem que a criara. Encarando a madre, decidiu:

— Madre Inês, o vovô precisa de mim. Irei com ele.

— Irmã Teresa, se deixar o convento não poderá retornar a ele. Tem certeza de que irá abandonar essa casa de Deus? Casa essa em que se sente feliz e tem ajudado muitas irmãs a encontrarem a felicidade que você encontrou? — inquiriu a madre.

— Infelizmente terei de abandonar essa casa de amor e oração. Meu avô necessita de mim. Não posso ser ingrata. Foi ele que me educou e me amou muito após ter ficado órfã. O próprio Nosso Senhor Jesus Cristo nos ensinou que maior amor tem aquele que doa a vida pelo seu próximo. Vovô doou a vida dele por mim e por meus primos no passado. Agora é a minha vez de fazer o mesmo. Partirei com ele.

— Mas você é a minha melhor freira. Contava com você para a fundação do convento em terras francesas. Se partir com seu avô, na fazenda não terá tempo para rezar, muito menos para entregar-se a suas outras devoções. A criança tomará muito seu tempo, e pode acontecer de em poucos anos você abandonar sua vocação. Não posso permitir que parta antes de reunir as irmãs conselheiras — falou a madre.

— Madre Inês, mandei construir na fazenda uma bonita capela, e ao lado da capela uma casinha confortável para que minha neta nela possa viver e passar boa parte de seu tempo, nos momentos em que meu bisneto estiver fazendo outras coisas. Teresa terá um lugar

Só o amor explica

para continuar rezando, no qual não será perturbada nos momentos de suas devoções. Como é do seu conhecimento, sou um fazendeiro poderoso. Se a senhora impedir a partida de minha neta, tomarei medidas que garantam a ida de Irmã Teresa à minha fazenda — falou o avô da freira, encarando a madre.

Madre Inês abaixou a cabeça e pensou ser melhor não se meter com aquele fazendeiro da Província de Goiás. Embora o convento estivesse em outra Província, fazendeiros eram sempre poderosos, e seu convento poderia acabar prejudicado.

— Reunirei as irmãs conselheiras, e após discutirmos a situação, eu e sua neta voltaremos ao locutório — disse a madre.

As duas deixaram o locutório, e o fazendeiro as ficou aguardando.

Após trinta minutos, as duas retornaram acompanhadas por uma freira baixinha de quarenta anos. Apresentaram a Irmã Margarida ao avô de Irmã Teresa.

— As irmãs conselheiras concordaram que Irmã Teresa se ausente do convento pelo prazo de sete anos. Após esse período, ela deverá regressar ao convento, e junto com outras freiras partir para a França. Para continuar fiel à vocação e não se sentir sozinha na fazenda, Irmã Margarida acompanhará Irmã Teresa. Durante a estadia das duas freiras na fazenda, elas se comunicarão com o convento através de cartas. Espero que cuide bem das duas e providencie o necessário para que nada falte a elas quando estiverem em sua fazenda — falou a madre.

— Sr. Tadeu, só aceitei acompanhar Irmã Teresa porque a estimo muito, e porque ela me prometeu que após esses sete anos iremos fundar o novo convento na França. Quando fui escolhida para abrir um novo convento junto com Irmã Teresa, fiquei bastante feliz com a idéia, já que sempre desejei conhecer outro país e nunca tive oportunidades — esclareceu Irmã Margarida.

— Se minha neta lhe prometeu que irão fundar o convento na França, então não se preocupe com nada. Teresa desde pequena

ROBERTO DIÓGENES / SULAMITA

sempre cumpriu suas promessas — garantiu o fazendeiro. — Podemos partir?

— Vovô, dê-nos tempo para arrumar algumas coisas que levaremos à fazenda. Creio que em duas horas estaremos prontas para acompanhá-lo.

O avô disse que as aguardaria do lado de fora do convento. Junto com o escravo que o aguardava, iria à cidade que ficava perto do convento providenciar uma outra carroça. Em duas carroças a viagem ficaria menos cansativa. Deixando o locutório, o homem se retirou do convento.

Após duas horas ele regressou, e as duas freiras, subindo nas carroças, seguiram com ele para a Província de Goiás.

Depois de várias semanas de viagem chegaram à fazenda do sr. Tadeu. Ele mandou um escravo chamar Raul e Antônio, que estavam na plantação.

Lúcia, esposa de Antônio, desceu até a sala e cumprimentou as duas freiras. A mulher de vinte e oito anos, cabelos castanhos cacheados e olhos da cor dos cabelos, olhou Irmã Teresa de cima a baixo e disse:

— Imaginava que não fosse atender ao pedido de seu avô. Seu sonho era ser freira, desde a época em que éramos internas no colégio particular da senhora Otávia. Você afirmava que se um dia entrasse no convento ficaria nele até morrer.

— Muitas vezes, Lúcia, dizemos uma coisa hoje e amanhã temos de voltar atrás — falou a freira. — Vovô precisa de mim, e aqui estou para ajudá-lo. — Aproximou-se de Lúcia e a abraçou.

Lúcia retribuiu o abraço sem muita vontade. Desde que estudaram juntas não gostava de Teresa, porque a moça era rica e muito mais bonita do que ela. Quando soubera que ela entrara no convento, casou-se com o primo de Teresa apenas para ajudar Antônio a ter o dinheiro que seria de Teresa e de Raul quando o avô da moça

Só o amor explica

morresse. Ela e Antônio tinham as mesmas ambições; não haviam se casado por amor, e sim por terem os mesmos interesses.

As duas freiras se sentaram, e Lúcia perguntou como era a vida no convento. Irmã Margarida respondeu que lá as freiras viviam a serviço de Deus.

Uma jovem escrava de olhos azuis e cabelos lisos entrou na sala com uma bandeja contendo copos e refresco. Irmã Margarida, ao ser servida, comentou:

— É a primeira vez que vejo uma negra de olhos azuis e cabelos lisos.

— Madalena é filha de uma escrava com um feitor branco que trabalhou para mim no passado. O pai dela tinha olhos azuis e cabelos lisos. Sua mãe era negra, e tão bonita quanto a filha. Morreu quando a filha ainda era pequena — explicou o fazendeiro.

— Madalena, que alegria vê-la, minha amiga. Muito bom que você esteja aqui na casa grande, e não trabalhando na plantação — falou Irmã Teresa.

— Sinhazinha Teresa! — exclamou a escrava. — É a sinhazinha mesma dentro dessa roupa?

— Sim, Madalena. — Dê-me um abraço! — E abraçou a escrava.

— A sinhazinha vai viver na fazenda de novo?

— Só por um tempo.

— Graças a Deus nossa santinha voltou pra fazenda — disse Madalena. — Licença, sinhazinha! Preciso voltar pra cozinha. — A escrava abaixou a cabeça e os deixou na sala.

Raul e Antônio entraram em seguida, e tiraram seus chapéus. Antônio tinha tinta anos, era alto, de cabelos pretos e olhos da mesma cor. O irmão era um pouco mais baixo que ele, possuía vinte e oito anos, e também tinha cabelos e olhos pretos. Era bem mais bonito que Antônio. Quando os olhares dos dois irmãos se fixaram na prima, eles sorriram para ela e disseram ter sentido muitas saudades.

451

— Também senti saudade da fazenda, e de todos vocês; mas estou feliz no convento, e pretendo retornar a ele. Vim à fazenda apenas para educar o filho de Raul. Aliás, Raul, onde a criança se encontra?

— Venha comigo, Teresa, eu a levarei até ele — disse Raul.

— Não a chame de Teresa, sr. Raul, e sim de Irmã Teresa. Sua prima é uma freira. Não se esqueça disso — comentou Irmã Margarida.

Raul chamou as duas para segui-lo. Elas levantaram-se e o acompanharam. Avô e neto seguiram atrás das duas. Lúcia dirigiu-se ao seu quarto.

Logo que entrou em um quarto e viu o filho sendo amamentado por uma escrava, Raul apontou para a criança e disse:

— É esse aí.

Irmã Teresa cumprimentou a escrava. Aguardou que ela terminasse de amamentar o menino. Depois, pegou-o no colo e contemplou-o; ficou emocionada quando a criança, sem motivo algum, sorriu para ela. Beijou a fronte do menino e o devolveu à ama. Deixaram o quarto, e Irmã Margarida pediu para conhecer a capela e a casinha em que elas iriam morar. Depois disso, deram uma volta pela fazenda. Regressaram à casinha em que iriam morar e começaram a arrumar os pertences que tinham trazido do convento.

Irmã Teresa começou a dedicar-se ao filho de Raul. Fazia todo o possível para que o menino se sentisse amado e crescesse saudável e feliz. Quando ia à capela para rezar, levava Danilo e pedia a Madalena, que passara a morar com ela e com a outra freira, para segurar Danilo enquanto ela e a Irmã Margarida rezavam.

Lúcia não gostou nem um pouco de que Madalena deixasse a casa grande e passasse a servir Teresa. Era a escrava que lhe penteava os cabelos e que lhe preparava o banho, e fazia outras coisas para ela. Madalena sabia de todas as suas vontades e a tratava muito bem; já

Só o amor explica

a escrava que a substituíra era uma imprestável. Teresa lhe roubara a escrava, mas ela haveria de dar uma lição em Madalena por ter preferido ficar com Teresa na casinha, em vez de continuar a servi-la, como sempre fizera.

Alguns meses depois, era fácil perceber que a jovem freira e Danilo tornaram-se muito apegados um ao outro. Ninguém jamais a ouvira reclamar por ter abandonado o convento e estar na fazenda, cuidando do filho de Raul. Quando alguém lhe perguntava se sentia saudades do convento, sorria e olhava para a pessoa com seu olhar sereno, que fazia a pessoa entender sua resposta.

Irmã Teresa passou a interceder por alguns escravos que, a mando de Lúcia ou de Antônio, eram castigados no tronco. Ajoelhava aos pés do avô e pedia-lhe que perdoasse o escravo. O avô algumas vezes perdoava, outras não; quando algum infeliz não era perdoado, ela ajudava o escravo Martins a tratar das feridas feitas a chicote. Martins, com suas ervas, cuidava das moléstias dos escravos, e ela mesma tratava as feridas até que ficassem cicatrizadas. Sempre que podia a freira falava com os escravos; e ao saber de tanta injustiça cometida contra eles, conversava demoradamente com o avô. Com isso, conseguiu alguns benefícios para os escravos, que a consideravam uma santa, e sempre que se viam em apuros recorriam a ela.

Tadeu amava a neta. Atendia os rogos dela em favor dos escravos apenas para agradá-la; e quando a neta lhe pedia para construir casinhas para os escravos, tirá-los da senzala e deixá-los constituir família e andar livremente pela fazenda, dizia-lhe ser uma tolice pedir tal coisa; contudo, atenderia ao pedido se ela abandonasse a idéia de ser freira e vivesse com ele na fazenda. Irmã Teresa sorria e nada lhe respondia. Ele andava bastante contente com a forma como ela educava Danilo. Tinha se apegado muito ao bisneto, e adorava quando o menino corria até ele e, entre abraços e beijos, chamava-o de bisavô e fazia brincadeiras.

453

Raul sentia o amor que nutria pela prima crescer mais e mais. A prima o ajudara a amar o filho: com ela aprendera a gostar de brincar com o garoto. Sentia-se alegre quando Danilo o chamava de pai, e quando afirmava que queria ser como o pai quando crescesse. Certo dia, não agüentando mais sufocar o amor que sentia pela prima, pediu a ela para abandonar o convento e casar-se com ele. Irmã Teresa lhe pedira para nunca mais tocar em tal assunto, pois ele já sabia o que ela pensava. Para ela, era um pecado mortal dois primos se amarem e se casarem. Se tocasse novamente no assunto, regressaria ao convento, e ele mesmo passaria a educar o filho. Raul nunca mais tocou no assunto; no entanto, continuou amando a prima em silêncio, e sempre que podia observava-a de longe.

Desde que a prima voltara do convento Antônio sentira a paixão por ela reacender dentro de si. Nunca revelara à freira a paixão avassaladora que o consumia. Guardava-a somente para ele, e só a mostrava através de seu olhar. O ciúme o corroía sempre que o irmão dirigia seus olhos apaixonados para a freira e conseguia a atenção dela. Não entendia por que o irmão sempre obtinha tudo que queria, enquanto ele quase nunca conseguia nada. Além da atenção da freira, Raul também tinha a atenção e a proteção do avô, que lhe fazia todas as vontades. Na verdade, o avô gostava mais de Raul do que dele; só um cego não perceberia isso. Seu irmão enganava a todos com seu jeito sonso; e todos da fazenda gostavam muito de Raul. Até os escravos pareciam estimá-lo mais que a ele! Que estimassem. "Quem liga pra isso?", pensava. "Sou melhor do que meu irmão, e ainda provarei isso para meu avô. Terei o que Raul obteve sem nenhum esforço: a atenção da freira, o amor grandioso do meu avô e a consideração dos escravos, que só me obedecem porque sentem medo de mim". Daria um jeito de tirar Raul de seu caminho, e dessa forma ficar com tudo que pertencia ao irmão.

Só o amor explica

Lúcia estava cada vez mais insatisfeita com a presença da freira na fazenda. Irmã Teresa era a queridinha do fazendeiro, e o avô de seu marido fazia todas as vontades da moça. No dia em que escutou o avô dizer que deixaria toda a fazenda para Teresa se ela abandonasse o convento, decidiu tirar a freira de seu caminho; pois ela passara a ser uma ameaça à herança de Antônio, e conseqüentemente uma ameaça ao que ela herdaria. Chamou o marido para conversar, e a ele contou o que tinha escutado. Antônio ficou preocupado: Teresa não poderia herdar a fazenda que ele queria totalmente para si. Lúcia sugeriu que tirassem a freira do caminho, e contou a Antônio o que pretendia; ele concordou com ela. Lúcia sugeriu que o marido falasse com o escravo que fazia feitiços e encomendasse um feitiço bem forte contra Teresa. Antônio disse-lhe que Martins nunca aceitaria fazer tal coisa, pois os escravos amavam a prima. Lúcia, porém, garantiu que convenceriam o negro a fazer o feitiço.

Os dois procuraram Martins, e Lúcia pediu ao homem que preparasse um feitiço terrível, que provocasse uma forte doença na Irmã Teresa, obrigando-a a voltar para o convento. Disse ao escravo para não comentar nada com ninguém, e prometeu que se o feitiço funcionasse ela e Antônio o ajudariam a ser livre.

O escravo, que semelhante aos outros gostava muito da freira e odiava os dois, concordou em fazer o feitiço; pediu a Antônio e Lúcia para aparecerem à meia-noite no cemitério da fazenda. Eles compareceram ao local, e o negro fez o feitiço diante deles, garantindo que daria certo e que a mulher a quem o feitiço se destinava ficaria muito doente.

Dois dias depois, Lúcia ficou muito doente; em seu corpo apareceram várias feridas. Após três dias as feridas começaram a ficar feias e a exalar cheiro ruim. Ela e o marido compreenderam que o negro tinha feito o feitiço para ela e não para Irmã Teresa. Decidiram se vingar do escravo.

Irmã Teresa, junto com uma escrava, começou a cuidar das feridas dela, e passou a fazer muitas preces por ela.

Lúcia, porém, não gostava nem um pouco da freira e não queria ser tratada por ela. Conversou com Antônio e disse-lhe como se vingaria do negro feiticeiro.

Quando estavam jantando, Antônio disse ao fazendeiro:

— Vovô, Lúcia tem um primo que se formou médico e logo depois resolveu virar padre. Ele foi estudar em Portugal, e nós soubemos que ele voltou ao Brasil e está na cidade, formado padre e médico. Como Lúcia está doente, penso em chamá-lo para vir à fazenda cuidar dela, e ao mesmo tempo celebrar missas na capela e ouvir as freiras e Lúcia em confissão. O que o senhor acha da idéia?

— Acho uma boa idéia, mas antes de pedir ao padre para vir falarei com Teresa e com Irmã Margarida e verei o que elas pensam da sugestão.

No dia seguinte, as freiras foram consultadas e aprovaram a idéia.

No final de semana, padre Gonçalo surgiu na fazenda. Tratava-se de um homem de trinta e cinco anos. Era alto, olhos verdes, cabelos castanhos e bem bonito. Começou a tratar as feridas de Lúcia, e os dois passaram a conversar por longas horas.

Padre Gonçalo passou a celebrar missas na capela das freiras e a ouvi-las em confissão; também ouvia em confissão a prima, o fazendeiro e os dois netos do fazendeiro.

Lúcia convenceu sr. Tadeu a reservar um quarto da casa grande para o padre, dizendo ao fazendeiro que era muito cansativo para Gonçalo vir da cidade para a fazenda e ter de regressar no mesmo dia.

Um quarto da casa grande foi colocado à disposição de padre Gonçalo, que passou a pernoitar na fazenda, e até a permanecer alguns dias nela.

Certa noite, Lúcia e Antônio contaram ao padre que ela ficara doente devido a um feitiço que um escravo da fazenda lhe lançara. Revelaram sua intenção de castigar o negro, e pediram a ajuda do padre. Este respondeu que eles poderiam castigar o escravo sem necessitar da ajuda dele. Lúcia explicou que Irmã Teresa protegia os negros, e que o avô fazia tudo que ela queria, inclusive permitir que os negros realizassem feitiçarias dentro da fazenda; pois, segundo a freira, não se tratava de feitiçarias, e sim de culto a seus deuses.

Os dois conversaram horas com o padre, e falaram a ele sobre seu objetivo de conseguirem a fazenda só para eles. Padre Gonçalo, que era um homem ambicioso, disse que os ajudaria se eles lhe dessem uma boa soma em dinheiro, ou mesmo um grande pedaço de terra. Os três fizeram um acordo, e o padre se comprometeu a ajudá-los em seus planos.

No dia seguinte, na hora em que tomavam café, o padre comentou com o fazendeiro que havia um responsável pela doença de Lúcia: um negro feiticeiro que havia na fazenda. Soubera, por um dos negros, que um feitiço fora lançado sobre Lúcia. O fazendeiro tinha de mandar o negro ser castigado, pois ele representava um perigo para toda a família naquela fazenda.

— Que negro lhe contou isso? — perguntou o fazendeiro.

— Isso não posso dizer — respondeu o padre —, pois ouvi o negro em confissão, e a confissão jamais pode ser revelada a ninguém.

Tadeu mandou chamar Martins, e indagou se ele tinha feito um feitiço para Lúcia.

— Fiz para sinhá Lúcia porque ela e o sr. Antônio encomendaram o feitiço para sinhazinha Teresa — disse o negro.

— Negro mentiroso. Eu e meu marido jamais o mandamos fazer feitiço pra ninguém — disse Lúcia. — Está mentindo.

— Não estou, não, sr. Tadeu — insistiu Martins.

ROBERTO DIÓGENES / SULAMITA

— Está mentindo, sim — gritou Antônio. — Como ousa dizer que eu e minha esposa lhe pedimos para fazer um feitiço para minha prima? Vovô, ele precisa ir para o tronco. Confessou que fez um feitiço para minha esposa, e agora acusa a mim e a Lúcia de encomendar o feitiço para Teresa. É muita petulância de um negro dizer isso — falou Antônio, aproximando-se do escravo e dando um murro no rosto dele.

— Sr. Tadeu, o senhor não pode ter um feiticeiro em sua fazenda. Ele só traz maldições, e ainda haverá de provocar uma grande tragédia aqui. O demônio a quem ele serve haverá de usá-lo para causar muito mal a sua família. Tem de se livrar dele — falou o padre.

— Martins, você irá para o tronco por ter lançado um feitiço sobre Lúcia; e se sobreviver ao tronco, eu o venderei — disse o fazendeiro, que era muito supersticioso.

— Vovô, se o vender, quem irá cuidar dos negros quando ficarem doentes? — indagou Raul. — Que eu saiba, é Martins que cuida deles com suas ervas, e que também cuida de nós quando ficamos doentes. Se ele fez um feitiço para Lúcia... então, Lúcia e Antônio devem ter aprontado alguma para ele.

— Não diga besteira, Raul — ralhou Antônio. — Eu não ando metido com negros. Não sou igual a você e a prima Teresa, que vive conversando com eles e achando que são gente como nós.

— Eu odeio feitiços — falou Lúcia. — Sou católica e fiel seguidora dos mandamentos da Igreja; tenho pavor a qualquer tipo de feitiço.

— Não venderei o negro, ele irá apenas para o tronco — falou o fazendeiro.

— Mande dar quinze chicotadas nele — falou Antônio.

— Vou avisar tia Teresa que vovô vai mandar um negro para o tronco — disse Danilo, e saiu correndo até a casa das freiras.

Antônio arrastou Martins e gritou o nome do feitor. Este apareceu, segurou o negro e o levou para o tronco. Os que estavam na casa grande foram ver o negro apanhar.

Ao saber que Martins iria para o tronco, irmã Teresa correu até o local em que o tronco ficava; quando viu o homem amarrado, perguntou ao avô o que ele tinha feito para ir ao tronco. O avô lhe disse o motivo.

— Vovô, isso não é motivo para castigá-lo assim. Se Lúcia ficou doente, não deve ter sido por causa do feitiço. Ela vive dizendo que feitiços não existem, e que não acredita neles. Se não acredita neles, ela deve ter ficado doente devido a algum problema que ocorreu em seu organismo. É comum o organismo das pessoas não funcionar bem e elas ficarem doentes — falou a freira. — Quanto ao que o padre falou sobre Martins atrair maldição para a fazenda, não acredite numa idiotice dessas. Martins há muito vive nessa fazenda, e nunca nenhuma maldição nos atingiu. Desde que aqui chegou, ele só tem ajudado os negros, o senhor, a mim e aos meus primos quando ficamos doentes. Para mim, a ajuda dele soa mais como bênção do que maldição. Liberte-o do tronco. Ele não merece receber nenhuma chicotada, porque em todos os anos que está na fazenda só tem nos feito o bem.

— Irmã Teresa, não posso crer que a senhora permita que o negro feiticeiro, depois de fazer o que fez, não seja castigado — disse padre Gonçalo. — Ele é um feiticeiro e vive metido com o demônio. Quem se envolve com o demônio só atrai coisas ruins para si, e para quem vive perto dele.

— Martins não é um feiticeiro. É um curandeiro — disse a freira. — Ele não vive metido com o demônio. Martins vive envolvido com os deuses de sua religião. Devemos respeitar a religião dele e dos outros negros, e permitir que cultuem os seus deuses.

— Isso é inadmissível. A senhora é uma esposa de Cristo, não pode pensar dessa forma. Não pode defender o que chama de religião

ROBERTO DIÓGENES / SULAMITA

dos negros. Se a defende, é porque compartilha dos feitiços deles, e dessa forma se torna uma herege! — acusou o padre. — Vou denunciá-la ao bispo e exigir que ele a mande imediatamente de volta para seu convento com a outra freira.

— Padre Gonçalo — respondeu a freira —, nosso convento não está sob a jurisdição do seu bispo. A nossa Ordem Religiosa tampouco segue tudo que o bispo da Província determina. Nossa Ordem segue as determinações do superior geral da Ordem. O senhor pode denunciar o que desejar ao seu bispo, que pouco estou ligando. Sei que não sou herege, e sim uma cristã que compreende que ser cristã é aceitar o seu próximo como ele é, e respeitar sua crença para que ele respeite a minha.

— Padre Gonçalo, se o senhor causar algum mal a minha neta, esquecerei que é um religioso e o perseguirei até que seja morto — falou Tadeu, encarando o padre.

O padre, que sabia o quanto o fazendeiro era poderoso na região, abaixou a cabeça e nada disse.

— Vovô, mande libertar Martins do tronco — pediu Irmã Teresa. — Eu lhe peço com todo o meu coração.

— Joaquim, liberte o escravo — ordenou o fazendeiro.

Após ser libertado, Martins ajoelhou-se aos pés da freira e agradeceu por ela tê-lo salvo.

— Martins, vá para a plantação e continue trabalhando — falou Tadeu.

— Obrigada, vovô, por ter libertado o escravo do tronco. — A freira abraçou o avô e o beijou na face. — Preciso regressar para a capela e rezar com Irmã Margarida. Está na hora de nossas preces. — Deixando-os, foi para a capela.

— Vou dar uma olhada na plantação para verificar como os negros estão trabalhando — falou o fazendeiro.

— Vou com o senhor, vovô — disse Raul.

Só o amor explica

— Eu também quero ir — pediu Danilo.

Os três seguiram em direção à plantação.

— Teresa mais uma vez conseguiu libertar um escravo do tronco — reclamou Lúcia.

— A freira jamais deveria ter me respondido com tanto desrespeito — disse o padre. — Ela me humilhou.

— Teresa consegue tudo o que quer com vovô — mencionou Antônio. — Se continuar assim, ela é bem capaz de conquistar a fazenda só para ela.

— Não podemos permitir isso — falou Lúcia. — Vamos preparar alguma coisa para tirar logo seu avô, Raul e ela do nosso caminho.

— Preparar o quê? — indagou o padre.

— Ainda não sei. Vou pensar, depois comento com vocês — Lúcia decidiu.

Os três regressaram para a casa grande, e, sentando-se na mesa, voltaram a tomar café. Depois, Antônio levantou-se dizendo que iria à plantação.

Lúcia chamou o primo para confessá-la, e os dois entraram no quarto dela.

A esposa de Antônio contou ao padre que era apaixonada por ele, e não amava o marido. Disse que jamais esquecera o namorico que tiveram antes de ele entrar no seminário. Agora que estavam tão próximos, a paixão havia retornado com grande intensidade, e ela queria a todo custo entregar-se a ele. Casara-se com Antônio apenas para ter a fazenda e herdar o dinheiro do avô, escondido em algum lugar da propriedade. Segundo o marido, era muito dinheiro, bastante dinheiro mesmo. Se o padre a ajudasse a se livrar do velho, da freira, de Raul e também de Antônio, o dinheiro e a fazenda seriam dela, e conseqüentemente dele, pois ela daria tudo ao homem por quem era apaixonada.

Padre Gonçalo, que tencionava ser nomeado bispo e sabia que só o seria se tivesse muito dinheiro, porque a Santa Sé só nomeava bispos de famílias ricas, achou excelente a idéia de Lúcia. Disse à prima que faria o que ela lhe pedia. Mas precisaria arquitetar um plano. Porém, ela teria de provar que de fato era apaixonada por ele, e entregar-se imediatamente a ele. Era um padre apenas para conseguir alcançar seus objetivos, não um padre fiel à vocação. Como ele também a amava, queria dormir com ela ainda naquele dia.

Lúcia disse que dormir com ele era a coisa que mais queria. O padre a levou para a capela, e numa salinha anexa à capela, usada para a confissão das freiras, entregou-se ao primo. Os dois tornaram-se amantes.

Irmã Teresa, por sua vez, continuava realizando seu papel de educadora do sobrinho. No dia em que a criança completou cinco anos, pediu autorização do avô para ensinar a Danilo e aos filhos dos escravos o catecismo. Obtida a autorização, ela passou a ensinar às crianças lições sobre Deus; também os ensinava a ser pessoas bondosas quando crescessem. O avô, Raul e Antônio, vez ou outra, acompanhavam as aulas, e aprenderam as orações que a freira ensinava às crianças.

Sempre que a ouviam, Raul e o avô deixavam-se contaminar por suas palavras, e aos poucos foram mudando a forma de pensar em relação aos escravos; e começaram a vê-los como seres humanos.

Quando ouvia a prima, Antônio fingia pensar como ela, concordar com seu idealismo, na esperança de que ela o olhasse da mesma forma que olhava Raul, e passasse a amá-lo mais do que amava o irmão.

Lúcia não via com bons olhos as aulas que a freira ministrava. Resolveu mentir ao marido: disse-lhe que ouvira a freira afirmar, em uma de suas aulas às crianças, que um dia a fazenda seria de Raul e ele haveria de mandar construir uma escola e fazer casinhas para os escravos; e todos eles deixariam a senzala e viveriam felizes. Lúcia ainda mentiu mais: teria ouvido a freira dizer a Raul que lhe daria a parte da herança dela, a fim de que Raul, no futuro, mandasse cons-

Só o amor explica

truir um convento para ela e outras freiras morarem. Depois, ela pediria ao avô para doar a casinha que tinha na cidade para Antônio e Lúcia, que deixariam a fazenda sem terem herdado nada, apenas a casinha pobre da cidade.

Antônio ficou muito aborrecido e disse que não iria permitir que isso acontecesse. Lúcia contou-lhe o plano que tinha elaborado para se livrar de Teresa, do fazendeiro, de Raul e até mesmo de Danilo. Antônio aprovou o plano, e disse que cooperaria. Deixando a esposa no quarto, saiu para dar uma volta pela fazenda.

Enquanto caminhava, pensava que se Irmã Teresa cogitava dar sua parte da herança a Raul para que ele construísse um convento na fazenda, no qual ela moraria, talvez a prima estivesse pensando em ter um romance secreto com o primo dentro do convento. O irmão, quando era jovem, confessou-lhe o amor que sentia pela prima, e disse acreditar que Teresa o amava. Na época em que ouvira a confissão do irmão, achou tudo uma loucura; mas após ter escutado o que a esposa lhe dissera, e ter visto diversas vezes como a freira e seu irmão trocavam olhares, descobriu que os dois se amavam de verdade. Mas se os dois tramavam contra ele, receberiam uma lição. O plano de Lúcia era muito bom. Além do mais, ele também tinha um plano. Quando o de Lúcia desse certo, colocaria o dele em ação; no final, herdaria tudo que seria de Raul e ficaria com a prima.

Antônio passou a vigiar a freira, e um dia, vendo-a sozinha perto da lagoa da fazenda, sentou-se ao lado dela e perguntou-lhe se o fato de pertencer a uma ordem religiosa a impediria de amar algum homem.

— Por que fez essa pergunta, primo? — indagou a freira.

— Porque sei que você e Raul são apaixonados, e acredito que vão acabar se envolvendo amorosamente.

— Não diga isso, Antônio. Sou uma freira, fiel aos meus votos religiosos. Estou na fazenda para educar Danilo, não para me envolver com Raul.

— Fico feliz em saber disso. Se um dia você desejar se envolver com um homem, lembre-se de mim. Sou muito mais apaixonado por você do que Raul. — Antônio olhou a prima com cobiça.

— Quantos absurdos mais me dirá, Antônio? — A freira levantou-se do chão. — Você é meu primo! Eu não sinto nada por você, só afeto de primos mesmo.

— E por Raul, o que você sente?

Teresa fitou-o com seu olhar sereno, e, sem nada dizer, saiu caminhando apressada para a casinha em que morava com Irmã Margarida.

Antônio, vendo-a se retirar, decidiu que ela um dia haveria de ser sua. Depois que seu plano desse certo, fugiria com a prima, e ninguém nunca saberia o paradeiro deles. Era apaixonado por ela, e tinha de tê-la de qualquer jeito. Se ela amava Raul, melhor ainda, porque queria tudo que era de Raul: a freira, a fazenda e o dinheiro do avô.

No dia em que Danilo completou seis anos, Irmã Teresa fez uma festinha de aniversário para o menino. Padre Gonçalo deu um presente para Danilo, e revelou ao pai e ao bisavô do menino que pensava em ensinar à criança os conhecimentos de medicina que detinha. Como o garoto era pequeno, aquela seria a hora de ele começar a aprender; assim, quando fosse maiorzinho, saberia muita coisa e poderia até mesmo estudar para ser médico. Danilo era muito inteligente para a sua idade, e na certa iria aprender com facilidade.

A idéia do padre foi aprovada, e Danilo começaria a aprender com o padre algo sobre medicina.

Nos dias seguintes, o padre passou a ensinar a Danilo o que aprendera no curso de medicina. O menino, por ser mesmo bem inteligente, foi aprendendo tudo que lhe era ensinado. Padre Gonçalo começou a mostrar-lhe alguns remédios que carregava em sua maleta, e a dizer para que serviam. Mostrando um frasco contendo

Só o amor explica

um poderoso veneno, disse ao menino que aquele era um remédio que ajudava as pessoas a se livrarem de dores muito fortes em questão de minutos. Ensinou Danilo a identificar o frasco em que o remédio estava; e o garoto aprendeu muito bem: diante dos mais variados frascos, a criança sabia reconhecer, sem hesitar, o que continha veneno.

Nos dias em que ia à fazenda ensinar o menino, o padre continuava encontrando-se às escondidas com Lúcia.

Em certa ocasião, a escrava Madalena, que limpava a capela, escutou uns gemidos na salinha ao lado; foi ver do que se tratava, e flagrou os dois amantes juntos. Chamou Irmã Teresa para testemunhar o que vira. A freira foi até o local, e ao ver o que eles faziam, tossiu e fixou seu olhar sereno neles.

— A senhora não viu nada, freira — disse o padre. — Você, escrava, também não viu nada.

— Teresa, não diga nada a Antônio — pediu Lúcia. — Como padre Gonçalo mencionou, você não viu nada. Se disser algo a seu primo, Antônio é capaz de me matar e matar o padre. Você não quer que uma tragédia dessas aconteça, não é mesmo? Teresa, por favor...

— Eu nada direi. Apenas não quero mais que o padre me confesse, nem confesse Irmã Margarida. Muito menos desejo que volte a rezar alguma missa nessa capela. Os dois, se quiserem continuar cometendo o pecado do adultério, que o façam em um lugar bem distante daqui. Pedirei a vovô e a Raul para proibi-lo, padre Gonçalo, de continuar a ensinar Danilo. Não o quero mais ensinando nada para a criança. O senhor não tem moral alguma para ensinar nada a ninguém. — Olhou para a escrava. — Madalena, vamos manter total silêncio sobre isso. — Virando as costas, deixou-os e saiu em direção à casa grande com a escrava.

Lúcia e o padre, após vestirem-se, seguiram-nas.

ROBERTO DIÓGENES / SULAMITA

Ao chegar à casa grande, Irmã Teresa procurou o avô e lhe disse que por motivos particulares não desejava mais que padre Gonçalo celebrasse missas para ela e a outra freira na capela, muito menos que as confessasse. Pediu ao avô para não mais permitir que Danilo continuasse a aprender sobre medicina com o padre, pois acreditava que o menino ainda era muito criança para envolver-se com estudos tão complicados.

— Teresa, por que me pede tal coisa? Padre Gonçalo lhe causou algum mal? — indagou o avô, olhando para o padre, que acabava de entrar com Lúcia.

— A mim não causou nenhum dano. Eu e ele apenas não compartilharmos as mesmas idéias referentes a alguns assuntos; prefiro manter-me distante dele, e afastar também Danilo do padre, para evitar que no futuro o menino acabe pensando como ele — falou a freira.

— Chamarei Raul, que está no quarto com o filho, e comunicarei aos dois o que você me pediu — disse Tadeu. — Madalena, vá chamar os dois no quarto — ordenou o fazendeiro.

Raul e Danilo surgiram na sala, e Irmã Teresa inteirou os dois da situação. Raul concordou em não mais permitir que o filho aprendesse com o padre. Tadeu disse ao padre que aparecesse em sua fazenda somente nos dias em que confessaria Lúcia.

Teresa, deixando a casa grande, regressou para sua casinha junto com Madalena. Assim que entrou na casinha, Irmã Margarida disse:

— Irmã Teresa, o menino Danilo já completou seis anos e alguns meses. Acredito que já podemos voltar ao nosso convento. Estou cansada de viver trancafiada dentro da casinha, sentindo-me uma prisioneira. Nosso convento é imenso, e lá eu andava livremente por todos os lugares. Aqui, tenho de me manter dentro dessa casinha, e dificilmente me ausento dela para passear na fazenda. Podemos antecipar nosso regresso ao convento em alguns meses, e ao chegar

Só o amor explica

ao convento partirmos para a França. Por que esperar mais cinco meses, se podemos ir agora?

— Esperaremos porque prometemos ao vovô que ficaríamos até Danilo completar sete anos. Espere um pouco mais, Irmã Margarida. Os cinco meses logo se passarão. Vamos à capela, está na hora de rezarmos nossas preces vespertinas.

Dirigiram-se à capela, e, apanhando seus livros, começaram a rezar.

As imagens desapareceram da tela.

Isaura, levantando-se da poltrona, disse a Rebecca e a Diogo que estava na hora de retornarem para a casa em que viviam, a fim de que os dois pudessem se alimentar. Comentou que no dia seguinte os dois terminariam de assistir ao filme.

Rebecca, o filho e Phillipe levantaram-se das poltronas, comentando sobre algumas partes do filme.

34

A lei de causa e efeito

Isaura indagou a Rebecca, Diogo e Phillipe se estavam bem confortáveis nas poltronas. Os três responderam afirmativamente. Isaura ligou o botão que ficava em sua poltrona, e as cenas que tinham sido interrompidas voltaram a surgir na tela.

Irmã Teresa estava sentada embaixo de uma árvore, rodeada de crianças. Os homens da fazenda e Lúcia, sentados um pouco atrás das crianças, escutavam a freira falar de Jesus Cristo e do grandioso amor que Ele teve para com todas as pessoas.

Após as aulas, as crianças saíram correndo para brincarem na lagoa.

Lúcia olhou para a freira com raiva. Fazia um mês que não se deitava com o padre. Desde que a freira pedira ao avô para não permitir mais que o primo rezasse missas na capela e nem ensinasse Danilo, o padre só fora à fazenda uma única vez, e infelizmente não foi possível ter um encontro íntimo. A freira haveria de lhe pagar por tê-la impedido de usufruir momentos agradáveis ao lado do homem que amava.

Só o amor explica

O fazendeiro Tadeu aproximou-se da neta e disse:

— Teresa, hoje tudo que falou às crianças me fez pensar bastante. Há dias eu e Raul consideramos seu pedido de construir uma escolinha na fazenda. Decidi mandar construí-la, mas com uma condição: Que você, em vez de ir fundar um convento na França, peça a sua Ordem Religiosa para fundar um convento nas terras da fazenda. Com o convento aqui, na fazenda, você e outras freiras poderão ensinar as crianças na escolinha, e ensinar até mesmo todos os escravos.

— Vovô, nossa Ordem é uma Ordem de freiras contemplativas. As irmãs vivem enclausuradas, rezando, e não ensinando em escolas. Se vierem a morar em um convento aqui na fazenda, elas viverão dentro dos limites do convento.

— Você poderá sair de sua Ordem Religiosa e fundar uma nova Ordem, Teresa. Colocarei a sua disposição as terras da fazenda e todo o dinheiro que tenho!

Lúcia e Antônio se entreolharam. Não estavam gostando daquela conversa.

— Vovô, é muita bondade sua. Mas não me sinto preparada a fundar uma nova Ordem Religiosa ou Congregação Religiosa. Gosto da minha Ordem e da vida que levava dentro do convento. Estou aqui apenas para atender seu pedido. Dentro de quatro meses, eu e Irmã Margarida retornaremos ao convento, e de lá iremos para a França. Irmã Margarida me pede isso sempre que pode. Prometi levá-la a esse país, e preciso cumprir minha promessa.

— Teresa, se você concordar em fundar o convento aqui na fazenda, estou disposto a atender seu pedido de retirar os escravos da senzala e construir casinhas para eles, como você sempre desejou. Que me diz?

Irmã Teresa pensou por um momento. Os escravos ficariam muito felizes se deixassem a senzala e passassem a viver em casinhas iguais às das demais pessoas. E se sentiriam importantes se aprendes-

ROBERTO DIÓGENES / SULAMITA

sem a ler e escrever na escolinha. Gostava bastante dos escravos. Se aceitasse a proposta do avô, muitos deles seriam beneficiados; se não a aceitasse, apenas Irmã Margarida, do grupo das cinco freiras que seriam mandadas para a França, seria beneficiada, visto que a freira era a única que desejava deixar o país para fundar o convento em terras francesas. A felicidade de muitos contava bem mais do que a felicidade de uma única pessoa.

— Vovô, se me prometer que irá mesmo construir a escolinha e as casinhas para os escravos, aceito sua proposta: conversarei com Madre Inês pedindo meu desligamento da Ordem Religiosa. Verei se alguma freira do convento deseja me seguir para fundarmos uma nova Congregação Religiosa, e juntas passarmos a viver no convento que o senhor construirá na fazenda.

— Amanhã mandarei iniciar a construção da escolinha, e logo as casinhas começarão a ser construídas — falou o fazendeiro.

A freira abraçou o avô, e, chamando Madalena, regressou para a casinha. Ao conversar com Irmã Margarida sobre a proposta do avô e convidá-la para se juntar a ela na futura Congregação que pensava em fundar, a freira disse-lhe:

— Não conte comigo, Irmã Teresa. A senhora prometeu-me levar para a fundação do convento na França. É para lá que desejo ir, e não ficar enterrada nesse fim de mundo, servindo de professora para um bando de negros. Quero ir para a França. Se a senhora irá se desligar da nossa Ordem Religiosa, que o faça sozinha ou com alguma outra louca do convento que a queira seguir. Eu não o farei. Ficarei muito sentida com a senhora se por causa de sua saída a madre desistir de fundar o convento na França.

— Irmã Margarida, se prometi levá-la para fundarmos o convento na França, eu a levarei. Direi à madre que seguirei para a França, fundarei o convento e depois regressarei ao Brasil, me afastarei da Ordem e virei morar no convento que vovô erguerá na fazenda.

Só o amor explica

— Excelente idéia, Irmã Teresa! — celebrou Irmã Margarida. — A senhora realmente é uma freira que cumpre suas promessas. Ao chegar à França, haverei de rezar para que sua Congregação seja fundada e aprovada pela Santa Sé, e que realize muitos trabalhos sociais junto aos escravos.

— Reze, Irmã Margarida. Suas orações serão bem-vindas.

— Madalena, você está disposta a me seguir e se tornar uma freira no futuro? — perguntou Irmã Teresa à escrava.

— Estou, sinhazinha Teresa. Se a senhora vai voltar para morar aqui na fazenda e continuar a ajudar meus irmãos de cor, eu seguirei com a senhora e a ajudarei — disse a escrava.

Irmã Teresa abraçou a escrava e disse à Irmã Margarida que já não estava sozinha para levar avante sua idéia de fundar uma nova congregação religiosa. Chamou as duas para almoçarem, e as três se sentaram e passaram a comer.

No dia seguinte, Tadeu e Irmã Teresa foram à senzala, e o fazendeiro contou aos escravos o que a freira lhes conseguira. Eles começaram a cantar e a chamar a freira de santa.

Tadeu decidiu que nenhum deles iria trabalhar na plantação naquele dia: todos trabalhariam na construção da escolinha.

Os escravos deixaram a senzala, e, seguindo as instruções do fazendeiro, de Raul e do feitor, começaram a trabalhar na edificação da escolinha.

Lúcia e Antônio os observavam com raiva. Lúcia chamou o marido para conversar, e disse a ele que a freira conseguira o que queria: a fazenda seria transformada em convento, e ela herdaria tudo que era do avô. Herdaria e certamente doaria parte da herança para Raul, enquanto Antônio nada receberia.

— Antônio, está na hora de colocarmos nosso plano em funcionamento. Do contrário, perderemos tudo. Se os negros já estão construindo a escolinha, em breve construirão as casinhas deles, e seu avô até pode libertá-los da escravidão. Livres, não irão querer trabalhar na plantação, e a fazenda não dará mais nenhum lucro.

Lúcia contou outra vez ao marido o seu plano. Antônio, após ouvi-la, acompanhou-a até a casa grande. Entraram no quarto e contaram o dinheiro que haviam conseguido guardar. Após terem-no contado, colocaram-no dentro de um pequeno saco e foram até o local em que os escravos estavam construindo a escolinha.

Antônio chamou o feitor Joaquim e disse que queria falar com ele. Conversaram alguns minutos. O feitor, ao receber o saco de dinheiro de Antônio, garantiu que faria tudo como ele pedira. Antônio prometeu-lhe mais dinheiro se ele executasse tudo conforme o combinado. Mandou Joaquim retornar para junto dos escravos.

O marido de Lúcia subiu em seu cavalo e partiu em direção à cidade. Nela chegando, conversou com padre Gonçalo, que apanhou sua maleta de remédios e seguiu com Antônio para a fazenda. Na propriedade, os dois reuniram-se com Lúcia e combinaram que o plano seria colocado em funcionamento no finalzinho da tarde.

Os três foram até onde os escravos trabalhavam, e ficaram observando a freira, o fazendeiro e Raul, empolgados com a construção da escolinha.

Lúcia pensou, com imensa satisfação, que naquela noite Irmã Teresa, a escrava Madalena e o feiticeiro Martins pagariam por tudo que a ela tinham feito.

Padre Gonçalo não via a hora de fazer a freira atrevida pagar por tê-lo humilhado na frente do fazendeiro, e por impedir que ele se deitasse com a prima.

Antônio contemplou a freira, pensando que se o plano de Lúcia desse certo, o que ele arquitetara também daria.

Os três regressaram à casa grande e aguardaram que o fazendeiro entrasse na casa.

Só o amor explica

Às quatro horas, Tadeu, Raul e Danilo entraram na casa grande. Vendo o neto, o padre e Lúcia sentados tomando café e comendo bolo de milho, sentou-se à mesa e começou a servir-se. Raul e Danilo subiram aos seus quartos para se lavarem.

Padre Gonçalo encarou o fazendeiro e disse:

— Sr. Tadeu, parece que o senhor está doente. Está com uma cor amarela, própria de quem está com febre.

— Não tenho nada, padre. Estou muito bem de saúde.

— Não me parece. — Levantando-se, pediu permissão para tocar a fronte do homem. — O senhor está muito quente. Isso é febre. Toque nele, Lúcia, e verifique como está quente.

Lúcia tocou a testa do homem e disse que estava muito quente, e bastante amarelo. Devia mesmo estar doente.

O fazendeiro tocou sua testa e disse que não sentia febre nenhuma.

— Quem tem febre dificilmente a sente quando toca seu corpo, porque todo seu corpo está febril; então, ao sentir sua própria temperatura, o doente pensa que está tudo normal — comentou o padre. — Só que o senhor está doente: a febre e essa sua cor revelam nitidamente isso.

Antônio disse:

— O senhor ficou o dia inteiro ao sol com aqueles negros, trabalhando na construção da tal escolinha. Não está acostumado a isso. Deve ter ficado doente, sim. — Levantou-se e tocou a fronte do avô. — O senhor está ardendo em febre. Padre Gonçalo, não há em sua maleta nenhum remédio para dar ao vovô?

— Há, sim. Sempre carrego minha maleta de medicamentos comigo — respondeu o padre, que, abrindo a maleta, retirou um frasco de dentro dela. Adicionou então algumas gotas em um copo de água, e deu para o fazendeiro beber.

— Eu não estou doente — falou o fazendeiro. — Mas se dizem que estou, tomarei o remédio. — Bebeu o remédio que o padre lhe ofereceu.

— Seria interessante o senhor repousar um pouco, sr. Tadeu — aconselhou o padre.

— Não irei repousar coisa alguma. Já tomei seu remédio. Se estiver com febre, ela logo passará — disse o homem, levando a caneca de café aos lábios.

Passados dois minutos, o fazendeiro começou a suar e a vomitar.

Antônio, aproximando-se do avô, indagou se ele se sentia mal. O avô colocou as duas mãos no estômago e disse que o sentia embrulhar. Vomitou outra vez, e o suor começou a descer por sua testa.

O padre e Antônio o levaram para o quarto. Deitaram-no na cama, e o homem continuou suando. O fazendeiro começou a sentir o corpo febril; reclamou de uma forte dor de cabeça, e passou a ter convulsões.

Antônio mandou uma escrava chamar Raul no quarto.

Raul entrou no quarto junto com o filho, e, vendo o avô em convulsões, perguntou o que lhe havia acontecido.

— Seu avô me parece muito mal de saúde — falou o padre. — Já lhe dei um remédio, mas parece que a situação do seu avô é mais delicada do que imaginei. Alguém precisa ir até a cidade buscar o médico, pois sozinho não saberei como curá-lo.

— Irei agora mesmo à cidade e trarei o médico — disse Raul.

— Vá rápido, Raul. Vovô está muito ruim — falou Antônio.

— Danilo, vá chamar Irmã Teresa e conte a ela que seu bisavô está doente. Vá logo — mandou Raul, que montou em seu cavalo e começou a galopar na direção da cidade.

Joaquim, a algumas dezenas de metros da porteira da fazenda, aguardava o momento de agir. Amarrara a ponta de uma corda em uma árvore, atravessara a estrada e escondera-se próximo da margem,

Só o amor explica

segurando a outra ponta da corda. Quando o cavalo de Raul passou pela porteira, o feitor puxou e prendeu a corda que segurava, esticando-a poucos centímetros acima do chão. O cavalo, que corria velozmente, tropeçou na corda, e Raul foi lançado ao chão com violência. Ao cair, perdeu os sentidos. O feitor aproximou-se de Raul, revirou-lhe os bolsos da calça e tirou as poucas moedas que nele encontrou. Retirou também a camisa do patrão, rasgou-a e a jogou em cima dele. Depois, arrastou o corpo para o mato. Quando o patrãozinho acordasse, pensaria ter sido atacado e roubado por algum ladrão, ou por um negro fugitivo de alguma fazenda vizinha. Regressou para a propriedade.

Irmã Teresa entrou no quarto acompanhada por Irmã Margarida, por Madalena e por Danilo. Sentou-se na beirada da cama e perguntou o que o avô sentia. Esforçando-se para falar, Tadeu disse estar sentindo muitas dores.

— Minha querida Teresa... acho que vou morrer. Não posso... suportar mais... são dores muito violentas! Daria qualquer coisa para me... livrar delas.

— Tenho um remédio em minha maleta que irá fazer as dores sumirem rapidamente — falou o padre. — É um remédio fortíssimo; vai livrá-lo das dores e o fará dormir por algumas horas.

— Dê-me logo esse remédio — pediu o fazendeiro, transtornado. — Dores malditas!

O padre abriu sua maleta e pegou o frasco que continha veneno. Pediu a Madalena que fosse buscar um pouco de água; quando a escrava a trouxe, ele adicionou o pó do frasco à água, e deu para o fazendeiro beber.

Tadeu bebeu e, após um minuto, começou a liberar pela boca uma baba meio amarelada, e a ter convulsões mais fortes.

— O que o senhor deu para ele beber? — indagou Irmã Teresa.

— Um remédio para que cessem as dores; este remédio provoca os sintomas que a senhora está vendo. Logo seu avô irá adormecer.

De súbito, o fazendeiro tombou a cabeça para o lado e a todos deu a impressão de ter dormido.

O padre olhou para Lúcia e Antônio, e mal disfarçou um sorriso. Sabia que o veneno estava agindo. O fazendeiro iria respirar por alguns minutos e depois morreria.

— Madalena, vá chamar Martins — pediu a freira. — Diga-lhe o que vovô tem, e peça-lhe que prepare alguma coisa com suas ervas e traga para o vovô imediatamente. Sinto que algo não está certo. Vá correndo!

— Teresa, meu primo já medicou o seu avô — observou Lúcia. — Sr. Tadeu logo estará bem. Ele até parece que adormeceu. Se está dormindo, deve despertar já livre do seu mal-estar. Não sei o que aquele feiticeiro pode fazer... Se ele entrar nessa casa eu me retiro dela. Você sabe muito bem que não suporto feitiçarias, e odeio aquele negro mentiroso.

— Pois trate de sair agora mesmo, Lúcia — respondeu a freira. — Madalena, chame Martins.

— Vou com ela — falou o padre. — Quero observar que tipo de medicação o preto velho fará com as ervas. Ele pode até mesmo querer envenenar o seu senhor. Nunca se pode confiar em escravos.

— Escravos não são tão ruins quanto determinadas pessoas que conheço — ironizou a freira, lançando seu olhar sereno no padre e em Lúcia. — Martins sempre gostou do vovô, jamais causaria mal a ele. — Continuou fitando o padre e Lúcia com seu olhar penetrante; e o padre, por um momento, teve a impressão de que ela era capaz de ler seus pensamentos, e tinha adivinhado que ele dera veneno ao homem.

— Você confia demais nos escravos, Irmã Teresa — comentou Antônio. — Eu não confio neles. São traiçoeiros, e podem a qualquer momento se revoltar contra seus senhores. Concordo que o padre vá com Madalena e verifique o que o feiticeiro irá preparar para dar ao vovô.

Só o amor explica

Madalena deixou o quarto, e o padre a seguiu. Lúcia e Antônio se entreolharam. O plano saía como eles tinham planejado; a freira agira exatamente como eles haviam previsto.

De repente, ouviram um grito. Olharam pela janela, e viram o padre gritando, muito agitado. Ele dizia que a escrava o havia agarrado e beijado. Acusou a escrava de rasgar sua batina, na tentativa desesperada de deitar-se com ele.

Antônio saiu da casa grande e bateu no rosto da escrava com violência: — Sua negra imunda! Como ousa tocar no padre, um homem de Deus?! Você irá para o tronco já.

— Sinhozinho Antônio, eu nem encostei no padre! — falou a escrava. — A gente estava indo pra senzala quando o homem deu um grito e começou num dizer a verdade, falando que eu o ataquei.

Lúcia, que deixara o quarto junto com as freiras e Danilo, deu uma bofetada na escrava.

— Miserável, como ousa chamar o padre de mentiroso? — disse Lúcia. — Você na certa o atacou, sua negra. Vocês, negros, vivem se deitando no mato como se fossem animais. Ficou sozinha com o padre por uns momentos e agiu de acordo com seus instintos selvagens... Atacou-o achando que ele não fosse resistir; mas ele é um verdadeiro religioso, não cede nunca à tentação! Mande-a para o tronco, Antônio, assim ela aprenderá a nunca mais tocar em um homem de Deus.

— Ela levará trinta chicotadas, depois ficará na senzala. Quando vovô melhorar, eu lhe direi o que ela tentou fazer e pedirei a ele para deixar essa escrava na senzala e mandá-la para a plantação, com os outros negros, em vez de deixá-la com minha prima, para que possa andar livremente e fazer o que bem quiser. Se atacou o padre hoje, amanhã poderá atacar a mim, a meu irmão Raul ou até mesmo meu sobrinho, a fim de satisfazer seus desejos impuros — falou Antônio.

— Eu não ataquei o padre, não ataquei! — Madalena começou a chorar.

— Atacou, sim. Eu vi — disse Joaquim, aproximando-se deles. — Vi quando a escrava puxou a roupa do padre e o tentou beijar à força, dizendo como seria bom deitar-se com um homem tão bonito e branco.

— Não adianta chorar nem mentir, Madalena. O padre disse que você o atacou e o feitor viu tudo. Vai para o tronco agora mesmo — decidiu Antônio. — Joaquim, castigue-a com trinta chicotadas.

O feitor aproximou-se da escrava e a segurou por um dos braços.

— Solte-a, Joaquim — ordenou Irmã Teresa. — Madalena não vai para o tronco. Se ela disse que o padre está mentindo, acredito nela. Sei que o padre mentiu, e que você mente também. Eu só me pergunto qual seu interesse nessa mentira. Pois desde que cheguei a essa fazenda tenho notado que você costuma olhar para Madalena com olhos de cobiça.

— Teresa, não venha dizer que o padre e o feitor estão mentindo. Não queira defender essa negra — ralhou Antônio. — Eu acredito no padre e no feitor. Madalena vai para o tronco, e de lá para a senzala.

— Vovô disse que Madalena poderia ficar comigo, e que eu poderia decidir por ela. Por isso, ela não vai para o tronco, porque confio na palavra dela.

— Madalena é uma escrava da fazenda, não é sua propriedade particular. Merece ser castigada quando erra, como qualquer outra escrava. Depois de apanhar, ela irá para a senzala, que é o lugar dos negros. Na ausência de vovô, eu, que sou mais velho que meu irmão Raul, é que tomo as decisões na fazenda. Vovô está dormindo devido a sua doença, por isso não pode resolver esse problema. Eu resolverei no lugar dele, e quando ele acordar o colocarei a par de

Só o amor explica

tudo. Digo que Madalena vai para o tronco! — Aproximando-se da escrava, segurou-a e começou a levá-la para o tronco.

Irmã Teresa colocou-se no caminho deles e disse:

— Antônio, se levar Madalena para o tronco terá de me amarrar junto com ela e mandar Joaquim bater em mim. Ela nada fez para merecer ir ao tronco.

— Saia da minha frente, Teresa. Saia, e nunca mais defenda nenhum negro quando eu estiver presente — gritou Antônio.

— Não sairei. Se Madalena for para o tronco, eu irei junto.

— Então castigue-a no tronco junto com a negra — falou Lúcia.

— Teresa, se não sair da frente apanhará junto com Madalena — ameaçou Antônio.

A freira abraçou-se à negra e nada disse.

— Joaquim, arraste a escrava para o tronco! E se minha prima ficar na frente dela, bata nela também. Ela que escolheu apanhar.

— Tio Antônio, o senhor não pode querer que a tia Teresa apanhe como se fosse uma escrava — reclamou Danilo.

— Cale a boca, Danilo. Sua tia só irá apanhar se impedir Joaquim de bater na escrava. Fique quieto, senão você irá para o tronco também!

— Vou agora mesmo acordar vovô e contar tudo a ele — disse o menino, e saiu correndo.

Joaquim arrastou Madalena até o tronco e a amarrou nele.

Assim que viu a escrava amarrada, Irmã Teresa abraçou-se a ela.

— Saia já daí, Teresa — gritou Antônio.

— Não sairei Antônio — disse a freira. — Pode mandar Joaquim bater.

— Irmã Teresa, ficou maluca? — disse Irmã Margarida, que se mantivera em silêncio até aquele momento. — Deixe a escrava apanhar. Depois cuide dos ferimentos dela, como sempre faz quando um escravo é mandado para o tronco.

— Não permitirei que Madalena apanhe! Ela é inocente da acusação do padre. Eu a protegerei com meu corpo, pois se não a tivesse pedido para chamar Martins, o padre não inventaria essa história horrível sobre ela.

— Teresa! Saia da frente da escrava, ou mandarei Joaquim começar a bater com força — ordenou Antônio.

A freira abraçou-se ainda mais à escrava. O feitor olhou para Antônio sem saber o que fazer.

— Pode bater, Joaquim. Se ela quer proteger a escrava, então que apanhe no lugar de Madalena. Dê trinta chicotadas — mandou Antônio.

Joaquim ergueu o chicote no ar, e aplicou com toda a força a primeira chicotada na freira. Irmã Teresa, ao sentir o chicote nas costas, fechou os olhos e começou a rezar. Joaquim voltou a bater, e Teresa apanhava sem pronunciar uma única palavra.

Quando deu a décima chicotada na freira, todos perceberam que o hábito de Irmã Teresa estava ensopado de sangue. Ela lançou um olhar penetrante sobre o padre, Lúcia e Antônio; eles sentiram medo desse olhar, que era ao mesmo tempo sereno e acusador. Era um olhar que parecia penetrá-los, e se apossar de tudo que eles sabiam. Lúcia, apavorada, mandou Joaquim continuar batendo até completar as trinta chicotadas. Esperava que o corpo frágil da freira não agüentasse, e ela acabasse morrendo no tronco.

Joaquim continuou a bater. Irmã Teresa encolheu-se toda. Joaquim, ao aplicar uma nova chicotada, não se deu conta de que a chave da senzala caíra ao chão.

Como já escurecia, Irmã Margarida, sem que ninguém visse, apanhou a chave e a colocou no bolso do hábito. Rapidamente foi até a senzala e a abriu. Os escravos, que amavam Irmã Teresa, correram até o local em que a freira apanhava e seguraram Joaquim.

Antônio, Lúcia e o padre, ao notarem que os cativos haviam fugido da senzala, correram para a casa grande. Martins mandou os escravos pegarem-nos; e os negros, que corriam muito mais que eles, rapidamente os seguraram.

Martins aproximou-se da freira, e viu-a toda ensangüentada. Madalena disse que a freira desmaiara durante o castigo. Martins tocou no corpo da freira, e assustou-se. Empurrou-a, e o corpo de Teresa tombou para o lado. Abaixando-se, ele colocou o ouvido no peito da freira, ergueu a cabeça e olhou para Irmã Margarida:

— Sinhazinha Teresa não agüentou a surra. Está morta!

— Morreu! — exclamou Irmã Margarida petrificada.

— Que faremos agora? — perguntou Martins.

— Levem-na para a nossa casinha, e depois alguém vá atrás de Danilo; e se o bisavô dele ainda não tiver despertado, traga-o aqui. Ele dirá o que deve ser feito — falou Irmã Margarida.

Antônio começou a gritar, mandando os escravos soltarem-no.

Nesse momento, Raul, que se recuperara do desmaio e voltara para a fazenda a fim de buscar outro cavalo, ao avistá-los dirigiu-se até eles e perguntou o que estava acontecendo.

— Raul, mande os escravos me soltarem — pediu Antônio. — Eles fugiram da senzala, dominaram Joaquim. Eu, minha esposa e o padre também fomos presos. Teresa tentou interceder por nós, mas foi barbaramente espancada por eles e morreu.

— Teresa... morta!? — exclamou Raul horrorizado.

— Sim, sinhozinho — falou Martins. — Quem matou a sinhá não fomos nós; na verdade, nós a acudimos.

— O escravo está falando a verdade, e o seu irmão mente, sr. Raul — disse Irmã Margarida.

— Titio está mentindo mesmo, papai — falou Danilo. — O padre inventou uma mentira de Madalena. Tio Antônio acreditou na mentira e mandou Madalena para o tronco.

ROBERTO DIÓGENES / SULAMITA

— Irmã Teresa colocou-se na frente da escrava, e sr. Antônio mandou o escravo dar trinta chicotadas nela. Sua prima não suportou e morreu no tronco — esclareceu Irmã Margarida.

— Tia Teresa morreu? — perguntou Danilo, incrédulo. — Se ela morreu, então acho que hoje dois morreram na fazenda. O bisavô está morto em sua cama. Quando fui chamar e ele não acordava, peguei nele e percebi que ele não dormia, e sim estava morto.

— Vovô está morto, Danilo? — perguntou Raul.

— Sim, papai — disse o menino. — Acho que ele morreu dormindo depois de ter tomado aquele remédio que o padre deu pra ele.

— Meu Deus! — exclamou Raul — Que farei agora?

— Sr. Raul, precisamos levar o corpo de Irmã Teresa para nossa casinha e limpá-lo. Vestir outro hábito nela e cuidarmos do enterro — afirmou a freira.

— Um de vocês, me ajude a levar o corpo de minha prima para a casinha das freiras — falou Raul aos escravos. — Os escravos que estão segurando Antônio e os outros três, levem-nos para a senzala e os tranquem lá. Depois vejo o que farei com eles.

— Não pode nos mandar para a senzala, Raul. Não somos escravos. Se vovô morreu, eu sou tão herdeiro dessa fazenda quanto você, e semelhante a você também posso mandar nos escravos — falou Antônio. — Se mandar-me para a senzala, irei odiá-lo pelo resto de minha vida, e me vingarei de você. Depois, mandarei todos os negros para o tronco, e eles apanharão até morrerem.

— Levem-nos para a senzala — ordenou Raul aos escravos.

Alguns escravos saíram conduzindo os quatro para a senzala.

Raul aproximou-se do corpo da freira e pediu a Martins que o ajudasse a levá-lo para a casinha das freiras.

Levaram o corpo e colocaram Irmã Teresa na cama. Irmã Margarida e Madalena começaram a despir a freira e a limparem o corpo.

Raul, Danilo, Martins e alguns escravos foram até a casa grande. Ao entrar no quarto do avô, Raul tocou o homem, e, constatando que ele estava morto, sentou-se na cama e começou a chorar.

Danilo, vendo o pai chorar, começou a chorar também.

Martins deixou os seus sinhozinhos chorarem; sentou-se no chão e esperou.

Quando Raul parou de chorar, perguntou ao negro o que deveria fazer.

— O sinhozinho tem de pensar em enterrar o corpo do seu avô e o da sinhazinha Teresa. Se quiser, posso arrumar seu avô pro enterro, depois o senhor manda os escravos cavarem duas covas no cemitério da fazenda.

— Venha comigo, Martins. Quero falar com todos os escravos. Depois você pode cuidar do corpo do meu avô — falou Raul, chamando o filho para acompanhá-lo.

Os três e os outros escravos que o acompanharam foram para a casinha das freiras. Raul pediu ao filho para chamar Madalena. O menino fez o que o pai lhe pediu. Raul, ao ver a escrava, olhou para todos os escravos e começou a dizer:

— Meu avô morreu. Deve ter morrido enquanto dormia. Vocês são cientes de que Irmã Teresa gostava de todos vocês, e tinha conseguido que vovô erguesse casinhas para vocês, para que tivessem uma vida um pouco melhor. Vou fazer o que vovô prometeu a Teresa. Parem de construir a escolinha e comecem a construir as suas casas. Ninguém mais vai viver na senzala. Todos vocês serão livres como Teresa sempre desejou. Quem quiser pode ficar na fazenda, e quem não quiser eu alforrio.

Os escravos começaram a gritar de alegria. Alguns se abraçaram e choraram.

— Sei que estão felizes e fico contente em vê-los assim — disse Raul. — Gostaria de pedir que cavem duas covas, para que amanhã possamos enterrar os corpos de vovô e de Teresa. Depois disso, iniciem os preparativos para construírem seus lares. Amanhã ninguém trabalha. Nos dias seguintes, metade de vocês trabalha na plantação, e outra metade constrói as casinhas. Vocês receberão metade do que colherem. Quem desejar pode casar e constituir família. Agora, só desejo saber se alguém vai querer deixar a fazenda.

Os escravos ficaram em silêncio.

— Sinhozinho Raul, nenhum de nós vai querer deixar essa fazenda — falou Martins. — Nós vamos continuar nela, e trabalharemos como sempre fizemos. Esse é o lugar que nós conhecemos. Se sairmos dela, não teremos para onde ir. Estamos muito contentes que o senhor, em nome da sinhazinha Teresa, nos tenha libertado e permita que passemos a viver como gente. Em nome dos escravos, quero lhe dizer que todos nós seremos muito gratos ao senhor, e principalmente à sinhá Teresa, que com sua morte nos trouxe a liberdade. O senhor não precisa se preocupar; nós vamos cavar as duas covas e fazer um sepultamento bem bonito para sinhazinha Teresa e para seu avô.

— Obrigado, Martins! A partir de hoje, podem andar livremente pela fazenda. Não teremos mais feitor nem tronco. Você, Martins, ficará encarregado do serviço de todos — falou Raul. — Peço que arrume o corpo de vovô e que escolha alguns homens para cavarem duas covas. Desejo que dois de vocês me acompanhem até a cidade, para que eu possa providenciar os caixões. Pois quando a ela me dirigia em busca de um médico para vir socorrer vovô, fui atacado por algum ladrão.

Dois homens se apresentaram e disseram que iriam com ele até a cidade. Raul subiu em um cavalo, e os dois em outros dois animais. Os três seguiram em direção à cidade.

Martins chamou um escravo para ajudá-lo com o corpo do fazendeiro Tadeu. Madalena entrou na casinha das freiras e contou tudo para Irmã Margarida.

Só o amor explica

No dia seguinte enterraram os corpos de Teresa e do avô da freira. Raul chorou muito na hora do enterro da prima. Os escravos também choraram. Todos amavam a freira e a tinham como uma santa.

Após o enterro, Danilo perguntou ao pai o que fariam com o tio Antônio e com os outros que estavam na senzala. Raul, que os esquecera completamente, chamou o filho e alguns escravos para irem até a senzala.

Ao chegarem, Raul mandou abrirem a porta. Martins, que ainda estava com a chave da senzala, abriu-a, e vários escravos se aproximaram dos quatro e os seguraram. Raul, encarando o irmão, disse que o avô realmente morrera enquanto dormia, e que o corpo dele e o de Teresa tinham sido enterrados.

— Então o remédio que o padre deu para o velho funcionou — disse Lúcia sorrindo. — Agora que Teresa e o velho estão mortos, a fazenda só será dividida entre os dois irmãos.

— O padre matou vovô com o remédio dele, como eu tinha pensado. Que padre ruim — falou Danilo. — Deveria morrer também.

— Vocês assassinaram vovô para ficarem com a fazenda dele? Eu não posso acreditar numa coisa dessas! — Raul mostrava-se indignado.

— Raul, vovô sempre preferiu você a mim. Ele sempre o mimou, e tudo que você queria ele lhe dava. A mim ele só me mandava vigiar os escravos e ajudar o feitor a controlar esses negros nojentos — disparou Antônio. — Agora terei minha parte da herança e sumirei dessa província, e irei me estabelecer em outra província. Você não pode nos manter dentro dessa senzala. Sou seu irmão e herdeiro dessa fazenda, da mesma forma que você é. Mande esses negros nos soltarem. Entregue-me a parte da herança a que tenho direito, e você nunca mais nos verá.

485

— Papai, não os deixe sair da fazenda. Eles são pessoas ruins, têm de receber o mesmo que deram pro bisavô e pra tia Teresa — falou Danilo.

— Se fizéssemos isso, Danilo, seríamos iguais a eles, como sua tia Teresa nos ensinava quando falava sobre Deus e sobre as pessoas boas e as pessoas ruins. Eles ficarão na senzala durante uns dias, até eu pensar o que farei com eles. — Deu as costas para o irmão, e, deixando a senzala, foi para a casa grande.

Danilo mandou os escravos fecharem a senzala e saiu correndo atrás do pai.

— Teresa é a única culpada pelo que nos aconteceu. Se ela tivesse ficado em seu convento, nada disso nos aconteceria — reclamou Lúcia.

— Dona Lúcia, a freira não tem culpa de nada. Foi a senhora e seu marido que planejaram se livrar deles, e acabaram se dando mal — disse o feitor.

— Cale-se, Joaquim — falou Antônio. — Nós sairemos daqui e depois nos vingaremos de Raul e desse bando de negros.

— Não sei como vamos sair daqui. Essa senzala só tem uma porta, e quando ela é fechada só pode ser aberta pelo lado de fora — informou o feitor. — Se eu não sair daqui e me acontecer algo ruim, irei me revoltar contra os dois, que foram os culpados por eu ter vindo parar aqui dentro dessa senzala; e contarei o que o senhor e sua esposa me pediram para fazer.

Antônio aproximou-se do feitor e deu-lhe um chute na barriga. O padre aproximou-se dos dois e ajudou Antônio a bater em Joaquim. Os dois deram uma grande surra no feitor. Depois o deixaram jogado em um canto da senzala.

Joaquim, ao despertar da surra, olhou para eles com muito ódio e jurou que se vingaria. Os três sorriram e disseram que se saíssem da senzala haveriam de dar um sumiço nele. Joaquim ficou quieto

Só o amor explica

em seu lugar. Os dois eram mais fortes que ele, mas na primeira oportunidade daria uma lição nos dois.

Não muito longe dali, Irmã Margarida rezava ao lado da sepultura de Teresa, e chorava um pouco. Estava muito triste, pois a freira morrera sem ter cumprido a promessa de levá-la para a França e lá fundarem um novo convento. Sem Irmã Teresa, a madre certamente haveria de desistir de tal idéia, e ela haveria de continuar sem conhecer a França. De todas as freiras da Ordem, Teresa era a única preparada para assumir a fundação do novo convento. Madre Inês estava velha e já dissera que não mais queria saber de fundar um novo convento. Não se sentia preparada para isso. Fundar um novo convento era uma grande responsabilidade, e ela não a queria para si. O jeito era voltar para seu convento, continuar sua vidinha de sempre e esquecer o sonho de viajar para outro país em companhia de Irmã Teresa. Jogou uma flor sobre a sepultura da freira e dirigiu-se à casa grande.

Conversou com Raul e pediu-lhe que providenciasse seu regresso ao convento. Pediu autorização para levar Madalena consigo, pois a escrava mostrara sinais de vocação, e Irmã Teresa tinha decidido levá-la para o convento; e depois, junto com a escrava, iniciaria a fundação da congregação religiosa que pensava fundar.

Tudo foi preparado para a partida das duas, e no dia seguinte ele e mais dois escravos, em duas carroças, levaram a freira e Madalena para o convento.

Danilo, que não conseguia perdoar os assassinos de seu bisavô e de sua tia Teresa, logo que viu o pai viajar com as freiras pediu a uma escrava para preparar um café e um bolo. Subiu até o quarto que era do fazendeiro, apanhou a maleta do padre e nela procurou o remédio que o padre dera para seu bisavô tomar. Pegou o frasco do remédio e sorriu ao notar que o frasco se encontrava quase cheio. Deixou o quarto e foi à cozinha. Mandou que chamassem Martins, e quando ficou sozinho na cozinha, despejou todo o pó do frasco dentro do café.

Martins apareceu e perguntou o que Danilo queria.

— Preciso que reúna homens para levarmos café e bolo para os prisioneiros.

Martins chamou vinte negros. Eles foram até a senzala, colocaram o café e o bolo no chão, e logo depois fecharam-na novamente.

À tardinha, Danilo chamou Martins para voltarem à senzala, e ao ver os corpos dos quatro sem vida, mandou Martins e outros enterrarem-nos.

Os escravos começaram a construir suas casinhas, e voltaram a viver na senzala enquanto as casas não ficavam prontas. A senzala não ficava mais fechada, e eles podiam entrar e sair dela a hora que quisessem.

Quando Raul regressou à fazenda, o filho disse que ele e os escravos tinham encontrado o tio, Lúcia, o padre e o feitor mortos na senzala, e mandara enterrar os corpos. Ninguém sabia do que eles haviam morrido.

Raul lamentou a morte do irmão e dos outros, e ordenou aos escravos que ficassem uma semana sem trabalharem na plantação e se dedicassem exclusivamente ao término de suas casas.

Quando todas as casinhas foram construídas, os escravos fizeram uma festa.

Danilo passou a sentir remorso por ter envenenado o tio e os outros, e começou a andar triste e não mais se interessar por nada. Raul o chamou para conversar, e perguntou o que havia com ele. O garoto nada disse, e continuou a andar triste pela fazenda.

No dia em que completou oito anos, o menino começou a andar quase correndo pela fazenda, dizendo que a alma do tio, de Lúcia e do padre o perseguiam para matá-lo.

Raul ficou deveras preocupado com o filho. Certo dia, viu Danilo tremendo de medo e correndo, dizendo que o tio apertava seu pescoço; pensou que o filho havia enlouquecido.

Só o amor explica

Martins e outros escravos fizeram algumas oferendas para os seus deuses, mas não conseguiram espantar os espíritos ruins que atormentavam Danilo.

Raul foi até a cidade e contou ao padre o que seu filho enfrentava. O padre o acompanhou até a fazenda, e jogou água benta em Danilo e em toda a casa grande. Rezou missa pelos espíritos dos que tinham morrido, e sugeriu a Raul que começasse a rezar com o filho todos os dias, e freqüentasse a missa aos domingos na cidade, com o menino. Que rezassem com muita fé em intenção das almas que andavam perseguindo o garoto.

Raul seguiu o conselho do padre. Começou a rezar com Danilo as orações que os dois tinham aprendido com Irmã Teresa, e a levar o filho à Igreja aos domingos. As orações ajudaram um pouco, e Danilo não mais saiu correndo pela fazenda, nem reclamou que os espíritos o perseguiam.

Os espíritos de Antônio, Lúcia e do padre Gonçalo conseguiram escapar de um lugar ruim e passaram a perseguir Danilo para se vingarem do menino; contudo, as orações feitas por Raul e por Danilo os afastavam do garoto. Então, decidiram armar uma emboscada. Ligaram-se a alguns ladrões da cidade, e começaram a sugestionar os bandidos a fazerem o que eles queriam. Os ladrões foram assimilando o que eles lhes passavam em forma de pensamento, e logo os espíritos dominavam os ladrões.

Num domingo, quando Raul e Danilo se dirigiam à igreja na cidade para assistirem à missa, inspirados pelos três espíritos os ladrões armaram uma emboscada e mataram Raul, Danilo e dois escravos.

As imagens desapareceram da tela. Rebecca e Diogo tinham os olhos cheios de lágrimas.

Isaura e Phillipe perguntaram se estava tudo bem.

— Tá tudo bem, sim, tia Isaura — falou Diogo. — Tava chorando porque descobri que aquele Danilo era eu, e que ele, depois de aprender a ser bonzinho com a freira, acabou sendo ruim e envenenou o padre e os outros três, para se vingar deles, que mataram o bisavô dono da fazenda e a freira, que era tão boazinha.

— Foi por isso, Diogo, que você foi seqüestrado por Dom Gilberto, que era o padre Gonçalo, e morreu envenenado por ter naquela existência envenenado o padre e as outras três pessoas — explicou Isaura. — Foi a lei de causa e efeito que agiu em você.

— A mesma lei deve ter agido em mim, Isaura — falou Rebecca. — Desde que cheguei a essa cidade espiritual me indagava o motivo de ter desencarnado no parto. Agora já sei.

— Então se recordou de quem você foi ao observar sua existência passada — comentou Phillipe.

— Fui Raul, que não permitiu que a esposa recebesse ajuda no parto, e ela morreu ao dar à luz da mesma forma que eu morri ao dar à luz Diogo — falou Rebecca. — E se, como Raul, amei a freira com todo meu coração, Irmã Teresa só pode ser Tarcísio, pois Tarcísio tem toda a bondade da freira, e seu olhar sereno é idêntico ao dela.

— Exatamente, Rebecca — disse Isaura. — Se na existência passada, como Raul, você indiretamente foi responsável pela morte de sua esposa, como Rebecca você a salvou da morte. A esposa de Raul reencarnou como Leonor, casada com o motorista que trabalhava na mansão de seus pais; e seu sangue ajudou a salvar a vida de Leonor logo após ela ter dado à luz.

— Conseguiu identificar os outros personagens, Rebecca? — perguntou Phillipe.

— Só alguns. Antônio deve ser Amanda, que continua apaixonada por Tarcísio e quer ter tudo que acredita que eu tenha. Lúcia só pode ser minha mãe, Lucrécia. As duas são muito parecidas. Irmã Margarida parece ser Marta, mãe de Tarcísio. Era a Irmã Margarida que queria ir para a França, da mesma forma que Marta desejava que

Só o amor explica

o filho se tornasse modelo ou ator, para ela viajar para outros países. Os outros personagens não consigo identificar.

— Identificou corretamente todos os que mencionou — revelou Isaura. — Madalena reencarnou como Matilde, que, grata por tudo que as duas freiras a ela fizeram, reencarnou como filha de Irmã Margarida, passando a auxiliar Tarcísio na atual existência, como Irmã Teresa a auxiliou na existência passada. O fazendeiro Tadeu, seu avô naquela existência, reencarnou como seu pai Teófilo.

— Mário é um antigo noivo seu, rejeitado por você no altar em uma existência anterior a essa que você viu — disse Phillipe. — Clara, o senador Cardoso, Thiago, William, Maria Elise, dr. Matheus e outros são alguns escravos que, agradecidos a Irmã Teresa por tudo que lhes fez no passado, na presente existência estendem a mão a Tarcísio e os ajudam como podem.

— E Joaquim, por que não reencarnou junto com a gente? — indagou Rebecca.

— Após seu desencarne, Ele não quis culpar Danilo por sua morte. Culpou Lúcia, Antônio e padre Gonçalo pelo que aconteceu a ele. Vingou-se dos espíritos dos três logo após eles terem planejado a emboscada que matou Raul e Danilo, mas o trio conseguiu escapar dele. Aliaram-se a espíritos muito perversos e se vingaram de Joaquim. Este jurou que se vingaria deles novamente; não aceitou reencarnar quando Irmã Teresa se juntou a todos vocês aqui na espiritualidade, e decidiu regressar à carne junto com vocês para que, através de seus exemplos, ajudasse todos a se entenderem. O livre-arbítrio de Joaquim foi respeitado, e ele, como espírito, continua odiando os três e aguardando vingar-se outra vez — esclareceu Isaura.

— Compreendi — falou Rebecca.

— Para ficar em paz com sua consciência, Tarcísio deixou-se aprisionar dentro da própria casa quando a mãe o proibiu de namorá-la, porque na existência passada Irmã Margarida vivia dizendo a Irmã

Teresa que se sentia prisioneira dentro da casinha das freiras. Irmã Teresa sentia-se culpada por isso, e antes de reencarnar combinou com Irmã Margarida que ela a fizesse sentir o que sentiu quando vivia ao lado dela na casinha da fazenda — Isaura explicou.

— Danilo, ainda cheio de remorso por ter envenenado os quatro, pediu para reencarnar com um corpo defeituoso que lhe ocasionasse dores que só poderiam ser aliviadas com o auxílio de drogas; assim, pagaria o que a sua consciência lhe cobrava. Irmã Teresa, sabendo ser essa uma grande prova para um espírito, aceitou reencarnar como pai dele e ajudá-lo em sua prova — esclareceu Phillipe.

— E que ajuda! Papaizinho foi muito bom pra mim. Com ele aprendi a num me revoltar com a doença, e agora minha consciência fica leve. Não sinto remorso de mais nada. Já recebi a reação da ação que pratiquei no passado — falou Diogo. — Agora, eu e a mamãezinha esperaremos o papai desencarnar, como vocês dizem, e o espírito dele vir pra cá, pra gente ser feliz desse lado da vida. Amo muito meu paizinho.

— Sabemos que o ama, Diogo, e que ele também o ama muito. Sua ligação com seu pai vem de existências bem anteriores à que você e ele viveram como Danilo e Irmã Teresa — informou Isaura.

— Vamos visitar Tarcísio — sugeriu Phillipe. — Hoje é aniversário dele. Ficaremos com ele algumas horas e aprenderemos com tudo que ele ensina aos encarnados e a nós, espíritos.

— Obaaaaaa! — exclamou Diogo. — Vamos visitar o papai de novo. Posso beijar ele, tia Isaura?

— Claro, Diogo. Lembre-se que ele é seu pai, e você pode beijá-lo o quanto quiser.

— Então vamos logo para a Terra, que eu quero beijar ele bastante!

Rebecca pegou na mãozinha dele, e os quatro seguiram volitando em direção à casa de Tarcísio, em Brasília.

35

Sonhos se realizam

Na cerimônia de formatura, o reitor da universidade chamou o nome de Tarcísio, apresentado a todos os que ali se encontravam como o aluno que mais se destacara no curso de ciências contábeis da turma que se formava.

Ele levantou-se e dirigiu-se até onde o reitor se achava, recebeu o canudo e agradeceu primeiramente a Deus, por ter-lhe ajudado a vencer mais uma etapa em sua vida, e em seguida aos espíritos amigos, à mãe, ao sogro, aos professores e a todos que de alguma forma contribuíram para que ele conseguisse formar-se. Retornando ao lugar em que estava sentado, prestou atenção aos amigos que recebiam seus canudos, e batia palmas quando o nome de cada um era pronunciado.

Após a cerimônia, Tarcísio, a mãe, a irmã, o sogro e Thiago dirigiram-se ao clube que fora locado para a festa de formatura, e durante uma hora e trinta minutos ali ficaram.

Formado, Tarcísio dedicou-se ainda mais à contabilidade do frigorífico do sogro. Dois meses após a formatura, Almir lhe disse que ele não tinha nada mais a aprender sobre o serviço: sabia tanto quanto ele, ou até mais. Tarcísio apenas sorriu e continuou fazendo seu serviço com agilidade e responsabilidade.

Teófilo, que confiava plenamente no genro, convidou-o para assumir um posto na diretoria do frigorífico. Tarcísio recusou o convite, dizendo-se satisfeito com seu emprego de auxiliar de contador.

— Faço questão que se torne um membro da diretoria, Tarcísio — insistia Teófilo, sempre que tinha uma oportunidade. E de tanto o sogro e outros funcionários pedirem, Tarcísio aceitou o cargo de vice-diretor.

Como vice-diretor, começou a estudar mercados de países europeus que ainda não compravam os produtos do frigorífico Lopes, e aos poucos conseguiu colocar os produtos em alguns desses mercados. Como o frigorífico passou a vender mais, novos funcionários foram contratados. Tarcísio a todos dava atenção, e sempre que podia almoçava com eles no refeitório.

Certo dia, quando almoçava com os funcionários no refeitório, escutou Neide, que passara a trabalhar no escritório de Teófilo, dizer que alguns funcionários gostariam de fazer um curso superior e não conseguiam passar no vestibular da universidade pública, muito menos possuíam condições para pagarem cursos em universidades particulares. Tarcísio pensou no assunto por alguns dias; depois, chamou o sogro para conversar e pediu-lhe que o frigorífico começasse a pagar cursos em universidades particulares para os funcionários que mais se destacassem em suas funções.

Teófilo, que estava muito satisfeito com o trabalho do genro, aprovou a idéia e disse a Tarcísio para marcar uma reunião com todos os funcionários. Nessa reunião, Teófilo informou aos funcionários o que Tarcísio pretendia fazer em benefício deles; eles então abraçaram Tarcísio, e alguns o chamaram de santo, ou de anjo da guarda.

Só o amor explica

— Não sou nem uma coisa nem outra — ele respondia, humilde. — Sou apenas um seguidor da doutrina codificada por Allan Kardec: sou simplesmente espírita.

Após a reunião com os funcionários, Tarcísio foi direto para a casa espírita. Com as doações financeiras dos trabalhadores e os almoços, bingos e rifas realizados, arrecadaram-se verbas para a construção de novas salas e um pequeno auditório; a casa fora ampliada, e já contava com salas próprias para as reuniões do grupo mediúnico, para a evangelização das crianças, para os cursos referentes à doutrina e salas para outras atividades.

Tarcísio participava assiduamente do grupo mediúnico, fazia todos os cursos referentes à doutrina que a casa promovia, estudava com afinco os livros da codificação, e sempre que podia coordenava obras sociais da casa espírita. Vez ou outra, doava livros espíritas a pessoas que ainda não conheciam a doutrina.

Certo dia, no serviço, foi convocado para comparecer à sala do sogro. Nela chegando, encontrou Matilde, Thiago e Renata. Cumprimentou os três e sentou-se.

— Tarcísio, após dois anos de noivado eu e Renata decidimos nos casar — anunciou Thiago. — Você incentivou bastante o nosso namoro e noivado. Aceita ser o padrinho de nosso casamento?

— Claro que aceito — respondeu Tarcísio, levantando-se da cadeira. — Fico imensamente feliz em ser padrinho dos dois, e desejo desde já que sejam muito felizes. — Abraçou Thiago e Renata.

— Tarcísio, eu e sua irmã decidimos ficar noivos — falou Teófilo, olhando-o dentro dos olhos.

— O senhor e Matilde? Eu nem sabia que estavam namorando.

— Começamos a namorar dois meses após o falecimento de Diogo — revelou Matilde. — Temos muita coisa em comum, e gostamos de ficar juntos. No início, fizemos segredo do namoro; e você só não percebeu porque estava sempre viajando para desfilar ou

495

fazer propagandas nos finais de semana, a fim de conseguir dinheiro para construir a creche para crianças portadoras de leucemia. Contamos-lhe porque no sábado iremos ao presídio, e Teófilo pedirá o divórcio a Lucrécia. Queremos que você esteja presente quando ele falar com ela. Thiago já sabe do nosso relacionamento, e o aprovou. Ele irá conosco ao presídio. Gostaria de ir também?

— Claro! Imagino que dona Lucrécia não vá ficar nem um pouco feliz com a notícia; portanto, será importante fazermos muitas preces antes de ir procurá-la — disse Tarcísio. — Deixe-me abraçá-los... Fiquei muito feliz com a notícia. Amo os dois, e desejo de todo coração que vocês sejam extremamente felizes!

Antes de deixar a sala do sogro, Matilde disse ao irmão que a mãe o convidara para jantar na casa dela naquela noite. Avisou que ele fosse preparado para receber uma boa notícia. Tarcísio disse que compareceria ao jantar, e, deixando-os, regressou a sua sala a fim de trabalhar. Verificando sua agenda, descobriu que naquele dia Diego fazia aniversário; decidiu comprar um presentinho para o menino e levá-lo até a creche no final de seu expediente de trabalho. Quando chegou à creche com o presente e o deu ao menino, este se jogou em seus braços, e, todo feliz, agradeceu-o com um beijo no rosto. Tarcísio também o beijou, e o colocou no chão. O menino saiu mostrando o presente para os amiguinhos e chamando-os para brincar com ele.

A diretora da creche disse a Tarcísio:

— Ele gosta muito de você.

— Também gosto muito dele.

— Diego sempre fala para os amiguinhos que um dia você será o papai dele. Por que não o adota, Tarcísio?

— Adotar o Diego? Eu?

— Claro! Você já foi pai, e sabe muito bem como cuidar de uma criança. A mãe de Diego o deixou na creche quando o menino tinha

Só o amor explica

apenas dois meses, e nunca mais apareceu aqui. Já tentamos localizá-la, sem nenhum resultado. A assistente social da creche, após conversar com um juiz, informou-me que Diego pode ser adotado sem nenhum problema. Vocês dois são muito ligados. Acredito que a presença do menino em sua casa lhe causará muitas felicidades, e Diego, tendo um lar e um pai dedicado e amoroso como você, será imensamente feliz.

— Preciso pensar no que me sugeriu. Ainda não havia cogitado essa possibilidade; não fazia idéia do que Diego falava para seus amiguinhos. Depois falarei com a senhora.

Tarcísio foi até onde a criança brincava com o carrinho de bombeiro que acendia as luzes e tocava a sirene. Abraçou o garoto e despediu-se das crianças e da diretora da creche, entrou em seu carro e foi para a casa de sua mãe.

Ao chegar à sala de estar, surpreendeu-se com o pessoal que lá estava. Além da mãe e de Matilde, encontrou o senador Cardoso, William, Maria Elise, Thiago, Renata e seus pais. Abraçou e cumprimentou todos, e sentou-se em uma cadeira.

— Tarcísio, eu o convidei para jantar porque essa ocasião é especial para mim — falou Marta. — Eu e o senador Cardoso... depois de alguns encontros descobrimos que gostamos um do outro. Decidimos ficar noivos no mesmo dia em que sua irmã e o seu sogro ficarão. Contamos com sua aprovação ao nosso relacionamento?

— Ora, mamãe, desde quando precisam de minha aprovação? Mas que notícia excelente! — exclamou Tarcísio. — Estou feliz com isso. Muito bom saber que vão construir uma vida a dois. Sempre tive o senador como um pai. Ele ajudou-me nas horas em que mais precisei. — Levantando-se, abraçou o senador e a mãe. — Quero que vocês dois sejam muito felizes!

— Tarcísio, eu e Maria Elise, que já somos noivos, vamos nos casar no dia em que Thiago e Renata se casarem. Queremos que você

ROBERTO DIÓGENES / SULAMITA

seja o padrinho do nosso casamento. Nem adianta dizer que não vai aceitar, porque Thiago já o convidou para padrinho do casamento dele. Eu e Maria Elise não aceitamos um não — disse William.

— Se não aceitam um não, serei o padrinho de casamento dos dois — decidiu Tarcísio, abraçando-os também e lhes dando os parabéns.

O jantar foi servido, e começaram a conversar sobre o casamento dos dois casais.

Marta e o senador, Teófilo e Matilde decidiram ficar noivos no mesmo dia do casamento de Thiago e William. Pediram a Clara para que a cerimônia se realizasse na casa espírita, e Clara concordou.

— Fico muito contente com os noivados e os casamentos de vocês. Saber que as pessoas que tanto amo caminham em busca de sua felicidade me deixa imensamente feliz — elogiou Tarcísio. — Farei preces para que tudo dê certo em suas vidas.

— Tarcísio, por que você que já está viúvo há alguns anos não aceita namorar com uma daquelas lindas modelos da agência de Ruivo que vivem correndo atrás de você? Namore, fique noivo e se case outra vez. Casando não ficará mais sozinho e poderá até ter outros filhos. Por que não namora uma delas Tarcísio? — inquiriu Matilde.

— Porque não quero enganar nenhuma delas, muito menos enganar-me, Matilde. A mulher da minha vida era Rebecca: eu a amei e continuo amando com todo meu coração. Tenho absoluta certeza de que ela é minha outra metade, e de que eu jamais conseguiria amar outra mulher como amo minha doce e meiga Rebecca. Não conseguiria casar-me com outra mulher apenas para ter uma pessoa vivendo ao meu lado. Para ter outros filhos, não preciso casar-me, Matilde. Hoje estive na creche. É o aniversário de Diego, aquele menino que vocês conhecem. Levei um presentinho para ele, e a diretora disse-me para pensar na possibilidade de adotar o menino.

Desde que saí da creche penso no que ela me falou. Amo o Diego e sei que ele também me ama. O quarto de meu lindo filhinho que partiu para a espiritualidade continua praticamente do mesmo jeito. Doei poucas coisas de Diogo para a creche. Acredito que se adotar Diego ele será muito feliz vivendo no quarto que foi do meu Dioguinho, e viverá feliz como meu filho adotivo.

— Faça isso, Tarcísio. Adotando-o, você será mesmo feliz, e o menino, mais feliz ainda por tê-lo como pai — comentou Matilde.

— Adote-o, Tarcísio — disse-lhe a mãe. — Você gosta muito de crianças. Diego é uma gracinha, e haverá de ser um bom filho.

Os outros também o aconselharam a adotar a criança.

— Bem, então está resolvido! Parece que todos pensam igual a mim, não é? Vou adotar o menino, pois sei que serei feliz com ele!

Os espíritos Rebecca, Phillipe, Isaura e Diogo, que estavam presentes e tinham sugerido à diretora da creche que dissesse a Tarcísio para adotar a criança, ficaram muito contentes.

Isaura disse:

— O almirante Tarcísio, que foi pai de Tarcísio e reencarnou como Diego, será filho daquele que foi seu filho na mesma existência. Nosso trabalho de inspirar Tarcísio a adotar Diego já foi concluído. Retornemos à nossa cidade espiritual.

Deixaram a casa de Marta e saíram volitando.

Quando um novo dia teve início, antes de se dirigir ao serviço Tarcísio passou na creche e conversou com a diretora. Ela chamou Diego, e Tarcísio, ao abraçar o menino, indagou:

— Diego, você gostaria de ser adotado por mim e de ir morar comigo em minha casa? Qua acha de nós dois passarmos a ser uma família?

O menino o encarou.

— Morar com você e ser seu filho é tudo que quero! Quero ter uma família e um pai que cuide de mim. Eu já o amo como meu pai.

Se me adotar, vou ser o menino mais feliz do mundo — disse Diego, com os olhinhos cheios de lágrimas.

Tarcísio abraçou o menino, afirmando que também o amava e que iria dar entrada nos papéis para adoção dele. Diego o beijou na face, e, dizendo que rezaria para o Papai do Céu ajudá-lo a ser adotado, fechou os olhinhos e começou a rezar. Quando concluiu sua prece, revelou-lhe que acreditava que o Papai do Céu o ouvira, e que iria ajudá-lo a ser filho de Tarcísio.

A diretora pediu-lhe que voltasse à sala em que fazia suas atividades com as outras crianças. Quando Diego se retirou, ela explicou a Tarcísio como ele faria para conseguir adotar o menino. Tarcísio deixou a creche com uma lista contendo uma relação de documentos que precisava providenciar.

À noite, na casa de Marta, mostrou a ela e a Matilde a lista de documentos e pediu-lhes que o ajudassem a consegui-los. No dia seguinte, junto com o filho, Marta começou a providenciar a documentação.

Na sexta-feira, Marta e Tarcísio apresentaram os documentos na creche, e a diretora da instituição os colocou em contato com a assistente social. Naquele mesmo dia, deram entrada com o pedido de adoção de Diego na vara da infância e juventude da comarca de Brasília.

Tarcísio acompanhou Matilde, o sogro e o cunhado até o presídio. Conversou com Amanda, e ficou contente ao perceber que a moça mudara após ler os livros da codificação espírita e participar dos estudos sobre a doutrina e o culto do Evangelho no Lar dentro do presídio. Quando saísse da cadeia, estava decidida a regressar para Porto Alegre, investir nos estudos, prestar o vestibular para o curso de medicina e no futuro ser uma boa pediatra.

Lucrécia, que ocupava a mesma cela de Amanda, tinha virado as costas para ele e fingia ler uma revista.

Assim que Tarcísio terminou de conversar com Amanda, Teófilo chamou Lucrécia e disse ter algo importante para falar a ela.

Depois de ouvir que ele queria o divórcio e que iria ficar noivo de Matilde, falou:

— Pode pedir que seu advogado venha conversar comigo, e peça a ele para providenciar outro advogado para mim. Desejo ter meu próprio advogado para tratar desse assunto, pois não confiarei em seu advogado. Concordarei com o divórcio — falou Lucrécia. — Quando tiver concluído minha pena e deixar o presídio, pegarei a metade dos bens a que terei direito e passarei a cuidar de minha própria vida, esquecendo que você e esse aí — olhou para Tarcísio — um dia surgiram em meu caminho.

— Mamãe, eu vou me casar no dia em que papai ficar noivo — comentou Thiago. — Gostaria que rezasse para que eu fosse muito feliz em meu casamento.

— Nunca fui mulher de andar rezando, por isso não rezarei nem por você, nem por ninguém.

— Dona Lucrécia, tenho feito muitas preces pela senhora — disse Tarcísio. — Acredito que será muito feliz quando deixar o presídio e refizer a sua vida. Se precisar de algo quando sair do presídio, pode me procurar. A senhora é mãe de minha falecida esposa, e estou de braços abertos para ajudá-la. Conte comigo se um dia vier a precisar de mim.

Lucrécia fez de conta que não ouviu o que ele disse.

Quando eles deixaram o presídio, Amanda perguntou à tia por que ela não conversava com Tarcísio, e por que não aceitava a ajuda que ele queria lhe dar. Ele a perdoara por ter participado do seqüestro e da morte de Diogo, e sempre que ia ao presídio, tentava conversar com ela. Até rezava por ela! — Ele é uma pessoa de bom coração, e só queria ajudá-la, tia.

— Não quero nada dele! — esbravejou Lucrécia. — Tarcísio é o responsável por toda a minha desgraça. Foi por causa dele que minha filha Rebecca morreu ao engravidar, logo após o casamento. Por causa dele meu irmão, o único homem que amava, se suicidou. Por culpa dele estou presa, e perdi meu marido para a irmã dele. Você acha que eu iria aceitar a ajuda do responsável por tantas desgraças em minha vida? Nunca, Amanda. Vou odiar Tarcísio por toda a minha vida, e se um dia o procurar, será para fazê-lo pagar por todas as desgraças que ele me causou. Eu o odeio. Odeio com todas as minhas forças.

— Tia Lucrécia, Tarcísio não foi responsável pelas desgraças que a senhora mencionou terem surgido em sua vida. A única responsável foi a senhora mesma. Como aprendi nos livros do espiritismo, somos nós que provocamos nossa própria infelicidade com nossos atos. Eu não odeio Tarcísio; pelo contrário: aprendi a vê-lo como as outras pessoas o vêem, depois que ele passou a me visitar, me tratar com amizade e trazer-me as coisas pessoais de que sempre necessito. Uma pessoa de coração bondoso, que reencarnou para nos ensinar a amar e perdoar. Mentiria se dissesse que não mais sou apaixonada por ele; ainda sou, só que hoje compreendi que ele não tem por mim o mesmo sentimento que nutro por ele, e aprendi a ser feliz tendo apenas a amizade dele. A senhora deveria se interessar em ler esses livros da codificação espírita que Tarcísio me presenteou. Lendo-os, talvez consiga trabalhar o ódio que sente por ele, transformando esse ódio em outro sentimento.

— Cale-se, Amanda! Se o maldito macumbeiro conseguiu fazer você acreditar nessa porcaria de espiritismo, a mim ele não conseguirá. Não irei ler livro nenhum, muito menos deixarei de odiar Tarcísio. Continuarei odiando-o, e um dia vingar-me-ei dele. Sou uma mulher que sempre se vingou das pessoas que me prejudicaram. Tarcísio não escapará da minha vingança. — Lucrécia, virou as costas para a sobrinha e começou a pensar de que modo poderia vingar-se de Tarcísio.

Amanda apanhou a sacola que Tarcísio levara, abriu-a e ficou contente ao encontrar o que pedira para ele lhe levar.

Quatro meses se passaram. O juiz de direito da vara da infância e juventude responsável pelo processo de adoção de Diego, após estudar todo o processo, deu parecer favorável à adoção do menino.

Tarcísio dirigiu-se à creche e, abraçando e beijando o garoto, disse que agora ele era seu filho. Pediu a Diego que deixasse as poucas coisas pessoais que tinha na creche para os outros meninos, agradeceu a diretora da creche e a assistente social por terem ajudado a conseguir a adoção e foi para casa com Diego.

Ao entrar no quarto que agora seria seu, Diego encontrou roupas novas, calçados, brinquedos e uma bicicleta; abraçou Tarcísio e, chamando-o de pai, disse estar muito feliz. Tarcísio disse o mesmo a ele, e deixou o garoto entretido no quarto.

O pai adotivo de Diego conversou com Dolores, e disse à mulher que aumentaria o salário dela, para que, além do trabalho que já desempenhava em sua casa, pudesse dar atenção a Diego quando ele estivesse trabalhando.

Nos dias seguintes, Tarcísio passou a sair em companhia do filho adotivo; e todos que os viam juntos notaram que ele tratava o garoto da mesma forma que antes tratava o filho que havia desencarnado.

Como voltara a ser responsável por uma criança, Tarcísio passou a rejeitar várias das propostas que Ruivo lhe fazia; e quando o dono da agência de modelos e publicidade o procurou uma noite, dizendo

ROBERTO DIÓGENES / SULAMITA

que ele havia sido convidado para um desfile badaladísssimo nos EUA e iria receber uma bolada de dinheiro imensa apenas para desfilar dois dias, Tarcísio aceitou: pois esse dinheiro, junto com o que já guardara na poupança, daria para começar a colocar em prática o seu desejo de fundar uma creche para crianças portadoras de leucemia, cujos pais residiam longe de Brasília e levavam os filhos para fazerem o tratamento na capital do país. Os pais e as crianças poderiam ficar na creche e nela receberem alimentação, acomodações e até mesmo alguns remédios que muitos pais não poderiam comprar para seus filhos.

No dia do desfile, viajou para os EUA em companhia da mãe e do filho adotivo. Os americanos ficaram tão encantados com a beleza física dele que fizeram outras propostas, e ele as aceitou.

Após um mês, regressou aos EUA, fez as propagandas das lojas e desfilou. Voltando para o Brasil, foi à agência bancária, retirou o saldo de sua poupança e descobriu que já podia, enfim, realizar seu sonho de fundar uma creche.

No dia da reunião com os membros da diretoria da casa espírita, Tarcísio explicou a todos seu desejo de construir uma creche, informando ter dinheiro suficiente para comprar um terreno e dar início à construção.

Teófilo, que atualmente exercia a presidência da casa espírita, disse a ele para esperar mais alguns meses para a compra e a construção.

— Mas por que esperar mais? — perguntou Tarcísio.

— Porque a casa espírita o ajudará em seu projeto — respondeu-lhe o sogro —, pois a creche será uma obra social da casa. Eu e a casa queremos cooperar com a fundação da creche, e como a edificação dela exigirá muito dinheiro, precisaremos de alguns meses para reunir recursos e dividir com você as despesas, que serão imensas.

— Está bem, então. Concordo em esperar alguns meses.

Só o amor explica

Concluída a reunião, Teófilo chamou o genro e avisou-o que na próxima semana seu divórcio seria homologado. Lucrécia concordara com o divórcio, e ele pagara os advogados para que o processo corresse rapidamente. Tarcísio deu-lhe os parabéns e retornou para sua casa. Brincou com o filho adotivo, jantou com o menino e depois conversou por quase uma hora com Diego, preparando o garoto para enfrentar a vida.

No dia do casamento de Thiago com Renata e de William com Maria Elise, Tarcísio estava ao lado dos noivos, segurando na mãozinha de Diego. Após a cerimônia oficializada pelo juiz de paz, Matilde e Teófilo, Marta e o senador Cardoso, que fora reeleito para um novo mandado de oito anos, ficaram noivos. Tarcísio falou algumas palavras e fez uma prece por eles.

Quando Thiago e Renata regressaram da viagem ao exterior, Teófilo conversou demoradamente com o filho, que acabara de concluir seu curso de administração. O jovem aceitou trabalhar no escritório do pai. Teófilo conversou com o filho sobre o destino da mansão em que ele atualmente vivia sozinho, e Thiago aprovou sua idéia.

Thiago dirigiu-se à sala de Tarcísio e pediu ao cunhado para comparecer à sala de Teófilo.

Tarcísio acompanhou Thiago, e assim que entrou na sala do sogro, Teófilo pediu-lhe para sentar-se e disse:

— Meu caro, desde a ocasião em que nos informou que já podia comprar o terreno para iniciar a construção da creche, fiquei pensando de que modo eu e a nossa casa espírita poderíamos lhe ajudar. Hoje conversei com Thiago, e meu filho aprovou que eu doasse a mansão para que seja transformada em creche. Aquela mansão é enorme. Thiago mora em seu apartamento com a esposa. Matilde não quer morar nela quando casarmos. Lucrécia já recebeu a parte a que tinha direito na residência. Portanto, posso doá-la para que nela funcione a creche que você planeja fundar. Teremos de fazer algumas modificações na mansão, mas acredito que não serão muitas. Ficará muito mais em conta do que comprar um terreno e construir todas as dependências da creche. Que acha dessa idéia? Concorda que a mansão em que Rebecca viveu e foi feliz por algum tempo seja transformada na creche que você idealiza fundar?

— A mansão é excelente para a creche. Tem um belo jardim. A piscina poderá ser usada para o lazer das crianças. E o senhor tem toda razão ao mencionar que as modificações ficarão mais em conta do que construir uma creche. A idéia é espetacular — mencionou Tarcísio. — Concordo que sua mansão seja transformada em creche. Estou muito feliz com essa sua decisão, meu sogro. Sua mansão irá proporcionar felicidade a muitas crianças! — Levantando-se, abraçou o sogro, e depois abraçou Thiago.

Os três ficaram conversando sobre as possíveis modificações que teriam de realizar na mansão.

No dia em que a diretoria da casa espírita se reuniu, Teófilo comunicou sua decisão de transformar a mansão na creche que Tarcísio queria fundar, e a diretoria em peso aprovou que a creche funcionasse na mansão. Contrataram um engenheiro, e todos se empenharam no surgimento da creche na mansão que um dia pertencera aos Lopes Lorizzen.

Passados três meses, Matilde e Teófilo, Marta e o senador Cardoso se casaram no mesmo dia. Tarcísio foi padrinho do casamento dos dois.

Três meses após o casamento do sogro com a irmã e do senador com sua mãe, Tarcísio recebeu do engenheiro a informação de que as modificações na mansão que pertencera a Teófilo tinham sido concluídas, e de que a creche estava pronta.

Foi marcado o dia da inauguração da creche, e Neide foi convidada para ser a diretora da instituição. A moça, que fazia o curso de serviço social, aceitou o convite.

Tarcísio explicou ao dr. Matheus, à dr.ª Sônia e ao dr. André como a creche funcionaria. Convidou os três para serem voluntários na creche, e eles aceitaram. O dr. André ficou encarregado de indicar a creche para os pais que vinham de outras cidades em busca de tratamento para a leucemia de seus filhos.

A creche foi inaugurada no dia em que uma mulher que morava no interior de Goiás nela ficou hospedada com sua filha de seis anos.

Os espíritos Isaura, Phillipe, Rebecca e Diogo estiveram presentes na inauguração, junto com outros espíritos, e espalharam vibrações maravilhosas no local.

A creche aos poucos recebeu outras crianças com seus pais; o trabalho assistencial a que se comprometeu começou a surtir efeito, e o lugar passou a ser um ponto de referência para muitas crianças pobres portadoras de leucemia que vinham de outras cidades fazer seu tratamento de quimioterapia.

Sempre que podia, Tarcísio ia à creche e levava o filho adotivo com ele. Quando deixavam a creche e chegavam na casa dele, junto com o filho fazia preces agradecendo a Deus e aos espíritos amigos o trabalho que era desenvolvido na creche, e pedia ao Pai Celeste e aos espíritos amigos para continuarem auxiliando as crianças que ficavam na creche, bem como os muitos voluntários que nela trabalhavam.

Quando Diego completou sete anos, Tarcísio levou o filho até o colégio em que tinha estudado, e, procurando o padre Júlio, que ainda era diretor do colégio, fez a matrícula do filho. O padre, que lera nos jornais a respeito do trabalho realizado na creche fundada por Tarcísio e pela casa espírita que ele freqüentava, deu os parabéns ao seu ex-aluno e falou:

— Tarcísio, sempre que penso em você me pergunto quem na verdade você é. Acompanhei o julgamento dos assassinos de seu filho e o ouvi testemunhar que os perdoava e queria vê-los felizes; soube que visita as duas mulheres no presídio e leva alimentos e outras coisas para elas; e tenho conhecimento do trabalho que a creche que fundou realiza. Juntei tudo isso às outras coisas que vi você fazer, e, dando testemunho de vida, tenho me perguntado se você é um santo ou anjo vivendo aqui na Terra. Você, que é espírita e acredita em reencarnação, me responda uma coisa. Você é a reencarnação de algum santo ou de algum anjo?

— O senhor falando de reencarnação, padre Júlio, me faz rir — disse Tarcísio, sorrindo levemente. — Eu não sou a reencarnação de nenhum santo, muito menos de um anjo. Estou longe de chegar a ser um deles. Sou apenas um espírito reparando erros passados. Na verdade, nessa existência sou apenas um seguidor da doutrina espírita. Tento colocar em prática o que o espiritismo aponta aos seus seguidores. Isso não é nada fácil, mas tento, na medida do possível, praticar o perdão, amar a todos e estar de braços abertos para fazer alguma caridade, pois a doutrina codificada por Allan Kardec deixa bem claro que *fora da caridade não há salvação*. Agora o senhor já sabe quem eu sou, e não precisa mais ficar se indagando se sou ou não sou a reencarnação de algum santo ou anjo. Já está ciente de que sou apenas espírita. É isso que sou, padre Júlio, e nada mais. — Levantando-se, despediu-se do padre, deixou a sala do diretor do colégio e saiu com o filho.

Quando as aulas iniciaram, Tarcísio levava o filho ao colégio e de lá ia diretamente para o serviço. Pagou um transporte escolar para levar Diego de volta para casa, e durante as noites ajudava o filho adotivo a fazer as tarefas escolares. Após as tarefas, sentava-se com ele para conversar, e cada um relatava o que havia feito durante o dia. O pai também dava orientações ao filho, para que ele, ao crescer, viesse a se tornar um homem de bem.

Um mês depois de o filho começar a estudar, Tarcísio recebeu um telefonema do presídio: era Amanda. Conversou com ela, e no finalzinho da tarde compareceu ao presídio, acompanhado pelo sogro.

Amanda tinha sido libertada após cumprir sua pena. A moça pediu a Tarcísio que a hospedasse na casa dele até que seus pais pudessem mandar-lhe dinheiro de Porto Alegre; então, compraria uma passagem aérea e retornaria para sua cidade natal.

— Amanda, se desejar posso comprar sua passagem sem que precise pedir aos seus pais que lhe remetam dinheiro — ofereceu Tarcísio.

— Se fizer isso ficarei muito feliz — disse Amanda. — Desejo muito rever minha mãe, e receber o afeto dela e o carinho do meu pai. Eles não sabem que estou saindo do presídio. Chegar a minha casa em Porto Alegre será uma grande alegria para eles.

— Vamos até o aeroporto. Se encontrarmos passagem para hoje, você irá para a casa dos seus pais ainda hoje!

Tarcísio dirigiu até o aeroporto. Dentro do carro, Teófilo perguntou a Amanda:

— Sua tia não iria sair hoje do presídio, junto com você? Onde está Lucrécia?

— Tia Lucrécia telefonou ao advogado que a ajudou no divórcio. Ele foi buscá-la logo após o almoço — falou Amanda. — Tenha cuidado, Tarcísio. Tia Lucrécia o culpa por tudo que aconteceu a ela, e na prisão sempre jurava que haveria de vingar-se de você. Não sei o que ela pretende, mas quando saiu do presídio ela disse-me que agora o faria pagar por tudo que a ela fez. Quando disse isso, tinha um sorriso diabólico nos lábios.

— Lucrécia disse isso, Amanda? — inquiriu Teófilo.

— Sim. Jurou que não descansaria enquanto não se vingasse de Tarcísio.

— Mas ele nada fez a Lucrécia — disse Teófilo.

— Ela não pensa assim. Culpa Tarcísio pela morte de Rebecca, por sua prisão, pelo suicídio de tio Gilberto e por seu divórcio. Segundo ela, desde que Tarcísio surgiu na vida dela apenas lhe causou sofrimento.

— Rezarei por sua tia, Amanda. Dona Lucrécia culpa-me por tudo que infligiu a si própria porque não quer admitir que é a única culpada pelos próprios erros. Tudo que posso fazer por ela é rezar para que ela reconheça seus erros e decida um dia fazer algo para repará-los.

Ao chegarem ao aeroporto, conseguiram encontrar passagem em um vôo que decolaria às onze da noite para Porto Alegre. Tarcísio comprou o bilhete, e do aeroporto levou Amanda até o apartamento em que Teófilo vivia com Matilde.

No apartamento, Matilde cumprimentou a moça, e, levando-a até um quarto, mostrou-lhe objetos pessoais dela e de Lucrécia, retirados da mansão que fora transformada em creche.

Amanda agradeceu ao tio por ter cuidado de suas coisas. Pediu para tomar banho, e apanhou uma muda de roupa. Matilde entregou a ela uma toalha e um sabonete. Antes de a moça se dirigir ao banheiro, Tarcísio despediu-se, dizendo que iria para sua casa e que retornaria às nove e meia para levá-la ao aeroporto.

No horário combinado, Tarcísio apareceu no apartamento da irmã a fim de levar Amanda ao aeroporto. Trazia consigo seu filho adotivo. Amanda comentou que o garotinho era bem parecido com Diogo, e tão educado quanto o verdadeiro filho de Tarcísio.

Quando seu vôo foi anunciado, Tarcísio a abraçou e desejou-lhe sorte e felicidades. Ao vê-la passando pelo portão de embarque, junto com o filho dirigiu-se ao estacionamento do aeroporto e regressou para sua casa.

36

Despedida final

Quando o relógio tocou, às seis da manhã, Tarcísio o desligou, sentou-se na cama e acordou com a sensação de que alguma coisa iria lhe acontecer naquele dia. Pensou no que Amanda lhe dissera no dia anterior, referente a Lucrécia desejar vingar-se dele; fez uma prece, e depois decidiu verificar se suas coisas estavam todas em ordem.

Após a higiene matinal, telefonou para o sogro e avisou que só iria trabalhar no período da tarde.

Durante o período da manhã, não levou o filho ao colégio; brincou por uma hora e meia com ele. Depois, foi até a creche, conversou com os funcionários e algumas crianças, e em seguida dirigiu-se à casa da mãe. Ficou com ela por alguns minutos, e disse-lhe que a amava muito. Foi então até o apartamento em que a irmã residia. Conversou por uma hora com Matilde, e pediu-lhe que tomasse conta de seu filhinho adotivo caso lhe acontecesse algo. Informou à irmã onde, em sua casa, guardava seus documentos pessoais e o número de sua conta corrente e poupança, junto com as informações com as quais seria possível sacar todo o dinheiro existente em suas contas.

— Do jeito que está falando, até parece que você vai desencarnar hoje, ou dentro de alguns dias — observou Matilde, preocupada com tudo que escutara do irmão.

— Não sei o que irá me acontecer hoje ou amanhã. Apenas sinto que algo vai me acontecer. Minha irmã, eu a amo muito e quero lhe agradecer por tudo de bom que você me fez durante todos os anos em que vivi ao seu lado. Eu a amo muito. Você é muito especial para mim; tão especial que deixarei aos seus cuidados o meu filho adotivo. Matilde, seja feliz com meu sogro; e quando mamãe precisar de você, ajude-a. — Levantou-se do sofá. — Preciso regressar para casa. Após o almoço, farei o culto do Evangelho no Lar com meu filho. Quero fazer preces e pedir aos espíritos amigos para me ajudarem caso algo realmente ocorra comigo. — Abraçou a irmã, beijou-a na face e deixou o apartamento de Matilde.

A irmã rapidamente telefonou para a mãe, e disse a ela tudo o que Tarcísio lhe contara. Marta disse à filha que Tarcísio a visitara, e pareceu despedir-se dela. Chamou a mãe para ir até a casa de Tarcísio, a fim de participarem do culto do Evangelho no Lar que ele faria depois do almoço. Marta decidiu telefonar ao marido e combinar com ele para os dois participarem.

Matilde telefonou para Teófilo, e inteirou o marido de que Tarcísio agia de modo estranho.

— Tudo bem, querida. Vou até a casa dele no horário de almoço, e levarei Thiago comigo.

Na hora em que almoçava com o filho adotivo, Tarcísio escutou a campainha de sua casa tocar. Dolores foi ao portão e deixou os visitantes entrarem.

Quanto Tarcísio avistou a mãe, a irmã, o padrasto, o cunhado, Teófilo, William, Maria Elise, Renata, Clara e Cléber, perguntou se algo havia acontecido.

Só o amor explica

— É que soubemos que você faria o culto do Evangelho no Lar após o almoço, e viemos participar.

Olhando para Matilde, Tarcísio compreendeu que ela avisara os outros sobre a conversa que tivera com ela. Mandou-os sentar na sala, e, voltando à cozinha, terminou de almoçar. Depois, mandou o filho escovar os dentes, e fez o mesmo; preparou a mesa e apanhou o seu exemplar de *O Evangelho Segundo o Espiritismo* e um livro de mensagens, abriu-o e deu início ao Evangelho.

Rebecca, Phillipe, Isaura e Diogo chegaram para participar do culto do evangelho com os encarnados.

Após o Evangelho, Tarcísio olhou para todos e disse:

— Hoje acordei sentindo que algo vai me acontecer. Como mencionei a Matilde, não sei do que se trata. Todos vocês são muito especiais em minha vida, e eu os amo muito. Contar com o seu apoio enquanto vivi aqui foi muito importante para mim. Vocês me ensinaram a ser forte, e me mostraram que a verdadeira amizade ajuda as pessoas a se tornarem melhores. Obrigado por tudo que fizeram a mim, a minha esposa, Rebecca, e ao Diogo; e obrigado por tudo que estão fazendo por meu filho adotivo. Só o que peço é que continuem seguindo a doutrina espírita. Foi ela que me ensinou a ser forte em meus momentos de fraqueza, que me ajudou a ser paciente e até sereno, e que me ensinou que a prece tem o poder de tudo transformar, e de nos colocar em contato com os espíritos amigos, que nos auxiliam e nos estimulam a melhorar. Foi a doutrina espírita que me deu a certeza de que a vida continua após a morte do corpo físico, e que do outro lado da vida viverei feliz ao lado do meu filhinho lindo e de minha esposa amada, até o dia em que voltemos a reencarnar na Terra, para vivermos novamente juntos em uma nova existência. Se eu desencarnar, levarei comigo o amor que tenho por cada um de vocês em meu coração; esse amor me fará recordar de vocês, e sempre fazer preces por todos, solicitando que

513

Deus permaneça derramando sobre vocês uma chuva de bênçãos. Eu os amo. — Começou a abraçar um por um.

— Meu filho, você não vai desencarnar hoje — falou Marta.

— Não mesmo. Ainda viverá encarnado por muitos anos. Eu, seu filho adotivo e muitos outros ainda precisamos de você ao nosso lado. Seu pressentimento pode ser sobre qualquer coisa, menos seu desencarne. Se fosse seu desencarne, Isaura, seu espírito protetor, teria avisado. O que irá lhe acontecer é provavelmente algo sem importância. Por isso, não fale mais em desencarne e continue levando sua vida normalmente.

— Sua mãe tem razão, Tarcísio. Nada de grave irá lhe acontecer — disse Teófilo. — Faça de conta que não teve esse pensamento e vamos trabalhar. Há muito serviço no escritório esperando.

Tarcísio sorriu meigamente para ele e para a mãe, e deu-lhes razão: talvez nada de grave lhe acontecesse. Olhou para todos de forma serena e penetrante e sorriu para cada um deles. Apenas Clara compreendeu que através do olhar e do sorriso ele se despedia de todos.

Beijando o filho adotivo na testa, pediu-lhe que se comportasse direitinho, e lembrasse de todas as conversas que tiveram. Chamando o sogro e Thiago para irem trabalhar, entrou em seu carro e dirigiu-se ao escritório do frigorífico.

Isaura, Phillipe, Rebecca e Diogo entraram no carro de Tarcísio e seguiram com ele para o escritório.

Às quatro horas da tarde, Lucrécia telefonou para o escritório do ex-marido e indagou à recepcionista qual o horário em que Tarcísio encerrava o expediente de trabalho. A recepcionista lhe deu a informação. Ela então abriu a bolsa e apanhou o revólver que comprara,

Só o amor explica

e verificou se a arma estava carregada. Ao notar as balas dentro da arma, beijou-a, dizendo que ela iria lhe ajudar a vingar-se de uma pessoa má que surgira em sua vida e a prejudicara muito.

Lucrécia apanhou a mala em que colocara pouquíssimas coisas que tinha comprado, pôs a bolsa no ombro e fechou o quarto que alugara no dia anterior. Ao chegar à portaria do hotel, fechou sua conta e pediu ao recepcionista para chamar um táxi.

Quando o taxista parou o automóvel na frente do hotel, ela entrou no carro e pediu que a levasse até a rodoferroviária de Brasília. Comprou uma passagem para Porto Alegre, deixou a mala no guarda-volumes da rodoferroviária e entrou novamente no táxi, pedindo ao taxista para levá-la até o Setor Comercial Sul. Pagou a corrida ao homem. Dirigindo-se ao escritório de Teófilo, pediu à recepcionista para falar com Tarcísio.

A recepcionista discou o ramal da sala do vice-diretor, e informou a Tarcísio que a ex-esposa do patrão encontrava-se na recepção e gostaria de falar com ele. Tarcísio pediu à moça para conduzir Lucrécia até sua sala, e depois informar a Teófilo que Lucrécia achava-se na sala dele.

Assim que entrou na sala de Tarcísio, Lucrécia o encarou com um olhar maligno. Tarcísio sorriu gentilmente para a mulher e disse:

— Boa tarde, dona Lucrécia! Sente-se! Fico contente em vê-la fora do presídio.

— Eu também estou muito feliz por me ver livre daquele lugar imundo em que fui parar por sua culpa! Não vou sentar-me, porque o que vim fazer não vai levar muito tempo — disse Lucrécia, abrindo a bolsa, retirando a arma de dentro dela e apontando-a para Tarcísio. — Só o procurei para vingar-me de tudo que você me causou. Matou minha filha ao tê-la engravidado tão cedo. Mandou-me para a prisão por um crime que não cometi. Meu irmão suicidou-se por sua causa. Meu marido abandonou-me para casar com sua irmã.

Tudo culpa sua! Só que a partir de hoje você nunca mais vai me prejudicar, porque eu não permitirei. Vá para o inferno — gritou, acionando a arma e disparando todas as balas do revólver em Tarcísio.

— Lucrécia, não! — gritou Teófilo, que acabara de entrar na sala.

Ao escutar Teófilo, a mulher jogou a arma no chão e saiu correndo do escritório.

— Não a deixem fugir! — gritou Teófilo ao notar que alguns funcionários, assim que escutaram os tiros, correram para verificar o que acontecia.

— Deixem-na ir! — murmurou Tarcísio. — Eu a perdôo. Ela considera que perdeu muito, e não está preparada ainda para compreender que só perdeu tanto em virtude das próprias ações. A perdôo porque ela é mãe de minha amada Rebecca e avó do meu filhinho adorado. Como amo todos que estão ligados a minha doce esposa e ao meu amado filho, eu também a amo, e a perdôo de todo meu coração.

Teófilo, aproximando-se dele, disse:

— Não fale, meu caro. Poupe suas energias. Vamos levá-lo ao hospital. Você não vai desencarnar agora! Não pode, Tarcísio! Fique aqui conosco... — Começou a chorar ao notar que o sangue escorria pelos ferimentos a bala, e que Tarcísio ia fechando os olhos devagarzinho.

— Meu bondoso sogro! O senhor sabe que um dia haveremos de regressar para a nossa verdadeira pátria. Nossa pátria é o plano espiritual, e para ela volto feliz. Nesse momento, vejo Rebecca, minha amada esposa, e Diogo, meu lindo filhinho, com os braços abertos em minha direção. Ao lado dela está Isaura, meu espírito amigo e protetor, e Phillipe, o espírito protetor de Rebecca. Chegaram outras pessoas na sala. Algumas estão cantando uma canção linda...

— Deixou uma lágrima escorrer pela face. — Meu Deus! Que visão maravilhosa. Como é fantástico constatar que tudo que a doutrina espírita prega é verdadeiro. Sou muito feliz por ter sido espírita, feliz mesmo por ter abraçado essa abençoada doutrina! — Com muito esforço abriu os olhos. — Meu sogro, ajude Matilde a cuidar de meu filhinho adotivo, e diga a ela e a todos os meus amigos para amarem com todo o coração quando não encontrarem solução para muitas coisas que lhes acontecerem. Amando, descobrirão que existem coisas que somente o amor explica. Só o amor explica que uma pessoa ame a todos, e, independente do que eles lhe fizerem, deseje que sejam felizes. Adeus! Vou agora abraçar e beijar meu filho querido e minha doce e meiga esposa... — Sua cabeça tombou para o lado.

Isaura e Phillipe imediatamente desligaram seu espírito do corpo físico.

Com os braços abertos, Tarcísio deu dois passos em direção a Rebecca e Diogo; mas antes de abraçá-los, a vista escureceu, e ele sentiu-se fraco. Phillipe, aproximando-se dele, estendeu os braços e recebeu o espírito de Tarcísio quando este desmaiou.

— Levemo-lo para o hospital de nossa cidade espiritual — falou Isaura. — Ele dormirá por algumas horas.

Começaram a volitar levando Tarcísio.

Teófilo, ao notar que Tarcísio desencarnara, abraçou-se ao corpo e começou a chorar.

Outros funcionários que estavam na sala e gostavam muito de Tarcísio também começaram a chorar.

Teófilo, recompondo-se, olhou para um funcionário e pediu:

— Ajude-me a carregá-lo para meu carro. Eu o levarei ao hospital.

O funcionário aproximou-se do corpo sem vida de Tarcísio e ajudou Teófilo a pegar o corpo do chão. Deixaram a sala, e Teófilo pediu à recepcionista para telefonar para Matilde e contar o que havia ocorrido.

Dois funcionários que haviam corrido atrás de Lucrécia entraram no escritório; vendo o patrão e o outro funcionário com Tarcísio nos braços, um deles falou:

— Sr. Teófilo, corremos atrás de sua ex-esposa. Ela, ao saber que era perseguida, correu desesperada, sem olhar para onde corria e atravessou a pista quando o sinal estava aberto. Um automóvel que vinha em alta velocidade bateu nela e a atirou longe. Ao cair no chão, ela bateu a cabeça no meio-fio e faleceu na hora. O corpo dela está estendido na pista.

— Que triste fim teve Lucrécia — falou Teófilo. — Vou colocar o corpo desse anjo que acabou de regressar ao paraíso em meu carro e levá-lo ao hospital. Vocês dois, por favor, retornem ao lugar onde está o corpo de Lucrécia, e quando a polícia chegar digam que eu não demorarei muito para comparecer ao local, e que providenciarei para que o corpo de Lucrécia seja enterrado. — Deixando o escritório, saiu carregando o corpo sem vida de Tarcísio junto com seu funcionário.

Três espíritos de feições malignas aproximaram-se do corpo de Lucrécia estirado no meio da pista, e um deles, utilizando-se de seus conhecimentos, desligou o espírito da mulher do corpo sem vida. Olhou para os outros dois e disse:

— Levem-na para nossa cidade. Quando o espírito dela despertar, vai receber a lição que merece por ter sido alguém ruim quando encarnada. Junto com o bispo, que depois de muita luta conseguimos retirar daquele lugar em que os suicidas se encontram e são atormentados, e hoje está sofrendo em nossas mãos, ela também haverá de muito sofrer! Os dois pagarão por tudo que nos fizeram no passado, quando vocês foram escravos naquela fazenda e eu o feitor — disse Joaquim.

Os outros dois, aproximando-se do espírito adormecido de Lucrécia, pegaram-no em seus braços.

— Levem-na! — ordenou Joaquim. — Quando despertar, ela vai descobrir que pessoas ruins quando desencarnam recebem o que deram aos outros quando encarnadas. O espírito dela e o espírito do bispo terão como prêmio sofrimento atrás de sofrimento! — Gargalhou bem alto. — Vamos embora!

Os três começaram a volitar, levando o espírito de Lucrécia para a cidade em que eles e outros espíritos ruins viviam.

Matilde olhou para todos que estavam à volta do túmulo de Tarcísio, e que aguardavam que ela pronunciasse algum discurso. Havia tanta gente no enterro que ela surpreendeu-se pela quantidade de pessoas que prestavam uma última homenagem ao seu irmão. Olhou para o corpo sem vida dentro do caixão, levou a mão direita até o corpo, e, tocando a face fria, permitiu que novas lágrimas descessem pelo seu rosto. Retirando a mão de dentro do caixão, disse:

— Tarcísio foi a pessoa mais bondosa, humana e especial que já conheci. Não sei falar bonito como ele sempre fazia. Tudo que posso lhes dizer é que fui muito feliz vivendo ao lado dele, e que para mim, minha mãe e muitos de vocês, meu irmão era um anjo perdido entre a gente. Ele nos ensinou que não existe sofrimento, e sim lições de vida. Mostrou-nos que nos momentos mais difíceis podemos ser fortes. E nos ensinou que aquele que se diz espírita deve esforçar-se para colocar em prática o que o espiritismo recomenda. Anjo que a todos amou, e que nos ensinou que existem coisas que só o amor explica. Esse era o lema do meu irmão: Só o amor explica. Realmente, explica tudo o que Tarcísio nos ensinou e praticou. Jamais haverei de esquecer o dia quinze de agosto de mil novecentos e noventa e dois, dia em que um anjo perdido na Terra regressou ao paraíso. Melhor não dizer anjo; Tarcísio não gostava que o chamássemos assim. Direi que no dia de hoje um espírita que verdadeiramente foi espírita, de corpo e alma, voltou à pátria espiritual, e nela haverá de ser feliz com sua esposa e seu filhinho. Nela haverá de olhar por nós, e nos ajudar quando precisarmos. Pois Tarcísio é só amor, e faria tudo para auxiliar aqueles que ama. — Curvou-se e beijou o rosto sem vida do irmão.

Todos bateram palmas.

Diego soltou a mão de Thiago, e, aproximando-se do caixão, beijou a fronte gelada do corpo que serviu de abrigo ao espírito de Tarcísio. Com lágrimas nos olhos, falou:

— Eu o amo muito. Você foi a pessoa mais bondosa que surgiu em minha vida. Farei o que o senhor me pediu na última noite em que conversamos. Serei espírita e tentarei colocar em prática o que o espiritismo me recomenda. Vá em paz, papai. — Chorando, segurou na mão de Matilde.

Marta, olhando para dentro do caixão, falou:

— Meu filho, ser sua mãe foi um grande privilégio. Continue nos amando aí do outro lado da vida, e nos auxilie quando verificar que necessitamos de sua interferência. Quando estivermos em dificuldades, tenho certeza que pedirá a Deus para nos ajudar, e Deus o ouvirá e o enviará para nos socorrer; pois Deus sempre escuta os seus anjos, e eu sei que você era um anjo reencarnado em nosso meio.

O esquife foi colocado no fundo da sepultura. Os presentes começaram a jogar flores sobre o caixão.

Quando o túmulo foi lacrado, Matilde, olhando para o sobrinho, disse:

— Vamos, Diego! Você vai morar comigo e com meu marido.

— E nós três vamos ser uma família, que nem eu era com meu pai Tarcísio? — indagou a criança.

Só o amor explica

— Seremos sim, Diego — respondeu Teófilo, que se aproximara.
— Você agora será meu filho, e filho de sua tia Matilde.

— E também será nosso filho, meu e do senador — disse Marta,
que havia se aproximado deles. — Você vai ter duas famílias, Diego.
Terá um quarto no apartamento de Matilde e outro em minha casa.
Se quiser, poderá passar uma temporada em cada casa.

— Que bom! Então não vou perder minha família de novo —
comentou a criança. — O anjo que é papai já deve tá rezando por
mim lá do outro mundo, pedindo a Deus para cuidar de mim. Deus
escutou as preces do papai e me deu duas famílias ao mesmo tempo!
— Abraçou Matilde, Teófilo, Marta e o senador.

Eles seguiram para o estacionamento do cemitério, e Diego, entrando no carro de Teófilo, avisou Marta que iria ficar algum tempo
na casa de tia Matilde e do tio Teófilo, e passaria as férias escolares
na casa dela.

As demais pessoas presentes no enterro também já entravam em
seus carros; outras rumavam para os pontos de ônibus, a fim de regressar para suas casas.

37

Família completa: felicidade

Tarcísio remexeu-se na cama e abriu os olhos. Olhou a sua volta, e ao avistar Isaura sentada em uma cadeira e sorrindo para ele, sorriu também para ela, meigamente. Sentou-se na cama e passou a mão pelo corpo.

Isaura, notando que ele procurava em seu espírito algum sinal dos ferimentos a bala que seu corpo físico recebera, disse:

— Tarcísio, você dormiu por algumas horas, e enquanto isso a equipe médica dessa cidade espiritual cuidou do seu espírito. Sendo você um espírito que atingiu certo grau de evolução, a equipe trabalhou com facilidade, e seu espírito rapidamente respondeu à medicação recebida; agora, você constata que ele não conservou nenhum traço dos ferimentos que permaneceram em seu corpo físico. — Levantou-se da cadeira. — Seja bem-vindo, Tarcísio!

Tarcísio abraçou o seu espírito protetor, depois lançou seu olhar sereno e penetrante nela e humildemente falou:

— Isaura, minha bondosa e gentil amiga! Agradeço de todo coração tudo que fez por mim enquanto estive reencarnado. Sua ajuda

Só o amor explica

foi muito válida. Jamais esquecerei o quanto contribuiu em minha felicidade na Terra.

— Tarcísio, não há motivos para agradecimento. Eu só consegui ajudá-lo porque você se permitiu ser ajudado. E também eu fui auxiliada; pois os exemplos de vida que deu enquanto esteve reencarnado, além de terem servido aos reencarnados a sua volta, serviram a mim e a outros espíritos que o acompanhavam.

— Eu não dei nenhum exemplo de vida, Isaura. Acredito ter deixado muito a desejar.

Isaura sorriu. Sabia que um espírito da categoria de Tarcísio jamais iria admitir ter dado exemplos de vida. Todos os do nível dele sempre se consideravam cheios de defeitos, e sempre mencionavam ter deixado algo a desejar quando regressavam ao plano espiritual, após uma jornada em um novo corpo físico.

Phillipe entrou na sala, e ao ver Tarcísio foi logo abraçá-lo:

— Bem-vindo! Parabéns pela excelente existência que teve na Terra. Eu o admiro muito.

— Não diga isso, Phillipe. Admire apenas o bondoso Mestre Jesus Cristo. Eu não tive uma excelente existência na Terra. Como já mencionei a Isaura, deixei muito a desejar. Muito mesmo.

— Se todos que estão encarnados na Terra deixassem a desejar como você diz ter deixado, Isaura, eu e outros espíritos não precisaríamos ir sempre às cidades terrenas para inspirá-los a fazerem suas reformas íntimas e serem tão bons seguidores da doutrina espírita como você — falou Phillipe.

— Ainda bem que vocês se dirigem às cidades terrenas a fim de ajudarem os que nelas estão encarnados. Eles precisam demais do auxílio de vocês, que são espíritos bondosos e que vivem a serviço de Deus — comentou Tarcísio. — Mas onde estão Rebecca e meu filhinho lindo? Pensei que fosse vê-los assim que despertasse.

— Eles estavam no quarto. Saíram há pouco — disse Isaura.
— Aproxime-se da janela e verá onde eles o aguardam.

Tarcísio dirigiu-se à janela e contemplou Rebecca e Diogo sentados em um banco do jardim do hospital. Quando seus olhares se encontraram, e Diogo e Rebecca ergueram suas mãos direitas e o saudaram, ele deixou duas lágrimas descerem pela face; olhando para Isaura e Phillipe, falou:

— Que maravilha ter sido espírita quando encarnado, e ter realmente acreditado em tudo que o espiritismo relatou que encontraria após a morte do meu corpo físico. Vendo Rebecca e Diogo tão vivos e me saudando, creio que através de todos os conhecimentos que obtive no espiritismo estou preparado para viver, desse outro lado da vida, a verdadeira vida ao lado da minha esposa e do meu filho. Como faço para ir até eles?

— Eu e Isaura o levaremos — disse Phillipe.

Deixaram o quarto e começaram a caminhar por algumas dependências do hospital.

Na hora em que descia os degraus de uma escada que o conduzia ao jardim do hospital, Tarcísio acelerou o passo e abriu os braços ao notar que Diogo pulara do banco e vinha correndo, com os bracinhos abertos, em sua direção.

Quando os dois se encontraram, Tarcísio o abraçou com emoção, ergueu-o, beijou-o na fronte e exclamou:

— Filhinho adorado do papai! Que alegria encontrá-lo! Você está tão bonito... O papai te ama demais. — Apertou Diogo com grande carinho.

— Eu também te amo muito, papaizinho. Tô muito feliz porque você tá aqui comigo. Que bom!

Vendo que a esposa se aproximava deles, Tarcísio colocou o filho no chão, contemplou Rebecca, abriu os braços e a abraçou com muita vontade.

Só o amor explica

— Minha doce e meiga Rebecca, que saudade senti de você! — Beijou-a na face, e Rebecca fez o mesmo. — Como você está?

— Feliz em poder reencontrá-lo, Tarcísio. Eu o amo!

— Também a amo, Rebecca. Amo você e o nosso filhinho lindo. Estou imensamente satisfeito, porque agora poderemos viver juntos aqui, nessa cidade espiritual, e sermos felizes. Os dois são a minha verdadeira família, e eu os amo com toda a força de meu coração! — Com o braço direito abraçou Rebecca, e com o esquerdo abraçou o filho ao mesmo tempo.

— Papaizinho, venha comigo! — chamou Diogo. — Vou mostrar a casa linda em que eu e a mamãe moramos. Você vai morar com a gente, e nós agora vamos ser uma família. Uma família completa: eu, você e a mamãe. Vamos para casa, papai. Vamos! — insistiu Diogo, puxando o pai pela mão.

Tarcísio olhou para Isaura e Phillipe, que os observava de longe, e perguntou:

— Posso ir com ele e com Rebecca?

— Claro que sim — disse Isaura. — Pode ir com sua esposa e seu filhinho. Vá agora receber a recompensa por ter sido, na Terra, tão fiel aos seus sentimentos, por ter colocado em prática os ensinamentos do espiritismo. Mas receba a recompensa principalmente por ter vivido o amor em sua real essência; e também por ter ensinado aos que viviam ao seu lado, e até a nós, espíritos que o acompanhávamos, que existem coisas que só o amor explica. Concordo com isso, e acrescento: se para você só o amor é capaz de explicar certas coisas, digo-lhe, agora que você, Rebecca e Diogo se reencontraram e viverão felizes, que só a doutrina espírita explica esse instante; pois ela tem ensinado aos encarnados o que verdadeiramente os espera após a passagem para o outro mundo. Ela tem mostrado que toda pessoa que tiver sido boa na Terra encontrará aqui os que ama, e será feliz ao lado deles. E a felicidade que irão desfrutar ninguém poderá

525

retirar de vocês. Vá com seu lindo filho e sua esposa, e sejam felizes. Você merece isso mais que ninguém, Tarcísio.

Tarcísio despediu-se dela e de Phillipe.

Diogo segurou a mão direita do pai e a esquerda da mãe, e começaram a andar em direção à casa em que Rebecca e Diogo viviam, e na qual Tarcísio iria passar a viver.

Os três seguiam com sorrisos nos lábios; agora que haviam se reencontrado, viveriam felizes por muitos anos. Esperariam os demais regressarem ao plano espiritual, e Tarcísio mais uma vez sentaria com eles, e juntos preparariam uma nova reencarnação, para que nela os que não conseguiram se acertar pudessem tentar mais uma vez, em uma nova existência na Terra, viver como verdadeiros irmãos — e, assim como Tarcísio, compreenderem que quem verdadeiramente ama acaba descobrindo que existem coisas que só o amor explica.

SULAMITA

Leia os romances de Schellida!
Emoção e ensinamento em cada página!
Psicografia de Eliana Machado Coelho

O Brilho da Verdade
Samara viveu meio século no Umbral passando por experiências terríveis. Esgotada, consegue elevar o pensamento a Deus e ser recolhida por abnegados benfeitores, começando uma fase de novos aprendizados na espiritualidade. Depois de muito estudo, com planos de trabalho abençoado na caridade e em obras assistenciais, Samara acredita-se preparada para reencarnar.

Um Diário no Tempo
A ditadura militar não manchou apenas a História do Brasil. Ela interferiu no destino de corações apaixonados.

Despertar para a Vida
Um acidente acontece e Márcia, uma moça bonita, inteligente e decidida, passa a ser envolvida pelo espírito Jonas, um desafeto que inicia um processo de obsessão contra ela.

O Direito de Ser Feliz
Fernando e Regina apaixonam-se. Ele, de família rica, bem posicionada. Ela, de classe média, jovem sensível e espírita. Mas o destino começa a pregar suas peças...

Sem Regras para Amar
Gilda é uma mulher rica, casada com o empresário Adalberto. Arrogante, prepotente e orgulhosa, sempre consegue o que quer graças ao poder de sua posição social. Mas a vida dá muitas voltas.

Um Motivo para Viver
O drama de Raquel começa aos nove anos, quando então passou a sofrer os assédios de Ladislau, um homem sem escrúpulos, mas dissimulado e gozando de boa reputação na cidade.

O Retorno
Uma história de amor começa em 1888, na Inglaterra. Mas é no Brasil atual que esse sentimento puro irá se concretizar para a harmonização de todos aqueles que necessitam resgatar suas dívidas.

Força para Recomeçar
Sérgio e Débora se conhecem a nasce um grande amor entre eles. Mas encarnados e obsessores desaprovam essa união. Conseguirão ficar juntos?

Lições que a Vida Oferece
Rafael é um jovem engenheiro e possui dois irmãos: Caio e Jorge. Filhos do milionário Paulo, dono de uma grande construtora, e de dona Augusta, os três sofrem de um mesmo mal: a indiferença e o descaso dos pais, apesar da riqueza e da vida abastada. Nesse clima de desamor e carência afetiva, cada um deles busca aventuras fora de casa e, em diferentes momentos, envolvem-se com drogas, festinhas, homossexualismo e até um seqüestro.